HERMAN MELVILLE

MARDI
UND EINE REISE DORTHIN

HERMAN MELVILLE
MARDI UND EINE REISE DORTHIN
*Übersetzt aus dem Amerikanischen und kommentiert
von Rainer G. Schmidt*
Titel der Originalausgabe
»Mardi and a voyage thither«

Die Illustrationen zeichnete Gert Klietsch.

Copyright der deutschen Übersetzung bei
Achilla Presse Verlagsbuchhandlung GmbH,
Theresenstr. 8-10, 28203 Bremen,
Zöllnerstr. 24, 22761 Hamburg
ISBN 3-928398-44-X

HERMAN MELVILLE

MARDI
UND EINE REISE DORTHIN

ÜBERSETZT UND KOMMENTIERT
VON RAINER G. SCHMIDT

DEUTSCHE ERSTAUSGABE

BAND II

ACHILLA PRESSE VERLAGSBUCHHANDLUNG 1997
HAMBURG · BREMEN · FRIESLAND

I .

Maramma

NUN fuhren wir geradewegs gen Maramma, wo, geheimnisumwoben, der höchste Pontifex der umliegenden Inseln wohnte: Fürst, Priester und Gott in eigener Person, höchster Lehnsherr über viele Könige in Mardi; seine Hände angefüllt mit Szeptern und Krummstäben.

Bald kam, beim Umfahren eines hoch aufragenden und abgelegenen Gestades, der große, zentrale Gipfel der Insel in Sicht, der die übrigen Hügel dominierte. Es war dieselbe steile Bergzinne, die wir in der *Chamois* bei der Annäherung an den Archipel bemerkt hatten.

»Hoher Gipfel des Ofo!« rief Babbalanja aus, »wie kommt es, daß dein Schatten solchermaßen über Mardi schwebt; und neue Schatten über Stellen wirft, die schon von den Hügeln verschattet sind – Schatten über Schatten!«

»Dort, wo dieser Schatten hinfällt,« sprach Yoomy traurig, »sprießen zudem keine heiteren Blumen; und es verdüstern sich die Antlitze und Seelen der Menschen, die lange an diesem Ort weilen. »Kommst du aus dem Schatten des Ofo?« will der Auswärtige von einem wissen, dessen Stirn umwölkt ist.«

»Eben an diesem Gipfel,« sagte Mohi, »kam der hurtige Gott Roo, ein großer Sünder von droben, vor langer Zeit vom Himmel herab. Drei Hüpfer und ein Satz: und er landete in der Ebene. Doch ach, armer Roo! Obwohl der Abstieg leicht war, kam er doch nicht wieder in die Höhe.«

»Kein Wunder dann,« sprach Babbalanja, »daß der Gipfel für Menschen uneinnehmbar ist. Obwohl manche noch, in seltsamer Verblendung, dorthin pilgern und mühsam klettern und klettern, bis sie von den Felsen gleiten; kopflos stürzen sie hintüber und zerschmettern oftmals am Fuß der Berges.

»Ja,« sprach Mohi,« umsonst versuchte man auf allen Seiten des Gipfels Wege zu finden; umsonst brach man neue Wege durch Klippen und Gestrüpp: – der Ofo bleibt doch uneinnehmbar.«

»Dennoch sind manche der Ansicht,« sprach Babbalanja, »daß diejenigen, die kraft harter Müh' so hoch steigen, daß sie von der Ebene aus nicht mehr zu sehen sind, den Gipfel erreicht haben. Obwohl andere sich doch vielmehr fragen, ob diese nicht deshalb unsichtbar werden, weil sie auf dem Wege gestürzt und umgekommen sind.«

»Und weshalb,« sagte Media, »unternehmen Sterbliche den Aufstieg überhaupt? Warum sich nicht mit der Ebene begnügen? Und wie hoffen, diese dünne Luft atmen zu können, die unseren menschlichen Lungen nicht zuträglich ist?«

»Richtig, edler Herr, »sagte Babbalanja; »Bardianna behauptet, daß nur die Ebene für den Menschen bestimmt war, der froh sein sollte, unter seiner Wälder Schatten zu wohnen, auch wenn deren Wurzeln ins Dunkel der Erde hinabreichen. Doch, edler Herr, Ihr wißt wohl, daß es in Mardi Leute gibt, die alle mit dem Berg verbundenen Geschichten insgeheim als

Erfindungen des Volkes von Maramma betrachten. Sie bestreiten, daß man irgend etwas erlangen könnte, wenn man dorthin pilgert. Und zur Bestätigung berufen sie sich auf die Sprüche des großen Propheten Alma.«

Woraufhin Mohi ausrief: »Aber Alma wird auch von anderen zur Rechtfertigung der Pilgerfahrt zum Ofo herbeizitiert. Diese erklären, der Prophet selbst sei der erste Pilger gewesen, der dorthin gereist sei; und er sei von dort gen Himmel aufgefahren.«

Mit Ausnahme dieses Gipfels nun ist Maramma ein einziges Gewoge von Berg und Tal, wie das Meer nach einem Sturm. Und scheint auch wiederum nicht zu wogen, sondern stillzustehen und seine Berge in Balance zu halten. Doch hat die Landschaft von Maramma nicht die Heiterkeit von Wiesen, teils wegen des Ofo-Schattens und teils wegen der ehrwürdigen Haine, worin Morais und Tempel verborgen liegen.

Laut Mohi trägt kein einziger Baum auf der Insel Früchte, und es gibt keine einzige eßbare Wurzel. Die Bevölkerung ist gänzlich von den üppigen Abgaben der Nachbarinseln abhängig.

»Nicht, daß der Boden nichts hergeben würde.« sagte Mohi. »Er ist äußerst fruchtbar. Doch sagen die Bewohner, man dürfe aus der heiligen Insel keinen Brotfruchthain machen.«

»Und daher, edler Herr, « sprach Babbalanja, »verschwenden diese Insulaner keinen Gedanken an das Morgen, während anderen das Geschäft ihres weltlichen Wohlergehens aufgebürdet ist. Und das große Maramma liegt als eine einzige fruchtbare Öde inmitten der Lagune.«

II.

Sie landen

ALS wir uns der Insel näherten, entfernten wir die Wimpel und allen Aufputz an unseren Kanus; und Vee-Vee erhielt den Befehl, von seinem Haifischrachen herabzusteigen und sein Muschelhorn eine Weile beiseite zu legen. Zum Zeichen ihrer Ehrerbietung entkleideten sich die Paddler bis zur Taille; ein Beispiel, dem sogar Media folgte. Wenn ihm als König auch manchmal selbst die gleiche Ehrung zuteil wurde, die er jetzt erwies.

An jedem von uns bisher besuchten Ort hatte eine fröhliche Menge zu unserer Begrüßung am Strand gestanden; doch die Küste von Maramma lag stumm und verlassen da.

Da sprach Babbalanja: »Es sieht nicht so aus, als befände sich die Vermißte hier.«

Schließlich landeten wir in einer kleinen Bucht nahe einem Tal, das Mohi Uma nannte, wo wir im stillen unsere Kanus an Land brachten.

Bald aber näherte sich uns ein alter Mann mit einem Bart, so weiß wie die Mähne des falben Pferdes. Er trug ein Gewand, dunkel wie die Mitternacht. Er fächelte sich mit einem Fächer aus welken Blättern. Er wurde von einem Kind an der Hand geführt, denn er war blind und trug ein grünes Pisangblatt über seiner runzeligen Stirn.

Media trat an ihn heran und tat kund, wer wir

seien und welcher Auftrag uns herführe: Yillah ausfindig zu machen und einen Blick auf die Insel zu werfen.

Pani (denn so war sein Name), bereitete uns daraufhin einen höflichen Empfang und versprach großmütig, die liebliche Yillah zu entdecken; und erklärte, das lang vermißte Mädchen dürfte nirgends sonst als auf Maramma zu finden sein. Er versicherte uns, daß er uns durch das ganze Land führen wolle; kein Ort, den wir aufzusuchen wünschten, bliebe unausgeforscht.

Mit diesen Worten geleitete er uns zu seinem Gehäus, damit wir uns stärken und ausruhen konnten. Es handelte sich um ein stattliches Anwesen. Aber in der Nähe gab es viele schäbige Hütten mit verdreckten Bewohnern, während das Refugium des Alten höchst komfortabel war. Ruhematten gab es in reicher Zahl. Seine Dachsparren bogen sich vor Kalebassen mit gutem Trank.

Während des folgenden Mahls, an dem der blinde Pani uneingeschränkt teilnahm, verbreitete er sich über das Verdienst der Enthaltsamkeit; und er erklärte, ein Dach überm Kopf und eine Kokospalme seien alles, was für das weltliche Wohlergehen eines Mardianers nötig sei. Alles, was darüber hinausgehe, versicherte er uns, sei Sünde.

Er ließ uns nun wissen, daß er das Amt des Führers in diesem Landesteil versehe; daß er alle andere Beschäftigung aufgegeben habe, um sich ganz den Fremden zu widmen und ihnen die Insel zu zeigen und insbesondere den besten Weg zum Gipfel des himmelhohen Ofo; und daß er deshalb genötigt sei, für seine Mühe ein Entgelt zu verlangen.

»Edler Herr,« flüsterte Mohi darauf Media zu, » der große Prophet Alma hat immer erklärt, die Insel sei frei und unentgeltlich für alle.«

»Welche Entlohnung wünscht Ihr, alter Mann?« sagte Media zu Pani.

»Was ich erbitte ist gering: zwanzig Rollen feiner Tapa, vierzig Matten aus bestem Hochlandgras, eine Kanuladung mit Brotfrüchten und Yamswurzeln, zehn Flaschen Wein und zehn Schnüre mit Zähnen. Ihr seid ein großer Haufe, doch mein ist Begehr ist bescheiden.«

»Sehr bescheiden,« sagte Mohi.

»Ihr nehmt es von den Lebendigen, guter Pani,« sagte Media. »Und was will ein betagter Sterblicher wie Ihr mit all dem Zeug?«

»Ich dachte, entbehrliche Dinge seien ohne Wert, ja, sogar sündig,« sagte Babbalanja.

»Ist Eure Wohnstatt nicht noch mehr als überreichlich mit allem Wünschenswerten versehen?« fragte Yoomy.

»Ich bin nur ein einfacher Arbeiter,« sagte der alte Mann und kreuzte sanftmütig seine Arme, »doch verlangt und erhält nicht der niedrigste Arbeiter seinen Lohn? Und ich soll meinen missen? – Doch ich erbitte keine milde Gabe. Was ich verlange, beanspruche ich; auch im Namen des großen Alma, der mich zum Führer ernannt hat.« Und er schritt auf und ab, wobei er sich seinen Weg ertastete.

Im Hinblick auf dessen Blindheit flüsterte Babbalanja Media zu: »Edler Herr, mich dünkt, dieser Pani muß ein kläglicher Führer sein. Auf seinen Wegen im Lande führt ihn sein Kind; warum nehmen wir nicht des Führers Führer?«

Doch wollte sich Pani nicht von dem Kind trennen.

Daraufhin sagte Mohi mit leiser Stimme: »Edler Herr Media, wenn ich auch kein ernannter Führer bin, will ich es doch auf mich nehmen, Euch geradewegs durch diese Insel zu führen; denn ich bin ein alter Mann und bin oft selbst hier gewesen. Obwohl ich Euch nicht zum Gipfel des Ofo und zu den verborgeneren Tempeln geleiten kann.«

Darauf sprach Pani: »Welcher Sterbliche erdreistet sich, die labyrinthische Wildnis von Maramma zu durchschreiten? Er sei auf der Hut!«

»Es ist jemand, der Augen im Kopf hat,« versetzte Babbalanja.

»Folgt ihm nicht,« sagte Pani, »denn er wird euch in die Irre führen; und keine Yillah wird er finden. Und da er keine Berechtigung als Führer hat, werden ihn Almas Flüche begleiten.«

Dies blieb nun nicht ganz ohne Wirkung; denn Pani und seine Vorväter hatten stets das Amt des Führers bekleidet.

Dennoch entschied Media zuletzt, daß Mohi uns diesmal führen sollte. Als wir dies Pani mitteilten, duldete er uns nicht länger unter seinem Dach. So zogen wir uns an den Saum eines angrenzenden Waldes zurück und verweilten noch etwas, um uns für den in Aussicht stehenden Marsch zu erholen.

Als wir uns dort niederließen, traf vom Meer her gerade eine neue Gruppe von Pilgern ein.

Von deren Kommen unterrichtet, gingen Pani

und sein Kind ihnen entgegen. Mitten auf dem Wege rief er aus: »Ich bin der ernannte Führer. In Almas Namen geleite ich alle Pilger zu den Tempeln.«

»Dies muß der würdige Pani sein,« sagte einer der Fremden, während er sich an die übrigen wandte.

»Dann wollen wir ihn zu unserem Führer nehmen,« riefen sie und kamen alle näher heran.

Doch als sie sich an ihn wandten, erfuhren sie, daß seine Führung nicht kostenlos war.

Als Pani nun hörte, daß der Anführer der Pilger ein gewisser Divino war, ein reicher Häuptling von einer fernen Insel, verlangte er von ihm seine Bezahlung.

Doch zauderte dieser und verminderte schließlich, nach vielen zuckersüßen Reden, die Vergütung auf drei Kokosnüsse in spe, die er sich verpflichtete, eines schönen Tages zu schikken.

Der nächste Pilger, der begrüßt wurde, war ein traurig blickendes Mädchen in schicklicher, doch dürftiger Kleidung. Es versuchte nicht, Panis Forderung zu mindern, sondern gab ihm ihre geringen Ersparnisse in die Hand.

»Nehmt es, heiliger Führer,« sagte sie, »das ist alles, was ich habe.«

Der dritte Pilger aber, eine gewisse Fanna, eine rüstige, prächtig gekleidete Matrone, gab ungefragt ihr Hab und Gut daran. Sie hieß ihre Diener, mit ihrer Fracht herbeizukommen und breitete sie flugs aus: rings um Pani entrollte sie Bahn um Bahn der kostbarsten Tapastoffe; füllte seine Hände mit Zähnen und seinen Mund mit einer wohlschmeckenden Marmelade; salbte sein Haupt; und kniete nieder und ersuchte um seinen Segen.

»Aus meines Herzens Grund segne ich dich,« sprach Pani. Und indem er ihre Hände hielt, rief er aus: »Nimm dir ein Beispiel an dieser Frau, o Divino; und tut desgleichen, ihr Pilger alle!«

»Heute nicht,« sagte Divino.

»Wir sind nicht so betucht wie Fanna,« sagten die übrigen.

Der nächste Pilger nun war ein sehr alter und jämmerlicher Mann; stockblind, lumpenbedeckt und seine Schritte mit einem Stock stützend.

»Meine Entschädigung,« sagte Pani.

»Ach! Ich habe nichts, was ich geben kann. Seht meine Armut.«

»Ich kann nicht sehen,« versetzte Pani; doch als er des Armen Kleidung befühlte, sagte er: »Du wolltest mich täuschen; besitzt du nicht dieses Gewand und diesen Stock?«

»O barmherziger Pani, nehmt mir nicht meinen ganzen Besitz!« jammerte der Pilger. Doch schon wanderte sein wertloser Kittel in des Führers Gehäus.

Indessen umwickelte die Matrone Pani noch immer mit ihrer Endlos-Tapa.

Das Mädchen mit dem traurigen Blick aber legte seinen Überwurf ab und bedeckte damit die nackte Gestalt des Bettlers.

Der fünfte Pilger war ein Jüngling mit freimütiger und kluger Miene; sein Blick war augenvoll und sein Schritt beschwingt.

»Wer bist du?« rief Pani aus, als ihn der Bengel beim Vorbeigehen streifte.

»Ich will den Gipfel besteigen,« sagte der junge Kerl.

»Dann nimm mich als Führer.«

»Nein, ich bin stark und gelenkig. Ich muß alleine gehen.«

»Doch wie willst du den Weg kennen?«

»Es gibt viele Wege: den richtigen muß ich selbst suchen.«

»Ach, armer Irregeleiteter,« seufzte Pani, »mit der Jugend ist es doch immer das gleiche. Und da sie die Ermahnung der Weisheit zurückweist, muß sie leiden. Nur weiter so und gehe zugrunde!«

Der Bursche wandte sich um und rief aus: »Obwohl ich deinem Rat zuwiderhandle, o Pani, folge ich doch dem göttlichen Instinkt in mir.«

»Armer Jüngling!« murmelte Babbalanja. »Mit welchem Eifer windet er sich in seinen Fesseln. Wenn er auch einen Führer zurückweist, so klammert er sich doch noch an diese Gipfellegende.«

Die übrigen Pilger warteten nun mit dem Führer und bereiteten sich auf ihren Weg ins Innere der Insel vor.

III.

Sie durchstreifen die Wälder

WIR erhoben uns, erfrischt von dem Aufenthalt in dem Gehölz, und unterstellten uns Mohis Leitung, der uns vorausging.

Wir schlängelten uns durch den Dschungel und erreichten eine tiefe Senke, die von einem einzigen gigantischen Palmenstamm eingenommen wurde; er war von Schößlingen umringt, die seinen Wurzeln entsprangen. Doch Vater und Söhne waren, Laokoon ähnlich, von den schlangenartigen Umarmungen knorriger, verwundener Banyanbäume umfangen. Die Rinde der Banyans fraß sich in das lebendige Holz der Palme und verdarb deren Säfte, bis alle Nüsse am Baum nur noch Gefäße voll giftigem Trank waren.

In der Nähe standen feingliedrige, anmutige Manzanilla-Bäume mit glänzenden Blättern und goldenen Früchten. Man hätte meinen können, sie seien Bäume des Lebens; doch wuchs unter ihren Ästen kein Gras, kein Kraut, kein Moos: die Vegetation des Bodens war durch den Himmelstau brandig geworden, den dieses tödliche Laubwerk filtrierte.

Dahinter erhob sich finster ein Gewirre von Banyan-Ästen, dichtgedrängten Manzanilla- und Upas-Bäumen. Ihre Wipfel wurden von der Sonne vergoldet, doch unten: tiefe Schatten, verdüsternde Farne und Mandragoren. Mitten darin verborgen und kaum sichtbar hinter großen, lanzettlichen Blättern waren steinerne Pfeiler, die einstürzende Bambustempel stützten. Darauf hüpften Frösche umher, die in dieser Feuchte ihren Schleim um sich verbreiteten. An den Dachsparren aufgereiht hingen Faultiere zuhauf. Im Umkreis der Upas-Bäume sank Dunkelheit herab. So dicht der Schatten, daß Nachtvögel dort ihre immerwährende Nacht fanden; und in dem Gifthauch prächtig gediehen. Eulen schrien von toten Ästen; oder schwebten mit lautloser Schwinge nacheinander vorbei. Kraniche staksten weit umher oder brüteten in den Sümpfen. Nattern zischten; nächtlicher Überfall der Fledermäuse; Rabengekrächz; und Vampire, auf schlafenden Eidechsen festgebissen, fächelten die schwüle Luft.

IV.

Hivohitee MDCCCXLVIII.

ALS nun dieses trübselige Waldland durchwandert war, kamen wir sogleich wieder ausführlich auf Hivohitee, den Pontifexen der Insel, zu sprechen.

Denn Media hatte während unserer ersten freundlichen Unterredung mit Pani nach Hivohitee gefragt und herauszubekommen versucht, wo dessen Aufenthaltsort auf der Insel sei.

Panis Antwort lautete, daß sich der Pontifex für einige Tage nicht sehen lasse, da er mit besonderen Gästen beschäftigt sei.

Und als Media weiter nachfragte, welche Personen wohl dessen Gastfreundschaft ganz in Beschlag nähmen, verschlug es ihm die Sprache, als es hieß, es handle sich dabei um unkörperliche Gottheiten von droben, welche die Sonnenwende im Steinbock zu Maramma begehen würden.

Im weiteren Verlauf unserer Wanderung wurde große Neugierde laut hinsichtlich des Pontifexen und seiner Gäste; und der alte Mohi, der sich mit diesen Dingen auskannte, wurde aufgefordert, uns Aufklärung zu geben. Er willigte ein; und sein Bericht war nicht wenig bezeichnend für die gelegentliche Leichtgläubigkeit von Chronisten.

Wie er darlegte, gehörten die von Hivohitee empfangenen Gottheiten zu der dritten Klasse von Unsterblichen. Diese standen jedoch weit über den mit Körpern behafteten Halbgöttern von Mardi. Hivohitee betrachtete tatsächlich die größten Halbgötter als so etwas wie Kürbisse. Es verwunderte also kaum, daß auf seiner Besucherliste die Ranghöheren als die vornehmsten Persönlichkeiten galten.

Diese Unsterblichen waren erstaunlich anspruchsvoll hinsichtlich der von ihnen eingeatmeten Atmosphäre; nicht niedere irdische Luft, sondern die der Höhen im Inselinneren sogen sie ein. Dort hatte der Pontifex ein Landhaus, das auf die besonderen Belange seiner unfaßbaren Gäste zugeschnitten war. Deren Aufnahme verursachte kaum Kosten, da Mahlzeiten unnötig und Schlafräume überflüssig waren.

Doch Hivohitee litt es nicht, daß die Anwesenheit dieser himmlischen Granden sein eigenes handfestes Behagen störte. Während er den Morgen in höchst angeregtem Gespräch verbrachte, lehnte er sich dreimal ungeniert zurück, verspachtelte einen köstlichen Pisangpudding und schenkte sich aus einer Kalebasse himmlischen alten Wein ein, währenddessen er den Seelenstrom zu seinen Gästen nicht abreißen ließ. Tatsächlich mußte auf diese aristokratisch-ätherischen Fremden der Anblick ihres Gastgebers, der sich derart leiblichen Genüssen hingab, während sie selbst am Hungertuch des Äthers nagten, äußerst provozierend gewirkt haben.

Weiterhin wurde berichtet, daß Hivohitee, einer der arrogantesten Pontifexe, mit seinen englischen Gästen in voller Absicht derart verfuhr, um ihnen deutlich zu machen, daß er sich, Hivohitee, obwohl nur ein Erdling und, aus himmlischer Sicht, ein Provinzbewohner, als ebenso vollwertig wie die Seraphim aus der Hauptstadt betrachtete; und dies zur Steinbock-Sonnenwende wie auch zu jeder anderen Zeit des Jahres. Hivohitee war sehr daran gelegen, ihren hochnäsigen Ansprüchen einen Dämpfer zu verpassen.

Und galt er im übrigen nicht als großer Gott im Land, als der höchste, der Macht über Leben und Tod hat, der Könige absetzen kann und der, ganz auf sich gestellt und seiner Stimmung gemäß, auf der großartigsten Insel von Mardi weilte? Obwohl hier zu sagen ist, daß sich seine Ansprüche auf weltliche Oberhoheit nur selten durch deutliche Eingriffe in die Belange der Nachbarmonarchen geltend machten, die allzu willig waren, gegen seinen Herrschaftswillen mit Waffengewalt zu argumentieren. Theoretisch jedoch beugten sie sich ihm. Und nun zu Hivohitees Genealogie; denn angeblich sollen ihm achtzehnhundertundachtundvierzig Hivohitees voraufgegangen sein. Er stammte in direkter Linie vom göttlichen Hivohitee I. ab: erster Grande des Menschenreichs und erster Träger des Krummstabs. Die Abkunft des jetzigen Potifexen war unzweifelhaft, denn seine Würde wurde nur durch männliche Erben übertragen; und die ganze Linie von Hohepriestern war das Ergebnis sukzessiver Heiraten von Halbgeschwistern untereinander. Eine Verbindung, die man in manchen Ländern als inzestuös erachtete, doch die man hier für den einzigen Weg hielt, um einen hohen Rang unverfälscht zu vererben.

Die Pontifexe erhielten zu dem überkommenen Namen Hivohitee, der einfach nur ihren Priesterstatus bezeichnete und im gewöhnlichen Gespräch nur selten gebraucht wurde, noch einen individuellen Namen, der ihnen bei der Geburt verliehen wurde. Der Grad der Hochachtung, die diese genossen, läßt sich daraus ablesen, daß der vorherrschende Laut im Namen eines Pontifexen zu dessen Lebzeiten aus dem allgemeinen Gebrauch verbannt war. Weshalb es bei jeder neuen Besteigung des erzbischöflichen Throns vorkam, daß man viele Wörter und Sätze entweder wesentlich veränderte oder zur Gänze fallenließ. Daher war die Sprache von Maramma in andauernder Fluktuation; und war derart angefüllt mit seltsamen Zungenschlägen, daß die Vögel in den Wäldern höchst verwirrt waren; und nicht wußten, worin der Vorzug solch unverständlicher Laute lag.

Dies traf auch in hohem Maße auf alle im Archipel gesprochenen Sprachen zu: die Vögel wunderten sich über die Menschen und die Menschen über die Vögel. Jene fragten sich, wie diese fortwährend singen konnten; wo man doch unmöglich dabei ein intelligentes Gespräch führen konnte (und was der Unterschied war, das wußte jeder Mensch). Obwohl Menschen und Vögel Tausende von Jahren gemeinsam in Mardi gelebt hatten, wußte keiner von den Geheimnissen des anderen. Die Insulaner betrachteten den Vogel als unverständigen Zwitscherer, der immer in den Wolken schwebt; und der Vogel sah jenen als einen kreischenden Kranich an, der ohne Schwingen und ohne Sinn für Höhenflüge war.

Über die unzähligen anderen Wunderkräfte hinaus, die man den Pontifexen als geistigen Potentaten zuschrieb, hatten sie ein besonderes Privileg weltlicher Art: durch Handauflegen die Bißwunden zu heilen, verursacht von den gierigen Haien, von denen es in der Lagune nur so wimmelte. Es hieß, daß die Pontifexe mit diesen höchst freundschaftlichen Umgang hätten und mit ihnen, wie allenthalben berichtet wurde, gesellig im Meer baden würden; und ihnen gestatteten, die Schnauzen an ihren priesterlichen Schenkeln zu reiben und die priesterlichen Hände spielerisch zwischen die Zahnreihen ihrer Rachen zu nehmen.

Bei der Ordination eines Pontifexen galt die Zeremonie erst dann als vollendet, wenn dieser in seinem Boot von drei herannahenden Haien als Hohepriester begrüßt wurde; sie schwammen dann neben seinem Kanu und zeigten ihre Zähne.

Diese Ungeheuer wurden in Maramma vergöttert und hatten dort Altäre. Einen von ihnen zu töten war schlimmer als der Mord an einem Menschen. »Was macht es schon, wenn sie menschliches Leben zerstören?« sagten die Insulaner. »Sind sie nicht heilig?«

Danach wurden noch manche Wunderlichkeiten über Hivohitee erzählt. Und obwohl man die Wirksamkeit vieler ihm zugeschriebener Privilegien nur anzweifeln konnte, kam man dennoch kaum umhin, für den Pontifexen diese Art tieferen Respekts zu hegen, den man all denen zollt, die unstreitig die Macht besitzen, menschliches Leben nach Wunsch auszulöschen.

V.

Sie besuchen den großen Morai

FLECHTBART, redseliger Führer der Gruppe, brachte uns bald in die Nähe des großen Morai von Maramma, der Begräbnisstätte der Pontifexe; dort waren auch viele Götterstatuen aufgestellt, zwischen denen man promenieren konnte.

Unser Weg führte uns durch das Bett eines seichten Wasserlaufes. Mohi achtete darauf, daß unsere Füße bei jedem Schritt, den wir machten, vom Wasser überspült wurden. Denn es hieße, den heiligen Morai zu entweihen, würde man dort gemeinen und weniger heiligen Grund einschleppen.

Hier und da waren überdachte Laubengänge über den Fluß geschlagen, damit die Wallfahrer bequemer in diesen geweihten Wassern, die einer Quelle in dem Morai entstammten, ihre Kleider waschen konnten, auf daß langes Leben folge. Doch, wie uns Flechtbart versicherte, kam es manchmal vor, daß etliche Tattergreise, die ihre Sachen direkt nach dem Eintauchen voller Eifer wieder anlegten, von Rheuma befallen wurden. Und es wurde von Fällen berichtet, wo sie, in ihrem Streben nach Langlebigkeit, tot niederfielen.

Als wir den Morai erreichten, fanden wir ihn von einem Wall umgeben. Und während die übrigen diesen erstiegen, ging Mohi offenbar der kindischen Beschäftigung nach, Kieselsteine zu sammeln. Diese benutzte er jedoch, zu unserem nicht geringen Erstaunen, zu respektlosen Würfen auf all die Dinge, auf die er unsere Aufmerksamkeit lenken wollte. Auf diese Weise wies er auf einen schwarzen Keilerkopf hin, der von einem Ast hing. Ganze zwanzig dieser Wachen waren auf den Nachbarbäumen auf dem Posten.

Beim Weitergehen stießen wir auf einen kleinen Hügel aus knochentrockenem Sand, der sich über dem ansonsten lehmigen Grund erhob. Da dieser Sand eine geheime konservierende Kraft besaß, war er vor langer Zeit aus einem fernen Land herbeigeschafft worden, um ein Grabmal der Pontifexe auszukleiden, die hier, Seite an Seite und Vater bei Sohn, alle in friedlicher Grabesgemeinschaft ruhten. Mohi erklärte, eine Öffnung des Grabmals würde bedeuten, daß die ganze Linie der Hohepriester auferstehen würde. »Dennoch nur eine Auferstehung von Knochen«, sagte Babbalanja, dessen Anspielungen auf die Verstorbenen stets knöchern waren.

Im weiteren stießen wir auf zahlreiche Gebilde, die Runensteinen glichen; sie waren mit rätselhaften Inschriften übersät und rings um eine elliptische Öffnung gruppiert. Aus dieser sprudelte die kristallklare heilige Quelle des Morai hervor, durch deren Wasser zwei Reihen scharfer, reißzahnartiger Steine zu erkennen waren: der sogenannte Mund Oros. Und man glaubte, daß sich über einer unheiligen Hand, die in die Quelle getaucht würde, die steinernen Kinnladen sofort schlössen.

Als nächstes kamen wir zu einem großen Standbild aus dunklem Stein, das einen stämmigen Mann mit übergroßem Kopf darstellte; in seinem Unterleib war eine Höhlung, die Einblick gewährte: es lagen Knochenreste darin. Vor diesem Bildnis rasteten wir. Und gleich, ob es nun Mohi darauf abgesehen hatte, uns Globetrotter durch seine Schilderungen zum Schlottern zu bringen, war das, was er erzählte, alles andere als erquicklich. Zu bestimmten Zeiten wurden diesem Götzen menschliche Wesen geopfert. Da er ein Feinschmecker war, verschmähte er jede ordinäre Kost. Um seine Verdauung sicherzustellen, vermied man alle indirekten Wege ins Innere und verstaute die Opfergaben in der Leibeshöhle selbst.

Nahe dieser Statue des sogenannten Doleema wurde uns ein einzeln stehender Baum gezeigt, der keine Blätter trug und tot bis ins Mark war. Doch hingen an seinen Ästen zahlreiche Körbe, überhäuft mit Melonen, Trauben und Guaven. Diese Körbe wurden täglich neu aufgefüllt.

Als wir dort standen, ging eine zerlumpte Hungergestalt vorbei, hohlwangig und hohläugig. Verlangend glubschte sie nach den Opfergaben, zog sich aber zurück, wohl wissend, daß es ein Sakrileg wäre, diese zu berühren. Sie mußten hier zu Ehren des Gottes Ananna verfaulen; denn so hatte Mohi diesen toten Baum genannt.

Während wir nun solchermaßen in dem Morai umherzogen und der alte Chronist dessen Geheimnisse erläuterte, erblickten wir plötzlich Pani und die Pilger, die sich dem Standbild des Doleema näherten; der Führer wurde von seinem Kind geführt.

»Dies«, hob Pani an und wies auf das steiner-

[26]

ne Idol, »ist der heilige Gott Ananna, der im Saft dieses grünen und blühenden Baumes lebt.«

»Du meinst gewiß dieses Steinbildnis, das wir erblicken?« sagte Divino.

»Ich meine den Baum«, sagte der Führer. »er ist kein Bildnis aus Stein.«

»Seltsam«, murmelte der Häuptling, »spräche hier nicht ein Führer, würde ich es nicht glauben. Doch da er einer ist, bin ich lieber still.«

»Geheimnisvollstes Geheimnis!« rief der blinde alte Pilger. »Ist also das ein Steinbildnis, was Pani einen Baum nennt? O Oro hätte ich Augen, es wirklich schauen zu können, um dann zu glauben, daß es ist, was es nicht ist; so daß ich die Größe meines Glaubens beweisen könnte und so Almas Segen verdiene.«

»Dreifach heiliger Ananna«, murmelte das Mädchen mit dem traurigen Blick und fiel vor Doleema auf die Knie, »empfange meine Verehrung. Ich weiß von dir nur das, was der Führer gesagt hat. Doch ich bin ein armes Mädchen von schlichtem Gemüt, das nicht selbst urteilt, sondern sich an andere hält, die weiser sind. Dies ist zu hoch für mich. Ich habe Angst, zu denken. In Almas Namen, nimm meine Verehrung entgegen.«

Und sie warf dem Gott Blumen zu Füßen.

Fanna aber, die rüstige Matrone, wandte sich an Pani und rief aus: »Empfangt weitere Gaben, o Führer.« Und wiederum deckte sie ihn ein.

Währenddessen betrat der eigensinnige Jüngling, der Pani nicht zum Führer wünschte, den Morai. Und als er die Schar vor dem Bildnis bemerkte, schritt er rasch auf sie zu. Als er das Idol erblickte, betrachtete er es aufmerksam und sagte: »Dies muß das Bildnis des Doleema sein; doch sicher bin ich nicht.«

»Nein«, rief der blinde Pilger, »es ist der heilige Baum Ananna, du Querkopf.«

»Ein Baum? Was es auch immer sein mag, ein Baum ist es jedenfalls nicht. Du bist blind, alter Mann.«

»Doch obwohl ich blind bin, habe ich das, was dir fehlt.«

Dann sagte Pani, indem er sich an den Jüngling wandte: »Entferne dich von dem heiligen Morai und verderbe nicht die Herzen dieser Pilger. Hinfort, sage ich. Und gehe, im heiligen Namen Almas, bei deinem Versuch zugrunde, den Gipfel zu erklimmen.«

»Vielleicht komme ich wirklich um«, sprach der Bursche betrübt, »doch dann geschieht es auf dem Weg, der mir im Traum enthüllt wurde. Und glaube nicht, o Führer, daß ich vollends sicher bin, diese luftige Höhe zu erreichen. Voll Hoffnung will ich den hohen Ofo erklimmen und nicht glaubend. O mächtiger Oro, hilf!«

»Sei nicht ruchlos«, sagte Pani, »sprich Oros heiligen Namen nicht zu leichtfertig aus.«

»Oro ist nur ein Laut,« sagte der Bursche, » auf meiner Heimatinsel wird der höchste Gott Ati genannt. Der Gedanke an ihn ist in mir, o Führer, nicht der Laut seines Namens.«

»Hört dieses Larifari! Hört, wie er von Geheimnissen plappert, die selbst Hivohitee nicht ergründen kann.«

»Nicht ihm oder dir, nicht mir oder irgendwem: allen ist Oro der große Unbekannte.«

»Warum beanspruchst du dann, daß du Oro besser kennst als die anderen ihn kennen?«

»Ich bin nicht so eingebildet. Und ich habe nicht viel an die Stelle dessen zu setzen, was ich nicht erfahren kann. Zwar fühle ich Oro in mir, doch kann ich diese Vermutung nicht erklären.«

»Stolzer Kerl! Deine Demut ist ein Vorwand; im Grunde genommen dünkst du dich weiser als Mardi.«

»Nicht annähernd so weise. Glauben ist etwas Erhabenes; gerade meine Zweifel erniedrigen mich. Ich klage und zweifle. Ganz Mardi mag recht haben, und ich bin zu einfältig, es zu erkennen.«

»Er ist verrückt«, sagte der Häuptling Divino, »nie zuvor hörte ich solche Worte.«

»Es sind Vermutungen«, murmelte der Führer.

»Armer Tor«! rief Fanna.

»Verlorener Jüngling!« seufzte das Mädchen.

»Er ist nur ein Kind,« sagte der Bettler. »Diese Flausen werden bald vergehen. Früher war ich wie er; doch, Alma sei gelobt, in der Stunde der Krankheit bereute ich, ich alter, schwacher Mann!«

»Da ich jung und gesund bin«, sagte der Bursche, »hege ich eher die Gedanken, die meiner strotzenden Jugend entspringen. Ich komme frisch von meinem Schöpfer, und Körper und Seele sind noch ohne Falten. Auf deinem Siechenlager, alter Mann, da halten sich deine Gedanken schadlos an dir.«

»Wenden wir uns ab von dem Lästerer«, rief Pani aus. »Entweiche, Übler, Verdammnis harret deiner!«

»Ich werde meiner Wege gehen«, sagte der Bursche, »doch Oro wird das Ende wirken.«

Und er verließ den Morai.

Nachdem Pani die Schar um die heilige Umfriedung geführt hatte, wobei er sich mit dem Stock behalf, denn sein Kind war weggegangen, setzte er sich auf einen niedrigen, moosigen Stein, von Statuen grimmig umringt, und wies die Pilger an, zu seiner Wohnstatt zurückzukehren, wo er sich ihnen schon bald wieder anschließen würde.«

Die Pilger gingen davon, er verharrte in tiefer Meditation, während eine unsichtbare Pflugschar lange Furchen auf seiner Stirn zog.

Lange schwieg er; dann murmelte er vor sich hin: »Dieser Bursche, dieser wilde und kluge Kerl, hat mir einen Stich ins Herz versetzt. Was er denkt, das ahne auch ich. Aber er ist ehrlich. Ich tue niemandem weh. Viele denken wohl unausgesprochen das gleiche wie ich. Täuschen wir uns demnach gegenseitig? Laßt eure Masken fallen, Menschen, auf daß ich gewiß wissen kann, ob ich meine Gedanken auch mit anderen teile. Warum, o Oro, müssen in dieser einen Sache alle heucheln? Unsere Gedanken sind nicht unser Eigen. Ein ehrlicher Gedanke, gleich wie er beschaffen sein mag, muß doch ein Körnchen Wahrheit enthalten. Aber wir müssen mit dem allgemeinen Strom schwimmen. Ich folge blind denen, die ich zu führen scheine. Die Pilgerschar ist so groß, daß sie nicht sehen, daß es keinen gibt, der da führt. – Das ist der Angelpunkt: ist unser Geist engelshaft? Doch nichtig, nichtig, o Oro, mein Versuch, diesem armen, blinden Leib zu entrinnen, der doch die rechte Bleibe für meine augenlose Seele ist. Tod, Tod: bin ich tot, wenn ich blind bin? Die Blindheit macht einem anscheinend den Tod bewußt. Wird es in meinem Grab dunkler sein als jetzt? – Von Finsternis zu Finsternis! – Was ist dieses zarte Etwas in mir, das sich mir entzieht? Wird es ohne Ende sein? Hatte es dann einen Anfang? Alles, alles ist Chaos! Was ist dies glänzende Licht im Himmel, diese Sonne, von der sie mir erzählen? Oder lügen sie? Mir scheint, sie kann Überzeugungen erstrahlen lassen; doch taste ich stumpf in Schwärze herum. Ich bin stumm und im Zweifel. Doch es ist nicht Zweifel, es ist schlimmer: ich bezweifle meinen Zweifel. O ihr allwissenden Genien der Lüfte, wie könnt ihr all dieses Weh gewahren und kein Zeichen geben? Wäre doch mein Zweifel nur bestimmt, wie der dieses ungestümen Burschen, der keinen Glauben hat, aber offenbar voll davon ist. Der Zweifler, der nicht an seinem Zweifel zweifelt, hat den größten Glauben. O könnte ich er sein. Mir scheint, dieser tollkühne Kerl hat Alma in sich und kämpft um seine Freiheit. Doch diese Pilger: dieses blind vertrauende Mädchen. – Was wäre, wenn sie mich sähen, wie ich bin? Friede, Friede meiner Seele. Die Maske wird wieder angelegt.«

Und wankend verließ er den Morai.

VI.

Gespräch über die Götter von Mardi; und Flechtbart erzählt von einem gewissen Foni

WÄHREND wir uns von der heiligen Umfriedung entfernten, sprach Mohi über die Göttervielfalt hierzulande, ein Thema, das sich, aufgrund der Menge der von uns gerade erblickten Idole, aufdrängte.

Mohi sagte: »Die Zahl dieser Götter aus Holz und Stein ist gering gegenüber der Unzahl der Götter in der Luft. Man tut keinen Atemzug, ohne einen Geist einzusaugen, und man berührt kein Blatt, ohne einen von ihnen aufzustören. Es gibt Götter des Himmels und Götter der Erde, Götter des Meeres und des Landes, Kriegs- und Friedensgötter, Felsen- und Feldgötter, Götter von Geistern und von Dieben, von Sängern und Tänzern, von armen Wichten und Dachdeckern. Götter erglänzen in den Augen von Vögeln und funkeln in den Wellenkämmen. Götter schaukeln fröhlich in den Zweigen der Bäume und singen fröhlich im Bach. Götter sind an allen Ecken und Enden, daher ist man nie allein.«

»Wenn dem so ist, Flechtbart,« sagte Babbalanja, »werden unsere geheimsten Gedanken abgehört, doch nicht von menschlichen Ohren. Diese Götter, auf die er anspielt, zählen jedoch, edler Herr, nur zu den halb-intelligiblen, zu den Untereinheiten der Einheit, die dem Ersten Adyton vorgelagert sind.«

»Tatsächlich?« sagte Media.

»Halb-intelligibel, sagst du, Philosoph?« rief Mohi. Dann drücke dich bitte auch dementsprechend aus, denn deine Rede scheint mir reines Kauderwelsch zu sein.«

»Babbalanja«, sagte Media, »hör auf mit deinem abstrusen Zeug. Was wißt ihr Sterblichen schon von uns Göttern und Halbgöttern?« Doch sag mir, Mohi, wie viele von deinen Felsen- und Feldgöttern gibt es deiner Ansicht nach hier? Führst du eine Statistik?«

»Edler Herr, ganz gering gerechnet, müssen es zumindest drei Billionen Trillionen Quintillionen sein.«

»Dies ist nur eine endliche Zahl!« sagte Babbalanja. »Würdest du, alter Mann, eine unendliche Zahl nennen? Und multipliziere sie dann mit der Summe der Torheiten in Mardi; und als Multiplikator nimm alle Irdischen, von denen man nichts mehr gehört hat, nachdem sie nicht mehr waren. Und das Resultat wird deine Quintillionen übersteigen, selbst wenn sie sich zu Nonillionen summierten.«

»Es reicht, Babbalanja!« rief Media. »Du zeigst die finstere Ader in deinem Marmor. Hör auf. Nimm ein warmes Bad, damit dein kaltes Blut sich wenigstens überschlägt. Doch komm, Mohi, erzähl uns bitte, wie es auf dieser Insel Maramma zugeht, was es mit dem Morai und seinen Idolen auf sich hat.«

Und unverzüglich hob Flechtbart mit der Erzählung an, die im wesentlichen die folgende ist:

Anscheinend gab es auf der Insel eine besondere Familie, deren Mitglieder seit vielen Generationen als Opfer für die Gottheit Doleema bereitgehalten worden waren. Sie zeichneten sich durch einen tieftraurigen Gesichtsausdruck aus und scheuten unwillkürlich zurück, wenn sie an dem Morai vorbeikamen. Obwohl einige von diesen Unglücklichen, wenn es zum Äußersten kam, freudig in den Tod gingen und erklärten, sie seien stolz darauf, für den heiligen Doleema zu sterben, gab es doch andere, die tollkühn ihrem Schicksal entgehen wollten und beim Herannahen eines Opferfestes in die tiefste Wildnis der Insel flohen. Doch ihre Flucht fruchtete nur wenig. Denn flugs heftete sich der oberste erbliche Zeremonienmeister des geschmähten Gottes auf ihre Fersen; dies war ein gewisser Xiki, dem die Bereitstellung der Opfer oblag. Und wenn der Flüchtling, irgendwo in ein Versteck gekauert, den nahenden Xiki erspähte, hatte er so große Furcht vor der Rache der Gottheit, der er entkommen wollte, daß er alle Hoffnung auf Flucht fahren ließ, aus seinem Lager aufsprang und ausrief: »Komm her und töte!« Und er entblößte seine Brust, auf daß der Wurfspeer ihn niederstrecke.

Die Chroniken von Maramma waren voller Schauerlichkeiten.

Es hieß, im wilden Innern der Insel würden sich noch die letzten Versprengten einer Kriegerschar verbergen, die sich zu der Zeit, als der Vater des jetzigen Pontifexen herrschte, bewaffnet erhoben hatten, um jenen zu entthronen. Sie wurden von einem gewissen Foni angeführt, einem aufstrebenden Propheten, der sich durch die ungewöhnliche Schönheit seiner Person auszeichnete. Diese Krieger wurden in einem schrecklichen Gemetzel besiegt. Und die Sieger setzten den in die Wälder fliehenden Überlebenden dreißig Tage lang nach. Obwohl viele von Speeren niedergestreckt worden waren, überlebten doch einige, die schließlich einsam und verzweifelt wie Besessene durch die Wälder irrten. Die Inselbewohner, die manchmal, auf der Suche nach seltenen Kräutern in die Wildnis drangen, scheuchten oft Gespenster von ihren Wegen, die durchs Laubwerk lugten. Dreimal hatte man diese Besessenen gesichtet, als man die unbewohnten Teile der Insel durchstreifte. Und ein Wächter des Morai überraschte einmal bei Tagesanbruch eine schauerliche, alterskrumme Gestalt dabei, wie sie sich an den Opfergaben beim Standbild des Doleema bediente. Der Besessene wurde getötet. Und aus seiner unauslöschlichen Tätowierung ging hervor, daß er kein anderer war als Foni, der falsche Prophet. Die strahlende Gestalt, mit der er ins Rebellengefecht gezogen war, hatten Alter und Elend nun zuschanden gemacht.

VII.

Sie besuchen den See von Yammo

VON dem Morai aus lenkten wir unsere Schritte zu einer unbewohnten Laubhütte; wir stärkten uns mit den Leckerbissen, die uns Borabolla überreicht hatte, und verbrachten dort die Nacht. Am nächsten Morgen brachen wir zu einer Fahrt auf die andere Seite der Insel auf. Dort stand im heiligen See von Yammo der berühmte Tempel des Oro; und ferner war dort die große Galerie der niederen Gottheiten.

Der See war nur ein Seitenarm der ruhigen Lagune, von dieser durch ein bewaldetes Riff abgetrennt, das von der hohen Westküste aus bogenförmig zu einem Vorgebirge hin verlief und dabei einen schmalen Durchlaß zum Meer freigab. Dieser war vom landumschlossenen Innern jedoch kaum zu sehen.

In diesem See gab es viele Inselchen, ganz grün von Wäldern. Das Ufer bestand zum größten Teil aus einem Steilhang mit Vorsprüngen, die von bemoosten, alten Steinaltären oder Tempelruinen gekrönt waren. Sie spiegelten sich dunkel in dem grünen, glasartigen Wasser; während die flache, zum Riff hin gelegene Seite des Sees durch ihre lange Reihe stattlicher Bäume wie eine einzige grüne Klippe wirkte.

Als wir auf den Yammo-See einfuhren, begrüßten uns seine zahlreichen Inseln wie ein Mardi im Kleinen. Und immer wieder erschraken wir angesichts der langen Reihe von Phantomen im Wasser, Spiegelungen der längs des Ufers aufgereihten Statuen.

Zuerst wandten wir uns dem Inselchen Dolzono zu und sahen dort die große Galerie der Götter: ein riesiger Tempel, der auf einhundert hohen Palmsäulen ruhte; jede von ihnen fußte im Boden auf einem vergrabenen Toten. Das Hauptschiff war eine einzige Allee von Götzenbildern; auf ihren Stirnen waren die Namen eingraviert: Ogro, Tripoo, Indrimarvoki, Parzillo, Vivivi, Jojijojorora, Jorkraki und unzählige andere.

Scharen von Tempeldienern waren damit beschäftigt, die Standbilder umzustellen.

»Edler Herr, Ihr seht hier eine ihrer Hauptbeschäftigungen,« sagte Mohi.

Darauf Media: »Ich habe viel von der berühmten Statue der Mujo, der Säugenden Mutter, gehört. Kannst du mir sie zeigen, Flechtbart?«

»Edler Herr, als ich das letzte Mal hier war, sah ich Mujo am Anfang dieser Reihe; doch hat man sie wohl umgeräumt, denn ich sehe sie jetzt nicht mehr.«

»Stellen diese Diener denn die Götterbilder andauernd derart um, daß man beim Besuch der Galerie von heute auf morgen nicht mehr weiß, wo man dran ist?« fragte Babbalanja.

»So ist es,« sagte Flechtbart. »Doch seht, edler Herr, hier ist das Bildnis der Mujo.«

Wir standen vor der Statue einer Göttin, die, wie ein Obelisk, derart hoch aufragte, daß wir beim Hinschauen unsere Köpfe zurückwerfen mußten. Mohi zufolge führten Wendeltreppen durch ihre Beine; ihr Unterleib war ein Keller, vollbepackt mit Kalebassen alten Weines; ihr Kopf: ein Hohlraum. Auf die kruden Hochreliefs ihrer unzähligen Brusthügel waren Legionen froschgleich krabbelnder Säuglingsgottheiten geschnitzt; während, im Innern verborgen, ganze Würfe dieser Kleinkindidole untergebracht waren, auf daß sie aus den Knorren des Holzes Göttlichkeit saugen mochten.

Während wir so dastanden, vernahmen wir ein seltsames, tiefgründiges Geräusch, das etwas Gurgelndes an sich hatte, als ob Wein ausgeschenkt würde. Als wir nach oben schauten, bemerkten wir durch Pfeilschießscharten und Luken drei maskierte Personen, die mit gekreuzten Beinen in Mujos Unterleib saßen und kräftig zechten. Doch kaum hatten sie uns gewahrt, als sie sich weiter ins Innere zurückzogen. Jetzt war ein Grabgesang zu hören, begleitet von vielen Seufzern und Lauten der Gram und des Kummers.

Im weiteren stießen wir auf eine Statue, deren Steiß einen Fortsatz von Anaconda-Länge trug; dieser schlang sich wieder und wieder um ihren Nacken.

»Dies muß Oloo, der Gott des Selbstmordes sein,« sagte Babbalanja.

»Ja,« sagte Mohi, »Ihr seht, edler Herr, wie heftig er Schwanz an sich legt.«

Als die Tempeldiener schließlich die lange Reihe der Sphinxe und Greife und vielgliedrigen Bildnisse vollständig umgestellt und in eine gehörige Ordnung gebracht hatten, begann eine Gruppe von ihnen, in langen, fließenden Gewändern, ihren Morgengesang anzustimmen:

Erwache, Rarni! Erwache, Foloona!
Erwachet, Götter ohne Zahl!

Auf diese und ähnliche Invokationen erwiderten die Standbilder nicht das geringste. Das entmutigte die Diener jedoch keineswegs; sie machten sich einzeln daran, den Göttern Bittgesuche zugunsten verschiedener Stämme vorzulegen, von denen sie zu diesem Zweck in Dienst gehalten wurden.

Einer betete für Regen im Überfluß, damit die Yamswurzeln von Valapee nicht in der Erde verdorrten; ein anderer für Trockenheit und Sonnenschein, die günstig für die derzeitige Brotfruchternte auf Mondoldo waren.

Als Babbalanja all dies hörte, sagte er folgendes: »Gewiß, edler Herr Media, erheben sich neben diesen Fürbitten, von denen wir hörten, noch zehntausend andere sich widersprechende Gebete zu diesen Idolen. Doch mich deucht, die Götter werden den ewigen Fortgang der Dinge nicht durch irgendwelche Winke von unten ins Wanken bringen, selbst wenn es möglich wäre, widerstreitende Wünsche zu erfüllen.«

Darauf Yoomy: »Ich würde aber dennoch beten, Babbalanja; denn Beten bringt uns unseren Seelen näher und läutert unsere Gedanken. Und vielleicht ist unser Flehen doch nicht gänzlich umsonst.«

Mohi, der immer noch zwischen den Götterbildern umherwanderte, hatte noch viel zu den verschiedenen Ansprüchen zu sagen, die diese an die Verehrung durch die Gläubigen stellten.

Denn obwohl sich alle Mardianer so oder so

der Oberhoheit von Oro beugten, waren sie im Hinblick auf die niederen Gottheiten nicht so einmütig; diese waren angeblich mittelbar mit irdischen Belangen befaßt. Ein Stamm opferte diesem, ein anderer jenem Gott, doch behaupteten alle, daß jeweils ihr eigener Gott der mächtigste sei.

Als Babbalanja merkte, daß alle Standbilder mehr oder weniger verschandelt waren, wollte er den Grund dafür wissen.

Worauf Flechtbart erwiderte, daß sie von feindlichen Huldigern verunstaltet worden seien. Diese würden in der großen Galerie der Götter in Zank geraten und wären derart außer sich vor Rage, daß sie oftmals gegenseitig ihre Lieblingsidole umzustürzen und zu demolieren versuchten.

»Doch seht,« rief Babbalanja aus, »hier scheint kein einziges Standbild unbeschädigt zu sein. Wie kommt das, alter Mann?«

»Das kommt so: während eine Partei die Bildnisse ihrer Gegner verhunzt, fallen diese über die Bildnisse jener in der gleichen Weise her; daher bleibt kein Idol ungeschoren.«

»Schluß damit, Flechtbart,« sagte Media. »Laßt uns abreisen und das Eiland besuchen, wo der Gott all dieser Götter seinen Schrein hat.«

VIII.

Beim Tempel von Oro treffen sie auf die Pilger

TIEF, tief im tiefsten Dschungel fanden wir den großen Tempel von Oro, der höchsten Gottheit, Entfalter-des-Himmels.

Während wir dort in Schweigen verharrten und dieses in Mardi berühmte Götterbild betrachteten, trat eine große Schar von Dienern in den Tempel ein. Sie hielten Perlmuscheln in Händen, angefüllt mit glosendem Räucherwerk. Sie gruppierten sich um Oro und stimmten einen lang rollenden Gesang an, ein Meer von Tönen. Und die dichten Dämpfe ihres Räucherwerks stiegen zum Dach auf.

Nun nahte Pani mitsamt den Pilgern; in einiger Entfernung folgte der eigensinnige Jüngling.

»Seht den großen Oro,« sagte der Führer.

»Wir sehen nur eine Rauchwolke,« sagte der Häuptling Divino.

»Meine Ohren sind vom Gesang betäubt,« sagte der blinde Pilger.

»Empfangt weitere Gaben, o Führer!« rief Fanna, die Matrone.

»O Oro, unsichtbarer Oro! Ich knie nieder,« murmelte träge das Mädchen mit dem traurigen Blick.

Doch jetzt verwehte ein Luftstrom die Rauchwirbel; und der eigensinnige Jüngling lief hierhin und dorthin, ganz begierig, das Bildnis zu schauen. Aber die Schar der versammelten Diener war so groß, daß er schließlich ausrief: »O Oro! Ich kann dich nicht erblicken, weil die Menge zwischen dir und mir steht.«

»Wer ist dieser Schwätzer?« riefen die mit den Räuchergefäßen und wandten sich allesamt an die Pilger. »Er soll nicht weiterreden sondern niederknien, auf daß er den Staub zu seinen Füßen scheuere; und soll sich selbst zur niedersten Kreatur erklären, die da kreucht. Solches befehlen Oro und Alma.«

»Ich spüre nichts in mir, was dermaßen niedrig wäre, «sagte der Jüngling, »und ich krieche vor niemandem. Doch würde ich ebenso gern dieses Bildnis *anbeten* wie das in meinem Herzen, denn beide bedeuten das gleiche. Doch was kann ich mehr tun? Ich liebe den großen Oro, obwohl ich ihn nicht begreife. Ich bin erstaunt über seine Werke und empfinde mich in seinen Augen als Nichts. Aber daraus, daß er allmächtig ist und ich ein Sterblicher bin, folgt nicht, daß ich ein Wurm bin. Als solchen sieht er mich auch nicht an. Nicht Oro erniedrigt uns, sondern wir tun dies mit uns selbst. Hatte nicht Oro mich erschaffen? Und sollte ich deshalb nicht wert sein, aufrecht vor ihm zu stehen? Oro ist allmächtig, doch kein Despot. Ich bin verwundert, ich hoffe, ich liebe, ich weine. Es gibt in mir etwas, das an Furcht grenzt, doch keine Furcht ist. Aber gänzlich niedrig bin ich nicht. Wir können nicht lieben und zugleich am Boden kriechen. Oro kennt mein Herz wohl, das ich nicht sprechen lassen kann.«

»Ruchloser Kerl,« riefen die Räucherer, »wir

werden dich just vor dem Bildnis opfern, das du schmähst. Ergreift ihn in Almas Namen.«

Und sie trugen ihn hinweg, ohne daß er sich widersetzte.

»So gehen die Gottlosen zugrunde,« sagte Pani zu den erschaudernden Pilgern.

Und sie verließen den Tempel, um dem Gipfel des Ofo entgegenzuziehen.

»Es zerreißt mir die Seele!« rief Yoomy. »Edler Herr, laßt uns diesen Jungen retten.«

»Schweige still,« sagte Media. »Sein Schicksal ist besiegelt. Rüttle nicht an den Grundfesten von Mardi.«

»Dann laßt uns von hier scheiden, edler Herr. Schließen wir uns den Pilgern an. Denn in den Tälern des Inselinneren kann die Verlorene gefunden werden, vielleicht sogar am Fuße des Ofo.«

»Dort nicht, nicht dort;« rief Babbalanja aus; »Yillah mag diese Gestade zwar betreten haben, doch ist ihnen wohl seit langem schon entflohen.«

IX.

Gespräche über Alma

WÄHREND wir auf dem See kreuzten, um die ganze Szenerie zu überblicken, führten wir viele Gespräche über das, was wir erlebt hatten. Da wir nun uns weit genug von den Räucherern entfernt hatten, war das traurige Schicksal, das den Jungen erwartete, Gesprächsthema für alle.

Vieles wurde auch zu Alma gesagt, auf den sich der Führer, die Pilger und die Räucherer oft als höchste Autorität bezogen hatten.

Flechtbart folgte der Aufforderung, zu offenbaren, was seine Chroniken zu diesem Thema sagten. Hier seine weit ausholende Erzählung in komprimierter Form:

Alma war offenbar ein bedeutender Philosoph und ein göttlicher Lehrmeister, der vor Jahrhunderten den Mardianern in langen Zeitabständen und auf verschiedenen Inseln unter den unterschiedlichen Namen Brami, Manko und Alma erschienen war. Seit seiner letzten und denkwürdigsten Verkörperung auf der Insel Maramma waren viele tausend Monde verstrichen. Jede seiner Ankunften ereignete sich in einem vergleichsweise finsteren Zeitalter. Daher glaubte man inständig, er sei gekommen, um die Mardianer von ihrer barbarischen Versklavung zu erlösen und ihnen den Weg der Wahrheit, der Tugend und des Glücks zu weisen; und sie durch das Versprechen der jenseitigen Glückseligkeit zum Guten zu verleiten; und sie durch Androhung von Leid vom Bösen abzuhalten. Entfernte man alle Verfälschungen, die über Jahrhunderte hinweg den ursprünglichen Äußerungen des Propheten beigefügt worden waren, ähnelten die Grundsätze, die er als Brami gelehrt hatte, offenbar denen, die er einem schon als Manko eingeschärft hatte. Als Alma aber hatte der göttliche Prophet seinen Entwurf vervollkommnet, da er seine Lektionen an die verbesserte Lage der Menschheit angepaßt hatte. Seine Offenbarung als Alma war seine letzte gewesen.

Am Ende dieser Erzählung bemerkte Babbalanja mit Nachsicht: »Mohi, ohne dich der Falschaussage zeihen zu wollen, denn deine Erzählung beruht nicht auf eigenem Zeugnis, erlaube ich mir, die Wahrheitstreue deines Berichtes von Alma in Frage zu stellen. Der Prophet kam, um Irrtümer zu zerstreuen, sagst du; doch zu den vielen, die überlebt hatten und fortdauerten, kamen noch zehntausend neue hinzu, die auf verschiedenen Auslegungen der Grundsätze Almas beruhten. Der Prophet kam, um alle Götter bis auf einen zu entfernen; doch haben sich seit Almas Tagen die Idole von Maramma mehr als vervierfacht. Der Prophet kam, um uns Mardianer tugendhafter und glücklicher zu machen; doch zusammen mit allem Guten von früher sind auch, nur vielfach abgewandelt, die gleichen Kriege, Verbrechen und Schicksalsschläge, die es zu Almas Zeiten gab, heute auch noch existent. Ja, und tilge aus deiner Geschichte die Schrecknisse, die, so oder so, aus den Taten derer folgten, die sich Almas Nachfolger nannten, und deine Chroniken wären weniger bluttriefend. Der Prophet kam, um uns ewige Glückseligkeit zu garantieren; doch den auf Maramma geltenden Grundsätzen zufolge ist diese Glückseligkeit an solch harte Bedingungen geknüpft, daß diese, bei klarer Überlegung, kaum einer aus unserem sündigen Geschlecht erfüllen kann. In diesem Punkt weise ich also deinen Alma gänzlich zurück; nicht so sehr, weil vieles an seinen Geschichten schwer zu begreifen wäre, sondern weil uns das, was uns offenkundig und unleugbar umgibt, anscheinend unvereinbar ist mit einem uneingeschränkten Glauben an seine Doktrinen, wie sie hier zu Maramma verkündigt werden. Außerdem verstärkt alles, was ich auf dieser Insel gesehen habe, meinen Unglauben: nie war ich so durch und durch ungläubig wie jetzt.«

»Mögen die Winde schweigen,« rief Mohi aus, »während du dein voreiliges Bekenntnis auf diesem heiligen See abgelegt hast.«

Darauf Media: »Denke, Philosoph, an den jungen Mann und an die, die ihn ergriffen.«

»Ach! Ich denke wohl an ihn. Armer Jüngling, wie ich ihn, in seinem verzweifelten Kampf, von ganzem Herzen bemitleidet habe! Doch gerade meine Klugheit, die Ihr mir absprecht, edler Herr, bewahrte mich davor, etwas zu seinen Gunsten zu sagen. Habt Ihr nicht bemerkt, daß ich bis jetzt, wo wir völlig unter uns sind, jedes offene Gespräch über unsere Erlebnisse auf der Insel vermieden habe? Glaubt mir, edler Herr, mehr als anderen geht es mir, Babbalanja, nicht aus dem Sinn, daß man in Maramma nur Glaubender oder Heuchler sein kann und daß einem, im Falle der Aufrichtigkeit, große Gefahr droht.

Und habe ich, Babbalanja, nicht Grund, achtsam zu sein, da zu meiner Knabenzeit mein eigener Vater wegen seiner Unbesonnenheit eben auf dieser Insel verbrannt wurde? Gerechter Oro! Es geschah in Almas Namen – was Wunder dann, daß ich zuzeiten den Klang dieses Namens fast hasse. Und in aller Glaubensinbrunst beschworen sie es, daß er von diesen Flammen zu anderen hinabfahren würde – schreckliche Mär!«

Darauf Mohi: »Du leugnest demnach die ewig währende Pein?«

»Diese zu leugnen lohnte nicht der Mühe. Und ich will nicht durch ihre ausdrückliche Verneinung Gefahr laufen, den Glauben von Tausenden zu erschüttern, die darin unerschöpflichen Trost für all ihre Leiden in Mardi finden.«

»Wie?« sagte Media, »gibt es welche, die sich mit dem Gedanken an immerwährende Flammen trösten?«

»Man möchte dies meinen, edler Herr, da sie dieses Dogma resoluter als andere verteidigen. Sie werden eher die Paradiesinseln fahren lassen als das Höllenfeuer. Und wahrhaftig tun sie als Almas Getreue nur recht daran, dieser Doktrin so sehr anzuhangen; denn, nach allem, was man in Maramma hört, scheint es das große Sendungsziel des Propheten zu sein, uns Mardianern Schrecken zu offenbaren, denen äußerst schwer zu entrinnen ist. Doch besser, wir würden alle ausgelöscht werden, als daß ein einziger Mensch verdammt sein sollte.«

Da entgegnete Media: »Aber hältst du es nicht für möglich, daß Alma falsch interpretiert worden ist? Bist du sicher, daß diese Doktrin die seine ist?«

»Weiteres weiß ich nicht, als daß dies der Glaube hierzulande ist. Und ich weiß nicht, wo ich darüber weitere Informationen erlangen kann. Doch hätte ich, edler Herr, zu der Zeit gelebt, wo manche Menschen zeitweise von Höllendämonen besessen gewesen sein sollen, hätte ich die Gelegenheit nicht verpaßt, diese bezüglich ihres Herkunftsortes ins Kreuzverhör zu nehmen – wie dies unsere Vorväter taten.«

»Na ja,« sagte Media, »der Glaube an deinen Alma ficht mich nicht an: Ich bin ein König und ein Halbgott; und überlasse dem gemeinen Volk gemeine Folterung.«

»Mich aber betrifft er,« murmelte Mohi, »doch weiß ich nicht, was ich denken soll.«

»Ich, für meinen Teil, weise diese Doktrin zurück,« sagte Yoomy. »Auch wenn ich sie zu glauben vermöchte, würde ich es nicht tun. Sie steht im Widerspruch zu den Geboten meines Herzens; instinktiv wendet sich mein Herz von ihr ab, wie ein Dürstender von bitterem Trank.«

»Still! Kein Wort weiter!« sagte Mohi. »Wir nähern uns wieder dem Strand.«

X.

Mohi erzählt von einem gewissen Ravoo; und sie besuchen Hevaneva, einen prosperierenden Handwerker

NACHDEM wir alles Sehenswerte auf Yammo geschaut hatten, fuhren wir ab und beendeten unsere Inselrundfahrt mit der Rückkehr nach Uma, ohne daß wir unsere Buge gewendet hätten. Wir glitten an vielen reizvollen Stätten vorbei, angesichts derer sich Mohi, wie immer, sehr wortreich zeigte.

Unter anderem machte er uns auf kleine Altäre aufmerksam, die hier und da auf die hellen, in die Lagune ragenden Klippen wie Meilensteine gesetzt waren. Diese Altäre waren den jeweiligen Schutzgöttern von Maramma geweiht und bildeten eine Kette geistiger Bollwerke; vermutlich waren hier die wachsamsten Wächter auf Posten, während der altehrwürdige Hivohitee ganz allein das undurchdringliche Innere beschirmte.

Doch handelte es sich nur um untergeordnete Wachposten, den Weisungen des Pontifexen unterworfen, derer sie oft teilhaftig wurden. Seine Verfügungen wurden einem gewissen Ravoo anvertraut, dem erblichen Kurier des Pontifexen, einem langbeinigen Kerl, so schnellfüßig, daß es hieß, er eile wie ein Pfeil. »Bist du Ravoo, daß du deine Beine derart schwingst?« sagten diese Inselbewohner zu einem, den sie in Hast und Eile antrafen.

Hivohitees Sendbote tauschte sich nicht mündlich mit den Wachposten aus. Er wurde rund um die Insel geschickt, und hatte lediglich Tapa-Zettel, mit hieroglyphischen Zeichen bedruckt, auf jedem Altar niederzulegen und mit einem Stein zu beschweren, damit die Botschaft am Platze bliebe. Und so machte er seine Runde.

Sein Weg nun führte über Berg und Tal und manches scharfe Korallengestein. Und um seine Füße vor Schrammen zu bewahren, mußte er eine Art Schnürstiefel tragen, gefertigt aus der einer dauerhaften Tapa mit zähester und dichtester Faser. Da er die Stiefel nur bei seinen Botengängen trug, plackte er sich arg mit diesen Fußzwingen ab; obwohl es höchst unklug gewesen wäre, sich ohne sie auf den Weg zu machen. Damit ihm das alles erträglicher war und er seine heißgelaufenen Tretwerkzeuge ab und zu kühlen konnte, richtete er eine Reihe von Haltepunkten ein. An jeder dieser Etappen hing ein neues Paar Stiefel von einem Baum, das sich der findige Wandersmann schnappte, um hineinzuschlüpfen. Diese Stiefelwechsel waren höchst bequem; und tatsächlich war es beinahe so, als würde er auf ein Paar neuer Beine gehoben.

»Und was soll nun diese Anekdote?« wollte Babbalanja von Mohi, dem Erzähler, wissen.

»Finde es selbst heraus, Schlaukopf,« versetzte Flechtbart.

»Und was kommt dabei heraus?« beharrte Babbalanja.

»Zum Kuckuck mit deiner sinnlosen Bohrerei;« entgegnete Mohi, »nichts, außer einem Grinsen vielleicht.«

»Und bitte, auf was willst du hinaus, Philosoph?« warf Media ein.

»Ich ziele auf das Wesen der Dinge ab, auf das jenseits liegende Geheimnis, auf die Zusammensetzung der Träne, die von hellem Gelächter hervorgerufen wird, auf die kostbare Perle in der rauhen Schale der Auster. Ich erkunde die Mitte des Kreises. Ich suche, um das Unerforschliche zur Entfaltung zu bringen.«

»Suche weiter! Und wenn du fündig geworden bist, schreie laut, damit wir eilen und schauen.«

»Der edle Herr König macht sich lustig über mich. Meine subtilen Erkenntnisse erscheinen ihm als töricht. Doch glaubt mir, edler Herr, man kann mehr denken als man sieht. Im intuitiven Wissen ist eine Wunderwelt enthalten oder, wie der alte Bardianna es ausdrückte: es gibt im Offenbaren ein Geheimnis, aber zugleich etwas Offenbares im Geheimnis.

»Habe ich dies je geleugnet?« sagte Media.

»Das ist so klar wie meine Hand im Dunkeln,« sagte Mohi.

»Ich glaube, ich habe geträumt,« sagte Yoomy.

»Sie spotten über mich. Genug: ich bin dafür zu tadeln, daß ich über die Tiefen meiner Seele spreche. Es ist ein Fehler, himmlischen Sinn mit irdischen Lauten versehen zu wollen. In mir ist vieles, was durch diesen von uns geatmeten Äther nicht mitteilbar ist. Doch ich tadele euch nicht.« Und Babbalanja hüllte sich in seinen Umhang und zog sich in dessen verborgensten Falten zurück.

Bevor wir Uma sichteten, liefen wir in eine

kleine Bucht ein, um einer dort lebenden Berühmtheit unseren Respekt zu zollen: Hevaneva, der, von zahlreichen Gesellen unterstützt, das lukrative Geschäft der Statuenherstellung für die umliegenden Inseln betrieb.

Also: alle Idole, die nicht auf Maramma gefertigt, von Hivohitee geweiht und, was wichtiger ist, mit Zahnschnüren bar an Hevaneva bezahlt worden waren, sind nicht mehr wert als Holzklötze und Ölgötzen. Doch kann der kunstfertige Handwerker die Erträge seines Berufs nicht allein abschöpfen, denn er ist bloß der Untergebene des Pontifexen, der vom Gewinn König Leos Anteil beansprucht und erhält.

Dieser Ort war sehr hübsch in ein annehmliches Waldtal in Nähe des Meeres gebettet. Es gab dort verschiedene geräumige Laubhütten, worin alle Arten von Idolen, in allen Stadien der Bearbeitung, lagen, die heiligen Gesichter gegen den Boden gekehrt.

Die Gesellen betätigten ihre Werkzeuge mit wunderbarem Fleiß: einige arbeiteten Nasen heraus, andere schnitten Münder ein oder bohrten mit erhitztem Feuerstein Ohren: eine durch den Hinterkopf führende Bohrung stellte die Hörorgane dar.

»Wie einfach sie zu durchschauen sind,« sagte Babbalanja und blickte durch einen der Köpfe hindurch.

Den letzten Schliff gibt man ihren Gottheiten, indem man sie mit geweihter Haifischhaut abreibt; sie wird getrocknet und über Holzstücke gezogen und ist dann so rauh wie Sandpapier.

Hevaneva zeigte uns in einem der entfernteren Schuppen eine hübsche Sammlung von Idolen: alle fertiggestellt und bereit zum Verkauf. Es gab sie in allen erdenklichen Mustern und Größen, von der Riesenstatue bis zum Miniaturfigürchen, das die Ultrafrommen als Ohranhänger trugen.

»Jüngst gab es,« sagte der Künstler, »eine lebhafte Nachfrage nach dem Bildnis des Arbino, dem Gott des Fischfangs, denn es war gerade die Hauptsaison für dieses Gewerbe. Nadams (Nadam ist für Liebe und Wein zuständig) waren ebenfalls sehr gefragt, da es die Zeit der Trauben war, wenn die Mädchen ausgelassen sind und gottergeben zugleich.

Da Babbalanja sah, daß Hevaneva mit seinen Erzeugnissen zwanglos, um nicht zu sagen: unehrerbietig umging, wollte er gern von ihm wissen, was er von seinem Gewerbe halte; ob die von ihm hergestellten Bildnisse wahrhaftig seien oder unecht, in einem Wort: ob er an seine Götter glaube.

Seine Antwort war merkwürdig. Doch noch seltsamer die Gesten, mit denen er seine Rede begleitete und unterstrich.

»Wenn ich die Bäume für meine Götterstatuen fälle,« sagte er, »sind es bloß Stämme. Wenn ich auf diese Stämme die Umrisse meiner Bildnisse aufzeichne, sind es immer noch Stämme; wenn der Stechbeitel sein Werk tut, sind es weiterhin Stämme; und wenn sie vollendet sind und ich sie zuletzt in meinem Atelier aufstelle, selbst dann sind es immer noch Stämme. Doch wenn ich das Geld in Händen halte, das sie mir einbringen, dann sind es die höchsten Götter, die je aus Maramma hervorgegangen sind.«

»Ihr müßt eine sehr bunte Mischung von ihnen fabrizieren,« sagte Babbalanja.

»Es gibt sie in allen Ausführungen.«

»Und alle aus dem gleichen Material, nehme ich an.«

»Jawohl, ein einziger Wald reicht für alle. Im Durchschnitt bringt uns jeder Baum volle fünfzig Statuen. Darüber hinaus nehmen wir auch oft gebrauchte Idole als Anzahlung für neue. Die alten werden wieder auf neu gemacht: Augen und Ohren werden aufpoliert, die Nasen werden ersetzt und insbesondere erhalten die Beine neue Füße; denn diese sind immer als erste hinüber.«

Vom Pontifexen sanktioniert, betrieb Hevaneva über seinen umfangreichen Idolhandel hinaus noch das höchst lukrative Geschäft des Kanu-Baus. Die Gewinne daraus flossen ungeschmälert in seinen Privatsäckel. Doch behauptete Mohi, der Pontifex würde ihn oft beschuldigen, die Statuenproduktion zugunsten des Kanu-Baus zu vernachlässigen. Wie dem auch sei, Hevaneva betrieb einen blühenden Handel in beiden Metiers. Und um dies zu demonstrieren, lenkte er unsere Aufmerksamkeit auf drei lange Reihen von Kanus, die auf hölzernen Stützen aufgebockt lagen. Sie waren in bestem Zustand und jederzeit bereit zum Stapellauf; sie waren ausgerüstet mit Paddeln, Auslegern, Masten, Segeln und einem Menschenschädel, der in einem seiner Augen einen Griff hatte – ein Schöpfeimer, wie er auf Maramma gebräuchlich ist;

nebst anderem Zubehör, inklusive eines auf die Größe des Bugs zugeschnittenen Zwölftel-Idols.

Dank des abergläubischen Vorzugs, den man dem Holz und der Arbeit der heiligen Insel gab, genossen Hevanevas Kanus ein ebenso hohes Ansehen wie seine Idole; und warfen ebenso viel ab.

In der Tat unterstützten die Metiers in unterschiedlicher Weise einander. Aus den Hohlräumen der Kanus gewann man die größeren Statuen; und die knorrigen Abfälle verarbeitete man zu Ohrringen für die Idole.

»Doch alles in allem,« sprach der Kunsthandwerker, »finden meine Götterbilder reißender Absatz als meine Kanus.«

»Und so wird es immer sein,« sagte Babbalanja. »Bleibe bei deinen Idolen, Mann! Das bringt mehr als Brötchenbacken.«

XI.

Babbalanja erzählt ein Ammenmärchen

NACHDEM wir uns wieder in unsere Kanus begeben hatten und ruhig dahinfuhren, bemerkte Media: »Obwohl ich mich selten mit solchen Gedanken martere, Babbalanja, habe ich gerade daran gedacht, wie schwer unbedarfteren Leuten die Entscheidung fallen muß, welches Bildnis sie als Schutzgottheit verehren sollen, da es doch auf Maramma anscheinend derart von Idolen wimmelt.«

»Überhaupt nicht, Eure Hoheit. Je unwissender, desto besser. Die große Zahl der Bildnisse verwirrt sie nicht. Doch bin ich nicht zu einem ernsthaften Gespräch aufgelegt. Lieber würde ich eine Geschichte erzählen.«

»Eine Geschichte! Hört her: es gelüstet den ernsthaften Philosophen, uns als Erzähler zu ergötzen! Doch beginne bitte!«

»Es waren einmal,« sagte Babbalanja und rückte seinen Gürtel unbekümmert zurecht, »neun Blinde mit ungewöhnlich langen Nasen, die sich aufmachten, um die große Insel zu sehen, auf der sie geboren worden waren.«

»Ein toller Anfang,« murrte Mohi. »Neun Blinde gehen auf die Reise, um zu sehen.«

Babbalanja fuhr fort: »Sie waren mit ihren Stöcken unterwegs und bewegten sich im Gänsemarsch vorwärts: jeder hatte seine Hände jeweils auf die Schulter des Vordermanns gelegt.

Der mit der längsten Nase war der Anführer des Trupps. In solcher Weise reisend erreichten sie ein Tal, wo ein König mit Namen Tammaro regierte. In einem bestimmten Areal am Ende des Tals nun stand ein riesenhafter wilder Banyan-Baum, gänzlich mit Moos bedeckt, uralt und fast ein Wald für sich; denn seine tausend Äste wurzelten am Boden und verankerten dort zahlreiche weitere gigantische Stämme. Tammaro war schon lange mit der Frage befaßt, welcher dieser vielen Stämme der ursprüngliche und wirkliche sei. Diese Angelegenheit hatte die klügsten Köpfe unter seinen Untertanen in Verwirrung gestürzt; und vergeblich war eine Belohnung für die Lösung dieser vertrackten Frage ausgesetzt worden. Der Baum aber war so umfangreich und so komplex in seiner Anlage; und seine wurzelnden Äste ähnelten sich derart in ihrem Erscheinungsbild und waren derart zahlreich, zudem sie sich jedes Jahr noch vermehrten, daß es ganz und gar unmöglich war, diese Frage zu entscheiden. Sobald jedoch die neun Blinden hörten, daß es eine Belohnung dafür gab, den Stamm eines einzeln stehenden Baumes ausfindig zu machen, versicherten sie Tammaro unisono, daß sie diese seine kleine Schwierigkeit flugs beheben würden. Und lauthals zogen sie über die Dummheit seiner Weisen her, die sich so leicht hätten in Verwirrung bringen lassen. Daher führte man sie in besagtes Areal und versicherte ihnen, daß sich der Baum irgendwo darin befände. Dann verteilten sie sich und bildeten einen weiträumigen Ring, um den Baum so von ferne einkreisen zu können. Worauf sie vorrückten, auf ihrer

Suche von ihren Nasen und Stöcken unterstützt, und riefen aus: ›Pah! Platz da! Wir Weisen kommen dem Geheimnis auf die Spur‹. Bald stieß der vorderste Blinde mit seiner Nase auf einen
5 der verwurzelten Äste und kniete rasch nieder. Und da er spürte, daß dieser in der Erde stak, rief er freudig aus: ›Hier ist er! Hier ist er!‹ Doch fast im selben Atemzug riefen seine Kameraden, die ebenso mit Stock oder Nase auf einen Ast
10 gestoßen waren, in gleicher Weise aus: ›Hier ist er! Hier ist er!‹ Woraufhin alle in Verwirrung gerieten. Doch wandte sich sogleich der erste Rufer an die übrigen: ›Gute Freunde, gewiß habt ihr euch geirrt. Es gibt an diesem Ort nur
15 einen Baum, und der ist hier.‹ – ›Ganz recht,‹ sagten die anderen unisono, ›es gibt hier nur *einen* Baum, doch der ist *hier*.‹

›Nein,‹ rief daraufhin ein jeder, ›er ist *hier*!‹ Und mit diesen Worten erfühlte jeder Blinde
20 triumphierend die Stelle, wo der Ast in die Erde drang. Darauf sprach der erste Rufer wieder: ›Gute Freunde, wenn ihr meinen Worten nicht glauben wollt, kommt her und fühlt selbst.‹ – ›Nein, nein,‹ antworteten sie, ›weshalb weiter
25 suchen, wenn er *hier* ist und anderswo nicht sein kann.‹ – ›Ihr blinden Narren, ihr widersprecht euch selbst,‹ fuhr der erste Rufer ergrimmend fort, ›wie kann jeder von euch einen einzelnen
30 Stamm in Händen halten, wenn es an diesem Ort nur einen einzigen gibt?‹ Worauf sie ihre Rufe wechselweise wiederholten und sich einander mit allen möglichen Schimpfnamen bedachten;
35 bald fielen sie übereinander her, verdroschen sich mit ihren Stöcken und beharkten sich

mit ihren Nasen. Doch als sie kurz danach von Tammaro und seinem Volk, welche die ganze Zeit über zugeschaut hatten, laut, ja lauthals, aufgefordert wurden, mit ihren Händen auf den richtigen Stamm zu schlagen, stürmten sie wieder zu ihren jeweiligen Ästen. Doch in dem Durcheinander hatte jeder einen anderen als vorher gepackt; jeder aber rief: ›*Hier* ist er, *hier* ist er!‹ – ›Seid still, ihr Blinden!‹ sprach Tammaro. ›Wie könnt ihr behaupten, ohne Augen mehr zu sehen als diejenigen, die Augen haben? Dieser Baum bleibt uns allen ein Rätsel. Daher verlaßt das Tal.‹«

»Eine tolle Geschichte,« rief Media. »Ich hätte nicht gedacht, daß ein Sterblicher, zudem ein Philosoph, sich derart gut aus der Affäre zieht. Bei meinem Szepter, ein starkes Stück! Ein Ringelreihen von Blinden um einen Banyan-Baum. Wohlan, Babbalanja, kein Halbgott könnte dich übertreffen. Du etwa, Taji?«

»Doch um Himmels willen, Babbalanja, was soll deine blinde Geschichte!« rief Mohi. »Wie ich sie auch drehe oder wende, sie sagt mir nichts.«

»Anderen schon,« sagte Babbalanja. »Sie ist polysensuell, alter Mann.«

»Voller Nonsens!« sagte Mohi.

XII.

***Sie landen, um Hivohitee zu besuchen
und begegnen einem außer-
gewöhnlichen alten Eremiten, mit dem
Yoomy ein vertrauliches, doch wenig
aufschlußreiches Gespräch hat***

ALS wir weiterfuhren, bemerkten wir plötzlich einen einzelnen Insulaner, der von einer Nachbarbucht aus mit seinem Kanu in See stach.

Als wir uns näherten, teilte uns der Fremde mit, daß er geradewegs von Hivohitee, dem großen Pontifex, komme, der sich nach Verabschiedung seiner himmlischen Gäste in sein privates Heiligtum zurückgezogen habe. Daraufhin beschloß Media, auf der Stelle zu landen und, unter Mohis Führung, landeinwärts zu ziehen, um Seiner Heiligkeit einen Besuch abzustatten.

Unser Weg entfernte sich vom Strand und drang in die Einsamkeit des Waldlandes ein. Er wurde von hohen Casuarinas oder auch Streitkolbenbäumen, einer Zypressenart, gesäumt; diese standen reglos im Dämmerlicht wie die Reihen Trauernder bei einem Begräbnis. Ab und zu wurden sie von den verwegenen Ranken der tropischen Winde, einer Verwandten unserer Purpurwinde, umschlungen, die an den Stellen, wo sie von den Zweigen gequetscht wurden, eine Milch absonderten, die auf die drachenschuppenartige Rinde der Bäume tropfte.

Diese Winde gibt es in vielen Spielarten. Eine Art hält sich am Tage verborgen und meidet das grelle Sonnenlicht; sie öffnet sich nachts mit den Sternen zu strahlend schönen Blütenkonstellationen, die sich mit der Morgendämmerung schließen. Andere schlummern während der Dunkelheit, sind beim ersten Lichtstrahl schon auf und recken ihre Blütenkronen ; wenn sie die Morgenluft eingeatmet haben, schließen sie ihre Lider wieder zur Ruhe. Während eine dritte, noch kapriziösere Art darauf besteht, sich erst im glänzenden Sonnenlicht und auf den höchsten Wipfeln der höchsten Bäume zu entfalten. Ehrgeizige Blüten, die erst dann an hochgelegenem Platze blühen wollen, wenn der helle Tag bewundernd zuschaut.

Bisweilen durchstreiften wir offene Waldlichtungen, von köstlichem Veilchenduft angefüllt. Balsamische Farne, vom Lufthauch bewegt, fächelten die Luft mit Aromen. Diese Lichtungen waren eine Wonne.

Auf unserem weiteren Marsch gelangten wir schließlich zu einer dunklen Waldschlucht, die durch ein Dickicht derart wirksam abgeschirmt war, daß ein unwissender Wanderer immer wieder an ihr hätte vorbeigehen können, ohne im Traum daran zu denken, daß sie ganz in der Nähe lag, wären von dort nicht giftige Dünste heraufgeweht.

Wir stiegen in die Düsternis dieses Talkessels hinab. Seine Hänge waren mit giftigen Stauden bedeckt, deren Ausdünstungen sich auf halber Höhe unangenehm mit dem von oben heranwehenden Kiefernduft mengten. Die Talsohle wurde von einem Bach durchflossen, dessen versinterter Rand, aufgrund des giftbefrachteten Wassers, metallisch glänzte. Der Bach entsprang einer Schwefelquelle von üblem Geschmack und Geruch, die von vielen siechen Pilgern aufgesucht wurde.

Durch die umliegenden Dickichte geisterte düsteres Krächzen von Krähen; ›pock-pock‹ wetzte der Schwarzmilan seinen Schnabel an den Ästen. Jeder Stamm wurde von einem Geist beschlichen: aus solchem Holz waren Hevanevas Statuen geschnitzt.

Rasch durchquerten wir diesen Ort: Yoomy hatte die Hände auf den Ohren, der alte Mohi hielt sich die Nase zu und Babbalanja versuchte vergeblich, mit geschlossenen Augen zu gehen. So mühten wir uns im Zickzack durch steile Felsen aus Kieselschiefer hindurch; wobei der Weg, wie ein Maultiertritt in den Anden, eher aufwärts als vorwärts führte: Yoomy über Babbalanja, Media über ihm und Flechtbart, unser Führer, hoch droben über allen.

Der glasige Grund war mit Schlacken übersät: ein derart buntes Gemenge, daß er offenbar von dem Schlund eines Vulkans ausgespieen worden war.

Bald erreichten wir ein hohes und schmales Bauwerk, das sich zwischen den malerischen Vorsprüngen der Klippen verborgen hielt wie ein Monument in den dunklen Gewölbegängen eines Klosters. Es war von fünf erloschenen Kratern umgeben. Die Luft war schwül und reglos, als ob sich Blitz und Donner hier schon vollständig ausgetobt hätten.

Wie eine Hindu-Pagode ließ dieser Bambusbau Stockwerk um Stockwerk steigen. An seinen vielen Ecken und Enden hingen, zur Dekoration, Schnüre mit Perlmuscheln. Das oberste Stockwerk aber, in etwa zehn Klaftern Höhe, war von der Spitze bis zum Boden mit Stroh umkleidet. Dieser Gipfel war durch eine Reihe von Stiegen zu erreichen.

Welcher Einsiedler hauste hier oben wie St. Stylites auf seiner Säule? Eine Frage, auf deren Beantwortung Mohi sehr erpicht war.

Er warf sich auf die Knie und sandte einen besonders leisen Ruf nach oben: keine Antwort. Ein zweites Mal: alles blieb still. Dann erstieg er die Pagode, warf sich wieder auf die Knie und rüttelte an dem Bambusgestänge, bis der Bau schwankte und die Perlmuscheln klingelten als galoppierte eine Herde von Andenmulis mit Glocken um den Hals die Schlucht entlang.

Schließlich wurde der Verschlag oben aufgestoßen und ein Kopf wurde herausgestreckt. Er gehörte einem steinalten Mann mit stahlgrauen Augen und Haupt- und Barthaar von ebensolcher Farbe. Der Greis trug ein grauenhaftes Halsband aus Kinnladen.

Mohi verließ nun die Pagode und wandte sich um, damit er einen Blick auf den Geist erlangte, den er da aufgescheucht hatte. Und sobald er ihn gewahrt hatte, entbot er, zusammen mit Media und den übrigen, einen augenfälligen Gruß.

Sogleich zeigte der Eremit dorthin, wo Yoomy stand, und winkte mit der Hand nach oben. Woraufhin Mohi den Sänger wissen ließ, daß es des Säulenheiligen Begehr sei, von ihm einen Besuch abgestattet zu bekommen.

Neugierig auf das, was ihn erwartete, machte sich Yoomy an den Aufstieg; und als er schließlich die Spitze der Pagode erreichte, traf er auf eine Luke, aus der ihm ein ermunternder Arm zur letztlichen Landung verhalf. Hier war alles reichlich düster. Denn die Klappe, woraus der Kopf der Erscheinung hervorgelugt hatte, war nun verschlossen. Und alles noch vorhandene Dämmerlicht drang durch die Öffnung im Boden herauf.

In dieser trüben Abgeschiedenheit saß der Eremit dem Sänger schweigend gegenüber. Seine grauen Haare, die Augen und der Bart schimmerten, als seien sie von Phosphor durchzogen; während seine grausige Halskrause mit all ihren Hauern abscheulich grinste.

Yoomy wartete stumm, daß man sich an ihn wende; doch als er keinen Laut vernahm und er sich der Absonderlichkeit seiner Lage bewußt wurde, überlegte er, ob es nicht ratsam sei, dem Blick auf dem Weg zu entschwinden, den er gekommen war – durch die Luke. Eine Absicht, die der Eremit wohl vorausgeahnt hatte; denn plötzlich war etwas über die Öffnung geglitten. Und die Erscheinung selbst saß darauf; so daß nun beide in völliger Finsternis waren.

Als sich der arme Yoomy solchermaßen mit einem unergründlichen Fremden eingeschlossen sah, der sich auf den einzigen Auslaß postiert hatte, war er einer Panik nahe; und wußte kaum, was er als nächstes tun sollte. Bei dem Gedanken, sich den Weg nach draußen gewaltsam zu bahnen, wurde ihm angst und bang; denn er konnte nicht wissen, ob der Eremit, geschützt von der Dunkelheit, bis zu den Zähnen mit Speeren bewaffnet war.

Schließlich wurde das Schweigen gebrochen.

»Was siehst du, Sterblicher?«

»Hauptsächlich Finsternis,« sagte Yoomy, und war erstaunt über die Kühnheit der Frage.

»Ich hause in ihr. Aber was siehst du noch, Sterblicher?«

»Das schwache Schimmern deiner Halskette.«

»Aber das bin ich nicht. Was siehst du noch?«

»Nichts.«

»Dann hast du herausgefunden, wer ich bin, und hast alles gesehen! Steige wieder hinab!«

Und damit öffnete sich der Durchlaß, und Yoomy folgte dem Geheiß und zog sich, durchs Dämmerlicht tastend, zurück, gänzlich verärgert über den rätselhaften Empfang, der ihm zuteilgeworden.

Als er wieder auf den Boden kam, fragte ihn Mohi, ob der Eremit nicht eine wunderbare Persönlichkeit sei.

Doch da er vermeinte, hinter dieser Frage lauere irgendeine Spitzfindigkeit, und da er im Moment zu empört war, um auf Einzelheiten einzugehen, gab der Sänger eine unwillige Antwort. Und die Schar setzte ihre Wanderung fort: auf gewundenem Weg durch einen Engpaß.

Yoomy zuckelte hinterher, um die seltenen Pflanzen und Blumen auf seinem Weg in Augenschein zu nehmen; was ihn so in Anspruch nahm, daß er die Szene in der Pagode fast vergaß. Doch er erwartete, daß man sich in jedem

Augenblick dem stattlichen Anwesen des Pontifexen nähern würde.

Aber plötzlich war der Schauplatz ringsum vertraut; denn es handelte sich anscheinend um den Pfad, den man, nach dem Verlassen der Kanus, gegangen war. Und schließlich kam der Landeplatz in Sicht.

Der Sänger war überrascht, daß man das Ziel unseres Besuches somit aufgegeben hatte, rannte vor und verlangte nach einer Erklärung.

Woraufhin Mohi seine Hände hob, erstaunt über die Blindheit der Augen, die den höchsten Pontifex von Maramma erblickt hatten, ohne ihn zu erkennen.

Der alte Einsiedler war kein anderer als der ehrwürdige Hivohitee. Die Pagode war das Allerheiligste der Insel.

XIII.

Babbalanja versucht das Geheimnis zu erklären

DIESE Persönlichkeit von der Größe eines Großmoguls, diesen außerordentlichen Ahasuerus, diesen Mann der Männer, eben diesen Hivohitee, dessen Name zwischen den Bergen widerhallte wie Donnergrollen, hatte er von Angesicht zu Angesicht geschaut und bloß für einen bärtigen, alten Einsiedler gehalten oder bestenfalls für einen zweifelhaften Zauberer.

Yoomys Verwunderung war momentan so groß, daß er nicht umhin konnte, sie in Worte zu fassen.

Woraufhin Babbalanja folgendes sagte:

»Guter Yoomy, wundere dich nicht darüber, daß Hivohitee so weit hinter deine Vorstellungen zurückfällt. Die Schatten der Dinge sind größer als sie selbst; und je ungeheurer der Schatten ist, um so weniger ähnelt er dem wirklichen Ding.«

»Doch da ich nun weiß, welch große Persönlichkeit Hivohitee ist,« sagte Yoomy, »wünsche ich um so mehr, ihn wiederzusehen.«

Aber Mohi versicherte ihm, daß dies nicht in Frage käme; daß der Pontifex Fremden gegenüber immer so auftrete wie ihm, Yoomy, gegenüber; und daß ein kurzer, undeutlicher Blick auf den Eremiten alles sei, was alle diese Sterblichen erhalten könnten.

Da dem Sänger ein zweites und befriedigenderes Gespräch mit einem, der seine Neugierde lebhaft erweckt hatte, dergestalt verwehrt war, wandte er sich wiederum an Mohi, um weitere Erhellung zu erlangen, insbesondere hinsichtlich seines ägyptisch dunklen Empfangs durch den Magnaten in dessen Höhle in luftiger Höhe.

Worauf der Chronist antwortete, daß der Pontifex diese Finsternis einfach verehre, daß er ein Herrscher sei, der wenig Worte mache, doch viele Taten tue; und daß Yoomy, hätte er länger mit diesem in der Pagode weilen dürfen, vieler seltsamer Beweise der Göttlichkeit, die diesem zugeschrieben wird, teilhaftig geworden wäre. Er hätte Stimmen in der Luft gehört, die sich mit Hivohitee unterhielten; unerklärliche Geräusche wären ihm entsprungen; kurzum: Licht wäre aus seiner Finsternis aufgeblitzt.

»Doch wer hat diese Dinge gesehen, Mohi?« sagte Babbalanja. »Du etwa?«

»Nein.«

»Wer denn? – Media? – Irgendeiner den du kennst?«

»Nein, aber der ganze Archipel.«

»Dann schaut Mardi,« rief Babbalanja aus, »obwohl es in manchen Dingen blind ist, als Ganzes die Wunder, die ein Augenpaar nicht sieht.«

XIV.

Taji empfängt Nachrichten und Vorzeichen

GEMÄCHLICH segelten wir weiter und wurden von einem Boot eingeholt, dessen Besatzung an Medias Seite festmachte. Die Männer sagten, sie kämen von Borabolla.

Schlimme Nachricht! – Mein treuer Gefolgsmann tot.

Er war die Nacht über nicht da gewesen und war am frühen Morgen leblos im Wald aufgefunden worden: mit drei Pfeilen im Herzen. Und die drei bleichen Fremden waren nirgends anzutreffen. Doch fehlte ein Schnellboot vom Strand.

Um meinetwillen getötet! Meine Seele schluchzte. Und noch sind Aleemas Totengeister nicht besänftigt; und noch ist der Haß der Rächer nicht vollständig gestillt. Zweifellos waren sie mir auf den Fersen.

Doch ich wollte umkehren. Und wäre Media nicht eingeschritten, hätte ich die drei Kanus unverzüglich wenden lassen und hätte schon bald Jarls tote Hand in der meinen gehalten.

»Deine Gegenwart wird dem Toten das Leben nicht wiederbringen.«

»Und wir müssen weiter, «sagte Babbalanja. »Wir suchen die Lebende, nicht den Toten.«

So überstimmten sie mich; und Borabollas Boten zogen von dannen.

Bald kam der Abend, und in seinen Schatten: drei Schattengestalten – Hautias Herolde.

Ihr Boot glitt näher.

Zuerst überreichten sie ein Trifolium, dann ein lanzenförmiges Blatt.

Daraufhin Yoomy: »Noch folge ich rasch, der Rache auf dem Fuß.«

Dann regnete es welke und blasse Narzissen.

Daraufhin Yoomy: »Deine Hoffnungen sind alle zunichte.«

»Nicht tot, sondern mit des Lebens Leben lebendig. Sirenen, euch schenke ich keine Beachtung!«

Sie hätten uns noch mit mehr Blumen überschüttet; doch wir setzten alle Segel bei und ließen sie zurück.

Viele Gespräche schlossen sich an. Danach suchten alle Ruhe unter dem Baldachin. Und schon nahte Schlaf als Schäfer mit Schlapphut, dessen Herde unzähliger Träume still alle die Hügel betüpfelte.

XV.

Träume

TRÄUME! Träume! Goldene Träume: endlos und golden, wie die blühenden Prärien, die sich vom Rio Sacramento her ausdehnen, in dessen Wassern Danaes Goldschauer gewirkt wurde, – Prärien wie gerundete Unendlichkeiten: gehämmerte Jonquillenblätter. Und meine Träume sammeln sich wie Büffelherden, die bis zum Horizont grasen, die über den ganzen Erdball grasen. Und in ihre Mitte stürze ich mit meinem Speer, um einen von ihnen zu erlegen, ehe sie alle davonstieben.

Träume! Träume! Sie gehen und kehren wieder wie die Orientalischen Reiche in der Geschichte. Und Szepter wogen, dichtgedrängt wie die Piken von Robert Bruce zu Bannockburn; und Kronen zuhauf, wie die Ringelblumen im Juni. Und weit im Hintergrund, in dunstigblauem Schimmer, vom Himmel in Stufen sich senkend: Anden über Anden, die auf Alpen bauen. Um mich herum das anhaltende Tosen der Ozeane; Amazonasflüsse und Orinikos rollen ihre Wasser; Wellen wie berittene Parther. Wild hin und her brandet das weite Waldland: die ganze Welt ein Elch und die Wälder, dessen Geweihschaufeln.

Doch weit im Süden, weiter als meine Sizilianischen Sonnen und meine Weingärten, erstreckt sich die Antarktische Eisbarriere: eine Chinesische Mauer, von der See erbaut; ihre Eis-

türme dämmern im düsteren Wolkenhimmel.
Liegen jenseits davon Sibirien und die Tartarei?
Tödlich-trostlose Reiche sind es; öd und wild
der Ozean, der an den Sockel dieser Barriere
schlägt, schwankend zwischen Vereisen und
Schäumen; mit Eisbergflotten befrachtet – kriegerische
Welten kreuzen Umlaufbahnen, sie
schleudern lange Eiszapfen wie Speere zum Angriff.
In weite Fernen treiben die Schollen der
Eisfelder, frostige Friedhöfe der Skelette und
Gebeine. Die Eisbären heulen auf, werden sie
von ihren Jungen abgetrieben; und die malmenden
Eilande zerschmettern die Schädel der vorwitzigen
Robben.

Doch unter mir, am Äquator, pulst und hämmert
die Erde wie das Herz eines Kriegers; bis
ich nicht mehr weiß, ob dieses Pochen nicht
doch von mir kommt. Und meine Seele versenkt
sich in die Tiefen und erhebt sich zu den Himmeln;
und wirbelt kometengleich durch solch
grenzenlose Weiten, daß mich dünkt, alle Welten
seien mir verwandt und ich beschwöre sie,
auf ihrer Bahn zu bleiben. Wie ein mächtiger
Dreidecker, der an seinen Keepen Karacken vertäut
hat, bebe ich, keuche und zerre ich in
meinem Fliehen und möchte nur zu gern die
hemmenden Taue loswerfen.

Und wie eine Fregatte bin ich mit tausend
Seelen angefüllt; und weiter, weiter lenze ich vor
dem Wind, indes viele Männer vom Orlopdeck
heraufstürzen wie Bergleute aus ihrem Schacht;
und laut schreiend über meine Decks laufen; die
Brassen sind zu beiden Seiten angeholt; und
hierhin und dorthin schwingen die großen Ra-

hen auf ihren Achsen, und unbändig tönende Trompeten sind zu hören; und widerstreitende Befehle, die das wackere Schiff vor den Walschulen bewahren sollen. Schwadengleiche Schwärme stranden am weißen Riff der Milchstraße, wo Wrackwelten zerschmettert liegen und den ganzen Strand übersäen mit ihren himalayahoch aufgetürmten Kielen und Spanten.

Ja: viele, viele Seelen wohnen in mir. In meinen tropischen Kalmen, wenn mein Schiff wie in Trance auf dem Meeresspiegel der Ewigkeit liegt, dann spricht eine Zeitlang eine Seele, dann sprechen alle mit einer Stimme: ein Orchester von Hörnern aller Arten, Konzert, das anschwillt und abschwillt und ausschwingt, mit goldenen Signalen und Gegenstimmen.

Manchmal, wenn diese Atlantike und Pazifike mich solchermaßen umwogen, dann liege ich ausgestreckt in ihrer Mitte: ein landumschlossener Mittelmeerbewohner, der weder Ebbe noch Flut kennt. Danach bin ich wieder in die Gischt dieser Klänge geschleudert, ein Adler am Ende der Welt, himmelhoch geworfen auf das Hörnergetöse des Sturms.

Doch sinke ich wieder hinab und lausche dem Konzert.

Homers Orgel rollt ihr ungeheures Volumen wie eine große Grundwelle unter den lichten Schaumkronen des Anakreon und des Hafis; und hoch über meinen Ozean steigt der herrliche Shakespeare, wie all die Lerchen im Lenz. Wie Knut auf meiner Meeresküste thronend, schlägt der bärtige Ossian seine alte Harfe, mit Wildblumen umwunden, worin meine Wallers jubilieren; der blinde Milton ist die Baßstimme zu meinen Petrarcas und Priors; und Laureaten bekränzen mich mit Lorbeer.

In mir ruhen und sprechen viele große Persönlichkeiten. Ich lausche ihnen. Paulus erörtert Montaignes Zweifel; Julian der Apostat nimmt Augustinus ins Kreuzverhör; und Thomas à Kempis entrollt seine dunklen Schriften, damit alle sie entziffern können. Zeno murmelt seine Maximen unter dem heiseren Gebrüll Demokrits; und obwohl Demokrit lange und laut lacht und trotz des Spottes von Pyrrhos, stimmen doch der göttliche Plato und Procleus und Verulam mit mir überein. Und Zaroasther flüsterte mir zu, bevor ich geboren wurde. Ich erschreite mir meine eigene Welt; und wie Mungo Park in afrikanischen Hütten weilte, so besuche ich viele Stämme. Ich werde bedient wie Bajazet, Bacchus ist mein Mundschenk, Vergil mein Rhapsode, Philip Sidney mein Page. Mein Gedächtnis ist ein Leben jenseits der Geburt; mein Gedächtnis ist meine Vatikanische Bibliothek, seine Alkoven bieten endlose Perspektiven, getönt vom Abendlicht, das schräg durch mittelalterliche Erkerfenster fällt.

Und wie der große Mississippi seine Wasser gleich Volksstämmen sammelt; wie der Ohio mit seinen verbündeten Strömen; der Missouri, der die Clans aus dem Hochland in Sturzbächen herabführt; der Arkansas, der seine Tartaren-Flüsse aus der Ebene herbeiströmen läßt: so lasse ich meine Woge von weit her rollen, mit allem Vergangenem und Jetzigen in mir.

Doch ich bin es nicht, es ist ein anderer: Gott

ist mein Herr. Und obgleich mich viele Trabanten umkreisen, kreisen doch ich und die Meinigen um die Große Wahrheit, die Mitte, feststehend wie die Sonne und ewig eine Leuchte am fundamentlosen Firmament.

Flammen züngeln von meiner Zunge. Und wenn auch die Baktrischen Propheten ehedem gesteinigt worden sind, so ruhen doch die Steiniger in Vergessenheit. Doch wer auch immer mich steinigen mag, der soll ein Erostratus sein, der den Tempel in Brand setzt; und wenn sich auch Dschingis Khan und Kambyses verbünden, um seinen Namen auszulöschen, wird der letzte lebende Mensch ihn noch im Munde führen. Und wenn dem so ist, will ich dort in den Tod eingehen, von wo ich herkam: wie Xenophon, der nach Griechenland zurückwich, während ganz Persien hinter ihm die Speere schwang.

Meine Wange erbleicht, während ich diese Zeilen schreibe, ich erschrecke beim Kratzen meiner Feder. Die Adler, die ich ausgebrütet habe, verschlingen mich. Gern würde ich diese Kühnheit widerrufen, doch eine gepanzerte Hand hält meine wie im Schraubstock gepackt und druckt, mir zum Trotz, jeden Buchstaben nieder. Gern würde ich diesen Dionysos, der mich bedrängt, abschütteln. Meine Gedanken schmettern mich nieder, bis ich wimmere. In fernen Feldern höre ich den Gesang des Schnitters, während ich in meiner Zelle verzage und mich plage. Fieber durchrinnt mich wie Lava, mein erhitztes Gehirn glüht wie Kohle. Und wie manch ein Monarch bin ich weniger zu beneiden als selbst der letzte Bauer auf dem Lande.

XVI.

Media und Babbalanja im Gespräch

AUFGRUND unseres ungeplant frühen Besuches bei dem Pontifexen veränderten sich unsere Pläne. Nachdem sich auf Maramma jegliche Suche nach der Verschollenen als nutzlos erwiesen hatte und es dort auch nichts Bemerkenswertes zu sehen gab, kehrten wir nicht nach Uma zurück, sondern setzten unsere Lagunenrundreise fort.

Bei Tagesanbruch hätte der unter dem Baldachin liegende Babbalanja gern alle unsere jüngsten Erlebnisse ernsthaft beredet, Dinge, die ihm offenbar, trotz der gelegentlichen Unbeschwertheit, die er an den Tag gelegt hatte, doch sehr zu Herzen gegangen waren.

Doch der edle Herr Media unterband dies, indem er erklärte, daß damit notgedrungen ein Thema angeschnitten würde, das stets von allen fröhlichen und empfindsamen Mardianern, die am Leben bleiben und vergnügt sein wollten, aus ihren öffentlichen Gesprächen verbannt werde.

»Sinne darüber soviel wie du willst, Babbalanja, doch sage nur wenig laut; und wenn, dann nur in lustiger oder erdichteter Form. Stelle die großen Grundsätze auf, doch überlaß es den Schlüssen, sich selbst zu ziehen. Gehe nie ins Detail, ergreife nie Partei. Aus der Ferne kann man eine Festung zusammenschießen, ohne daß einem etwas passiert. Doch welcher Gefahr setzt man sich aus, will man nur ein einziges Türmchen erstürmen. Ist man von Zweifeln gepeinigt, sucht man vergebens Mitgefühl bei seinem Mitmenschen. Denn bei diesem einen Thema sehen sich nicht wenige von euch freisinnigen Sterblichen, selbst die ansonsten redlichen und klugen, von ihrer Offenheit und ihrem Wohlwollen verlassen. Im Gespräch mit ihnen trifft man fast nur auf Phrasen, Ausflüchte, Gleichgültigkeit philosophischen Fragen gegenüber oder auf höfliche Heuchelei oder auf eine laue und förmliche Anerkennung des herrschenden Glaubens; oder noch schlimmer, aber weniger üblich: auf einen groben und wahllosen Skeptizismus. Endgültige und letzte Gedanken habt ihr Sterblichen überdies nicht zu diesem Punkt, Babbalanja, und könnt sie auch gar nicht haben. Im Grunde sind eure eigenen, flüchtigen Vorstellungen euch allzu oft selbst ein Rätsel. Und oft genug entschlüsselt man das Geheimnis eines anderen eher als das eigene. So sind selbst die Weisesten unter euch stets ohne festen Grund. Zeigt einer nach außen tropische Windstille, so kann man sicher sein, daß in seinem Innern tausend widersprüchliche Strömungen wirbeln und strudeln. Das freie, luftige Kleid eurer Philosophie ist nur ein Traum, der anscheinend nur wahr ist, solange er währt; doch erwacht man wieder in der alten orthodoxen Welt, dann legt man den alten Habitus und Habit wieder an. Und wenn man in seinen Träumen auch bis zum äußersten Orient eilen mag, bleibt man doch die ganze Zeit über dort, wo man wohnt. Babbalanja, ihr Sterblichen weilt in Mardi, und es ist unmöglich, anderswohin zu gehen.«

Darauf Babbalanja: »Edler Herr, Ihr weist mich zurecht. Wenn ich auch mit einigen eurer Behauptungen nicht übereinstimme, so will ich doch eingestehen, daß dies nicht das erstemal war, daß ein Philosoph von einem Menschen belehrt wurde.«

»Von einem Halbgott, mein Herr; und deshalb kann ich mich um so schneller des Ernstes entledigen, der dieser Sache anhaftet und der euch Sterbliche so sehr bedrückt.«

Es folgte eine Stille. Babbalanja, Mohi und Yoomy, die abseits auf beiden Seiten des Bootes saßen und, in Nachdenken erstarrt, feierlich im Rollen der Wogen schwankten, sanken immer tiefer in sich zusammen, wie die Federbüsche bei Begräbnissen. Und unser schwermütiges Kanu wirkte wie ein Totenwagen.

XVII.

Sie ergötzen sich mit ihren Pfeifen

»HE, ihr Sterblichen!« rief Media aus. »Wollen wir unsere Toten nicht endlich begraben? Wacht auf, Menschenkinder! Nur Mut, Erben der Unsterblichkeit! He, Vee-Vee, bringe unsere Pfeifen herbei! Wir wollen diese düstere Wolke verrauchen.«

Nichts so betörend wie die Dünste von Tabak, ob man sie nun durch Huka einsaugt, durch Nagileh, Tschibuk, Holländisches Porzellan oder pur, als ›Principe‹ oder Regalia. Und nur durch ein großes Versehen hätte König Media bei unserem Reisezubehör die Pfeifen vergessen können. Zu Zigarren oder Zigaretten gerollten Tabak hatten wir nicht dabei; solcher wurde bei uns nicht geschätzt. Pfeifen wurden bevorzugt. Und wie oft rauchten wir diese: du, Vee-Vee bist unser Zeuge! Doch waren diese unseren famosen Pfeifen nicht aus dem gemeinen Ton, aus dem Menschen und Etruskische Vasen gemacht sind. Aber alles der Reihe nach.

Das Tabak genannte Blatt gibt es in verschiedenen Sorten. Nach den Grobschnitten wie Shag, Pigtail, Priem, Nailrod, Negrohead, Cavendish und dem fehlbenannten Lady's-Twist gehen wir rasch zu den feineren Spielarten über: Gold leaf, Orinoco, Cimarosa, Smyrna, Bird's-eye, James River, Sweet-scented, Honey-dew, Kentucky, Kanaster, Scarfalati oder der berühmte Schiras oder Persischer Tabak. Wobei der letzte vielleicht der beste von allen ist.

Doch für ein anspruchsvolles Wesen ist selbst Schiras, wenn er pur geraucht wird, nicht mild genug. Er muß gemischt werden. Und auf die Kunst, den mildesten Tabak noch milder zu machen, darauf verstand man sich in Medias Reich ganz trefflich. In den dortigen Plantagen, die immer in einen blauen, schwülen Dunst gehüllt waren, da gedieh ein feines Blatt in äußerster Üppigkeit; es war fast so breit wie die Fächerblätter der Bananenstaude. Nachdem man die Blattstiele entfernt hatte, wurde der Rest fein geschnitten und mit weicher Weidenrinde und aromatischen Betelblättern gemischt.

»He, Vee-Vee, bringe die Pfeifen her,« rief Media. Und sie kamen her, gefolgt von kunstvoll geschnitzten Kokosnüssen mit Deckeln aus Achat, die ausreichend Munition enthielten für viele starke Ladungen und Zündungen.

Bald qualmten wir alle so heftig, daß der Elefantensänften-Baldachin, unter dem wir lagerten, purpurne Rauchringe nach oben sandte wie ein Wigwam in Michigan. Wir rauchten in der Runde und saßen zu Rate – und jede Pfeife eine friedsame Friedenspfeife.

Unter diesen Kalumets wirkte dasjenige König Medias wie der turbantragende Großtürke inmitten seiner Paschas. Es war schon eine außergewöhnliche Pfeife von echt königlichem Ausmaß. Ihr Mundstück, ein Adlerschnabel; ihr Stiel, ein glänzender, rotrindiger Kirschbaumzweig, zum Teil dicht bezogen mit purpurfarbenen Stachelschweinstacheln; und ihr Kopf ließ so viele Wimpel flattern wie ein Versailler Fahnenmast an einem Krönungstag. Nachdem der kleine Vee-Vee seines Herrschers Pfeife angezündet hatte, mußte er diese Wimpel, die mit Flaggenfallen betätigt wurden, bis zum Masttopp, sprich Pfeifenkopf, hissen: zum Zeichen, daß sein Herr den Anker gelichtet hatte und losdampfte.

Babbalanjas Pfeife aber war von anderer Art: ein riesiger, schwarzer, gewundener Ebenholzstiel rollte und ringelte sich endlos hierhin und dahin, wie eine Anaconda, die einen Brasilienreisenden umschlingt. Wenn Babbalanja auf dieser Hydra rauchte, wirkte er wie ein Posaunist.

Als nächste Yoomys zartgebaute. Ihr Stiel, ein schlankes, goldgelbes Rohr, wie das von Pansflöten; der Pfeifenkopf mit höchst fröhlichen Quasten.

Schließlich die Pfeife Mohis, des Chronisten. Sie endigte in einen Totenkopf, der ihn immerzu an seinen eigenen Tod erinnerte. Ihr Rohr war ein Straußenbein, und einige Federn flatterten noch in Nähe des Mundstücks.

»Komm herbei, Vee-Vee, und stopfe sie wieder,« rief Media durch die blauen Dünste, die sein großes Banner umwehten, als wäre er der federbuschgeschmückte Marschall Ney, der seinen Stab im Rauch von Waterloo schwang; oder der dreifach tapfere Anglesea, der sein Holzbein in den Schwaden des Apsley-House-Banketts präsentierte.

Vee-Vee gehorchte; und flugs war der Pfeifenkopf wie eine Haubitze bis zur Mündung geladen, und König Media fuhr fort, zu rauchen.

»Ah! Das ist wirklich angenehm,« rief er. »Seht, über den Wassern ist Ruhe, und Ruhe ist auch in unseren Herzen, während wir diese besänftigenden Düfte inhalieren.«

»Es ist so ruhig,« sagte Babbalanja, »daß bestimmt die Götter selbst gerade rauchen.«

»Und daher,« sagte Media, »sollten wir Halbgötter von nun an die Beine übereinander schlagen und unsere Ewigkeiten verrauchen lassen. Ah! Welch herrliches Gepaffe! Sterbliche, mich dünkt, diese unsere Pfeifenköpfe müssen versteinerte Rosen sein, da ihr Duft offenbar so stark ist. Doch alter Mohi, du hast deine vielen Jahre über geraucht; gewiß weißt du etwas über ihr Material: Meerschaum, glaube ich, nennen es meine Handwerker, bevor sie es zu Pfeifenköpfen verarbeiten. Erzähle uns, was es damit auf sich hat.«

»Mit Vergnügen tue ich dies, edler Herr,« erwiderte Mohi und entwirrte gemächlich sein Mundstück aus den Flechten seines Barts. »Ich habe dem Studium der Pfeifenköpfe viel Zeit und Aufmerksamkeit gewidmet und habe mich bei vielen gelehrten Autoritäten umgehorcht, um die aufeinanderprallenden Meinungen über den Ursprung des Meerschaums, auch Farnoo genannt, miteinander in Einklang zu bringen.«

»Nun denn, mein Methusalem, teile uns das Ergebnis deiner Nachforschungen mit. Doch rauche ruhig weiter: ein Wort und ein Wölkchen. Fahre fort.«

»Möge der Hochwohllöbliche Herr also vernehmen, daß dieses Farnoo eine fettige, tonartige Substanz ist; im Rohzustand weich, geschmeidig und leicht zu bearbeiten wie der karneolrote Ton aus den berühmten Pfeifentongruben der wilden Stämme des Nordens. Doch wenn man auch dieses Farnoo meist im Erdreich verborgen antrifft, insbesondere auf den östlich gelegenen Inseln, wird es doch manchmal, edler Herr, vom Ozean nach oben befördert. Und bei hoher See wird es in rauhen Mengen auf den Riffen gefunden. Doch die Meinungen über Natur und Ursprung dieses Farnoo, edler Herr, gehen weit auseinander; ebenso wie beim Bernstein, auch gelber Amber genannt.«

»Höre hier auf!« rief Media. »Unsere Mundstücke sind aus Bernstein; und kein Wort weiter vom Meerschaum, bis etwas Klärendes über das Bernsteingeheimnis gesagt wird. Was ist gelber Amber, alter Mann?«

»Eine Sache, die noch tiefer im Dunkeln liegt als die andere, mein Wohllöblicher Gebieter. Der alte Plinee behauptete, es sei wohl ursprünglich ein Saft gewesen, den Balsamtannen und -kiefern absonderten. Borhavo behauptete, es sei, wie Kampfer, das kristallisierte Öl aromatischer Farne. Laut Berzilli ist es der gehärtete Schaum des Sees Cephioris; und Vondendo behauptete standhaft, unzähligen Widersachern zum Trotz, es sei eine Art bituminöses Gold, das von den Decken vorsintflutlicher Schmugglerhöhlen in Meeresnähe sickere.«

»Nun, alter Flechtbart,« rief Media aus und legte seine Pfeife nieder, du bist fast ebenso gelehrt wie unser Philosoph hier.«

»Viel gelehrter ist er, edler Herr,« sprach Babbalanja, »denn Mohi hat all das aufgelesen, was ich als wertlos dem Vergessen anheimfallen ließ; und dies ist tatsächlich viel mehr als das, was meines Gedächtnisses wert ist.«

»Was sagst du, Schlaukopf?« rief Mohi und schüttelte seine Zotteln wie ein wutentbrannter Elefant mit vielen Rüsseln.

Yoomy wandte ein: »Edler Herr, ich habe gehört, daß Bernstein nichts anderes ist als die geronnene Tränenflüssigkeit liebesunglücklicher Seejungfrauen.«

»Unsinn, Sänger,« rief Mohi. »Hört, ich weiß, was es ist. Allen anderen Autoritäten zum Trotz ist Bernstein nichts anderes als Goldfischhirn, das durch die Einwirkung des Meeres zunächst wie Wachs wird und dann härtet.«

»Quatsch!« rief Yoomy.

»Edler Herr,« sagte Flechtbart und schwang seine Pfeife, »es ist so, wie ich es sage. Finden wir nicht kleine Fische, Flossen, Tümmlerzähne, die Schnäbel und Füße von Möwen, ja, sogar Schmetterlingsflügel und bisweilen einen Topas als Einschlüsse in Bernstein? Und wie könnte das vonstatten gehen, wenn die Substanz nicht vorher weich war? Bernstein ist Goldfischhirn, sage ich.«

»Ich jedenfalls,« sagte Babbalanja, »glaube dies nicht eher, bis du, Flechtbart, mir beweist, daß man in Bernstein Einschlüsse von Gedanken gefunden hat.«

»Noch eine von deinen verrückten Vorstellungen, Philosoph,« entgegnete Mohi geringschätzig, »doch manchmal hat man im Bernstein zahlreiche mysteriöse Schriftzeichen entdeckt.« Und er warf sein altes, ergrautes Haupt zurück und stieß seinen Dampf aus als bliese ein Wal.

»Tatsächlich?« rief Babbalanja aus. »Dann muß, edler König Media, allen Ernstes gefragt werden, ob die Stämme vor der Sintflut ihre hehren Gesetze nicht zwischen durchscheinenden und wohlriechenden Bernsteintafeln einzubalsamieren und zu verewigen suchten.«

»Nun, das ist gar nicht so unwahrscheinlich,« sagte Mohi; »denn der alte König Rondo der Runde war einst sehr erpicht darauf, für sich einen Sargdeckel aus Bernstein zu ergattern; und es gelüstete ihn sehr nach einem großen Batzen des Zeugs, den er im Besitze der Ahnen des Donjalolo von Juam wußte. Doch war dieser durch kein Geld der Welt zu erlangen. Daher ließ sich Rondo in eincm Kristallsarg begraben.«

»Und dieser machte Rondo gewiß unsterblich, »sagte Babbalanja. »Ha! ha! Hoffentlich teilte er nicht das traurige Schicksal des fetten Tümmlers, der in einen Eisberg eingefroren und eingesargt war.Sein Totenhemd aus Eis trieb südwärts, schmolz bald dahin; und der Kadaver sank ungesehen in die Tiefe.«

»Nun, so viel zu Bernstein oder gelbem Amber,« rief Media. »Nun befasse dich, Mohi, weiter mit Farnoo.«

»So wißt denn, edler Herr, daß Farnoo eher der grauen Ambra als dem gelben Amber gleicht.«

»Wirklich? Dann erzähle uns bitte etwas darüber. Ich nehme an, du weißt auch alles über graue Ambra.«

»Ich weiß alles von allem, edler Herr. Graue

Ambra wird an Land wie auch im Meer angetroffen. Doch insbesondere findet man sie klumpenweise an den gewürzreichen Küsten von Jovanna; ja, sogar überall auf den Atollen und Riffen des östlichen Mardi.«

»Doch was ist diese graue Ambra, Flechtbart?« fragte Babbalanja.

Der Chemiker Aquovi erklärte, sie bestünde aus den Überbleibseln von Pilzen, die auf dem Meeresgrund wachsen; Voluto behauptete, sie würde wie Naphta unterseeischen Quellen entstammen. Doch keines von beidem stimmt.«

»Ich habe gehört,« sagte Yoomy, »daß sie eine Bienenwabe ist, die von blühenden Klippen in die salzige See stürzte.«

»Nichts dergleichen,« sagte Mohi. »Weiß ich nicht alles darüber, Sänger? Graue Ambra besteht aus den versteinerten Gallensteinen von Krokodilen.«

»Was!« rief Babbalanja aus, »diese wohlriechende Ambra soll von diesen gepanzerten, nach Moschus stinkenden Flußrittern herrühren? Kein Wunder dann, daß ihr Fleisch so gut duftet und ihre Oberkiefer gleichsam die Verschlußklappen von Riechfläschchen sind.«

»Nein,« rief König Media aus, »ihr habt alle unrecht.«

Und er lachte daraufhin in sich hinein und sagte sich: »Es ist lustig als Halbgott neben diesen Sterblichen zu sitzen und sie über Dinge mutmaßen zu hören, von denen sie keine Ahnung haben: Theologie oder gelber Amber oder graue Ambra, es ist alles das gleiche. Doch rückte ich immer mit meinem ganzen Wissen heraus, käme mit diesen komischen Geschöpfen kein Gespräch zustande. –

Höre, alter Mohi; Ambra ist eine krankhafte Darmausscheidung des Pottwals; denn, wie ihr Sterblichen, kränkelt dieser Wal bisweilen und leidet unter Verdauungsstörung. Ihr müßt wissen, Untertanen, daß der Pottwal in grauer Vorzeit eifrig bejagt wurde, was man als besseren Zeitvertreib ansah, als den Landungeheuern nachzustellen. Diese Zerstreuung warf im übrigen auch einigen Gewinn ab. Wurde das Untier harpuniert, machte es sich manchmal in feigem Schrecken davon und hinterließ in seiner Kielspur gewisse Überreste. Die Jäger sammelten diese ein und unterbrachen die Jagd für eine Weile. Denn ein halber Zentner Ambra ist, damals wie heute, wertvoller als eine ganze Tonne Walrat.«

»Wäre es nicht klug gewesen, edler Herr,« sagte Babbalanja, »das Meerestier, das solche Schätze fallen ließ, nicht zu töten; wie man auch die Tölpelseeschwalbe nicht antastete, die goldene Eier legte.«

»Zum Kuckuck! das muß schon ein Tölpel gewesen sein,« gurgelte Mohi durch seinen Pfeifenstiel, »der goldene Eier legt, damit andere sie ausbrüten.«

»Hören wir doch damit auf,« rief Media aus. »Mohi, wie lange, glaubst du, hält einer deiner Pfeifenköpfe?«

»Edler Herr, wie der eigene Schädel wird er solange halten, bis er in Brüche geht. Mit meinem hier rauche ich schon länger als ein halbes Jahrhundert.«

»Doch anders als unsere mit Ablagerungen vollgestopften Schädel,« sagte Babbalanja, »brauchen unsere Pfeifenköpfe niemals geleert zu werden.«

»Gewiß,« sagte Mohi, »sie nehmen die ölige Substanz des Rauches in sich auf und erlauben ihr nicht, hartnäckig zu verkrusten.«

»Ja, je älter sie sind, desto besser,« sagte Media, »und um so delikater der Geschmack, den sie dem inhalierten Rauch übermitteln.«

»Meerschaum auf immer, edler Herr!« rief Yoomy aus. »Durch vieles Rauchen gewinnt der Pfeifenkopf ein gereiftes Rotbraun, gleich der sonnengebräunten Wange einer Brünetten.«

»Und wie Räucherschinken,« rief Flechtbart, »werden wir altgedienten Raucher brauner und brauner. Mit großem Entzücken erleben wir, daß unsere famosen Nasen und Pfeifenköpfe gleichzeitig reifen.«

»Gut gesprochen, mein Alter,« rief Babbalanja; »denn eine Pfeife ist wie ein gutes Weib ein Freund und Gefährte fürs Leben. Und wer eine Pfeife heiratet, ist nicht länger Junggeselle. Nach vielen Ärgernissen kann er sich nach Hause zu diesem treuen Ratgeber begeben; und dieser quillt über vor Trost und guten Vorschlägen. Doch nicht so bei Zigarren oder Zigaretten: sie sind Augenblicksbekanntschaften, mit denen man nebenbei plaudert, wenn sie einem gerade zupaß sind. Ihr Dasein ist so flüchtig, ungewiß und unbefriedigend. Hat man sie einmal entzündet, sind sie alles andere als langlebig und schnell abgebrannt. Deshalb ist ein Zigarettenstummel eine Abscheulichkeit; und zwei gekreuzte Zigaretten wirken eher wie ein *Momento mori* als zwei Hüftknochen, die x-förmig übereinander liegen.«

»So und nicht anders ist es mit ihnen,« rief König Media aus. »Also, Sterbliche, dampfen wir mit unseren Pfeifen los. Pafft, pafft, sage ich. Oh, welch ein Paffen! So paffen wir Halbgötter stets zu unserem Behagen.«

»Pafft, pafft! Oh, welch ein Paffen,« rief Babbalanja aus. »Doch das Leben selbst ist nur Hauch und Rauch. Unsere Lungen sind zwei Pfeifen, mit denen wir andauernd schmauchen.«

»Pafft, pafft! Oh, welch ein Paffen!« rief der alte Mohi aus. »Alles Denken ist nur Gepaffe.«

»Jawohl,« sagte Babbalanja, »nichts als blauer Dunst, sowohl in diesem Pfeifentotenkopf als auch in dieser Hirnschale auf unserer Schulter.«

»Pafft, pafft, oh welch ein Paffen!« rief Yoomy aus.« Doch mit jedem Rauchring verpufft und verfliegt eine Sorge.«

»Jawohl, hier dampfen sie ab,« rief Mohi, »und hier, und hier; so wird man sie los, mein Wohllöblicher Herr: man pafft sie hinweg.«

»Yoomy,« sprach Media, trage dein Pfeifenlied vor. Singe es, mein lieber und gefälliger Poet. Wir werden mit unseren Flageoletts den Takt halten.«

So sang Yoomy, begleitet von Pfeifen und Gepaffe, folgendes Lied:

> *Sorgen sind abgeschafft: –*
>   *Pafft! Pafft!*
> *Nur Paffen gibt Kraft: –*
>   *Pafft! Pafft!*

Schnupftabak erschlafft,
Warm ist's, wird gepafft: –
Pafft! Pafft!
Wir schmoren hier im eignen Saft,
Wie alte Lords in ihrem Taft,
Wie Bären, hübsch einschlarafft: –
Pafft! Pafft!
Dann pafft, pafft, pafft,
Denn Sorgen sind abgeschafft,
Verpufft in einem Gepaff. –
Pafft! Pafft!

»Jawohl, so verpaffen wir alles,« rief Babbalanja. »Leben und Sterben: gerafft und verpafft. Raucht weiter und pafft, meine Vulkane: die große Sonne selbst wird wie eine Schnuppe verlöschen; und ganz Mardi wird blaken wie ein ausgeblasener Docht.«

»Des Paffens genug,« sprach König Media. »Vee-Vee, hole meine Flagge ein. O Banner, lege dich vor mich hin! Und hört, Untertanen: legt bei meinem Tode diesen Speer zu meiner Rechten nieder und diese Pfeife zu meiner Linken, mit den Wimpeln auf Halbmast; so werde ich auf beiden Seiten gut bestückt sein und zwischen beredten Symbolen ruhen.«

XVIII.

Sie besuchen einen außerordentlichen alten Antiquitätensammler

»HE, Paddler, wendet hier,« rief Media. »So eingenebelt hatten wir uns, daß wir an Padulla, unserem Bestimmungsort, vorbeigesegelt sind.«

Padulla nun war nur ein Inselchen, einem Nachbarkönig tributpflichtig. Seine Bevölkerung zählte einige hunderttausend Blätter, Blumen und Schmetterlinge, jedoch nur zwei menschliche Wesen. Einer, berühmt als altehrwürdiger Sammler von Antiquitäten und mardianischer Kuriosa: ein Kenner und dilettierender Liebhaber alter und wunderbarer Dinge; und daher auch sehr wählerisch im Bezug auf sich.

Er war unter dem exklamatorischen Zunamen Oh-Oh bekannt, ein Name, der ihm wegen der entzückten Ausrufe verliehen wurde, mit denen er alle seine Neuerwerbungen in seinem Museum begrüßte.

Nun sollten wir gar Einblick in dieses Museum erhalten, auf dessen Besuch Media sehr begierig war.

Dieser Alte bot schon einen tollen Anblick, insbesondere seine Nase. Sie war herausragend. In ganz Mardi ist ein herausragende Nase ein markantes und stets augenfälliges Unterscheidungsmerkmal. Einen Namen macht man sich schließlich nur, um als Individuum hervorzutreten; und das kann man genauso gut durch eine prominente Nase erreichen wie durch ein außerordentliches Epos. Tatsächlich sogar weit besser. Denn man kann Dichtern über den Weg laufen, ohne sie zu erkennen. Selbst ein Held ist ohne sein Schwert kein Held; und Beelzebub kein Löwe, fehlt ihm das Lasso seines Schwanzes, mit dem er seine Beute einfängt. Doch unmöglich ist der zu übersehen, der wegen seiner Nase berühmt ist. Er ist berühmt, ohne daß er sich um einen Namen abmüht. Im Schatten seines Rüssels macht er es sich recht bequem und ist guter Dinge. Und wo er geht und steht, wird ihm gebührende Aufmerksamkeit zuteil.

Da wir uns nicht lang und breit über die Topographie von Oh-Ohs Riechorgan auslassen, möge man sich mit folgendem begnügen: es war überdimensional groß und schwang sich an der Spitze keck auf – ein Ausrufezeichen im Gesicht des Trägers, auf immer erstaunt über die sichtbare Welt. Oh-Ohs Augen waren wie die des Geschöpfes, das die Juden verabscheuen: schief im Kopf sitzend, so daß sich die Sehstrahlen in Nähe des Mundes trafen, der kein Mund war sondern eine klaffende Wunde.

Ich will zu dir nicht grob oder unfreundlich sein, Oh-Oh, doch muß ich dich malen, wie du warst.

Der Rest war krumm und zwergenhaft und von einem riesigen Buckel überragt, der ihm wie eine Bürde auf dem Rücken saß. Und ein Buckel ist schon eine schwere Last, weiß der Himmel; man kann sie nur im Grab abwerfen.

In diesem alten, antiquierten Wohnsitz, gekrönt von seinem Nasengiebel, weilte Oh-Ohs

Seele. Doch sein Leib hauste in einem ebenso kuriosen Bau. Errichtet aus alten, vom Wind abgeworfenen Ästen und überdacht mit störrischem Stroh, wirkte er von außen wie ein Straußennest. Doch innen war er, mit seinen düsteren Gängen und Kammern, so bizarr und verworren, daß kein Walnußinneres labyrinthischer wäre.

Hier lagen, verstaubt und verstreut in heillosem Durcheinander, die kostbaren Altertümer und Kuriosa und obsoleten Dinge, die Oh-Oh wie seinen Augapfel hütete oder wie die Erinnerung an vergangene Tage.

Der Alte stieß uns förmlich mit der Nase auf seine Überbleibsel; und zu jedem hatte er eine endlose Geschichte auf Lager. Die Zeit, nein, die Geduld fehlt, seine Geschichten zu wiederholen. So seien nun hier, der Reihe nach, seine hervorragendsten Raritäten aufgezählt:

Genau das Kanu, worin vor Urzeiten der Gott Unja vom Grunde des Sees heraufkam.
(Sehr schwer; aus Pockholz)

Ein steinerner Blumentopf, der in Originalerde Unjas letzte Fußstapfen enthält, als er sich nach unbekannten Gebieten einschiffte.
(Ein Fußabdruck seltsamerweise in umgekehrter Richtung)

Die Kieferknochen von Toorooroloo, einem großen Redner zu Unjas Zeit.
(Irgendwie verzogen)

Ein kunstvoller, kleiner Angelhaken
(Aus den Fingerknochen von Kravi dem Klugen gefertigt)

Die Zaubergurde, rundum mit kabbalistischen Dreiecken und Hippogryphen beschnitzt, durch deren Studium ein bekannter Prophet angeblich inspiriert wurde.
(Leicht nach Weinberg duftend)

Das komplette Skelett eines riesigen Tigerhais; mit den Knochen eines Perlentaucherbeines darin.
(Bei Ebbe vom Riff aufgelesen)

Ein rätselhafter, unförmiger Klotz aus einem scheckigen, geräucherten Holz.
(In der Mitte von drei unerklärlichen Löchern durchbohrt)

Eine Art geistiges Liktorenbündel, aus den knöchernen Schwertern von neun Schwertfischen bestehend, mit Haifischrachen als Säbelkörben, umflochten und bequastet mit Schnüren aus Menschenhaar.
(Nun außer Gebrauch)

Der Zauberfächer, mit dem sich Unja zufächelte, wenn er betrübt war.
(Aus den Blättern der Wasserlilie geflochten)

Ein Dreifuß aus einem Storchenbein, als Stütze für ein Nautilusgehäuse, das die Schalenreste eines Vogeleis enthält. Angeblich war in dieses die Seele eines verblichenen Häuptlings auf magischem Wege umgefüllt worden.
(Leider durch den Luftdruck zermalmt)

Zwei einbalsamierte rechte Hände, die sich umklammern; Hände von Zwillingskriegern, die so auf einem Schlachtfeld fielen.
(Völlig unzertrennlich)

Ein merkwürdiger Beutel oder auch Börse aus der Haut eines Albatros-Fußes, mit drei scharfen Krallen verziert, die von Natur aus dazugehören.
(Ursprünglich im Besitz eines berüchtigten, alten Rachzahns)

Eine lange, verschlungene Locke aus Seejungfrauenhaar, die eher den gekräuselten, silbrigen Fasern der zarten Meeresalgen ähnelt.
(Zwischen Delphinflossen aufbewahrt)

Ein Seejungfrauenkamm für die Haarpflege. Der starre, gezackte Kamm eines Sturmschwalbenhahns.
(Oh-Oh war im Hinblick auf Seejungfrauen sehr neugierig)

Beinerne Feilen, Raspeln und Pinzetten: die Utensilien eines bedeutenden Fußpflegers, der seine Werkzeuge vor der Flut auslegte.
(Infolge der damals ausgeprägten Unebenheiten des Bodens waren die Urzeitler besonders anfällig für Fußbeschwerden)

Der Backenzahn, den sich Zoro der Enthusiast zum Zeichen der Klage beim Tod eines Freundes unbekümmert ausschlug.
(Zu einem Stummel verschlissen und völlig wertlos)

Als wir diese Wunder inspiziert hatten, geleitete uns Oh-Oh zu einer Hütte, um uns das berühmte Teleskop zu zeigen, mit dessen Hilfe er angeblich einen Ameisenhaufen auf dem Mond entdeckt hatte. Dieses ruhte in der Astgabel eines Brotfruchtbaumes und bestand aus dem ungeheuer langen und hohlen Stamm einer Palme; seine Linse war die Schuppe eines Meereskraken.

Dann kehrten wir wieder zu seiner Sammlung zurück, und er zeigte uns ein Mikroskop aus Bambusrohr, das ihm bei seinen entomologischen Studien dienlich war.

»Mit diesem Instrument, meine Herren,« sagte er, »habe ich mich selbst davon überzeugt, daß es im Facettenauge einer Libelle genau zwölftausendfünfhunderteinundvierzig dreieckige Sehkeile gibt; und daß ein Flohbein mit Aberdutzenden unterschiedlicher Muskeln bepackt ist. Nun, meine Herren, wie weit springt wohl, Ihrer Ansicht nach, ein Floh mit einem Satz? Nun zweihundertmal weiter als er lang ist. Ich habe ihre Sprünge oft mit einem kleinen Gerät gemessen, das ich zu wissenschaftlichen Zwecken benutze.«

»Wirklich, Oh-Oh,« sagte Babbalanja, »Eure Entdeckungen hätten schon längst zu etwas Großem führen müssen, da sie den Theoretikern so viele unschätzbare Daten lieferten. Hört bitte her, edler Herr Media: Wenn ein Floh mit einem Satz das Zweihundertfache seiner Körperlänge zurücklegt, dann könnte ein Bandit mit der proportional gleichen Muskelkraft in seinen Waden aus einer Viertelmeile Entfernung über einen sorglosen Reisenden herfallen. Ist dem nicht so, Oh-Oh?«

»Allerdings, meine Herren. Und eine der größten Tröstungen, die ich aus diesen Studien ziehe, ist die stets stärkende Überzeugung, daß unser Mardi durch wohltätige Weisheit geschaffen wurde. Denn wenn die Menschen eine den Flöhen entsprechende Wadenkraft besäßen, dann würden die Bösewichter ganz schöne Bocksprünge auf den Inseln machen.«

»Doch welche weiteren Entdeckungen habt Ihr gemacht, Oh-Oh?« fragte Babbalanja. »Habt Ihr einen Wucherer unter Eure Linse gelegt, um sein Gewissen ausfindig zu machen? Oder einen Wüstling, um dessen Herz aufzuspüren? Habt Ihr Euer Mikroskop schon auf die Samthaut eines Pfirsichs oder eine rosige Wange gerichtet?«

»Das habe ich,« sagte Oh-Oh traurig; »und von dem Augenblick an fand ich keinen Mut mehr, einen Pfirsich zu essen oder eine Wange zu küssen.«

»Dann weg mit Eurer Linse!« rief Media aus.

»Wahre Worte, edler Herr. Denn alle Augen, die nicht die unseren sind, bringen Unglück. Das Mikroskop erfüllt uns mit Abscheu vor Mardi; und das Teleskop läßt uns nach einer anderen Welt verlangen.«

XIX.

Sie steigen
in die Katakomben hinab

MIT einer trüben Fackel ausgerüstet, stiegen wir nun eine schmale Treppe hinab, um Oh-Ohs Kollektion alter und kurioser Manuskripte zu besichtigen, die in einem Kellergewölbe aufbewahrt wurden.

»Hier entlang, meine Herren,« rief Oh-Oh und schwang seine Funzel in die Höhe. »Strecken Sie Ihre Hände nach vorne. Der Weg hier ist ziemlich finster.«

»Es sieht ganz danach aus,« sagte Babbalanja, der weiträumig umhertastete und tiefer und tiefer hinabstieg. »Das ist ja wie ein Abstieg in die Nachwelt.«

Als wir das Gewölbe erreichten, flogen Dutzende von Fledermäusen auf, löschten die Fackel und überließen uns der Finsternis; gleiches geschah Belzoni, der im Innern einer Pyramide von seinen Arabern im Stich gelassen wurde. Schließlich wurde die Fackel wieder entfacht und wir betraten eine gruftartige Höhlung. Wir wirbelten bei jedem Schritt Staubwolken auf und standen schließlich vor langen Reihen muffiger, mumienartiger Bündel; sie waren derart auf Stäbe gerollt und so schmutzigrot, daß sie wie die knüppelartigen Bologneser Würste wirkten. Doch sie rochen wie köstlicher, reifer Stilton oder Chesterkäse.

Das älteste Stück war eine Hieroglyphenschrift, eine aus tausendundeins Versen bestehende ›Elegie auf den Trübsinn‹. Die Buchstaben – Reiher, Trauerweiden und Raben – waren vermutlich mit der Feder einer Tölpelseeschwalbe geschrieben worden.

Dann gab es eine Reihe uralter Balladen; wie:

>*›König Kroko und das Fischermädchen.‹*
>*›Der Kampf am Fluß der Speere.‹*
>*›Der Gesang von den Schädeln.‹*

Und treffliche alte Chroniken, die Mohi den Mund wäßrig machten:

>*›Aufstieg und Niedergang der Dynastie von Foofoo.‹*
>*›Die Heldengeschichte des edlen Fürsten Dragoni,*
>   *die zeigt, wie er zehn gefesselte Gefangene mit*
>   *eigener Hand tötete.‹*
>*›Der vollständige Stammbaum des Königs von*
>   *Kandidee, samt dem seines berühmten Pferdes*
>   *Znorto.‹*

Und Bücher, die unter die Haut gehen:

>*›Dickmilch für die Jugend. Von einem Milchhändler.‹*
>*›Teufel in Wind und Wellen. Von einem Korsar.‹*
>*›Knurren und Grunzen. Von einem irren Keiler.‹*
>*›Stachel und Stiche. Von einem Skorpion.‹*

Und poetische Hervorbringungen:

>*›Farbenspiele einer Lilie in einem Schauer.‹*
>*›Sonett auf den letzten Atemzug einer Eintagsfliege.‹*
>*›Die Viehbremse und andere Gedichte‹*

Und metaphysische Abhandlungen:

>*Notwendigkeit versus Prädestination‹*
>*Die philosophische Einheit von Notwendigkeit und Prädestination‹*
>*Das Sein des Nicht-Seienden‹*
>*Das Nicht-Sein des Seienden.‹*

Und rare alte Memoiren:

>*Die einhundert Bücher der Biographie des großen und gütigen Königs Grandissimo.‹*
>*Das Leben des alten Philanthropen Philo in einem Kapitel.‹*

Und populäre Literatur:

>*Die höchst vergnügliche und salbungsvolle Geschichte von fünfundvierzig Räubern. Und wie sie von Schnellbooten aufgemischt wurden.‹*

Und Bücher von Häuptlingen und Noblen:

>*Die Kunst, in Mardi Tamtam zu machen.‹*
>*Über die besondere Weise einen Busenfreund zu begrüßen.‹*
>*Briefe eines Vaters an einen Sohn, einschließlich der Tugend des Lasters.‹*
>*Schäfergedichte eines jüngeren Sohns.‹*
>*Eine Liste von Häuptlingen, die Schriftsteller waren. Von einem Häuptling, der es ablehnt, für einen Schriftsteller gehalten zu werden.‹*
>*Hymne auf einen Husten, den ich mir bei meinem Herzblatt holte.‹*
>*Die Philosophie der Ehrlichkeit. Von einem früheren Lord, der in Ungnade gestorben war.‹*

Und theologische Werke:

>Pfeffer für die Perversen.<
>Pudding für die Pfarrkinder.<
>Pardon für Palasträuber.<
>Pökelfleisch für den Pöbel.<

Und lange, langweilige Schmalzromane mit kurzen, einprägsamen Titeln:

>Das Tier.<
>Die Schöne.<
>Der König und der Koch. Oder: Der Koch und der König.<

Und Reisebücher:

>Bei den Menschenfressern. Von einem, dessen Hand von den Wilden gefrühstückt wurde.<
>Franko: König, Hof und Kaulquappen.<
>Drei Stunden in Vivenza. Ein vollständiger und unparteiischer Bericht über das gesamte Land. Von einem Untertanen des Königs Bello.<

Und Werke von Dichtern zur See:

>Mast-Segel-Himmel-Lyrik<

Und verschiedene kurze Bücher mit besorgniserregenden Titeln:

>Fühlen Sie sich sicher?<
>Eine Stimme aus der Tiefe.<
>Hoffnung für keinen.<
>Feuer für alle.<

Und Broschüren von Kriegern im Ruhestand:

> *›Die beste Beize für Wildschweinbraten.‹*
> *›Drei Rezepte für das Abfüllen von Arrak.‹*
> *›Brotfruchtbräunen ohne Verkohlen.‹*
> *›Ratschläge für Magenkranke.‹*
> *›Wie stärke ich Tapa.‹*

Alle diese Manuskripte wurden von Oh-Oh hochgelobt. Er behauptete, daß aus ihnen eine mächtige Vergangenheit spreche, der er mehr huldige als der erbärmlichen Gegenwart, Abfall und Bodensatz des Gewesenen.

Als Babbalanja in eine düstere Krypta spähte, zog er ein paar zerbröselnde, unleserliche Seiten in gotischer Schrift hervor, die von seinem alten Lieblingsverfasser, dem trefflichen Bardianna, stammten. Offenbar waren sie Teil eines Werkes, von dem nur der Titel erhalten war: ›Gedanken eines Denkers.‹

Schweigend preßte Babbalanja sie an sein Herz. Danach hielt er sie weit vor sich hin und sagte: »All diese Weisheit soll verloren sein? Kann deine göttliche Kunst, Bardianna, diese verdorbenen Seiten nicht wieder erstrahlen lassen? Hier bist du vielleicht in die Tiefe der Dinge getaucht und hast dich mit der regulären Formung der Materie und des Geistes befaßt: wie sich die festen Partikel zuerst in den Vakuolen der Flüssigkeiten herausbildeten; wie jeder menschliche Gedanke eine Seele ist, so wie jedes Lungenbläschen eine Lunge für sich ist; wie der Tod nur eine Erscheinungsform des Lebens ist; während das Pharzi genau die Mitte einnimmt.-

Doch alles ist fort. Ja, hier liegen noch des Denkers Gedanken und des Stilisten Wortkunst ganz nah zusammen. O Bardianna! Diese Seiten waren deine Sprößlinge, Gedanken, deinem Denken entsprungen, Seele von deiner Seele. Von Geist durchdrungen, ließen sie einst Stimmen lebendig werden; und sind nun Staub und würden keinen Narren zur Tat anspornen. Wie kann das sein? Wenn die Staubwolken einiger Jahre die Seele, die an der Materie haftet, zunichte machen können, wie kann dann der Geist, seiner sterblichen Hülle beraubt, je auf ein Weiterleben hoffen, wo ihn doch die Dämpfe des Todes verschimmeln lassen?«

Andächtig faltete er die Manuskriptfetzen zusammen, küßte sie und legte sie nieder.

Dann wandte er sich an Oh-Oh und bat ihn um ein Blatt, einen Fetzen dieser höchst kostbaren Seiten, zum Gedächtnis an Bardianna und wegen seiner Liebe zu ihm.

Doch als Oh-Oh erfuhr, daß jener einer der Kommentatoren des alten Grüblers war, wankte er auf seine Manuskripte zu, ergriff sie mit zitternden Fingern, zählte eines um das andere ab und sprach: »Oro sei Dank, sie sind noch alle da! – Bittet mich, Philosoph, um meine Glieder, mein Leben, mein Herz, doch bittet mich nicht um diese. Mit Wachs durchtränkt sollen sie mein Totenhemd sein.«

Vergebliche Mühe: Oh-Oh war Antiquar.

Verzweifelt wandte sich Babbalanja um und erspähte einen Haufen wurmstichiger Pergamenteinbände und allerhand Schnipsel und Fitzchen. Während die Manuskriptrollen wie alter

Käse rochen, so glichen diese Reste wunderbarerweise den Rinden desselben.

Als er diesen Stoß durchwühlte, stieß Babbalanja auf etwas, das seine gute Laune wiederherstellte. Lange betrachtete er es mit Entzücken. Doch da er dachte, er hätte hier wohl ein verschollenes Werk der Sammlung ans Licht gezogen, war seine Gier, es zu besitzen so groß, daß er sich nochmals erkühnte, Oh-Oh zu fragen, und bot ihm einen verlockenden Preis für seine Entdeckung.

Der Alte warf einen flüchtigen Blick auf den Titel – ›Ein Leben im Glück‹ – und rief: »Was für ein Käse! Das gibt es umsonst.«

Und Babbalanja verstaute das Oeuvre in sein Gewand.

Als wir die Katakomben inspiziert hatten und wir wieder das Tageslicht erreichten, fragten wir nach dem Weg zu Ji-Ji, gleichfalls ein Sammler, doch von ganz anderer Art: ein alter Knicker, der Zähne hortete, das Geld von Mardi.

Bei der Erwähnung dieses Namens wurde Oh-Oh ausfällig und hielt eine Schmährede über den Schwachsinn dieses alten Kindskopfs, der Zähne aufhäufe, als ob Zähne irgendeinen anderen Wert hätten als den, damit Raritäten zu erwerben. Dennoch wies er uns den Weg. Wir folgten diesem und überquerten dabei eine Wiese.

XX.

Babbalanja zitiert einen antiken Heiden und legt Wert darauf, daß diese Worte nicht von ihm stammen

UNTERWEGS hielten wir an einer gluckernden Quelle inmitten eines schönen Waldes; und streckten uns dort auf dem Gras aus, während unsere Diener ihre Körbe auspackten, um uns einen Imbiß zu reichen.

Doch dieser unser Babbalanja mußte unbedingt für sich allein essen, um sich, wie ein Kannibale, einen Autor einzuverleiben; obwohl er in anderer Hinsicht nicht so sehr für Knochen schwärmte.

Er zog den Schatz hervor, den er in seinem Busen vergraben hatte und war bald selbst in diesen vergraben. Reglos auf dem Rücken liegend sah er aus, als wäre er aufgebahrt zu einem Treff mit seinem Leichenbestatter.

»Was soll das, Babbalanja?« rief Media unter einem Baum hervor. »Bist du eine Ente, die ihren Schnabel in die Luft streckt? Laß deine Metaphysik fallen, Mann, und falle über Handfestes her. Hörst du?«

»Komm Philosoph,« sagte Mohi und reichte ihm eine Banane. »Wenn du die gegessen hast, bist du gewichtiger.«

»Komm und lausche, Babbalanja,« rief Yoomy. »Ich werde ein Lied anstimmen.«

»Auf, auf, sage ich, »rief Media wieder. »Geh,

alter Mann, und wecke ihn auf: klopfe an seinen Kopf und sieh nach, ob er zu Hause ist.«

Mohi gehorchte und traf ihn dort an; und Babbalanja sprang auf.

»In Oros Namen, was ist mit dir, Philosoph? Schaust du das Paradies, daß du so schwärmerisch blickst?«

»Ein Leben im Glück!« rief Babbalanja verzückt. »Edler Herr, ich bin in den Traum versunken, der hier niedergeschrieben ist. Wunderbares Buch, dessen Qualität mich begeistert! Ich möchte daraus vorlesen: ›Meine Überzeugungen bleiben gleich, ob ich nun arm bin oder reich, ob ich nun gewinne in der Welt oder verliere. Gut angebrachte milde Gaben betrachte ich als den besten Teil meines Besitzes; und ihren Wert messe ich nicht an ihrer Menge oder ihrem Gewicht, sondern an dem Nutzen für den Beschenkten und an der Wertschätzung, die er ihnen entgegenbringt. Ich denke nicht, daß ich durch irgend ein Geschenk, das ich gemacht habe, ärmer geworden bin. Was ich tue, wird um des Gewissens willen getan und nicht zur Demonstration. Ich esse und trinke, nicht um meinen Gaumen zu erfreuen, sondern um der Natur Genüge zu tun. Meinen Freunden gegenüber werde ich gefällig sein und zu meinen Feinden sanft und friedsam. Wenn ich eine ehrlich Bitte voraussehen kann, werde ich ihr zuvorkommen. Und fraglos werde ich ihr willfahren. Ich werde die ganze Welt als mein Land betrachten; und Oro als den Zeugen und Richter meiner Worte. Und davon werde ich lebend und im Sterben Zeugnis geben: daß ich ein gutes Gewissen liebte, daß ich nie eines anderen Freiheit antastete und daß ich meine eigene bewahrte. Ich werde mein Leben und meine Gedanken so lenken, als würde die ganze Welt jenes schauen und diese lesen. Denn was soll es, wenn ich vor meinem Nachbarn etwas verhehle, da vor Oro all unsere Heimlichkeiten offen daliegen.‹«

»Sehr schön,« sagte Media.

»Hier kommt der Geist der ersten Jünger von Alma zum Ausdruck, wie er in den Legenden aufgezeichnet ist,« sagte Mohi.

»Unnachahmlich,« sagte Yoomy.

Darauf Babbalanja: »Hört weiter: ›Rechtschaffenheit macht umgänglich, sanftmütig, offenherzig, beständig und furchtlos; und ist voll unerschöpflicher Wonnen.‹ Und hier und hier und hier: ›Das wahre Lebensglück besteht darin, unsere Pflicht Oro gegenüber zu begreifen.‹ – ›Wahre Freude ist eine nüchterne und heitere Regung.‹ Und hier und hier, edler Herr, es fällt schwer, nicht das ganze Buch zu zitieren; doch hört: ›Ein ruhiges Gewissen, ehrliches Denken und rechtschaffene Taten sind ein Segen ohne Ende, ohne Überdruß und ohne Grenze. Der Arme wünscht sich vieles, der Habsüchtige will alles. Es genügt nicht, Oro zu kennen, wenn wir ihm nicht gehorchen.‹«

»Das ist ganz und gar Alma,« rief Mohi aus, »sicher hast du in seinen Schriften gelesen?«

»Ich las gerade einige Sentenzen von einem, der zwar vor langer Zeit gelebt hat, doch der Alma nie gesehen und kaum von ihm gehört hatte. Und wohlgemerkt, edler Herr, diesmal habe ich nichts improvisiert. Was ich rezitiert habe, steht hier geschrieben. Mohi, dieses Buch ist wunderbarer als die Prophezeiungen. Edler Herr, daß einer, der nur Mensch war und Heide in jener höchst heidnischen Zeit, solch himmlische Weisheit verlauten ließ, erscheint wunderbarer, als wenn ein erleuchteter Prophet diese offenbaren würde. Und wohnt diesem Philosophen, der die Rechtschaffenheit um ihrer selbst willen und angesichts der eigenen Auslöschung liebt, nicht mehr Göttlichkeit inne als den frommen Weisen, die sie als Mittel preisen, immerwährende Glückseligkeit zu erlangen?«

»Ach,« seufzte Yoomy, » und verspricht er uns nicht etwas Gutes nach unserem Tod?«

»Er ist nicht ermächtigt, darüber zu sprechen. Doch will er uns zu Güte und Glück im hiesigen Leben verlocken.«

»Dann, Babbalanja,« sprach Media, »behalte deinen Schatz für dich. Tugend schweigt besser, wenn sie nicht ermächtigt ist oder sich auf niemanden vollständig stützen kann. Die Religion Mardis muß so wirken, als käme sie unmittelbar von Oro und die Masse von euch Sterblichen würde sie nicht erlangen, außer durch eine Gegenleistung, jetzt oder in Zukunft.«

»Und nennt Ihr das Rechtschaffenheit, edler Herr, was nur der Preis ist, der für etwas anderes gezahlt wird?«

»Ich habe es nicht Rechtschaffenheit genannt sondern Religion. Doch wollen wir nicht mehr von den Dingen schwatzen, mit denen ich, als Halbgott, nur wenig zu schaffen habe. Diese schlagen mir immer auf den Magen. Schluß damit, Babbalanja.«

»Edler Herr, die Religion kann nur sich selber schenken. Und außer vor dem Bösen in uns selbst wird sie uns vor nichts bewahren. Ihr großes Ziel ist es, uns weise zu machen. Sie manifestiert sich nur in der Hochachtung vor Oro und in der Liebe zu den Menschen. Ihr einziger, doch gewaltiger Lohn, das ist sie selbst. Wer dieses hat, besitzt alles. Wer dieses hat, gleich ob er vor einem hölzernen Bildnis kniet, das er Oro nennt, oder vor einem Bildnis aus Luft, das er ebenso nennt, gleich ob er fastet oder Feste feiert, lacht oder weint – dieser kann reicher nicht sein. Und diese Religion oder wie man will: Glauben, Rechtschaffenheit, Güte, finde ich in diesem Buch hier in meiner Hand ... Keine geschriebene Seite kann mich mehr lehren.«

»Hast du denn das erreicht, von dem du sprichst, Babbalanja? Bist du mit dem von dir Erreichten zufrieden?«

»Edler Herr, Ihr trefft meinen wunden Punkt. Ich bin nicht zufrieden. Das Geheimnis der Geheimnisse ist mir noch verschlossen. Es verblüfft mich, wie dieser Verfasser solche Weisheit erlangen konnte. Es verwirrt mich, wie er solch ein Leben führen konnte. O edler Herr, ich bin im Dunkeln, und kein heller Glanz kommt auf mich herab und überströmt mich. Die schwachen Strahlen, die mich erreichen, fallen schräg ein und verstören mich nur in meiner Finsternis. Wie trefflich dieses Buch auch sein mag, ich habe keinen Gewinn davon. Denn je mehr wie erlernen desto mehr verlernen wir. Wir häufen nicht an sondern ersetzen; und entfernen mehr als wir hinzufügen. Wir schrumpfen, während wir wachsen. Wir machen uns auf den Weg zur Weisheit und fallen hinter unseren Ausgangspunkt zurück. Wir erproben das Fondiza und erreichen nur das Phe. Ich allergrößter Einfaltspinsel. Oh wäre ich doch nur ein solcher Tor, daß ich eine gute Meinung von mir haben könnte. Fortwährend stehe ich am Pranger, werden mir die Glieder auf dem Rad gebrochen, werde ich von ungestümen Pferden in Stücke gerissen. Ja, ja, Bardianna, wie du sagtest, ist alles in einer Nußschale enthalten, doch können meine Backenzähne sie nicht knacken; geknackt werden nur meine Kinnladen. Alle Menschen in meiner Umgebung pfropfen neue Reben auf und hausen in blühenden Lauben; während ich die meinen immer weiter stutze, bis sie nur noch Stümpfe sind. Doch in diesem Stumpf will ich fortdauern. Ich will nicht hinzufügen sondern verringern. Ich will mich auf den unabänderlich wahren Kern reduzieren. Tagtäglich stoße ich Überflüssiges ab, bis ich mich meiner Rippen entledigt habe. Und wenn ich sterbe, wird man nur mein Rückgrat begraben. Ah, wo, wo, edler Herr, ist das immerwährende Tekana? Sag mir, Mohi, wo das Ephina? Ich kann vielleicht das Vorletzte erreichen, doch wo, lieber Yoomy, ist das Letzte? Ach, Gefährten! Mir fehlen die Worte, mir schwinden die Sinne – das Etwas – das Nichts – die Rätsel – ist das in Mardi enthalten?«

»Er fällt in Ohnmacht!« rief Yoomy.

»Wasser! Wasser!« rief Media.

»Weg damit!« sagte Babbalanja gelassen. »Ich komme wieder zu mir.«

XXI.

Sie besuchen einen alten reichen armen Schlucker

AUF unserem weiteren Weg zu Ji-Ji gelangten wir zu einer elenden Kate. Aus deren niedrigem, offenen Eingang ragte ein kahler und viel zu großer Kopf, der ganz vertieft war in Reihen dunkel gefärbte Beutel, die von dem Zelt herabhingen. Es waren Börsen aus Pelikanhautsäcken; diese fertigt man, indem man sie, in frischem Zustand, mit einem Stein füllt und aufhängt (damit sie sich weiten).

Der Alte schüttelte von Zeit zu Zeit seinen Riesenkopf mit zitternder Bewegung, indes er, unter schnalzenden Lauten, die Schnüre mit Zähnen nacheinander gemächlich aus den Beuteln zog und immer wieder rasselnd zurückfallen ließ.

Doch als er unser Nahen bemerkte, raffte der alte Knicker schlagartig seine Börsen aus unserem Blick; und zog sich in seinen Verschlag zurück – wie die Schildkröte in ihren Panzer. Doch bald erschien er wieder altersschwach auf seinen Knien: was unser Begehr sei – etwa die Zähne zu stehlen, die er, einem lügnerischen Gerücht zufolge, in Massen horten würde. Und, indem er seinen Mund öffnete, bekräftigte er, daß er keine hatte: auch nicht ein einziger stand dort auf Posten.

Dieser jämmerliche alte Knappsack muß schon verblödet gewesen sein; denn bald vergaß er, was er uns eben über seinen extremen Zahnmangel erzählt hatte, und war so hingerissen von dem perlenbestückten Mund von Hohora, einem unserer Diener (dessen Zähne dem kleinen König Peepi auch schon so ausnehmend gut gefallen hatten), daß er zum Erwerb dieser Mundzierde folgendes Angebot machte: ein Zahn des Käufers für drei Zähne des Verkäufers. Dieser Vorschlag wurde sogleich zurückgewiesen, da er kaufmännisch absurd sei.

»Weshalb?« sagte Babbalanja. »Bestimmt, weil das, was man geben will, geringer ist als das, was man einhandeln will. Doch sagt ein Philosoph, genau dieses Prinzip regle jeden Tauschhandel. Denn welchen Sinn soll ein Austausch von völlig gleichwertigen Mengen haben?«

»Das stimmt,« sagte Horora und machte große Augen. »Zwar habe ich bisher noch nichts davon gehört, doch dies ist wirklich ein bedenkliches Problem. Und welcher Weise befaßte sich damit?«

»Vivo der Sophist,« sagte Babbalanja und wandte sich zur Seite.

Als Ji-Ji den Namen seines Nachbarn Oh-Oh fallen hörte, spuckte er reichlich Gift und Galle über diesen alten Knacker mit dem Buckel, der nutzlose Monstrositäten horten und die kostbaren Zähne verschleudern würde, die andernfalls in seinen eigenen Pelikanbörsen vernehmlich klimpern könnten.

Als wir diese Bruchbude verließen, gewahrte Ji-Ji den kleinen Vee-Vee, über dessen Schulter eine Kalebasse mit Eßbarem hing; und er faßte ihn am Saum seines Kleides und bat ihn um ein

bißchen Nahrung; denn er hätte an diesem Tag
noch nichts zu schmecken bekommen.
  Der Junge warf ihm eine Yamswurzel hin.

XXII.

Yoomy singt verstreute Verse und Babbalanja zitiert querbeet antike Autoren

ALS wir von Padulla abfuhren und nachdem wir uns ausgiebig über das dort Gesehene belustigt hatten, wandte sich Babbalanja folgendermaßen an Yoomy: »Sänger, das letzte Lied, das du uns geflötet hast, handelte von Mondlicht und Paradies und sagenhaften ewigen Freuden. Hast du jetzt eine Hymne über irdisches Glück parat?«

»Wenn dem so ist, Sänger,« sagte Media, »sprudle damit heraus, meine Fontäne.«

»Gerade, edler Herr,« antwortete Yoomy, »habe ich für mich selbst gesungen, wie ich es oft tue; und mit Eurer Erlaubnis will ich laut fortfahren.«

»Fange besser mit dem Anfang an, möchte ich meinen,« sprach der Chronist, der, mit den Händen am Kinn, seinen Bart von Grund auf neu zu flechten begann.

»Nein: wie bei den Wurzeln deines Bartes, alter Mohi, ist aller Anfang schwer,« rief Babbalanja aus. »Zum Glück leben wir auf halbem Wege zur Ewigkeit. So singe dort weiter, Yoomy, wo du aufgehört hast.« Und indem er dies sagte, lockerte er seinen Gürtel für das Lied, so wie es Apicius für ein Bankett tat.

»Soll ich also laut fortfahren, edler Herr?«

Der edle Herr nickte, und Yoomy sang:

Ganz rund, ganz weich, ihre tauigen Arme, –
Ein lieblicher Schutz vor allem Harme!

»Wessen Arme?« rief Mohi aus.
Yoomy weiter:

Sie taucht tief in die See
Und hat den Sonnenschein dabei:
Er hat in der Tiefe geschienen
Wie ein Schwarm von Delphinen.

»Was ist das für eine Seejungfrau?« rief Mohi.
Yoomy weiter:

Ihr Schritt, der leise sinkt
Und den ganzen Tag lang springt:
Über den Strand,
Über den weichen Sand.
Und keiner find'
Eine Spur von dem Kind.

»Und warum nicht?« fragte Media »Warum war keine Spur zu finden?«

Darauf Flechtbart: »Vielleicht wegen der Abgeplattetheit des Seejungfrauenfußes. Doch nein, das kann nicht sein, denn unterhalb der Taille haben die Seejungfrauen nur Rückgrat und Schwanz.«

»Dein Fragment ist ganz nett, Yoomy,« bemerkte Media, »doch wie Flechtbart einflicht, recht platt.«

»Platt wie der Fuß eines Mannes, der fest entschlossen auftritt,« rief Flechtbart aus. »Yoomy, hast du gestern abend Flunder gespeist?«

Doch ließ sich Yoomy zu keiner Antwort herab: er schwebte in einer Träumerei, zehntausend Meilen entfernt, in den Hyaden vielleicht.

Im Verlauf des Gespräches kam Flechtbart auf einen gewissen Rotato zu sprechen, einen korpulenten Mann, der, obzwar ein scharfsinniger Philosoph und sehr bestrebt, als solcher gefeiert zu werden, in Mardi nur als der Fetteste seines Stammes berühmt war.

Da sprach Media: »Dann, Mohi, hatte Rotato keinen Grund, sich über den Ruhm zu beklagen, denn dieser hielt sein Versprechen wohl. Rotato war fett und wurde als Fettsack publik.«

»Ihr habt Recht, edler Herr,« sagte Babbalanja, »denn Ruhm ist nicht immer so redlich. Nicht selten bedeutet Berühmtsein, allenthalben für das bekannt zu sein, was man nicht ist, sagt Alla-Malolla. Das kann, dem alten Bardianna zufolge, dazu führen, daß ein Mann, der jahrelang unbeachtet unter seinen Mitmenschen wandelt, auf einmal, durch irgend etwas Ungewöhnliches in seinem Verhalten, auf die Narren wie ein Trompetenstoß wirken, obwohl er sich für sich selbst der gleiche geblieben ist. Und sich auch noch gar nicht als der gezeigt hat, der er ist; denn es können weder alle Verdienste eines Menschen noch alle seine Fehler, falls er welche hat, je bekannt werden. Wir sind nur unter unseren Namen bekannt; wir lesen voneinander nur die Aufschriften, als handelte es sich um versiegelte Briefe.

So ist es auch bei der Gemeinschaft von uns Mardianern. Und gar nicht zu reden von denen, die sich allzu gerne rätselhaft geben. An vielen

Stellen bleiben die Werke unseres großen, schon seit tausend Monden verblichenen Dichters Vavona mysteriös. Einige nennen ihn einen Mystiker. Doch da, wo er anscheinend dunkel ist, sehen wir ihn vielleicht nicht richtig. Er äußerte diese erzengelhaften Gedanken ohne Vorbedacht, die aber bei vielen dazu führten, ihn letzten Endes für einem spinnerten Gott und nicht für einen geistig gesunden Sterblichen zu halten. Doch wenn er als mehr erschienen wäre, wäre er weniger gewesen. Fulvi sagte: ›Es läßt sich von der höchsten Klasse der Genien in der Tat behaupten, daß sie sich teilweise verborgen halten müssen, damit sie das Ansehen überlegener Stärke erlangen; sie müssen sich erniedrigen, und erhalten dann für ihr Emporsteigen Applaus.‹ Und weiter: ›… daß es welche gibt, die in der gewöhnlichen Sprache versagen, weil sie in einer anderen denken; und diese zählt man zu den Stotterern und Stammlern.‹«

»Ah, wie wahr!« rief der Sänger aus.

»Und was, Yoomy, sagt der Erzengel Vavona in seinem wunderbaren Drama ›Die Seelen der Weisen?‹: ›Jenseits der kahlsten Berge liegt eine berückend schöne Landschaft, die man stets nur mit einem einzigen Auge erblickt; und die kein Pinsel malen kann.‹ Was Wunder dann, edler Herr, daß Mardi selbst so blind ist. ›Mardi ist ein Ungeheuer,‹ sagte der alte Bardianna, ›dessen Augen, wie beim Wal, starr im Kopf liegen. Es kann nur in zwei Richtungen blicken und hat daher nur ein begrenztes Gesichtsfeld zur Verfügung. Poeten, Heroen, mächtige Männer scharen sich um dieses Ungeheuer Mardi. Stelle dich auf Stelzen vor mich, sonst kann ich dich nicht sehen; sagt das Monster. Kämme dein Haar zurück, atme den Wind in vollen Zügen. Die Menschen mit vorgewölbter Stirn sind glücklich, diejenigen mit runden Birnenstirnen sind unglücklich. Lautstarke Lungen sind ein Segen. Der Löwe, der nicht brüllen kann, ist kein Löwe.‹ Aldina sagt: ›Unter den Zuschauern gibt es welche, die wissen, daß sie schneller sind als die Wettläufer, doch in der Menge unterscheiden sie sich nicht von den einfältigen Gaffern.‹«

»Das ist nur die Nörgelei eines enttäuschten Krüppels,« rief Mohi aus. »Sein Biograph stellt fest, daß Aldina nur ein Bein hatte.«

»Wie geistreich du bist, Flechtbart,« sagte Babbalanja und rückte sein Gewand zurecht. »Edler Herr, es gibt Helden ohne Heere, die in ihren Seelen martialische Klänge vernehmen.«

»Warum erschallen ihre Trompeten dann nicht lauter,« rief Media aus, »auf daß ganz Mardi sie hören kann?«

»Der edle Herr Media ist ebenfalls geistreich, Babbalanja,« sagte Mohi.

Und Yoomy hauchte: »Es gibt Vögel mit himmlischstem Gefieder und herrlichstem Gesang, die doch ihre Lyrik für sich selbst singen.«

Darauf Media: »Die Lerche steigt in luftige Höhe und kümmert sich nicht um einen Zuhörer, doch werden unten ihre lieblichen Töne vernommen. Und sie singt auch im Verein mit Abertausenden von ihresgleichen. Deine monologisierenden Sänger, Yoomy, sind meist Reiher und Eulen.«

Und Babbalanja: »Sehr geistreich, edler Herr. Doch denkt Ihr nicht, daß es beredsame Menschen gibt, die doch nie auf dem Marktplatz schwatzen?«

»Ja, und notorische Schwätzer zu Hause. Kurzum, Babbalanja, du trittst für eine schlechte Sache ein. Die meisten von euch Sterblichen sind Pfaue, manche mit, andere ohne Schwanz. Die Geschwänzten schlagen ihr Rad bestimmt vor deiner Nase. Die anderen stellen ihre kahlen Kruppen zur Schau und wiehern um Bewunderung. Wird aber ein großes Genie in Mardi geboren, braucht es nur zu nicken, um bekannt zu sein.«

»Geistreicher zwar, doch, bei aller Hochachtung, weniger wahr, edler Herr. Sagt, was Ihr wollt, doch Ruhm ist ein Zufall, Verdienst etwas Absolutes. Aber was tut's? Zu was ist das Ansehen nütze, wenn es nicht mit Macht verknüpft ist, mit einem Hort von Zähnen oder einem Ort? Für diejenigen, die einem Poeten applaudieren, mag dessen Ansehen etwas Greifbares sein. Doch für den Dichter selbst ist es ein phantastisches Gebilde; nie sonst strapaziert er seine Vorstellungskraft dermaßen, wenn er verstehen will, was es mit diesem Ruhm auf sich hat. Oft ist er berühmt, ohne daß er es weiß.

»Bei den heiligen Spielen von Lazella,« sagte Yoomy, »setzten sie dem Sänger Jarmi von hinten heimlich ein Lorbeerstirnband auf; er ging viele Stunden mit diesem Ehrenzeichen umher, ohne es zu wissen. Als man ihm schließlich Kunde davon gab, entledigte er sich des Kranzes, hielt ihn vor sich und seufzte tief: ›O ihr Lorbeerblätter! Da ihr mir nun sichtbar seid, muß ich euch von meiner Stirn entfernen.‹«

»Und was sagte Batargo,« rief Babbalanja aus, »als er hörte, daß man seine Gedichte in die Sprache der entlegenen Insel Bertranda übersetzt hatte? Er sagte: ›Das bewegt mich nur wenig, denn in heiteren Traumgebilden sah ich schon, wie sie von den seligen Huris im Paradies geträllert wurden; nichts anderes kann ich mir bei den Mädchen von Bertranda vorstellen.‹ Und Boldo, der Materialist, sagt: ›Nur Stoffliches stellt zufrieden.‹«

»Der käufliche Dichter Zenzi dachte ebenso,« sagte Yoomy. »Als er vierzehn ausgereifte Yamswurzeln erhielt, für jeden Vers eine, sagte er zu mir: ›Yoomy, davon bereite ich mir ein besseres Mahl als von so manchen Komplimenten.‹«

»Jawohl,« rief Babbalanja aus, »der alte Bardianna sagte: ›Beifall führt nur zu Aufgeblähtheit.‹«

Darauf Media: »Demnach seid ihr berühmten Sterblichen nicht entzückt, wenn euch Beifall entgegenbrandet?«

»Sehr entzückt, gütiger Herr; zumindest solche berühmten Sterblichen, die dermaßen erpicht sind auf lautstarke Berühmtheit, daß sie sich selbst applaudieren, wenn sonst niemand Hurra rufen will; deren ganzes Leben eine ununterbrochene Selbstbestätigung ist; deren Körper selbst aufrecht und selbstgenügsam wie eine Eins dastehen, wie ihr eigener Zeigefinger, wie das I des Ich; die Ansehen nur genießen oder begreifen, wenn es an die leibliche Hülle geknüpft ist; die ebenso gern für einen stattlichen

Schnurrbart wie für ein glänzendes Drama berühmt wären; die keinen blassen Schimmer davon haben, daß der von der Nachwelt allenthalben gefeierte Poet Vavona zu seiner Zeit unbemerkt durch die Menge ging; die sogar den Donner deshalb verlachen, weil er in Mardi solch ein Getöse mache und doch nicht geneigt sei, sich dem Auge kundzutun.«

»Erhitze dich nicht so, Babbalanja; doch sag uns, welche Befriedigung gewann Vavona seinem Genie ab, wenn er seinen Zeitgenossen beinahe unbekannt war?«

»Reichte es nicht aus, daß er um dieses Genie wußte? Ihm stand ein Reich zur Verfügung, so grenzenlos wie der Westen. Was bedeuteten ihm Bravorufe? Der große und gütige Logodora nun sandte aus seiner Abgeschiedenheit Balsam für heisere Kehlen in die Welt hinaus. Aber was sagte Bardianna, als er um Autogramme angegangen wurde? – ›Wer führt Buch über die großen Männer? Wer sagt, was edle Taten sind? Und wie lange die Tinte haftet? Ach, Ruhm hat mehr Namen fallen gelassen als er aufgewiesen hat; und es gibt mehr verlorene Chroniken als die vernichteten Bücher des Historikers Livella.‹ Doch das auf immer Verschwundene, edler Herr, ist nichts gegenüber dem, was jetzt nicht zu sehen ist. Im Inneren der Erde gibt es mehr Schätze als an deren Oberfläche.«

»Ah, Gold kommt nur aus dunklen Minen,« sagte Yoomy.

Darauf Babbalanja: »Der alte Bardianna rief mit Inbrunst aus: ›Götter, bezeugt, daß nicht nur heute Gutes oder Schlechtes entdeckt wird, von dem man nie träumte, sondern daß man auch fürderhin in Mardi anderes und Erstaunlicheres zutage fördern wird als das, was man je erblickt hat.‹«

»Schluß mit dem ewigen Bardianna-Geplapper,« sagte König Media, »warum tust du nicht deine eigenen Gedanken kund, Babbalanja? Dann hätten deine Ausführungen mehr Zusammenhang; statt dessen sind sie kunterbunt zusammengesponnen aus Bardianna, Alla-Malolla, Vavona und allen, die jemals geschrieben haben. Sprich mit eigener Stimme, Sterblicher!«

»Täuscht Ihr Euch da nicht, edler Herr? Denn ich habe Bardianna nicht so oft zitiert wie Bardianna mich zitiert hat, obwohl er vor mir wirkte. Dies sage ich nicht aus Eitelkeit. Es gibt nur wenige wahrhaftige Gedanken: sie sind allgegenwärtig, gehören niemandem und bleiben sich gleich, egal ob man sie ausspricht oder verbreitet. Warum erscheinen sie uns so natürlich und finden sofort unsere Zustimmung, wenn wir sie vernehmen? Warum glauben wir, sie schon vorher gehört zu haben? Weil sie nur in uns wiederkehren: sie waren schon vor unserer Geburt in uns. Die echtesten Poeten sind nur Sprachrohre; und manche Menschen sind füreinander Doppel; ich spiegele mich in Bardianna.«

»Und, um Oros willen, laß es dabei bewenden, Babbalanja: auf immer Bardianna in dir und du in Bardianna!«

XXIII.

Welche Art von Menschen die Taparier waren

DIE Kanus fuhren weiter. Doch wir verlassen sie für eine Weile. Denn unser Besuch bei Ji-Ji regt zu weiteren Erläuterungen bezüglich des Zahngeldes von Mardi an.

Es hätte schon längst erwähnt werden sollen, daß überall im Archipel die Verwendung von Schneidezähnen und Molaren zur persönlichen Ausschmückung eingeschränkt war. Nur Häuptlingen, tapferen Kriegern und Männern, die sich durch außerordentliche geistige Gaben auszeichneten (wie Redner, Romanschriftsteller, Philosophen und Poeten) war es gestattet, diese Zähne als Kleinodien zur Schau zu stellen. Obwohl es sich fügte, daß viele der Poeten keine anderen Zähne besaßen als diejenigen, die sie zu ihren Mahlzeiten benötigten. Die waren zwar nur seltene Ereignisse, doch zerfraßen sie ihnen die Zähne im Mund. Daher gab es Poetenzähne zu Schleuderpreisen.

Viele Sterbliche aus dem buntgewürfelten Volksgemenge der Mardianer, die irgendwie zu Zähnen gekommen waren, neigten dazu, ihren Anspruch auf dentale Distinktion dadurch geltend zu machen, daß sie ihre in Pelikanbörsen verwahrten Schätze ganz undistinguiert über ihre Schultern baumeln ließen. Diese Beutel waren eine Riesenlast, die man herumschleppen und verteidigen mußte. Doch manchmal war es wahrlich schwerer, einem dieser Beladenen die Börse zu entreißen als seine Gliedmaßen. Sonderbar auch, daß diese Säcke bei der geringsten Zufallsberührung ihren Trägern anscheinend einen unmittelbaren Schauder übermittelten.

Neben diesen Sackträgern gab es noch andere, die ihre Zähne gegen mannigfach gefärbte Kalebassen, kunstvoll beschnitzte Kanus und kostbare Kleider und Turbane tauschten. Mit diesen stellten sie die hochwohlgeborensten Noblen in den Schatten. Doch darauf war es ihnen gar nicht angekommen; denn die Masse bewunderte zumeist nur ihre Gewandung und nicht sie selbst; und brach in Lobeshymnen aus über die unnachahmliche Handwerkskunst von Mardi.

Merkwürdigerweise sind diese Handwerker oft selbst Träger von Zähnen und Turbanen geworden und prunkten damit ebenso gut wie andere auch. Dies erklärt, daß viele aus dieser Zunft als ausgezeichnete Kenner von Tapa und Schneiderkunst galten.

Daher war der ganze Stamm unter dem Sammelnamen Taparier oder Tapa-Leute bekannt.

Laut Flechtbart nun, sahen sich vor langer Zeit die Taparier einer bestimmten Inselgruppe in deprimierender Weise mit dem Plebs der Sterblichen in einen Topf geworfen, mit Handwerkern, einfachen Leuten, Brotfruchtbäckern und dergleichen; sahen, kurzum, daß ihnen die Natur jedes angeborene Zeichen der Distinktion verweigert hatte und sahen zudem, daß ihre Affektiertheit von manchem in Mardi verlacht wurde, so daß diese armen Teufel von Taparier beschlossen, sich von dem Pöbel loszusagen, eine eigene Gesellschaft zu bilden und einander, vertraglich vereinbart, die Huldigung zu erbringen, zu der Mardi als Ganzes nicht bewogen werden konnte.

Gemeinschaftlich erwarben sie eine Pimminee genannte Insel im äußersten Westen der Lagune und siedelten dort. Sie entwarfen einen Kodex von Gesetzen, der erstaunlich despotisch war in Anbetracht dessen, daß sie ihn selbst geschaffen hatten; und schworen feierlich den Eid auf das derart begründete Bündnis. Betrachtete man diesen Kodex Abschnitt für Abschnitt, war er anscheinend äußerst banal; aber als Ganzes genommen bildete er doch eine imponierende Sammlung von Partikeln.

In diesem Kodex wurde das gesamte Leben in einer besonderen Weise minutiös geregelt. Ganz besonders wurde die Kleidung bis auf Zwirn und Faden gesetzgeberisch festgelegt. Alle Gürtel mußten so und so lang sein, mußten vorne so und so viele Quasten haben. Bei einem Verstoß gegen diese Verordnung, zumal unter den Augen von ganz Mardi, würde der gehorsamste Sohn den liebevollsten Vater ›schneiden‹.

Obwohl die Bewohner von Pimminee, wie ganz Mardi mit all seinen Königen und Sklaven, zu Staub verfallene Ahnen hatten, griffen sie selten darauf zurück; denn wie alle Familiengründer verfügten sie nicht über Familiengruften. Und sie waren auch in Beziehungen zu Lebenden nicht allzu sehr verwickelt, ja, manche schienen solche Beziehungen gar nicht zu haben. Wie der arme Logan, der letzte seines Stammes, hatten sie offenbar alles Blut ihres Geschlechtes an sich gerissen; und konnten nicht einmal einen Neffen vorweisen.

Daher kam es, daß manche unwissenden Mardianer, die in ihren physiologischen Nachforschungen noch nicht sehr weit vorgedrungen waren, vernünftigerweise vermuteten, daß die Taparier, wie die Erbsen, in Schoten zur Welt gekommen sein mußten, anstatt daß sie ihre Existenz irgend etwas anderem verdankten. Sicher ist es, daß sie ihre gesellschaftlichen Ansprüche auf eine sonderbare Weise bekräftigten. Als das Ansehen seines Clans zur Debatte stand, unterließ der Dandy Paivai jeglichen Hinweis auf das Domesday Book und die Altvorderen. Es gab glaubwürdigere Zeugnisse. Er präsentierte der wißbegierigen Welt einen Gewährsmann, der noch quicklebendig war – einen Zeitgenossen. Es war sein Schneider, dieser tüchtige Kerl, der seine Wämser aus Tapa fabrizierte und seine Seele mit gut sitzenden Kleidungsstücken erfreute.

»Ach,« seufzte Babbalanja, »welchen Dämpfer erhält da in einem der Gedanke an Unsterblichkeit, stellt man sich vor, daß auch jeder dieser Taparier im Jenseits eine Nische beanspruchen wird!«

Aber wir sind ja auf der Reise. Und unser Besuch auf Pimminee selbst wird uns am besten mit der Lebensweise seiner Bewohner bekannt machen.

XXIV.

Ihre Abenteuer bei der Landung auf Pimminee

NACH langer Überfahrt kam die Insel Pimminee in Sicht: völlig flach und in einen dünnen, farblosen Dunstschleier gehüllt.

»Warum an Land gehen, edler Herr?« sagte Babbalanja, »hier ist keine Yillah.«

»Weil's mir danach ist, Babbalanja.«

Darauf Yoomy: »Taji wollte nicht, daß eine Insel unerkundet bliebe.«

Als wir uns dem Strand näherten, wurde die Atmosphäre noch drückender und ermüdender. Wir vermißten sehr die balsamischen und erfrischenden Brisen, die in der offenen Lagune wehten. Die Bäume waren offenbar von dürftigem, kränkelndem Wuchs; das Gras auf den Wiesen war kurz und spärlich.

»Taji,« sagte Media, »den Erzählungen Flechtbarts nach müssen die Gebräuche dieser Taparier sehr belustigend sein.«

»Ja,« sagte Babbalanja, »ihr Leben ist eine fortwährende Farce, die zur Zerstreuung von Mardi gratis aufgeführt wird. Edler Herr, vielleicht täten wir gut daran, uns unserer Würde zu entkleiden und bei ihnen als Personen niederen Ranges an Land zu gehen; denn dann wird uns größere Kurzweil zuteil, wenn auch geringere Gastfreundschaft.«

»Ein guter Vorschlag,« sagte Media.

Und mit diesen Worten tauschte er seine Königsrobe gegen ein weniger anspruchsvolles Gewand.

Alle taten desgleichen. Yoomy legte Turban und Schärpe ab; und wir sahen schließlich, nach vollständiger Metamorphose, wie ungarische Zigeuner aus.

Danach fuhren wir in eine Bucht ein, wo unzählige dienstbare Geister, im Wasser stehend, damit beschäftigt waren, die Schnitzereien einiger Kanus zu waschen, die ihren Herren, den Tapariern, gehörten.

Wir landeten in einiger Entfernung und folgten einem Weg, der uns bald zu einer Behausung aus Bambusgeflecht führte. Dort klopfen wir höflich an, um Einlaß zu erlangen. Sogleich trat uns ein Diener entgegen, dessen ganze Stattlichkeit in den Waden steckte. Als er unser Erscheinen bemerkte, nahm er die gesamte Schwelle ein und fragte nach unserem Begehr.

»Fremde, gütiger Herr, von der Reise ermattet und der Stärkung und Ruhe bedürftig.«

»Dann schert euch, ihr Vagabunden!« Und mit Nachdruck schlug er uns die Tür vor der Nase zu.

Babbalanja wandte sich um und sagte: »Ihr seht, edler Herr Media, daß diese Knechte ihren Herren nicht nachstehen, die nur die Wohlgenährten nähren und nur die Wohlbehausten behausen.«

»Wahrlich! Dennoch bieten sie köstlichste Kurzweil,« rief Media aus. »Ha! ha! Taji, wir hätten viel verpaßt, hätten wir Pimminee verpaßt.«

Danach beobachteten wir, wie in einiger Entfernung drei Bedienstete vom Meer her losrannten, als hätten sie eine bedeutsame Nachricht zu überbringen.

Hier und da hielten wir an und ersuchten vergeblich bei anderen Hütten um Einlaß. Da wir nur Hohn für unsere Bemühungen ernteten, zogen wir weiter. Und erreichten schließlich das Dorf, in das die Diener vom Meer her gelaufen waren.

Jetzt wurden wir, zu unserer Überraschung, von einer ungeduldig wartenden und unterwürfigen Menge begrüßt.

»Ihr kriecherischen Kerle,« sprach Media, »wo halten sich eure Herren auf?«

»Dreifach Hochwohllöblicher königlicher Herr von Odo, nehmt uns zu Domestiken. Wir sind Taparier und, wenn es Eurer Erlauchten Majestät gefällt, Eure ergebensten und untertänigsten Diener. Wir ersuchen Euch, Allerhöchster Herr, daß Ihr Euch herablaßt, unsere Hütten zu besuchen und an unserem Mahl teilzuhaben.«

Dann wandten sie sich an ihre eigenen Diener: »Fort mit euch Hunden! Und bringt unsere Domizile in Ordnung.«

»Woher wißt ihr, daß ich König bin?«

»Sieht man das nicht an Eurer Durchlaucht königlichem Betragen und Schauen?«

»Ihre Bediensteten,« murmelte Mohi, »müssen von den Paddlern unserer Boote erfahren haben, wer der edle Herr ist, und die Nachricht überbracht haben.«

Nach einem weiteren Wortwechsel ergab sich Media der Gesellschaft eines gewissen Nimni, des Vornehmsten der Taparier. Dieser geleitete uns zu seinem Wohnsitz und stellte uns, höchst ehrerbietig, eine wohlbeleibte alte Begum und drei schmächtige Mädchen vor: seine Frau und seine Töchter.

Bald wurden Erfrischungen gereicht: grüne und gelbe Mixturen und diverse rätselhafte Lekkereien; ferner Kräuterliköre von eigenartigem und beunruhigendem Aroma, in zarten, zu Bechern gefalteten Blättchen serviert, die sehr mühsam zu handhaben waren.

Der äußerst durstige Babbalanja erdreistete sich, Wasser zu verlangen, was bei der alten Begum einen Anfall von Entsetzen auslöste und schwächere Schreie bei den Töchtern. Die Dame erklärte, daß dieses Getränk, das andeutungsweise erwähnt worden war, in Mardi allzu weit verbreitet sei, um in Pimminee überhaupt geschätzt zu werden.

»Doch obwohl wir selten daran nippen,« sprach die alte Begum und rückte feierlich ihr Halsband aus Kaurimuscheln zurecht, »verwenden wir es doch gelegentlich zu medizinischen Zwecken.«

»Ah, tatsächlich?« sagte Babbalanja.

»Doch glaubt mir, selbst dann trinken wir nicht von dem gewöhnlichen Naß der Quellen und Flüsse sondern von dem, das in Nachmittagsschauern sacht von unseren Palmen rieselt und sich in dem kleinen Hohlraum oder Miniaturreservoir unter deren festem Wurzelwerk sammelt.«

Ein Kelch mit diesem Getränk wurde nun Babbalanja gereicht; doch da es einen merkwürdigen, harzigen Geschmack hatte, erwies es sich als kaum trinkbar.

Kurz darauf trat eine Schar von Jünglingen ein, Verwandte von Nimni. Sie waren schlank wie Skysegelmasten; und da sie in einer Reihe standen, glichen sie einem Staketenzaun. Sie wurden von riesigen, rund gekämmten und bunt gefärbten Haarschöpfen überragt, die man durch Ansengen mit einem brennenden Strohwisch geglättet hatte. Diese Burschen waren wie die Pakete eines Putzmachers sehr hübsch verschnürt und trugen wohlriechende Gewänder.

»Sie duften wie der Wald selbst,« flüsterte Yoomy.

»Ja, wunderbar wie Pflanzensaft,« sagte Mohi.

Ein Teil ihres Kostüms bestand aus zahlreichen bequasteten Schnüren, die, Achselschnüren ähnlich, vom Nacken herabhingen und mancherorts mit dem Körper verbunden waren. Eine einzelne Schnur verband die beiden Fußknöchel so miteinander, daß sie noch etwas Spielraum hatten. Diese Schnüre dienten dazu, die Bewegungen der Körper maßvoll abzustufen und die Gesten, Schritte und Attitüden im Rahmen der vorgeschriebenen taparischen Vornehmheit zu halten. Wenn diese Jünglinge ins Freie gingen, liefen ihnen einige Diener voraus und legten vor ihnen kleine, beschnitzte Bretter nieder, worauf ihre Herren traten, damit sie den Erdboden nicht berühren mußten. Eine so einfache Sache wie ein Schuh als Zubehör für den Fuß war in Pimminee unbekannt.

Als ihnen gesagt wurde, Taji sei jüngst von der

Sonne gekommen, zeigten sie sich nicht im mindesten überrascht. Einer von ihnen jedoch bemerkte beiläufig, daß die dortigen Verfinsterungen doch ziemlich lästig sein müßten.

XXV.

A, I und O

DIE alte Begum führte den klangvollen Namen Ohiro-Moldona-Fivona. Dieser galt, seiner Länge wegen, als höchst vornehm; obwohl böse Zungen behaupteten, daß dies nur die Umstellung ihres wirklichen Namens sei, unter dem sie früher bekannt gewesen war und der »Macherin-schöner-Tapa« bedeutete. Doch da diese Benennung ein altes Geheimnis verraten hätte, hielt man es für klug, sie zu verschleiern.

Ihre Töchter erfreuten sich der hübschen Kürzel A, I und O, die ihrer Knappheit halber komischerweise als ebenso vornehm galten wie der Name der Dame.

Die Kleidungsstücke der drei Vokale darf man nicht außer acht lassen. Jedes Dämchen war von einem weiten Reifrock aus Rohr umwallt, der als Gestell für ein farbenprächtiges Kleid diente. Vielleicht verschanzten sie ihren Liebreiz derart in diesen uneinnehmbaren Petticoats wie ermattete Heere, die in Festungen fliehen, um ihre Schwäche zu verbergen und um einem Angriff besser begegnen zu können.

Doch es ist artig und diplomatisch, eine Gastgeberin günstig zu stimmen. Folglich nahm Taji selber neben der Begum Platz und hob an mit ernsthaften Erkundigungen nach ihrem Wohlbefinden. Die Begum aber gehörte zu denen, die den Schüchternen aus der Verlegenheit der Rede erlösen: sie redete für zwei und bestritt so das ganze Gespräch. Daher verwunderte es nicht, daß die Anwesenheit der gnädigen Dame bei allen Versammlungen im Hag von Pimminee von unschätzbarem Wert war; denn sie trug in großem Umfang zu dem unaufhörlichen Gelärme bei, das der beste Beweis für eine vergnügliche Gesellschaft ist; denn es macht einen taub für den allgemeinen Unsinn, den man sonst hören würde.

Als die Begum erfuhr, daß Taji eine Rundreise über verschiedene Inseln Mardis gemacht hatte, zeigte sie sich überrascht, daß er sein Leben unter den Barbaren des Ostens derart aufs Spiel gesetzt habe. Sie wünschte zu wissen, ob es seine Konstitution nicht angriffen habe, die unfeine Luft dieser entlegenen und barbarischen Regionen einzuatmen. Allein der Gedanke daran mache sie im Innersten ganz schwach; und nie ginge sie bei Ostwind vor die Tür, da sie die Keime der Ansteckung fürchte, die in der Luft liegen könnten.

Als sich Taji an die drei Dämchen wandte, merkte er sehr bald, daß seine, in Gegenwart der Begum erlahmte Stimme nun aktiv zur Unterhaltung ihrer dreisilbigen Töchter beansprucht werden würde. So beharrlich waren sie mit dem schweigenden Bemühen beschäftigt, gefühlvoll und hübsch auszusehen, daß es sich nicht als leichte Aufgabe erwies, mit ihnen ein gewöhnliches Gespräch aufrechtzuerhalten. In dieser Zwangslage verstreute Taji seine Bemerkungen nicht unter alle drei, sondern konzentrierte sich taktvoll auf O. Da er dachte, sie könnte bezüglich der Sonne neugierig sein, erwähnte er beiläufig, daß dieser Himmelskörper sein Heimatort sei. Woraufhin O fragte, wo besagter Ort liege.

»Ein Stück von hier entfernt, oben in der Luft. Die Sonne spendet Pimminee und Mardi reichlich Licht.«

Sie antwortete, wenn dem so sei, hätte sie diese nie bemerkt; denn ihre Krinoline sei so konstruiert, daß sie ihren Kopf nicht zurückwerfen könne, ohne deren Sitz zu verschlechtern. Daher hätte sie stets von astronomischen Nachforschungen Abstand genommen.

Worauf der rüpelhafte Mohi laut lachte. Und dieses glückliche Glucksen und Prusten entband Taji von jeder weiteren Notwendigkeit, die Vokale zu unterhalten. Denn bei einem so vulgären und in Pimminee so ungewohnten Geräusch wie einem urtümlichen Lachen sanken die drei verdutzten Nymphen in einer Reihe ohnmächtig nieder, wobei ihre runden Reifröcke übereinanderpurzelten wie leere Weinfässer. Doch bald kamen sie wieder zu sich.

Unterdessen taten die jungen Laffen mit den Achselschnüren nichts anderes, als sich halb transparente Blätter, per Stengel, an die Augen zu halten. Diese richteten sie nach unten, auf die Säume der durcheinandergeratenen Reifröcke hin, in der Erwartung, eventuell einen Fußknöchel und dessen Zubehör zu entdecken. Schwer zu sagen, was der genaue Zweck dieser Blätter gewesen sein mochte, insbesondere, da die Beobachter stets nur darüber oder darunter hinweglinsten.

Dem Malheur mit den Vokalen folgte bald die

Auflösung der Gesellschaft. Woraufhin wir, da der Abend heranrückte, und wir uns von der Mühe sehr erschöpft fühlten, gastlichen Umgang zu haben, uns zu unseren Matten zurückzogen. Dort fanden wir die Ruhe, die den Ermatteten stets erwartet.

XXVI.

Ein Empfangstag zu Pimminee

AM nächsten Morgen ließ uns Nimni wissen, daß er beabsichtige, den ganzen Tag über offenes Haus zu halten, auf daß wir Pimminees ganzen Stolz erblickten, alle Schönen, Reichen und Vornehmen, einschließlich bestimmter bedeutender Fremder aus verschiedenen Gegenden der Lagune, die sich zweifelsohne durch ihren kurzen Besuch selbst ehrten.

Als Mitbewohner des Hauses hatten wir unerwartet die seltene Gelegenheit, die Begum und ihre Töchter bei ihrer abschließenden Toilette zu beobachten, die Vorbereitung für den Empfang der Gäste.

Ihre vier Reifröcke waren in der Mitte der Wohnstatt aufgestellt worden. Und deren künftigen Insassen umkreisten, in rudimentärer Kleidung, diese wieder und wieder, um mannigfache Verschönerungen anzubringen: bunte Schärpen, Elfenbeinschmuck und andere Zierate. Ob diese oder jene Ausschmückung passend sei, darüber sannen die drei Vokale einzeln oder beratschlagten zusammen. Sie redeten und lachten; waren still und traurig; bald ausgelassen über ihren kecken Putz; bald nachdenklich im Hinblick auf die Reize, die zu verbergen waren.

Es war O, die bald darauf einen kunstvollen Faltenwurf in ihren Textilien vorschlug, der den Mardianern, rein zufällig, einen kurzen, schmachtenden Blick auf ihre Fußknöchel, die man für hübsch hielt, erlauben könnte.

Die alte Begum aber war umtriebiger als alle und geizte gar nicht mit guten Ratschlägen. Ihr Hauptziel war es anscheinend, es mit dem Putz unbedingt auf die Spitze zu treiben; und sie wies auf viele, bisher frei gebliebene Stellen hin, die der Ausschmückung noch harrten.

Schließlich war alles bereit. Daraufhin warfen die Begum und die Mädchen einen Abschiedsblick auf ihre Verschanzungen und tauchten gleichzeitig darin unter; unmittelbar danach kamen ihre Köpfe oben wieder zum Vorschein – wie auf dem Hochgericht.

Und nun die Schilderung des allgemeinen Empfangs, der sich anschloß. Herein traten die Roos, die Fees, die Lol-Lols, die Hummie-Hums, die Bidi-Bidies und die Dedidums; die Peenees, die Yamoyamees, die Karkies, die Fanfums, die Diddledees und die Fiddlefies, kurz, die ganze Aristokratie von Pimmimee: Leute mit äußerst kurzen Namen und solche, die nur aus Namen bestanden und aus sonst nichts. Dies war ein imponierendes Aufgebot von Klangvollem, ein Zirkulieren von Nichtsen, ein Geschiebe schöner Tapa, ein Zusammenspiel von Falbeln und Fratzen, eine schale Maskerade.

In der Menge tummelte sich ein geschäftiger Jemand, ein gewisser Gaddi, prächtig in Schale geworfen zu nichtigem Anlaß. Dieser griff sich Babbalanja heraus und wich eine Zeitlang nicht von seiner Seite, um ihn, Gipfel der Gefälligkeit, über die versammelten Leute aufzuklären.

»Dies ist der reiche Marmonora, der als

mächtiger Mann in Pimminee gilt. Es heißt, mitsamt seinen Zahnsäcken wöge er mehr als vierzehn Stein; und er ist bei Schneidern, seiner Maße wegen, sehr beliebt, denn in der Herzgegend ist er sehr schwach gebaut. Seine Reichtümer sind riesig. Und diese betagte Edelfrau ist die Witwe Roo: sie ist steinreich und klimpert nur so mit Zähnen – doch nicht in ihrem Mund. Und das ist Finfi, von der es heißt, sie sei weniger betucht, und eine alte Jungfer dazu. Doch wer würde annehmen, daß sie sich ihren Lebensunterhalt je mit Tapaklopfen verdient hätte?«

Und mit diesen Worten schlenderte Gaddi weiter; während der Platz an Babbalanjas Seite unverzüglich von der Jungfer Finfi eingenommen wurde. Diese kregle und liebenswerte Nymphe a.D. machte mit den Hinweisen zur Gesellschaft sogleich dort weiter, wo Gaddi aufgehört hatte. Sie begann mit Gaddi selbst, der, insinuierte sie, bloß ein Parvenü sei, eine schreckliche Zumutung für die gute Gesellschaft und nicht annähernd so reich, wie man es sich vorstellte.

Bald trat uns ein gewisser Nonno entgegen, eine mürrische, verschlossene Person: »Ich kenne niemanden hier, nicht eine Seele habe ich vorher gesehen. Bin gespannt, wer sie alle sind.« Und just in diesem Augenblick nickten ihm neun Berühmtheiten gleichzeitig zu. Woraufhin Nonno verschwand. Doch nachdem er in der Gesellschaft seine Kreise gezogen und vielen seine Aufwartung gemacht hatte, schlenderte er wieder bei Babbalanja vorbei und sagte: »Niemand, niemand, nichts als Niemande. Ich sehe keinen, den ich kenne.«

Nimni näherte sich nun und stellte uns viele hochrangige Fremde vor, deren Titel er derart demonstrativ Revue passieren ließ, daß wir überzeugt sein mußten, auf dieser seiner ›kleinen Veranstaltung‹ seien Personen von gewaltiger Reputation zugegen; und daß wir uns täuschten, wenn wir glaubten, er pflege keinen Umgang mit der illusteren Gesellschaft.

Doch nicht wenige seiner Magnaten, samt ihrer Ruhmestaten, schienen Media eher zu meiden. Insbesondere ein großer, grober Kerl mit einem schrecklichen Speer in der Hand, der schon so verhauen war, als hätte er manchen Hieb ausgeteilt. Der linke Arm dieses Grobians hing auffällig in einer Schlinge und sein linkes Auge trug eine Klappe. Nimni stellte ihn als einen berühmten Kapitän vor, der von König Pikos Insel komme (davon später); und er sei irgendwo in einem letzten verzweifelten, doch namenlosen Gefecht beinahe tödlich verwundet worden.

»Ach,« sagte Media, als sich diese furchtbare Kriegsgurgel zurückzog, »Fofi ist ein verschlagener Kerl, ein Großmaul, von König Piko wegen seiner Feigheit verjagt. Er hat seine Tätowierung mit viel Blau übertüncht, und derart getarnt hat er sich wohl hier in Pimminee für den ausgegeben, der er nicht ist. Doch von seiner Sorte sehe ich noch mehr hier.«

»O ihr Taparier,« sprach Babbalanja, »niemand wird so leicht betrogen wie Betrüger. Sieht man sich diesen Humbug an, wird man weise. Seht, wir sind mitten im Mummenschanz. O Pimminee, Pimminee!«

XXVII.

Babbalanja zieht nach Strich und Faden über Pimminee her

NACH dem Lever verzichteten wir auf weitere Höflichkeitsbezeigungen und nahmen artig Abschied von der Begum und Nimni. Wir strebten dem Strand zu und waren sehr bald in unseren Booten.

Als wir alle vergnügt unter dem Baldachin saßen, – die Pfeifen waren unter Volldampf, die Kalebassen gingen reihum und die Paddler schoben uns ruhig dahin, – da schlug Media vor, daß einer der Anwesenden, zu aller Nutz und Frommen, in ein oder zwei markigen und bissigen Sätzen den Charakter der Taparier zusammenfassen sollte; und schließlich beauftragte er Babbalanja mit diesem Amt.

»Komm, Philosoph; wir wollen sehen, wie wenig Silben du benötigst, um diese Taparier zu brandmarken.«

»Verzeiht, edler Herr, doch Ihr müßt mir etwas Bedenkzeit gewähren. Nichts braucht mehr Zeit, als sich kurz zu fassen. So soll der alte Bardianna im Gespräch nur dreisilbige Sätze verwendet haben. Seine Worte waren wie Donnerschläge: laut schallend, doch mit langen Pausen dazwischen.«

»Zum Teufel mit dem alten Bardianna. Hätte der Totengräber doch seine Grübeleien mitsamt seinen anderen Überbleibseln beerdigt. Kann man nicht in deiner Gesellschaft sein, Babbalanja, ohne daß du einem unbedingt diesen alten Schwätzer zum Duzfreund machst? Wir wollen die Taparier gebrandmarkt sehen!«

»Euer Wunsch wird erfüllt werden, edler Herr. Die Taparier sind so vollständig von sich eingenommen, daß sie die hohlsten Sterblichen sind.«

»Das hat gesessen, Babbalanja.«

»Wahrlich, ein ausgezeichneter Spruch; er sollte auf seinen Grabstein eingemeißelt werden,« sagte Mohi, indem er langsam seine Pfeife aus dem Mund nahm.

»Was, du möchtest wohl meinen Epitaph so lesen: – ›Hier liegt der hohlste der Sterblichen, vollständig eingenommen von sich selbst?‹ Bestenfalls sind deine Worte äußerst zweideutig, Mohi.«

»Nun habe ich dich, Philosoph,« rief Yoomy schadenfroh. »Was sagte noch kürzlich jemand zu mir, Babbalanja, als mir Flechtbart, im Hinblick auf dieses schläfrige Lied, ein ähnliches Kompliment zukommen ließ? Wurde mir nicht gesagt, ich solle diesem Lob abringen, auch wenn ich ihm Gewalt antäte?«

»Schlucke deine eigenen Pillen, Philosoph,« sagte Mohi.

»Dann wäre er ein origineller Kopf,« sagte Media.

»Meinst du nicht, Yoomy,« sagte Babbalanja, »daß du im Unrecht bist? Nur weil ich manchmal weise Worte sage, brauchst du nicht zu denken, daß ich dies immer tue.«

»Dies denke ich nie,« sagte Yoomy, »und wenn ich es täte, strafte mich die Wahrheit Lügen. Du bist im Unrecht, Babbalanja, nicht ich. Und ich wünschte, daß du dich entschuldigst.«

»Des Sängers Klinge ist heute scharf geschliffen,« sagte Media.

»Was ich sagen wollte, überaus liebenswürdiger Yoomy,« fuhr Babbalanja fort, »ist, daß wir Philosophen anderen soviel Weisheit schenken, daß es nicht verwundert, daß das, was davon übrigbleibt, manchmal nicht mehr für unseren eigenen Bedarf reicht. Unsere große Überfülle ist es, die macht, daß wir manchmal Mangel leiden.«

»Und der Narr,« sagte Media, »ist wegen seiner Armut wohlhabend; denn sein schlichtes Gemüt ist manchmal von größerem Wert als die Weisheit des Weisen. Doch wir unterhalten uns über die Taparier. Babbalanja, mit deinem Satz hast du dich bravourös geschlagen. Nun lasse dich noch weiter darüber aus und erzähle uns mehr vom Volk von Pimminee.«

»Edler Herr, darüber könnte ich mich endlos auslassen.«

»Dann laßt ihn nicht beginnen, Wohllöblicher Gebieter«, schaltete sich Flechtbart ein.

Babbalanja darauf: »Ich denke, daß alle Gegenstände, selbst die banalen, unerschöpflich sind. Wie man den mathematischen Punkt, setzt man ihn in Bewegung, zu einer unendlichen Linie verlängern kann.«

»Doch er dehnt sich immer nur ins Nichts aus,« sagte Media. »Ein sehr schlechtes Beispiel, dem man nicht folgen sollte. Komme auf den Punkt, Babbalanja, und gehe nicht mit ihm auf die Reise, wie es bei dir Usus ist.«

»Da der edle Herr darauf besteht, folgendes noch zu den Tapariern; obwohl ich dazu nur ein oder zwei Gedanken parat habe. Sie ignorieren den Rest von Mardi, wohingegen sie für die östlichen Inseln selbst nur gerüchteweise existieren. Dort geht das Leben und Sterben seinen gleichförmigen Gang, als ob es keine Taparier gäbe. Diese dünken sich, ganz Mardi zu sein; doch starrt die Menge sie wie seltsame Ausgeburten an, Ausnahmen von der Regel, die besagt, daß man sich zumindest mit der Durchschnittsmenge an Hirn auf seinen Lebensweg machen sollte. Doch diese Taparier haben kein Hirn. Statt dessen haben sie in einem Winkel ihres Oberstübchens ein oder zwei Tropfen Rosenöl; mit diesem nur geringen Vorrat geizen sie sehr. Sie sind zwei unheilbaren Krankheiten zum Opfer gefallen: Stein im Herzen und Holz im Kopf. Sie sind vollkommen stutzerhaft, putzsüchtig und spitzfindig. Sie wissen nicht, daß die Natur das Vorbild für die Kunst sein sollte. Doch könnten sie weniger dumm als jetzt aussehen, wenn sie sich damit begnügten, die einfachen Idioten zu sein, die sie im Grunde genommen sind. Denn in einem Einfaltspinsel, solange er sich ungezwungen gibt, steckt auch ein Gran Vernunft. Aber was kann man von ihnen erwarten? Sie sind unverbesserliche Taparier. Doch ist ihre Narrheit weniger von ihnen selbst ausgeheckt worden, sondern Oro hat sie ausdrücklich und unverständlicherweise verfügt. Ich, für meinen Teil, kann sie nicht ausstehen, edler Herr.«

Taji desgleichen.

Auf Pimminee gab es kein fröhliches Herumtollen und kein Jauchzen: nichts von der königlichen Bewirtung durch den alten Borabolla, nichts von den Mysterien Marammas, nichts von dem gefühlsreichen und phantastischen Leben Donjalolos; keine alten Sagen wurden vorgetragen, keine alten Lieder gesungen; kein Leben, kein freudiges Treiben, kurz, nicht Mann und Frau; nur ihre äußeren Hüllen, schwerfällige Schleppen und Krinolinen.

XXVIII.

Babbalanja tischt der Gesellschaft einige Sandwiches auf

ES war Nacht. Doch des Mondes Glanz erleuchtete die Lagune fern und nah.
Wir glitten über silberne Wogen dahin.
»Komm Yoomy,« sagte Media, »Mondschein und Musik auf immer – ein Lied! Ein Lied, mein Paradiesvogel.«
Und Yoomy kreuzte sein Arme, schaute in die funkelnden Wasser und sang dies:

Ein Mondstrahl auf der Wogen Tanz
Ist dieser Jungfer Schritt voll Glanz:
Musik und Klang für Mardi ist ihr Gang,
Und ihre Stimme ist nicht Stimme sondern
Waldes Sang.

»Warte!« rief Media aus,« dort drüben ist ein seltsamer Felsen. Er sieht schwarz aus wie ein Walrücken im blauen Wasser, der von der Sonne beschienen wird.«
»Das muß die Insel der Fossilien sein,« sagte Mohi. »Ja, edler Herr, sie ist es.«
»Dann laßt uns landen,« sagte Babbalanja.
Und da alle einverstanden waren, änderten wir unseren Kurs und gingen bald an Land.
Die Oberfläche der Insel wölbte sich wie eine Kuppel auf und war stellenweise von farngesäumten Spalten durchzogen. Offenbar war das dünne Erdreich jedoch nach und nach bei jeder Flut in die Lagune gespült worden.

Wie antike Tafeln wiesen die glatteren Flächen fremdartige Zeichnungen und Muster auf: Inschriften und Chiffren wie in Luxor, Tadmor, Palenque. Wie auf den Architraven von Dendera sah man in langen Reihen Flachreliefs mit Käfern, Schildkröten, Ameisenbären, Gürteltieren, Guanovögeln, Schlangen, stummen Krokodilen: eine lange Prozession, im Stein ergraut und zu Kristall geworden, vom Silber des Mondes überzogen.

»Seltsamer Anblick!« rief Media aus. »Sprich, Altertümler Mohi.«

Doch der Chronist zupfte an seinem altertümlichen Bart und war ganz perplex von diesen wundersamen Niederschriften. Und er sah mindestens so verlegen aus wie der ehrwürdige Vater Piaggi in seiner Kutte, der sich über seine angekohlten Herculaneischen Manuskripte beugte.

Darauf Media: »Dann gib *du*, weiser Babbalanja, deine Erläuterungen.«

Babbalanja hüllte sein Gesicht in seinen Umhang und sprach mit Grabesstimme dieses:

»Dies sind die Blätter aus dem Buch von Oro. Hier lesen wir, wie Welten geschaffen wurden, lesen vom Aufstieg und Niedergang der Reiche der Natur. Diese Niederschriften ohne Anfang hören dort auf, wo dieses alten Mannes Mohi früheste Geschichten beginnen. Dies sind die geheimen Erinnerungen an vergangene Zeiten. Und tritt deren Evidenz schließlich zutage, straft sie Mohis Geplapper unnachsichtig Lügen und bringt Marammas klapprige Gebeine zum Rasseln.«

Flechtbarts alte Augen flammten auf; und mit

gesträubtem Bart rief er aus: »Nimm diese Lüge zurück!«

»Schweigt! Ihr ewigen Widersacher,« rief Media, der sich mit ausgestreckten Armen einschaltete. »Philosoph, bohre nicht zu tief. Alles, was du sagst, ist sehr schön, doch sehr dunkel. Ich wüßte doch gern Genaueres. Komme also bitte, Geist, aus deiner Vermummung und höre auf zu schwatzen! Warte damit, bis du unter der Erde bist!«

»Ja, des Todes Schüttelfrost bringt uns Zittern und Zagen. Wir werden schwören, daß unsere Zähne Eiszapfen sind.«

»Verschone uns mit deinen Graupelschauern! Erläutere diese Felsen.«

»Wenn Ihr es wünscht, edler Herr, blättere ich solange in diesen Steintafeln, bis sie Eselsohren haben.«

»Himmel und Mardi! – Fahre fort, Babbalanja.«

»Also: dies waren Grabmäler, die in vulkanischen Wehen zerbarsten; sie wurden aus den tiefsten Gewölben der Lagune hierher geschleudert. Alle Felsen Mardis sind eine einzige große Auferstehung. Doch seht! Hier wird gerade eine hübsche Geschichte erzählt. Die Mächtigen, die vor der Sintflut lebten und wüteten, dachten wohl kaum, daß sie hier landen würden. Schaut her, König Media, und lernt.«

Er schaute hin und sah ein versteinertes Bild, so deutlich wie eines auf den Giebeln von Petra.

Es handelte sich offenbar um ein vornehmes Totenbankett: die Skelette hoher Herren reihten sich um eine Tafel, die mit versteinerten Früchten überhäuft war. An den Seiten standen Vasen aus Quarz und grinsten wie hohle Totenschädel. Die Herren saßen da und tauschten steife Artigkeiten aus. Einer hatte die Hand auf sein steinernes Herz gelegt, ein anderer trank einem Edelmann zu, der einen leeren Humpen hielt. Ein anderer zog eine ernste Miene unter seiner Mitra. Offenbar flüsterte er einem, der neben ihm saß, etwas ins Ohr; dieser lauschte vertrauensvoll. Doch eingerollt auf der Brust des Mitraträgers lag eine Natter aus Flint.

Am äußersten Ende des Saals erhob sich ein Thron, dessen Baldachin von einer Krone überragt wurde; dort saß die Gestalt eines Raben auf einem Ei.

Der Thron war leer. Aber hinter dem stattlichsten Edelmann, halb verborgen hinter Draperien, hatte sich eine gekrönte Gestalt seitwärts geneigt, mit erhobenem Dolch in der Hand: ein Monarch, der in dem Moment zu Stein wurde, als er im Begriff war, seinen Gast zu ermorden.

»Höchste und Heiligste Majestät!« rief Babbalanja und verbeugte sich ganz tief.

Während alle dieses Schauspiel anstarrten, kamen zwei von Medias Dienern, die Babbalanja baten, einen Disput zu schlichten, der bestimmte Spuren auf der anderen Seite der Insel betraf.

Wir folgten ihnen dorthin.

Auf einer ausgedehnten Schieferschicht waren die Rippelmarken einer nun wogenlosen See zu sehen; mitten darin dreizehige Fußabdrücke eines Riesenreihers oder Stelzvogels.

Der erste Disputant wies auf einen davon und sprach: »Ich behaupte, daß dies drei Zehen sind.«

»Und ich, daß es ein Fuß ist,« sagte der andere.

»Und nun entscheide zwischen uns,« sagten einstimmig beide.

Und Babbalanja polterte los: »Gab es nicht wegen dieser Frage solch gräßlichen Zank auf Maramma, dessen Tertiärgestein gänzlich übersät ist von solchen Zeichen? Ja, deshalb haben sie einst Blut vergossen. Und deshalb sind sie heute noch uneins.«

»Wer von uns hat recht?« fragten wieder die ungeduldigen Zwei.

»Zusammen habt ihr beide recht; einzeln seid ihr beide im Unrecht. Jede Einheit besteht, ebenso wie jede Vielheit, aus Teilen. Neun ist drei mal drei; eine Einheit besteht aus vielen Dritteln, oder, wenn man mag, aus tausend mal tausend: kein besonderer Grund, mit den Dritteln aufzuhören.«

»Fort mit euch närrischen Disputanten!« rief Media. »Was ihr disputiert, ist direkt vor eurer Nase.«

Auf unserer weiteren Wanderung erblickten wir manche Wunder. Und Media sagte: »Babbalanja, du Freund aller Geheimnisse, hier ist ein passendes Thema für dich. Du hast uns die Geschichte des Felsens erzählt. Weiß deine Weisheit von dem Ursprung all dieser Inseln zu berichten? Wie kam Mardi zustande?«

»Ah, diese einst umstrittene Frage ist entschieden. Anfangs erschien sie schwierig, war aber dann eine Bagatelle. Erschreckt nicht: man kam mit Latte und Rute, um Mardi auszumessen, und lotete mit dem Blei die tiefsten Tiefen aus.

Lauscht dieser erbaulichen Geschichte. Das Korallenriff, das die Inseln umgibt, beginnt erst am oberen Rand des versunkenen Kraters aus dem Urchaos. In der Frühzeit wälzten sich dichte Schwaden über diesen Glutkessel, aus dem vulkanische Feuer überkochten. Die flüssige Lavamasse dickte mit der Zeit ein und sank, über lange Zeiträume, als schweres Sediment auf den Kratergrund, verfestigte sich dort, verbackte zur Kruste, die schließlich nach oben stieg. Dann brach der riesige Vulkan aus, riß die ganze Masse auseinander und schleuderte das Urgestein hoch, das nun in verschiedenen Bergkegeln davon kündet, wie Mardi aussah, als es noch nicht vollständig ausgeformt war. Daher gibt es so viele Fossilien auf den Bergen, deren Verwandte noch im Talgrund schlummern. So arbeitet die Natur: aufs Geratewohl. Das Chaos ist ein Krater und diese Welt ist eine dünne Schale.«

Mohi strich seinen Bart.

Yoomy gähnte.

»Widersinnig,« rief Media aus.

»Dann geruht, Euch mit einer anderen Theorie zu befassen, edler Herr, dem berühmten Sandwich-System. Im Urzustand war die Natur eine Suppe, deren feste Bestandteile zu Granitklößen zusammenklumpten. Sie wurden abgetragen und sedimentierten in einer primären Formation, die sich aus verschiedenen Schichten zusammensetzte. Zwischen diesen eingelagert waren, wie bei einem Sandwich, seltsam geformte Mollusken, Zoophyten und auch Schnecken: Gelee zum Schlecken und Nüsse zum Knacken, bevor die Hauptmahlzeit kam.

Als nächstes, edler Herr, kommt die gute alte Zeit des Sandwichs aus altem devonischen Rotsandstein; zwischen ihm und der darunterliegenden Schicht gibt es, nebst anderen Leckereien, den ersten Gang mit Fisch – ganz wie es sich gehört: Störartige, Zephalopoden, Glyptolepoden, Pterichtiden und anderes Flossengetier, das köstlich schmeckt, doch, wegen der Gräten, wenig mundgerecht ist. Als Beilage dazu wurde Grünzeug serviert: Flechten, Moose, Farne und Pilze.

Jetzt kommt das Buntsandstein-Sandwich, eine mergel- und magnesiumhaltige Schicht, belegt mit uralten Krokodilen und Alligatoren und ungeheuren Eidechsen: auf ihre eigenen Rückgrate gespießt, die Schwänze ineinander verschlungen, in Safransauce mariniert – harte Arbeit für Tranchiermesser.«

»Und was dann?« rief Media.

»Das Oolith-Sandwich, eine ölige Schicht, etwas Tolles für Schlemmer: voll fetter, abgehangener Keulen und Schinken und Kniestücke und Lenden von Seekühen und Walrossen als Krönung der Tafel. Alles in verschwenderischer Fülle aufgehäuft: Filets und Bruststücke, Schwanzstücke, Rücken und Haxen, Schultern über Schultern, Lenden enden vor Nieren, Rippen vor Bugen und Viertel vor ... nichts. Und jede Sandwich-Lage über der vorigen: Gang um Gang und Schicht auf Schicht. Keine Zeit, die Trümmer wegzuräumen, keine Pause, kein Zaudern: zupacken und zerlegen; aufschneiden, nachschieben und weiter.

Als nächstes das Kreide- oder Korallensandwich: trotz des Namens keine trockene Kost, sondern aus reichhaltigen Beigerichten bestehend: Eozän, Miozän und Pliozän. Ersteres bot Wildbret für das Leckermaul: Zwerglerchen, Brachvögel, Wachteln und Kleine Säger, mit einem bißchen Pilaw gereicht; dann: Kapaune, Hühnchen, Regenpfeifer, garniert mit Sturmvogeleiern. Sehr köstlich, edler Herr. Das zweite Beigericht, Miozän, tanzte aus der Reihe – Fleisch nach Geflügel: Meeressäuger, Seehunde, Tümmler und Wale, mit Tang auf den Flanken serviert; Herz und Nieren höllisch scharf, Flossen und Paddel als Frikassee. Alles sehr hübsch, edler Herr. Das dritte Beigericht, das Pliozän, tischte am tollsten auf: am Stück gegrillte Elefanten, Nashörner und Flußpferde, gefüllt mit gesottenen Straussen, Kondoren, Kasuaren, Putern. Auch Mastodonten und Megatherien vom Rost, mit Tannen im Maul angerichtet, die Schwänze aufgebockt.

So schwelgten die alten Diluvianer: ausgemachte Schlemmer und Rinderfresser. Wir Mardianer darben auf der Oberflächenschicht der Sedimente, brechen uns die Kinnladen an Wal-, Hasel-, Kokosnüssen und an Muscheln. Edler Herr, nun bin ich fertig.«

»Und das ist wacker getan. Mohi erzählt uns, Mardi sei in sechs Tagen geschaffen worden; doch du, Babbalanja, hast es von Grund auf in weniger als sechs Minuten aufgebaut.«

»Ein Klacks für uns Geologen, edler Herr. Aufs Wort kehren wir ganze Systeme um, Sonnen, Trabanten und Asteroiden eingeschlossen. Wohlan, edler Herr, mein Freund Annonimo entwirft gerade eine neue Milchstraße, die sich mit der alten kreuzt und Abkürzungen zwischen den Kometen erlaubt.«

Und mit diesen Worten wandte sich Babbalanja zur Seite.

XXIX.

Sie bleiben noch auf dem Felsen

»GOCKEL-GACKEL, fackel-fö, fuchtel-fochtel-forum,« so summte Babbalanja vor sich hin, während er gemächlich über die Fossilien einherschritt.

»Ist er wieder verrückt?« flüsterte Yoomy.

»Bist du verrückt, Babbalanja?« fragte Media.

»Schon von Geburt an bin ich das gewesen, edler Herr; bin ich nicht von einem Teufel besessen?«

»Dann werde ich ihn halt befragen,« rief Media aus. – »Hörst du, Freundchen, warum wütest du so sehr in diesem armen Sterblichen?«

»Er ist der Wüterich, ich bin es nicht. Ich bin der sanfteste Dämon, der je in einen Menschen fuhr; ich trage *in persona* kein Gehörn; mein Schwanz ist seiner Quaste ledig, wie schließlich auch die Löwen Mardis verlustig gehen ihrer Steißzier.«

»Ein sehr melodischer Teufel, dies. Doch, bitte, wer bist du, Freundchen?«

»Der sanfteste Dämon, der je in einen Menschen fuhr; ich trage *in persona* kein Gehörn; mein Schwanz ist seiner Quaste ledig, wie schließlich auch die Löwen Mardis verlustig gehen ihrer Steißzier.«

»Ein sehr psalmodischer Teufel, dies. Freundchen, verspotte mich nicht. Weißt du etwas, was Babbalanja noch nicht enthüllt hat?«

»Vieles weiß ich, das besser nicht gesagt wird; weswegen man mich Azzageddi heißt.«

»Ein sehr geheimniskrämerischer Teufel, dies, der nichts verrät. Azzageddi, darf ich dich austreiben?«

»Nur mit dem Geist dieses Sterblichen zusammen. Zusammen fahren wir ein, zusammen fahren wir ab.«

»Ein sehr schlagfertiger Teufel, dies. Woher kommst du, Azzageddi?«

»Dorther, wohin mein Katechet gehen muß – ein ausgedörrter Landstrich, durchschnitten von einem heißen Äquator.«

»Ein sehr gewitzter Teufel, dies. Und mit wem, Azzageddi, hältst du dich dort auf?«

»Mit einer aufgeräumten Schar von Spießgesellen, die vor dem Glutgeprassel sitzen und auf ewig ihre Hufe rösten; mit Flammen so vertraut, daß sie das Feuer mit den Hörnern schüren und ihre Schwänze ihnen Fackeln sind.«

»Ein sehr lustiger Teufel, dies. Sag, Azzageddi, ist Mardi nicht ein weit vergnüglicherer Ort als diese deine Heimat?«

»Ach Heimat, süße Heimat! Wie gerne wär' ich wieder zu Hause!«

»Ein sehr sentimentaler Teufel, dies. Wenn du eine Hand hättest, Azzageddi, ich würde sie dir schütteln.«

»Bei uns ist dies nicht Sitte. Hinterteil an Hinterteil, schütteln wir einander die Schwänze und erkundigen uns artig. ›Lieber Herr, wie viele Grade zeigt grad das Thermometer?‹«

»Der leibhaftige Fürst der Teufel, dies.«

»Wie wahnsinnig muß unser Babbalanja

sein,« rief Mohi aus. »Nehmt Euch in acht, edler Herr, er wird beißen.«

»Ach! Ach!« seufzte Yoomy.

»Hör zu, Babbalanja,« rief Media, »Schluß damit: lege deinen Teufel ab und sei ein Mensch.«

»Edler Herr, ich kann ihn nicht ablegen. Doch ich kann machen, daß er sich eine Weile niederlegt: nieder mit dir, Azzageddi, Teufelchen; nieder, nieder, nieder! So, edler Herr, jetzt bin ich wieder nur Babbalanja.«

»Soll ich ihn auf seinen Geisteszustand überprüfen, edler Herr?« rief Mohi.

»Tue es, alter Mann.«

»Philosoph, unser großes Riff ist vom Ozean umgeben. Was liegt deiner Meinung nach jenseits davon?«

»Ach,« seufzte Yoomy, »genau das Thema, das seinen Wahnsinn nährt.«

»Still, Sänger!« sagte Media. »Antworte, Babbalanja.«

»Sehr wohl, edler Herr. Hab' keine Angst, lieber Yoomy; du siehst, wie ruhig ich bin. Diese Fremden, die nach Mondoldo kamen, sind der Beweis dafür, daß es in der Ferne Inseln gibt; was auch ein Philosoph in alter Zeit vermutete, der aber für diese Vermutung nur Spott erntete. Und es ist auch nicht völlig ausgeschlossen, Flechtbart, daß es jenseits ihres Landes noch andere Gegenden gibt, von denen diese Fremden nichts wissen; Völker, die uns Mardianern vielleicht ähneln, die aber edlere Talente haben und Organe, die uns fehlen. Vielleicht haben sie einen besseren Gesichtssinn als wir, vielleicht haben sie Flossen oder Flügel anstelle von Armen.«

»Dies sieht mir nicht nach geistiger Gesundheit aus,« murmelte Mohi.

»Wirklich, eine höchst übergeschnappte Hypothese,« sagte Media.

»Sind also alle Induktionen nichtig?« fragte Babbalanja. »Können wir uns Sterbliche nur auf das verlassen, was wir mit Augen sehen? Kann man kein Vertrauen zu diesem inneren Mikrokosmos fassen, worin wir den Plan des Universums im Kleinen sehen; genau so wie sich der ganze Horizont im Auge einer Mücke spiegelt? Ach, edler Herr, gibt es keinen segensreichen Odonphi? Keinen Astrazzi?«

»Sein Teufel hat wieder die Oberhand, edler Herr,« rief Flechtbart aus.

»Er ist arg, arg irre!« seufzte Yoomy.

»Ja, wir haben Vollmond,« sagte Media. »He, Paddler, wir fahren ab!«

XXX.

Zurück und vorwärts

DER Mond schien noch, als wir von dem Eiland ablegten. Doch bald bezog sich der Himmel. Der Mond verkroch sich in eine Höhle zwischen den Wolken. Und aufgrund dieser geheimen Wechselwirkung zwischen unseren Herzen und den Elementen, wurden die Gedanken von allen, außer Media, verhangen.

Wieder sprachen wir über diese düstere Nachricht aus Mondoldo, den grausamen Mord an Tajis Gefolgsmann.

Mohi sagte: »Diese gespenstischen Söhne des Aleema sind bestimmt die Mörder gewesen.«

»Sie hatten tödliche Tücke im Sinn,« sagte Babbalanja.

»Die wohl nun mit Jarls Tod zufriedengestellt ist,« seufzte Yoomy.

»Dann kann sich Taji um so glücklicher schätzen,« sagte Media. »Doch fort mit den dunklen Gedanken! Warum eine verdüsterte Miene zeigen, nur weil sich der Himmel bewölkt hat? Babbalanja, ich klage über des Mondes Schwinden. Laß doch ein Paradox vom Stapel, damit wir lachen können. Sag, eine Frau sei ein Mann. Oder du seist ein Storch.«

Das brachte sie zum Schmunzeln. Darauf sauste ein Pfeil heran, der sich in unser Heck bohrte und dort zitternd stak. Dann ein zweiter, ein dritter! Sie streiften den Baldachin, schossen vorbei und tauchten zischend in die Wogen, rotglühenden Strahlen gleich.

Wir sprangen auf und bemerkten eine aufschäumende Kielspur, die den Weg eines flachen Kanus bezeichnete. Es flüchtete sich in der Ferne zu einem dort gelegenen Berg. Im nächsten Augenblick war es in dem Schatten des Berges verschwunden, und jede Verfolgung war zwecklos.

»Laßt uns fliehen!« rief Yoomy aus.

»Seid ruhig! Was können diese Mörder wollen?« sagte Media gelassen. »Wen können sie suchen, – dich etwa, Taji?«

»Die drei Rächer schickten drei Pfeile,« sagte Babbalanja.

»Seht nach, ob achtern der Pfeil noch steckt,« sagte Media.

Er wurde ihm gebracht.

»Bei Oro! ›Taji‹ ist auf seine Spitze geritzt!«

»Dann hat er sein Ziel verfehlt. Ich aber werde treffen. Und welche Pfeile auch folgen werden, ich suche weiter. Der Geist, den diese bleichen Gespenster rächen wollen, beunruhigt mich gar nicht. Den Priester tötete ich nur, um die zu gewinnen, die jetzt verloren ist; und ich würde ihn wieder töten, um sie zurückzubringen. Ach, Yillah, Yillah!«

Alle erschauerten.

Dann sagte Babbalanja: »Aleemas Söhne phantasieren nicht; denn es ist wahr, Taji, daß eine schlimme Tat dir deine Yillah gewonnen hat: es nimmt mich nicht wunder, daß sie verloren ist.«

Darauf Media, als ob es ihn nicht recht beträfe: »Du hättest vielleicht besser dein Geheimnis für dich behalten, Taji. Und nun kein Wort weiter; denn ich möchte nicht zu deinem Feind werden.«

»Ach Taji!« sagte Yoomy, »Nur wegen des Mals auf deiner Stirn scheute ich vor dir zurück; denn es hebt den Sinn deiner Worte auf. Doch schau, die Sterne kommen wieder hervor; und wer ist das? Eine Iris, hin und her geschwenkt! Ja, sie sind wiedergekehrt: Hautias Herolde!«

Sie brachten einen Schwarzdornzweig, versteckt in welken Azaleenblüten, rot und blau.

Darauf Yoomy: »Kein Mittel gibt es gegen das, was sticht.«

»Wer, wer ist Hautia, daß sie mich auf diese Weise durchbohrt?«

»Und dieser Sardonische Hahnenfuß höhnt über deinen Schmerz.«

»Hinfort, ihr Widersacher!«

»Wieder eine Venushutblüte; und sieh! ein Kranz von Erdbeeren! – Noch flüchte dich zu mir und werde mit Freuden bekränzt.«

»Laßt die wilde Hexe lachen. Sie rührt mich nicht. Und auch nicht zischende Pfeile tun dies oder Hexenblütenreize.«

Darauf Yoomy: »Sie warten auf Antwort.«

»Sagt euerer Hautia, daß ich sie nicht kenne und nicht zu kennen wünsche. Ich trotze ihren Bezauberungen; sie lockt vergebens. Yillah! Yillah! Noch habe ich Hoffnung!«

Langsam entfernten sie sich und achteten nicht meiner dringenden Bitten, mir nicht weiter zu folgen.

Stille und Dunkel senkten sich herab.

XXXI.

Babbalanja bramarbasiert im Dunkeln

DER nächste Tag kam und ging; und wir fuhren weiter dahin. Schließlich setzte des nachts eine Kalme ein und beruhigte das Wasser der weiten Lagune, beruhigte all die Wolken am Himmel, welche die Sternbilder verhüllten. Wiewohl unsere Segel zu nichts nutze waren, schwangen unsere Paddler doch ihre breiten, kräftigen Ruderblätter. Als wir so eine zerklüftete und uralte Felseninsel passierten, sprang Vee-Vee, von der Flaute unruhig geworden, in sein Krähennest im Haifischmaul, ergriff seine Muscheltrompete und blies einen Tusch, dessen Widerhall zwischen den Wellen vielfach hin und her geworfen wurde.

Gewiß rüttelte das auf. Am meisten jedoch einen unserer Paddler, auf dessen Schultern der erhöhte Vee-Vee, nach Verlust seines Gleichgewichts, jäh herabgepurzelt war. Der unachtsame kleine Hornist erlitt bei dem Sturz allerdings den größten Schaden; denn sein Arm war fast zu Bruch gegangen.

Als er verarztet worden war und alle sich beruhigt hatten, sagte Babbalanja: »Edler Herr Media, gab es irgendeine menschliche Notwendigkeit für diesen Unfall?«

»Nicht, daß ich wüßte, Babbalanja.«

»Vee-Vee,« fragte Babbalanja, »bist du absichtlich gefallen?«

»Bestimmt nicht,« schluchzte der kleine Vee-Vee, der seinen wehen Arm in einer Schlinge hatte, die an seinem gesunden hängte.

»Dann Weh, Weh uns allen,« rief Babbalanja aus, »denn welche furchtbaren Ereignisse, die wir nicht vermeiden können, mögen für uns bereitliegen.«

»Was soll das nun, Sterblicher?« rief Media.

»Überlegt doch, edler Herr. Ohne menschliche Einwirkung von außen und ohne inneren Willensakt, erlitt Vee-Vee einen Unfall, der ihn beinahe für sein ganzes Leben verstümmelt hätte. Ist der Gedanke nicht schrecklich? Sind nicht alle Sterblichen ähnlichen, nein, schlimmeren Unglücksfällen ausgesetzt, unsagbar unausweichlichen? Weh, Weh uns Mardianern! Nehmt hier meinen letzten Atemzug entgegen; laßt mich diesen erbärmlichen Geist aufgeben!«

»Nein, halte ein, Babbalanja,« sagte Media. »Setze ihn nicht zu früh vor die Tür. Gib ihm noch Obdach bis Mitternacht, der idealen Zeit für euch Menschen, das Zeitliche zu segnen. Doch solltest du, Philosoph, weiter auf Vee-Vees Unfall herumreiten, dann wisse, daran ist nur seine Achtlosigkeit schuld.«

»Und was ist an ihr schuld, edler Herr?«

»Vee-Vee selbst.«

»Was brachte dann, edler Herr, ein solch sorgloses Wesen auf die Welt von Mardi?«

»Eine lange Reihe von Generationen. Er ist irgend jemandes Ur-Ur-Enkel, der wiederum Ur-Ur-Enkel eines anderen war, der ebenfalls Vorfahren hatte.«

»Bedankt also sei Eure Hoheit; denn Ihr stellt die Lehre des Philosophischen Determinismus auf.«

»Nein. Ich stelle nichts auf, sondern ich antworte nur auf deine Fragen.«

»Ganz gleich, edler Herr: Ihr seid ein Determinist, mit anderen Worten, Ihr behauptet, daß alles mit absoluter Notwendigkeit stattfindet.«

»Dann hältst du mich also für einen Narren und Fatalisten? Parbleu! Eine schlechte Konfession für einen Monarchen, der Belohnungen und Strafen austeilt.«

»Ganz recht, edler Herr. Und trotzdem ist Eure Hoheit ein Determinist, jedoch kein Fatalist. Verwischt nicht den Unterschied. Der Fatalismus unterstellt, daß besondere Ereignisse durch ausdrückliche und unwiderrufliche Erlasse des Himmels zustande kommen. Wohingegen der Determinismus behauptet, daß alle Ereignisse naturgemäß miteinander verbunden sind und daß eines notwendig aus dem anderen folgt, ohne daß die Vorsehung eingreift, die aber doch, in ihrem ewigen Wirken, die Geschehnisse zuläßt.«

»Na schön, Babbalanja, alles zugegeben. Fahre fort.«

»Wir wissen aus bedeutsamer Quelle, daß in früheren Zeiten der Sturz einiger Staaten Mardis von Sehern geweissagt worden war.«

»Ganz richtig, edler Herr,« stimmte Mohi zu, »alles ist in den Chroniken niedergelegt.«

»Ha! ha!« rief Media aus. »Fahre fort, Philosoph.«

Und Babbalanja weiter: »Diese Prophezeiungen waren schon vor der Zeit, in der sie sich erfüllen sollten, in ganz Mardi verbreitet worden. Daher wußten die betreffenden Staaten wahrscheinlich schon vorher von dem prophezeiten Ereignis. Waren sie nun, derart vorgewarnt, imstande, ihre Angelegenheiten auf solche Weise zu regeln, daß sich die Prophezeiung als falsch erwiese und daß die angekündigten Ereignisse zu dem vorhergesagten Zeitpunkt ausbleiben würden?«

»Gleichwohl,« bemerkte Mohi »traten diese vorhergesagten Ereignisse mit Bestimmtheit ein: Man sehe sich nur die Ruinen Babylons an und Buch neun, Kapitel elf, der Chronik. Jawohl, die Eulen wohnen nun dort, wo die Seher es prophezeit hatten; die Schakale jaulen in den Grabmälern der Könige.«

»Fahre fort, Babbalanja,« sagte Media. »Natürlich konnten sich diese Staaten ihrem Untergang nicht widersetzen. Also weiter, und überspringe deine Prämissen.«

»Wenn es also stimmt, edler Herr, daß –«

»Hochwohllöblicher Herr,« unterbrach Mohi, »begibt sich unser Philosoph nicht auf unsicheres Terrain; und ist es vielleicht nicht gottlos, sich in solche Dinge einzumischen?«

»Wäre dem so, alter Mann, sollte er es wissen. Der König von Odo hat euch Sterblichen doch etwas voraus.«

»Aber sind wir die großen Götter selbst,« wandte Yoomy ein, »daß wir von diesen Dingen sprechen?«

»Nein, Sänger,« sagte Babbalanja, »die grossen Götter brauchen sich nicht über Dinge zu unterhalten, die sie vollkommen verstehen und selbst angeordnet haben. Doch du und ich, Yoomy, sind Menschen und keine Götter; daher müssen wir uns diese Dinge zum Gesprächsthema machen. Es liegt nichts Gottloses im rechten Gebrauch unseres Verstandes, gleich, wohin er führt. Sollen wir, von Aberglauben geschlagen, diesen Verstand verdorren und absterben lassen: ein toter Ast an einem lebendigen Baum oder der Arm eines Glaubensfanatikers, der jahrelang starr emporgereckt wurde? Oder sollen wir ihn als Tatze benutzen, die unsere körperlichen Bedürfnisse decken hilft, so wie die Raubtiere ihren Instinkt gebrauchen? Ist der Verstand nicht fein und flink wie Quecksilber, quick wie der Blitz, ein wieherndes Streitroß; oder ist er eine Schlange, die sich schleicht? Können wir diesen edlen Instinkt in uns darben lassen und gleichzeitig hoffen, daß er überleben wird? Besser den Körper töten als die Seele. Und wenn es die furchtbarste Sünde ist, Mörder seines eigenen Körpers zu sein, um wieviel schlimmer ist dann ein Seelenselbstmord. Yoomy, wir sind zugleich Menschen und Engel. Und Oro ist mit seinen Fähigkeiten nichts anderes als das, was ein Mensch wäre, würde man ihn unendlich vergrößern. Unser Sinnen und Trachten soll alles umfassen. Sind wir Säuglinge im Wald, die sich vor den Schatten der Bäume fürchten? Was soll uns erschrecken? Wenn Adler in die Sonne schauen, warum sollen Menschen nicht den Göttern ins Gesicht sehen?«

»Jedenfalls kannst du mich ganz offen anblikken,« sagte Media. »Immerzu. Doch sprich von meinesgleichen nicht so zungenfertig, Babbalanja. Komme auf dein Thema zurück.«

»Jawohl, edler Herr. Indirekt habt Ihr eingeräumt, daß Oro ehedem die Zukunft vorausgewußt hat; und daher mußte er sie auch im voraus verfügt haben. Doch ist Oro aber in allem unveränderlich. Folglich hat er unsere eigene Zukunft auch im voraus gewußt und verfügt. Wenn diese Vorbestimmtheiten ehedem den Staaten vor ihrem prophezeiten Eintreffen enthüllt wurden, dann ist anzunehmen, daß Ähnliches auch heute lebenden Individuen gegenüber möglich ist. Das heißt, daß es nicht ausgeschlossen ist, daß ein einzelner Mensch auf übernatürliche Weise im voraus Kenntnis von Ereignissen erlangen kann, die ihm als Schicksal auferlegt sind. Gesetzt also, es würde mir geoffenbart, daß ich mich in zehn Tagen freiwillig in meinen Speer stürzen würde: Könnte ich dann, wenn die Zeit erfüllt wäre, von meinem Selbstmord absehen? Es wäre denkbar, daß ich höchst triftige Gründe für diese Tat hätte; daß ich mich, ohne daß es mir vorausbedeutet wurde, zu der festgesetzten Zeit töten würde; was aber, wenn ich davon wüßte und entschlossen wäre, den Beschluß unter diesen Umständen bis zum Äußersten auf die Probe zu stellen: wäre es mir dann möglich, mich nicht zu töten? Wenn es möglich ist, dann ist die Vorherbestimmung nichts Absolutes; und der Himmel tut gut daran, uns diese Entscheide, deren Wirkung gerade im Geheimsein liegt, geheimzuhalten. Wenn es nicht möglich ist, dann wäre dieser Selbstmord nicht meiner sondern derjenige Oros. Und in der Folge wäre nicht nur diese Tat sondern mein ganzes Tun das Oros. Kurzum, edler Herr: Derjenige, der glaubt, daß sich die in der Vergangenheit von Propheten ausgesprochenen Prophezeiungen erfüllt haben, muß notgedrungen anerkennen, daß jeder jetzt lebende Mensch ein verantwortungsloses Wesen ist.«

»Fürwahr, eine sehr schöne Beweisführung,« sagte Media. »Du hast Wunder vollbracht. Doch stünde mir der Sinn danach, könnte ich all diese Prämissen und Konklusionen in Abrede stellen. Und hättest du, mein überzeugender Philosoph, dieses anarchische Dogma meinen Untertanen verkündet, dann hätte ich dich durch mein speerspitziges Szepter und nicht durch meinen erhobenen Finger zum Schweigen gebracht.«

»Dann Dank und höchsten Respekt für Euren Großmut, edler Herr, der uns bei unserem Aufbruch all diese Freiheiten gewährte. Doch erlaubt mir noch ein Wort. Ist Oro nicht allgegenwärtig – unumschränkt überall?«

»Das lehrt ihr Sterblichen, Babbalanja.«

»Und wir glauben auch daran, edler Herr. Das ist keine der Lehren, die wir jahrhundertelang nur nachplappern, ohne ihren Sinn zu erfassen.«

»Also, Oro ist überall. Und was folgt daraus?«

»Wenn das absolut wahr ist, ist Oro nicht bloß ein universeller Zuschauer, sondern er erfüllt und besetzt allen Raum; und keinem Wesen oder Ding außer Oro bleibt noch Platz. Daher ist Oro in allem und er ist auch alles – ein Glauben, so alt wie die Zeit. Doch da Böses reichlich vorhanden ist und Oro in allem ist, kann er nicht vollständig gut sein. Daher lassen sich offenbar Oros Omnipräsenz und seine moralische Vollkommenheit nicht miteinander vereinbaren. Ferner vernichten ja diese orthodoxen Systeme, die Oro allenthalben Allmacht und Universalität zuschreiben, alle geistigen Individualitäten außer Oro und führen das Universum auf ihn zurück. Dies ist aber eine Häresie: also sind Häresie und Orthodoxie ein und dasselbe. Und daher, edler Herr, sind wir Mardianer uns in diesen Dingen einig und uneinig zugleich; und wir töten einander mit Waffen, die in unseren Händen zerbrechen. Ach, edler Herr, was geht in dem gepriesenen Oro wohl vor, wenn er auf dieses Schauspiel herabblickt? Ob er zwischen Deisten und Atheisten unterscheidet? Nein. Denn der Ergründer der Herzen weiß wohl, daß es keine Atheisten gibt. Denn in abstrakten Dingen unterscheiden sich die Menschen nur durch die Laute, die von ihren Lippen kommen, und nicht durch die wortlosen Gedanken, die auf dem Grund ihres Seins liegen. Das Universum ist gänzlich eines Sinnes. Auch wenn mir mein Zwillingsbruder bei der glühenden Nachmittagssonne schwören würde, daß es Oro nicht gäbe, würde er doch das Lügen strafen, was er ausdrücken wollte. Wer hält solche Lästerungen lebend aus? Welch menschlicher Zungenschlag ist so mächtig, daß er die unaussprechbare göttliche Majestät beleidigen könnte? Liegt Oros Verdienst darin, daß er Mardi erhält? Hat er sein Gewissen menschlichen Händen überlassen? Wo ist, von Oros eigener Hand signiert, unsere Berechtigung zum Morden, Brandschatzen und

Zerstören oder, weit schlimmer, zu Verfolgungen in seinem Namen? Ah, was werden sich diese selbsternannten Anwälte und Stellvertreter Gottes wundern, wenn sie sehen, daß der Himmel mit Ketzern und Heiden bevölkert ist und daß es in der Hölle von Mitren nur so wimmelt! Ach! Wir Mardianer sollten von diesem Wahne lassen und uns mit der Theologie von Gras und Blume, Säen und Ernten bescheiden. Das Wissen, daß Oro unzweifelhaft existiert, möge uns genügen. Edler Herr! Da ich krank bin vom Schauspiel menschlichen Wahns und zermürbt von momentanen Zweifeln, sehe ich in ganz Mardi nur zweierlei, an das ich glauben kann: – daß ich selbst existiere und daß ich höchst glücklich oder zumindest kläglich existieren kann, indem ich aufrichtig lebe. Alles andere ist in den Wolken; und ich kann es nicht kennen, bis daß das Firmament von Horizont zu Horizont zerreißt. Doch ach, zu oft entferne ich mich von diesem sicheren Grund.«

»Ach, es überkommt ihn wieder,« flüsterte Yoomy.

»Wohlan, Babbalanja,« sagte Media, »du tust mir beinahe leid. Du erhitzt dich zu sehr. Warum bringst du deine Seele mit diesen Dingen in Wallung? Ohne Nutz und Frommen ereifert ihr Sterblichen euch. Du schadest nur dir selbst. Warum den Glauben nicht nehmen, wie er kommt? Es fällt nicht schwer, sich überzeugen zu lassen; was braucht man sich da um den Glauben zu scheren?«

»Ganz recht, edler Herr; es ist nicht schwer; kein Tun ist nötig, nur Geschehenlassen. Haltet still und empfangt. Glauben ist für den Gedankenlosen, Zweifel sind für den Denker.«

»Warum dann überhaupt denken? Benutzt ihr Sterblichen nicht besser eure Finger dazu, den Irrtum wie in einem Schraubstock fest zu packen? Und wozu eure ewigen Nachforschungen, wenn sie nichts erbringen? Ihr sagt, alles sei Lüge: dann heraus mit der Wahrheit. Dein Teufel, Philosoph, ist letztlich nur ein Tor. Ich, als Halbgott, verneine nie.«

»Ja, edler Herr, sollte Oro auf Mardi hinabsteigen, wäre es ihm kaum dienlich, wenn er die menschlichen Theorien über ihn verneinte. Haben sie nicht auch kurzerhand Alma die Göttlichkeit ausgetrieben?«

»Warum verneinst du dann diese Theorien? Babbalanja, fast ziehst du meine göttliche Heiterkeit in Mitleidenschaft. Kannst du immer nur ein Sieb sein, welches das gute Korn durchrinnen läßt, während es die Spreu zurückbehält? Du hast eine gespaltene Zunge. Du sprichst zwei Sprachen: barer Unsinn für dich selbst und Weisheit für die anderen. Babbalanja, wenn du irgend einen Glauben an dich selbst hast, behalte ihn; doch behalte ihn, in Oros Namen, für dich.«

»Ja, edler Herr, in diesen Dingen sind Weise nur Zuschauer, nicht Akteure; sie sehen sich alles an und sagen Ja.«

»Und warum tust du es dann nicht?«

» Weil ich es Euch schon oft gesagt habe, daß ich ein Narr bin und kein Weiser.«

»Eure Hoheit,« sagte Mohi, »dieser gesamte Diskurs scheint von dem Thema ›Notwendigkeit und freier Wille‹ zu handeln. Nun, ich erinnere mich, daß ich als Junge von einem Weisen gehört habe, diese Dinge seien miteinander unvereinbar.«

»Ja?«, sagte Media, »und was sagst du dazu, Babbalanja?«

»Es kann schon so sein, edler Herr. Soll ich Euch eine Geschichte erzählen?«

»Azzageddi rührt sich wieder,« murmelte Mohi.

»Beginne,« sagte Media.

»König Normo hatte einen Narren, Willi mit Namen, dessen Launen er gerne nachgab. Obwohl nun Willi, aus seiner natürlichen Neigung zur Knechtschaft heraus, seinem Herrn gehorchte, gefiel er sich in dem Gedanken, frei zu sein; und es war gerade diese Einbildung, die den Narren für den König so erheiternd machte. Eines Tages sagte Normo zu seinem Narren: ›Willi, gehe unter diesen Baum und warte bis ich nachkomme.‹ – ›Jawohl, Eure Majestät,‹ sagte Willi und verbeugte sich unter dem Geklingel seiner Schellen. ›Doch nehme ich an, daß Eure Majestät nichts dagegen hat, wenn ich auf den Händen dorthin gehe; denn ich bin hoffentlich frei.‹ – ›Ganz und gar,‹ sagte Normo, ›Hände oder Füße, das läuft für mich auf das gleiche hinaus. Erfülle nur meinen Befehl.› – ›Das gedachte ich auch zu tun,‹ sagte Willi. Und so schwang er seine gelenkigen Beine in die Luft und versuchte, Daumenbreite um Daumenbreite, voranzukommen. Doch das Blut schoß ihm in den Kopf und staute sich bald derart, daß er einen Überschlag machen und wieder auf die Füße kommen mußte. Er sagte: ›Obwohl ich die Freiheit habe, es zu tun, lassen sich Finger nicht so leicht in Zehen verwandeln. Ich habe halt noch eine andere Möglichkeit offen und gehe auf Füßen.‹ So ging er aufrecht weiter und entsprach König Normos Befehl in der normalen Weise.«

»Eine lustige Geschichte, dies,« sagte Media. »Woher stammt sie?«

»Woher alles, bis auf eines, kommt: von innen.«

»Du bist bis oben hin randvoll,« sagte Flechtbart.

»Ja, Mohi, es ist Überfluß und nicht Fülle, die meinen Mund übergehen macht.«

»Und von was kannst du so erfüllt sein?«

»Von mir selbst.«

»So sieht es aus,« sagte Mohi und fegte eine Fliege mit dem Bart weg.

»Babbalanja,« sagte Media, »du hast mit gutem Recht diese stockfinstere Nacht gewählt, um dieses Thema zu diskutieren. Ihr Sterblichen seid wirklich allzu geneigt, im Dunkeln zu reden.«

»Ja, edler Herr. Und wir Sterblichen plaudern noch mehr im Dunkeln, wenn wir tot sind. Ich glaube, daß unser Reden dann überhaupt wie im Schlaf geschieht. Ach, glaubt doch nicht , edler Herr, daß ich heute Nacht gesagt hätte, ich würde irgendeine eigene Weisheit verfechten. Ich kämpfe nur gegen die Lügen von Mardi, die mich wie ein Kriegsheer, in Waffen und mit Helmbüschen, bestürmen. Ich bin von Pfeilen gänzlich durchbohrt; doch keuchend reiße ich sie heraus und schleudere sie dorthin zurück, woher sie kamen.«

Und mit diesen Worten sank Babbalanja erschöpft zurück; und lag dann regungslos da wie der marmorne Gladiator, der sich vor Jahrhunderten zum Sterben niedergelegt hatte.

XXXII.

Media ruft Mohi in den Zeugenstand

WÄHREND die Nacht langsam voranschritt und die jetzt verfliegenden Wolken wieder den Blick auf die himmlischen Scharen freigaben, verharrten alle in traurigem Schweigen; nur Media nicht, der kein Jota gerührt schien.

Er füllte sogar heute abend seinen Krug voller als sonst; und trank und trank und prostete den Sternen zu.

»Dir zum Wohl, alter Arkturus! Und dir, alter Aldebaran! Auf ewig haltet ihr eure weinroten, glühenden Sphären dort oben im Gleichgewicht. Ein Prosit auf dich, mein königlicher Freund Alphekka im Sternbild der Krone: von Krone zu Krone stoße ich an! Auch euch trinke ich zu, Alphard, Markab, Denebola, Capella – und euch, Schwan und Adler in den Lüften! Zum Wohl euch allesamt, ihr Diademe! Auf daß ihr nie verblassen werdet! Und meines auch nicht!«

Schließlich erschien im verschwommenen Osten die Morgendämmerung wie ein graues, fernes Segel vor dem Wind, das immer näher kam, bis man seinen güldenen Bug gewahrte.

Wie in tropischen Stürmen der Wind bei Sonnenaufgang immer ungestümer weht, so frischte auch König Medias Frohsinn nun auf. Und wie der Sturm bei Sonnenuntergang nur auffrischt, um sich schließlich zu einer stetigen Brise abzuschwächen, so geriet Media bald in geziemendere Stimmung. Und Babbalanjas Träumereien flauten ab.

Denn wer könnte solch einem Morgen widerstehen!

Wie sich auf den nächtlichen Ufern des fern dahinrollenden Ganges der königliche Bräutigam zu seiner Braut aufmacht, wobei ihm Nymphen vorausgehen, die überall an den Wegrändern die blumengeschmückten Fackeln entzünden, die sich ihnen entgegenrecken, so eilte die Sonne zu ihrer Hochzeit mit Mardi, angeführt von den Horen, die alle Gipfel streiften, bis sie rosig rot erglühten.

Der Widerschein der Sonne machte, daß die Lagune an machen Stellen in Brand zu stehen schien: jede aufschießende Schaumkrone eine Flamme.

Es wurde Mittag .

Und nun machten Zitronen und Bananen, Becher und Kalebassen, Kalumets und Tabak die Runde; und wir waren alle heiter und beschwingt. Schmatzten, schwatzten, rauchten und schlürften. Mal eine Portion Zitrone, um eine Antwort zu würzen; mal ein Schluck Wein, um eine Maxime hinunterzuspülen; mal ein aromatischer Zug an der Pfeife, um die Sorgen wegzupaffen. Es gibt manch angenehmen Zeitvertreib. Wir grasten hier und grasten da wie Junos weiße Rinder auf Kleewiesen.

Bald näherten wir uns einer reizvollen Klippe, von Geißblatt überwachsen, dessen Lianen von blühenden Tamarisken und Tamarinden herabhingen. Die Tamarisken trugen Blütenstände voll roter Glöckchen; die Tamarinden entfalteten weit das Gold ihrer Blütenblätter, das gestreift war in der Farbe des Morgenrots. Die Ranken senkten sich auf das Wasser hinab; und die munteren Wellen waren, wie kleine Pagen, ganz erpicht darauf, diese Schleppen zu tragen.

Hinter den Ranken tat sich ein schattiger Platz auf; und war man darin, schien es einem, als befände man sich hinter der Wasserwand der Genessee-Fälle.

In dieser Laube ankerten wir. Unsere drei Kanus, deren beschatteten Buge sich inmitten der Blüten zusammengedrängten, wirkten wie ermüdete Rösser, die auf dem Weg bei einer Weißdornhecke fressen.

Der hohe Mittag im Hochsommer ist stiller als die Nacht. Höchst angenehm ist es dann, Siesta zu halten. Und Mittagsträume sind wirklich Tagträume, Ausgeburten der kulminierenden Sonne. Die bleiche Cynthia hingegen erzeugt bleiche Gespensterschemen; und ihre frostigen Strahlen sind die beste Beleuchtung für weißgewandete Nonnen, marmorne Monumente, frostige Gletscher und kalte Gruften.

Der Sonnenball rollte weiter. Und Yoomy sprang auf, die Arme ineinander geschlungen, und rief mit wildem Blick : »Nein, Mädchen, verlasse mich nicht! – Für immer schließe ich dich hier in meine Arme! – Sie ist verschwunden? – Ein Traum! Dann soll mein ganzes Leben eine einzige Siesta sein. Und an jedem Mittag werde ich dich treffen, liebliches Mädchen! O Sonne, sinke nicht; Mohn möge sich über uns neigen, wenn wir uns das nächste Mal umarmen!«

»Was ficht diesen Traumtänzer an?« rief Media, der sich erhob. »Was ist mit dir, Yoomy?«

»Er hat sich wohl zu viele von diesen Zitronen genehmigt,« sagte Mohi mitfühlend und rieb seine Früchtchen. »He, Yoomy! Ein Schluck Meerwasser wird dir helfen.«

»Ach,« rief Babbalanja aus, »lauern die Feen nur darauf, sich den Bauch vollzuschlagen? Kommen unsere Träume von unten und nicht vom Himmel? Sind wir Engel oder Hunde? O Mensch, Mensch, Mensch, du bist schwerer zu enträtseln als Integralrechnung – und bist doch so einfach wie eine ABC-Fibel; du bist schwieriger zu finden als der Stein des Weisen – doch immer griffbereit; eine gewitztere Mixtur als die eines Alchimisten – und doch kommt bei dir ein Zentner Fleisch auf ein Pennygewicht Geist; Seele und Körper sind, wie die Atome, fest aneinander gefügt: wie ein Gewand ohne Naht, ohne Faden – und doch sind Geist und Fleisch wie durch einen Fluß getrennt. Mensch, du bist wie ein Baum, der in zwei Richtungen wächst, der seine höchsten Äste zur Erde herabsinken läßt wie ein Banyan oder wie es Mohi mit seinen Bart macht! – Ich gebe dich auf, o Mensch! Du bist in dir doppelt – doch unteilbar; du bist alles – doch als Einheit allenfalls armselig.«

»Philosoph, du scheinst das Rätsel deines Geschlechts nicht lösen zu können,« rief Media aus und neigte sich behaglich zur Seite. »Nun stehe du, alter Mohi, vor einem Halbgott auf und antworte auf alles. – Komme näher, damit ich dich besser sehen kann. Was bist du, Sterblicher?«

»Wohllöblicher Herr, ein Mensch.«

»Und was für ein Mensch?«

»Edler Herr, vor Euch steht ein Musterexemplar.«

»Ich fürchte, edler Herr, Ihr werdet aus diesem Zeugen nichts herausbekommen,« sagte Babbalanja. »Ich bitte Euch, König Media, laßt einen anderen Fragesteller das Kreuzverhör führen.«

»Beginne; und nimm auf dem Diwan Platz.«

»Tritt ein oder zwei Schritt zurück, Mohi; so habe ich dich ganz im Blick. – Paß auf! Hast du eine Erinnerung daran, Mitmensch, wann du geboren wurdest?«

»Nein. Der alte Flechtbart hatte damals noch keine Erinnerung.«

»Wann warst du dir zum erstenmal deines Seins bewußt?«

»Zu der Zeit, als ich Zähne bekam: mein erstes Gefühl war eine Schmerzempfindung.«

»Was tust du, Mitmensch, hier in Mardi?«

»Was tut Mardi, Mitmensch, hier mit mir?«

»Philosoph, deine Fragen haben nur wenig zutage gefördert,« rief Yoomy aus und trat vor. »Laßt einen Dichter es versuchen.«

»Ich danke dann zu deinen Gunsten ab, sanftmütiger Yoomy; ich will den Diwan für dich glätten. Hier, setze dich nieder.«

»Nun, Mohi, wer bist du?« sagte Yoomy und wippte mit seiner Paradiesvogelfeder.

»Offenbar der einzige Zeuge in diesem Fall.«

»Zweiter Versuch, Sänger,« rief Babbalanja aus.

»Was bist du also, Mohi?«

»Genau das, was du bist, Yoomy.«

»Er ist zu scharf oder zu stumpf für uns alle,« rief König Media aus. »Sein Teufel ist gewitzter als deiner, Babbalanja. Laß ihn in Ruhe.«

»Soll ich also die Sitzung vertagen, edler Herr?« sagte Babbalanja.

»Jawohl.«

»Hört! Hört! Hört! Wißt alle anwesenden Sterblichen hier, daß die Sitzung vertagt ist bis zum Sonnenuntergang des Tages, der keinen Morgen hat.«

XXXIII.

Worin Yoomy und Babbalanja übereinstimmen

»UM uns herum nimmt die Zahl der Inseln mehr und mehr zu!« rief Babbalanja, als wir auf das schroffe Vorgebirge einer unbewohnten Küste zusteuerten, indes in der Ferne viele Eilande bläulich schimmerten. »Unsere kurze Reise muß auf das Riff beschränkt bleiben und kann nicht ganz Mardi umfassen.«

»Ja, vieles muß ungesehen bleiben,« sagte Media. »Und Yillah kann nicht allerorten gesucht werden, edler Taji.«

Darauf Yoomy: »Wir sind wie Vögel mit gestutzten Schwingen, die in unergründlichen und tiefen Wäldern auf einem armseligen Baum sitzen und nur von Ast zu Ast flattern.«

»Inseln über Inseln!« rief Babbalanja, der, aufrecht stehend, in die Ferne starrte. »Und seht! Ringsum wogt der unendliche Ozean. Ach, Götter! Welche Regionen liegen jenseits davon?«

»Doch wohin jetzt?« fragte er, als die Paddler, auf Medias Geheiß, einen anderen Kurs einschlugen.

»Zu den schroffen Küsten von Diranda,« entgegnete Media.

»Aha! Zu dem Land der Keulen und Speere, wo die Grundherren Hello und Piko ihre berühmten Kampfspiele feiern,« rief Mohi aus.

»Deine Keulen und Speere,« sagte Media, »erinnern mich an den großen Kampfgesang von Narvi. – Yoomy!« und er wandte sich dem Sänger zu, der geistesabwesend ins Wasser starrte, – »wach auf, Yoomy, und gib diese Verse zum Besten.«

»Edler Herr Media, sie sind nur primitives Wortgeklirr, so mißtönend als würde der Nordwind durch sie hindurchblasen. Ich glaube, die Gäste mögen solche disharmonischen Gedichte nicht. Vielleicht singe ich Euch lieber eines meiner Sonette.«

»Setze dich lieber hin und schluchze uns die Ohren voll, du dummer Yoomy du! Nein, nein! Jetzt keine Gefühlsduselei; meine Seele ist kriegerisch gestimmt: ich wünsche Trompetenschall und kein Geträller zur Laute. So wirf dich in die Brust, Yoomy; erhebe deine Stimme und laß den alten Schlachtensang erschallen. – Beginnt, Herr Sänger.«

Und indem er allen bedeutete, daß er dieses grausliche Lied nicht komponiert hatte, hob Yoomy solchermaßen an:

Unsere Keulen! Unsere Keulen!
Die tausend Keulen von Narvi!
Aus dem grünen Stamm der Palme gemacht:
Sie zerschmettern Schädel und verspritzen Gehirn!
Nach rechts geschwungen, nach links geschwungen:
Sie löschen Leben aus und bringen Tod!
Sie machen, daß lebende Körper kopflos laufen!

Unsere Bögen! Unsere Bögen!
Die tausend Bögen von Narvi!
Die Rippen des Kriegsgottes Tara!
Ihre Pfeile sind aus hellem Tola-Holz gefertigt:

Schnelle Boten, die Herzen durchbohren!
Die scharfen Spitzen sind aus Muscheln,
Sie tragen weiße Schwanzfedern,
Ihre Sehnen sind aus wilder Mädchen Haar,
geflochten unter wilden Todesgesängen! 5

Unsere Speere! Unsere Speere!
Die tausend Speere von Narvi!
Aus dem blitz-zerrissenen Moo-Baum gemacht:
Hoher Baum, niedergestreckt auf dem langen Berg Lana! 10
Nicht Stöcke für Greise! Nicht Ruten für Angler!
Vom wilden Wind der See gehärtet,
Von Blitzen zu Lanzen zersplittert:
Lange Pfeile, die auf Herzen zielen!
Ihre langen, schwarzen Spitzen von Feuer gehärtet! 15

Unsere Schleudern! Unsere Schleudern!
Die tausend Schleudern von Narvi!
Aus Flechtwerk, mit Quasten und bunt geschmückt.
Gürtel im Frieden ; im Krieg unsere Netze, 20
Mit denen wir Köpfe fangen wie Fische, tief aus dem
Meer!
Die Kiesel, die sie schleudern, sind schon geschleudert
worden:
Von der stürmischen See auf den Strand geworfen! 25
Kiesel, die noch eben im Kopf des Haies steckten
Und binnen kurzem in unserer Feinde Köpfe stecken!
Unsere Beutel: Hort harter Würfe!
Heimat von Todeseiern! Flugs sind sie ausgebrütet! 30

Männer, laßt uns die Lanzen einlegen und erheben!
Dumpf klingen unsere Keulen auf dem Fels!
Biegen wir unsere Bögen, spüren wir unsere Pfeilspitzen! 35
In Wirbeln kreisen unsere Schleudern nach oben!

Auf zum Kampf, Männer von Narvi!
Söhne der Schlachten! Menschenjäger!
Erhebt euer kriegerisches Holz!
Ein Aufschrei, Narvi! ein Wald von Lanzen stürmt
heran!

»Bei Oro!« rief Media. »Yoomy hat fast alle Teufel Babbalanjas in mir aufgerüttelt. Wäre ich ein Sterblicher, genügte jetzt ein nichtiger Anlaß, damit ich zum Kampf schritte. Und verweigerte sich mein Gegner, würde ich wie eine Speerspitze auf ihn losgehen. Ah, Yoomy, du und deinesgleichen, ihr taugt zu vielem; mit euren Heldenliedern bringt ihr ganz Mardi auf die Palme. Eure Kriegslieder bringen die Männer zum Kämpfen; eure Trinklieder erzeugen Trunkenbolde und eure Liebesschnulzen Narren. Doch du sitzt hier, Yoomy, zahm wie eine Taube. – Wer bist du, Sänger, daß deine sanfte, singende Seele alle Sterblichen beherrscht? Wie ich schwingst du ein Szepter.«

»Ihr tut meinem Beruf zuviel Ehre an,« sagte Yoomy. »Wir Sänger stimmen unsere Lieder ganz unbekümmert an, edler Herr Media.«

»Ja, und um so mehr Unheil richtet ihr an.«

»Doch manchmal sind wir Dichter auch lehrreich.«

»Lehrreich und öde. Viele von euch langweilen allzu gern, außer sie sind boshaft.«

»Doch in unseren Versen, edler Herr, führen nur wenige von uns Böses im Schilde.«

»Seid ihr auch für euch selbst harmlos, so doch nicht für Mardi.«

»Entspringen schmutzige Flüsse nicht oftmals klaren Quellen, edler Herr?« bemerkte Babbalanja. »Die Essenz alles Guten und Bösen ist in uns und nicht außerhalb. Die Blumen, auf denen sich Bienen und Wespen nebeneinander niederlassen, enthalten weder Gift noch Honig. Natur ist eine unbefleckte Jungfrau, edler Herr, die stets unverhüllt vor uns steht. Echte Poeten malen nur den Zauber, den alle Augen schauen. Das Verderbte wäre auch ohne sie verderbt.«

»Edler Herr Media,« fuhr Yoomy schwungvoll fort, »ich bin mir tausend angenehmer und heiterer Vorstellungen bewußt, die unschuldig und rein sind und die doch allesamt von meinen Feinden für wollüstige Phantasien gehalten werden.«

»Es gibt einige in Mardi,« sagte Babbalanja, »die in anderen nur das Böse vermuten, das sie in ihrem eigenen Herzen antreffen; denn sie glauben, daß niemand anders sein kann als sie.«

»Edler Herr!« rief Yoomy aus. »Meine Musik entströmt einer Luft, die von einem Gebirge herabweht! Ich bin reiner als andere; denn obgleich ich mich nicht für eine Frau halte, spüre ich doch die Seele einer Frau in mir.«

»Ach, hör auf, dummer Yoomy,« warf Media ein. »Du redest genau so irre wie Babbalanja, wenn Azzageddi über ihn kommt.«

»Immer das gleiche!« seufzte Yoomy. »Wir werden nie verstanden.«

»Mir geht es ebenso,« schloß sich Babbalanja an. »Yoomy, wir sind beide Dichter und nur dem Anschein nach verschieden: deine luftigsten Vorstellungen gleichen den düsteren Schatten meiner tiefsinnigsten Grübeleien. Obwohl Yoomy hinan steigt und Babbalanja hinabtaucht, treffen sich beide schließlich. Du singst kein Lied, das ich nicht schon im Geiste mit mir trug. Und wo das träge Mardi nur deine Rose sieht, entfalte ich ihre Blütenblätter und entdecke eine Perle. Wir sind dadurch Dichter, Yoomy, daß wir draußen weilen; daß wir in Grotten, Palmen und Bächen leben; daß wir uns von Meer und Himmel tragen lassen: Poeten sind allgegenwärtig.«

XXXIV.

Die Insel Diranda

BALD kamen die Gestade von Diranda in Sicht. Einführend zur Landung gab uns Flechtbart einen kurzen Bericht über die Insel und ihre Herrscher.

Wie schon angedeutet, erfreuen sich diese Magnifizenzen und Durchlauchten, die Grundherren Hello und Piko, die Diranda unter sich aufteilten, an öffentlichen Spielen jeder Art, insbesondere kriegerischen. Letztere wurden so oft abgehalten und führten zu so fatalen Ergebnissen, daß die Bevölkerungszahl auf der Insel, trotz der Vielzahl der dort vollzogenen Vermählungen, stagnierte. Doch war dies seltsamerweise sogar das Ziel, das die Grundherren anvisierten, der Zweck, den die Einrichtung der Spiele hatte. Doch klugerweise behielten sie das Geheimnis zumeist für sich.

Doch sei erzählt, wie es dazu kam, daß die Grundherren Hello und Piko in dieser Sache an einem Strang zogen.

Bei ihrer Krönung war Diranda gütlich zwischen ihnen aufgeteilt worden: ein König regierte im Osten, der andere im Westen. Doch König Piko quälte schon seit langem die Vorstellung, daß die ungehemmte und grenzenlose Vermehrung seiner Untertanen dazu führen könnte, daß diese schließlich mit ihren Viehherden seinen Teil der Insel ganz und gar von Gras entblößten. Der Nachwuchs, – so sann er –, sammelt sich schon zu Schwadronen, Brigaden und Bataillonen und wird schon bald über mein Land herfallen und es ins Verderben stürzen. Seht! Ihr Heuschreckenheer verdunkelt den Himmel; ihr Ameisenfußvolk bedeckt die Erde. Ach, mein Sohn und Nachfolger, statt Luft wirst du stickige Dünste einatmen und du wirst keinen Ort mehr für dich haben, wo du deine Gebete verrichten kannst.

Die Mathematiker bewiesen König Piko, daß dieses Ergebnis, wie eine arithmetische Reihe, mit sehr hoher Wahrscheinlichkeit, wenn nicht gar Sicherheit eintreten würde, – außer, man würde es verhüten. Und man riet des weiteren zu Krieg – Krieg bis aufs Blut mit König Hello –; nur so könne man diesem drohenden Übel wehren.

Doch fand König Piko, der in Frieden mit König Hello lebte und die ruhigen Zeiten sehr genoß, nur wenig Gefallen daran, mit seinem Nachbarn in Händel zu treten und sich den Fährnissen einer Fehde auszusetzen, nur um sein Volk zur Ader zu lassen.

»Habt Geduld, Durchlaucht,« sprach ein anderer seiner Ahitophele, »vielleicht kommt bald eine Pest und dezimiert das Volk.«

Doch es kam keine Pest. Und junge Burschen und Mädchen heirateten hemmungslos und zeigten sich auch ansonsten ungehemmt. Und es herrschte ein so gesundes Klima, daß die Greise wesentlich lieber über dem Rasen blieben anstatt sich ihn von unten anzusehen.

Schließlich machte ein Machiavelli von Philosoph den Vorschlag, daß man gegebenenfalls dem Zweck des Krieges entsprechen könnte, ohne in den Krieg zu ziehen; und daß König Hello gegebenenfalls einer Regelung zustimmen könnte, der zufolge man die Männer von Diranda dazu bringen könnte, sich aus freien Stücken gegenseitig umzubringen, ohne einen Krieg zu entfachen und ohne ihre Regenten zu behelligen. Und zu diesem Behufe wurden die eingangs erwähnten Spiele vorgeschlagen.

»Wahrlich, meine Weisen, ihr habt den Nagel auf den Kopf getroffen,« rief Piko aus. »Aber wird Hello dem zustimmen?

»Versucht es, Durchlaucht,« sagte Machiavelli.

So trafen ordentliche und außerordentliche Gesandte bei Hello ein und bevollmächtigte Minister in besonderem Auftrag; und gespannt erwartete König Piko deren Rückkehr.

Die Mission war von Erfolg gekrönt.

Ganz im Vertrauen sagte König Hello den Ministern: »Meine Herren, genau das hat mir vorgeschwebt. Mein Volk wächst zu schnell. Allzu tüchtig pflanzen sie sich fort. Gebt eurer Durchlaucht bekannt: die Spiele sind beschlossen. Die Spiele, auf alle Fälle!«

Und so wurde auf der ganzen Insel bekanntgegeben, daß sie hinfort, infolge eines Zauberspruchs, eine feste Einrichtung seien.

Da die Grundherren Hello und Piko feststellten, daß sie die gleichen Interessen hatten, fanden sie sich wie Braut und Bräutigam zusammen, lebten im selben Palast, speisten von derselben Tafel, aßen von derselben Brotfrucht, tranken aus derselben Kalebasse, tauschten ihre Kronen aus und schritten oft, Arm in Arm, in bezaubernder Offenheit ihre Gebiete ab, während sie die Aussichten für die kommende Kopfernte besprachen.

Nachdem Mohi dies alles, nebst anderen Besonderheiten, in seiner altmodischen Weise erzählt hatte, schaltete sich Babbalanja mit der Frage ein, ob denn das Volk von Diranda an diesen Spielen Gefallen fände und daran, wie ihre Reihen derart kaltblütig gelichtet würden.

Worauf der Chronist sinngemäß antwortete, daß sie nicht den blassesten Schimmer von dem wirklichen Zweck der Spiele hätten. Sie würden einander aus dem Weg bolzen, sie kämpften und stürben zusammen, wie gute Kameraden.

»Wieder recht gehabt, unsterblicher alter Bardianna!« rief Babbalanja aus.

»Und was hat der Weise diesmal zur Sache zu sagen?« fragte Media.

»Nun, edler Herr, in seinem Kapitel ›Zerspaltene Schädel‹ kommt Bardianna, nachdem er sich über vieles den Kopf zerbrochen hat, zu folgendem Ergebnis: ›In dieser zerspaltenen und angeknacksten Sphäre, in der wir leben, scheinen zerspaltene und angeknackste Schädel das unausweichliche Los vieler zu sein. Und deren Zerschmettern wird auch nicht endigen, bis dieses kämpferische Lebewesen, von dem wir handeln, seiner natürlichen Schlagkeulen beraubt ist, will sagen, seiner Arme. Und sehr wohl frommt es dem Menschen, alle Hinterhäupter in seinem Umkreis zu zerdreschen.‹«

»Diesmal gibt sich unser alter Freund anscheinend ganz schön gestelzt,« fiel ihm Mohi ins Wort.

»Nein, Flechtbart. Um die ungewöhnliche Steifheit seines Stils in diesem Kapitel zu rechtfertigen, sagt er in einer Fußnote, daß er dieses auf einem Sitz mit starrer Rücklehne geschrieben habe, als er an Hexenschuß und steifem Nacken litt.«

»Wieder einmal dieser unverbesserliche Azzageddi,« bemerkte Media. »Zitiere weiter, Babbalanja.«

»Wo war ich stehengeblieben, Flechtbart?«

»Hinterhäupter zerdreschen auf Teufel komm 'raus,« sagte Mohi.

»Ah ja. – ›Und sehr wohl frommt es dem Menschen, alle Hinterhäupter in seinem Umkreis zu zerdreschen. Er folgt nur seinen Instinkten und ist nur Teil einer kämpfenden Welt. Spinnen, Füchsen und Tigern, allen steht der Sinn nach Kampf. Und allenthalben hört man das Heulen von Hyänen, das Hecheln von Bullenbeißern, das Krabbeln kämpferischer Käfer, den summenden Hader von Insektenheeren; und die schrillen Schreie von Weibsteufeln, die ihre Herren in Stücke reißen. All dies existiert aufgrund von Notwendigkeit. Dem Krieg und anderen Entvölkerungen ist es zu verdanken, daß wir Ellbogenfreiheit haben in Mardi und über Parks und Gärten verfügen, in denen wir uns gern ergehen. So kommt denn, Plagen, Krieg, Hungersnot und Weibsteufel! Kommt, sage ich, denn wer will euch aufhalten? Kommt und schrumpft die Bevölkerung gesund! Und ganz besonders, du Krieg, marschiere mit deinem Knüppel voran. Einen Sprung haben unsere Schädel von Natur aus, und durch harte

Schläge sollen sie hinfort auf immer zerspalten und zersprungen sein.‹«

»Und einen hoffnungslosen Sprung in der Schüssel hat der, der diese Unsinnstirade ausgeheckt hat,« sagte Mohi.

»Denkst du nicht, daß der alte Bardianna das nicht gewußt hat?« fragte Babbalanja. »Er schrieb ein ausgezeichnetes Kapitel genau über dieses Thema.«

»Wie? Über die Risse in seinem eigenen Hirn?«

»Genau. Und er sagt ausdrücklich, daß genau durch diese Risse das bißchen Licht dränge, das sein Hirn erhellte.«

»Ich gebe mich geschlagen, Babbalanja; dein alter Grübler ist älter als ich.«

»Jawohl, Flechtbart; sein Wappentier war eine Schildkröte; und die Devise war: ›Ich beiße, aber werde nicht gebissen.‹«

XXXV.

Sie besuchen die Herren Piko und Hello

BALD landeten wir auf Diranda. Und es war, als wären wir im Greenwich-Hospital, mitten unter Waterloo-Veteranen, gelandet. Die Leute dort waren rechts und links gestutzt; den einen fehlten die Arme, den anderen die Beine; von Schwänzen gar nicht zu reden. Köpfe hatten sie zwar alle, doch waren die so verbeult und zerquetscht, daß es um so schlimmer war, sie zu tragen.

Diese Magnifizenzen und Durchlauchten nun, die Grundherren Hello und Piko, lebten in einem Palast, der von einem Zaun aus Malakka-Rohr umgeben war. Jeder der fünfzig Pfosten war mit einem Schädel behelmt. Über dem Portal: die vereinten Wappen der großen und mächtigen Häuser von Hello und Piko: ein Schlüsselbein, gekreuzt mit einem Ellbogenknochen.

Wir wurden ›Zum Totenkopf mit den Gekreuzten Knochen‹ geleitet und erfuhren in diesem Gasthof die allerbeste Aufnahme. Wir trafen unsere Gastgeber Hello und Piko an, wie sie gemeinsam auf einer Estrade oder einem Thron saßen und ab und zu Rotwein aus einer Elfenbeinschale tranken, die zu groß war, als daß sie aus einem Elefantenstoßzahn hätte geschnitzt sein können. Sie waren in prächtigster Laune und würfelten mit Elfenbeinmünzen in einem Schädel.

»Was sagt Eure Majestät?« sagte Piko. »Kopf oder Zahl.«

»O Kopf, Eure Majestät,« sagte Hello.

»Und Kopf sage auch ich,« sagte Piko.

Und es war Kopf. Doch waren beide Seiten Kopf, so daß beide sicher sein konnten, zu gewinnen.

Und so pflegten sie den ganzen Tag lang vergnügt zu spielen und köpften unterdessen die Rotweinkalebassen mit scharfen Hieben ihrer sichelförmigen Szepter. Weit um sie verstreut lagen leere Kürbisflaschen, mit Quasten und rot gefärbt; und von ihren Hälsen tropfte roter Wein wie von den enthaupteten Hennen im alten herrschaftlichen Hühnerhof zu Kenilworth, am Abend bevor Queen Bess mit Lord Leicester tafelte.

Nach dem ersten Austausch von Höflichkeiten und nachdem Media und Taji ein standesgemäßer Empfang zuteil geworden war, fragten die Könige, ob wir in unseren Reihen gute Speerwerfer hätten; wenn dem so sei, fänden sie hier reichlich Kurzweil. Als sie jedoch erfuhren, daß keiner der Gäste ein professioneller Krieger war, schauten Ihre Majestäten ziemlich verdrießlich drein und, um diesen Mißmut zu verjagen, verlangten sie mehr von dem guten alten roten Stoff.

Anscheinend war es bei Ihren Erlauchten Majestäten gang und gäbe, daß sie ihre Gäste – damit deren Speere nicht einrosteten – ermunterten, mit ihren Untertanen Hauen und Stechen zu spielen.

Wenn sie auch ihre Besucher nicht dazu überreden konnten, zumindest einen Untertan zu durchbohren, so beschlossen unsere gastlichen Gastgeber doch, gleich mehrere von ihnen aufzuspießen und sie uns in anderer Weise, zu unserer besonderen Belustigung, zu servieren. Kurzum: unsere Ankunft lieferte ihnen einen schönen Vorwand für die Wiederaufnahme der Spiele; obwohl erst zehn Tage vorher, wie wir erfuhren, mehr als fünfzig Kämpfer auf einer dieser Festlichkeiten getötet worden waren.

Wie dem auch sei, Ihre Vereinten Majestäten beschlossen neue Spiele und auch, daß wir bleiben und zuschauen sollten.

Wir lehnten ab und sagten, daß wir abreisen müßten.

Doch wurden wir freundlich darauf hingewiesen, daß man unsere Kanus aus dem Wasser gezogen und in einem Wald versteckt hätte; dort würden sie bleiben, bis die Spiele beendet seien.

Als Termin wurde der dritte Tag nach unserer Ankunft festgelegt. In der Zwischenzeit mußten Vorbereitungen getroffen werden, mußten die Krieger aus ihren Dörfern und Tälern herbeigerufen werden. Eine königliche Proklamation verkündete die unbegrenzte Gastfreiheit des königlichen Hofes großzügig all den Recken, die, aus Liebe zu den Waffen und aus Hochachtung vor zerschmetterten Köpfen, die Kriegskeulen zu kreuzen, die Speere zu schleudern oder im königlichen Tal von Deddo mutig zu sterben begehrten.

Inzwischen war die Insel in einen Zustand tobender Erregung versetzt, und täglich trafen von überall her Fremde ein.

Der für die Festlichkeit vorgesehene Ort war eine ausgedehnte, oben ebene Düne; sie lag unter einer Decke aus weißen Astern, die im Wind wogten wie die Sahnedünung auf der Milch junger Färsen. Doch war dieses Weiß bisweilen vom Rot der Erdbeeren getüpfelt, das auf dieser Fläche eine Spur hinterließ, wie wenn sich blutende Geschöpfe, von einem tödlichen Kampf verwundet, hier entlang geschleppt hätten. Rings um die Düne wogten scharlachfarbene Sumach-Dickichte, die im Wind ächzten wie die blutbefleckten Geister, die, am Abend nach der Schlacht von Pharsalia, die Bauern von der Walstatt verscheuchten, die mit Körben gekommen waren, um die Juwelenernte von den Ringen der pompejanischen Ritter einzubringen.

Unter den aufgehäuften Rasensoden des Hügels lagen Tausende von Toten: gloriose Leichname namenloser Heroen, die hier gloriose Tode gestorben waren.

Weshalb dieses Feld in der blumenreichen Sprache von Diranda ›Das Feld des Ruhms‹ hieß.

XXXVI.

Sie wohnen den Spielen bei

SCHLIESSLICH graute der Morgen des dritten Tages. Eingangs des Feldes, uns gegenüber, stand ein Thron aus rotem Kampesche-Holz, der von einem Baldachin aus roten Schraubenbaumblättern überdacht war. Auf diesen Thron ließen sich in purpurnen Roben diese Magnifizenzen und Durchlauchten, die Grundherren Hello und Piko, sinken. Vor ihnen viele Kalebassen mit Wein; und ihre königlichen Speere staken überkreuz im Rasen.

Mitten auf dem Hügel hatte man, wie mit der Pflugschar gezogen, einen großen, ovalen Platz abgegrenzt; um ihn herum saß eine Zuschauermenge. Dem Thron gegenüber verblieb ein Durchgang zu der Arena, dessen Begrenzung vage durch Luftlinien markiert war: der Verlängerung zweier Speere, die von zwei Kriegern in der Waagrechten gehalten wurden.

Als wir uns näherten, empfing man uns höflich und wies uns einen bequemen Liegesitz zu.

Die erste Begegnung war ein Zweikampf mit Keulen. Keine Sturmhaube aus Stahl, kein kongolesischer Schädel hätte den Hieben dieser Kämpfer widerstehen können, wenn sie ihr Ziel getroffen hätten; denn sie schienen es darauf angelegt zu haben, sich gegenseitig wie Pfähle in den Boden zu rammen. Kurz darauf stolperte einer von ihnen; doch sein Gegner, der losrannte, um ihn niederzuschmettern, kam auf einer Guavenschale ins Rutschen. Woraufhin der Gestolperte die Keule des Ausgeglittenen auf gut Glück hoch in die Lüfte schleuderte; beim Herabstürzen traf sie den Kopf eines Zuschauers, der vom Platz getragen wurde.

»Auch gut,« murmelte Piko.

»Hauptsache ein Toter,« murmelte Hello.

Die zweite Begegnung war ein Kampf mit Klammergriffen, bei dem sich die beiden Krieger, in Grizzlyfelle gehüllt, zu Tode rangen und drückten.

Die dritte Begegnung war ein Prellbockkampf zwischen einem Fettsack und einem Zwerg. Der Dicke stand aufrecht und hielt seinen Wanst vor hin sich wie der Schlagzeuger die Baßtrommel; der Zwerg berannte ihn mit vorgestrecktem Kopf, so daß er sich um die eigene Achse drehte und zu Boden stürzte.

Die vierte Begegnung war eine Keilerei zwischen zwei Gruppen von jeweils zwanzig Kriegern, deren Gliedmaßen zu einem einzigen Klumpen verschlungen waren wie auf Sebastionis Gemälde des Hades. Nachdem sich die Kombattanten in eine Staubwolke gehüllt hatten, zogen sie sich unverletzt, doch mächtig keuchend, zurück; sie verteilten sich unter den Zuschauer und erzählten, was ihnen im einzelnen bei diesem Handgemenge zugestoßen war.

»Angeber!« murmelte Piko.

»Memmen!« murrte Hello.

Während die Menge applaudierte, wollte ein grämlicher Zuschauer, während er sich den Staub aus den Augen rieb, von einem begeisterten Nachbarn wissen: »Bitte, was soll das alles?«

»Du Narr! Siehst du nicht den Staub?«

»Schon,« sagte der Miesepeter und rieb sich wieder die Augen, »aber Staub kann ich selbst aufwirbeln.«

Die fünfte Begegnung war ein Stockgefecht mit hundert Kriegern, fünfzig auf jeder Seite.

In Reih und Glied tauchten die ersten Fünfzig aus dem Sumach-Gebüsch auf; ihre Waffen waren wie in einer Art Flechtwerk ineinander verschränkt. Ihnen voran schritt ein Priester mit einem Idol, dessen Kopf aus einer zerschmetterten Kokosnuß bestand: Kroko, der Gott der Trepanierer. Von blumenstreuenden Mädchen angeführt, kamen nun die zweiten Fünfzig hervor; sie waren farbenprächtig herausgeputzt, wiegten ihre Waffen und bewegten ihre Füße flink in einem kriegerischen Rhythmus.

Beide Parteien trafen sich in der Mitte, touchierten kurz ihre Stöcke und zogen sich dann zurück. Welch ritterliches Gebaren; doch es lief darauf hinaus, daß sie sich gegenseitig aus Mardi hinauskomplimentierten. Denn als Piko einen Speer schleuderte, fielen sie übereinander her und jeder schlug auf seinen Mann ein, bis alle zu Boden gestürzt waren.

»Bravo!« rief Piko.

»Tapfere Kerle!« rief Hello.

»Doch aufgestanden und wieder von vorn, meine Helden!« riefen beide zugleich.

»Seht, wir Könige schauen zu, und dort stehen die Barden!«

Diese Barden waren eine Reihe von hageren, bläßlichen Greisen in fadenscheinigen Gewändern, die Häupter mit welkem Laub bekränzt.

»Hebt an!« rief Piko.

»Eine Strophe!« rief Hello.

Woraufhin die alten Krächzer, jeder mit Katarrh und gebrochener Stimme, folgendes Lied sangen:

> *Quack! Quack! Quack!*
> *Mit einem Toorooloo-Schlag,*
> *Hackt weg, Gesellen, hackt weg.*
> *Wer stirbt nicht gern als Held,*
> *Den Kopf am Ohr zerspellt?*
> *Zwackt ab, Gesellen, zwackt ab!*
> *Und Ruhm erhält*
> *Jeder Held, der fällt,*
> *Hackt weg, Gesellen, hackt weg!*
> *Quack! Quack! Quack!*
> *Quack! Quack!*
> *Quack!*

So plätscherte es dahin.

»Ha! Ha!« machte Piko, »wie sie ihre Ohren spitzen!«

»Hört, ihr Unbesiegbaren!« rief Hello. »Dieser Päan gilt den Getöteten. So werft euch alle ins Gefecht, die ihr noch am Leben seid! Sterbt und erntet Ruhm! Jetzt ist die Zeit gekommen! – Auf in den Kampf, meine Entchen!«

Auf diese Weise angestachelt, stellten sich die Überlebenden auf ihre schwankenden Füße und droschen einander auf die Birnen, bis es wie ein Wechselgeläut auf acht Glocken klang. Schließlich gelang es ihnen, sich dadurch unsterblich zu machen, daß sie reihum ihre Sterblichkeit auslöschten; die Barden sangen noch.

»Eure Musik ist jetzt nicht mehr gefragt,« rief Piko.

»Es ist alles vorüber,« sagte Hello.

»Was haben wir doch für wackere Untertanen,« rief Piko.

»He! Totengräber, räumt das Feld ab,« rief Hello.

»Wer ist noch zum Ruhm bereit?« rief Piko.

»Vielleicht die Barden hier?« rief Hello

Nun stürmte eine abgehärmte Gestalt in die Menge, das Gesicht blutbeschmiert und in einem Kleide steckend, das angesengt und vom Feuer geschwärzt war. Der Mann schwang eine Keule, rannte umher und drohte allen mit schrillen Schreien.

Es war ein bekannter Krieger, der über den Tod seiner fünf Söhne außer sich geraten war, die er während der vergangenen Spiele verloren hatte, und der nun ringend und kämpfend von Tal zu Tal zog.

Die Menge schrie in wildem Entsetzen: »Der Verzweifelte! Der Verzweifelte!« und floh und ließ die zwei Könige schreckensstarr auf ihrem Thron zurück; sie zitterten und zagten und ihre Zähne klapperten wie Würfel im Becher.

Der Verzweifelte schritt auf sie zu; daraufhin kamen sie wieder zu Sinnen und rannten davon, eine Zeitlang von einem Phantom durch den Wald verfolgt.

XXXVII.

Taji, noch immer von Pfeilen und Winken verfolgt

BEVOR die Könige das Feld geräumt hatten, waren wir in dem angrenzenden Wald verschwunden. Und als wir daraus auftauchten, gerieten wir auf sumpfigen Grund, mit Röhricht bestanden. Plötzlich hörten wir ein Schwirren, als seien drei aufgeschreckte Rebhühner davongeflogen. Es zeigte sich, daß es drei gefiederte Pfeile waren, losgeschickt von drei unsichtbaren Händen.

Sie streiften uns; doch während sich zwei in die Erde bohrten, ließ der dritte Blut von Tajis Arm tropfen.

Wir drehten uns nach allen Seiten um; doch war niemand zu sehen.

»Die Rächer folgen uns noch immer,« sagte Babbalanja.

»Seht, die drei Mädchen!« rief Yoomy. »Paßt auf, da kommen sie!«

Am roten Rain des Sumach-Waldes trafen wir mit ihnen zusammen; dort schwenkten sie Kirschen, die sie an den Stielen hielten, und dickfleischige Kakteenglieder mit karminroten, stachelbewehrten Blüten; und vor uns auf den Weg warfen sie Tigerlilien, glänzend gelb mit roten Sprenkeln.

»Blut!« rief Yoomy bestürzt. »Und Leoparden auf deiner Spur!«

Daraufhin bliesen die Sirenen auf langem

Schilfrohr, das noch den Schmuck der Blütenstände trug; und sie schwangen grüne Bänder aus Rebengerank, tanzten auf uns zu und boten uns Weintrauben an.

»Trotz allem nun die Deine, Taji; trotz allem, was noch kommen kann,« interpretierte Yoomy, »flüchte dich zu mir! Ich will deine Düsterkeit durch Tanz vertreiben und sie in Trunkenheit ertränken.«

»Hinweg! Weh ist sein eigener Wein. Was mir auch widerfahren mag, das will ich durch und durch ertragen. Ich will den Stich des Dolches spüren.«

Sie verschwanden im Wald; und wir eilten weiter und erreichten bald den Sonnenschein und die offene Lichtung.

XXXVIII.

Abreise von Diranda

BEI der Herberge zu den Schädeln angekommen, trafen wir auf die erlauchten Grundherren, die sich von ihrer Flucht erholten und wiederum ihren Rotwein schlürften; doch ihre Gedanken waren noch von der verschwundenen Spukgestalt gefangen. Anstatt mit ihrem eigenen Elfenbein im Mund zu klappern, klapperten sie mit den Würfeln in den Schädeln, die sie in Händen hielten. Und immer noch wurde »Kopf« gebrüllt und wurde »Kopf« geworfen.

An diesem Abend ließen sie König Media wissen, daß eine Pause von zwei Tagen vonnöten sei, bevor die Spiele wieder aufgenommen werden könnten; denn man müsse die Sieger ehren, die Toten bestatten und die Hinrichtung eines Inselbewohners besorgen, der, im Jähzorn, einen Fremden getötet hatte.

Da diese Unterbrechung der Spiele überhaupt nicht vorauszusehen gewesen war, ließen sich unsere Gastgeber dazu bewegen, die Beschlagnahmung unserer Boote aufzuheben. Dennoch drängten sie uns zum Bleiben. Sie beteuerten, daß die kommenden Ereignisse bei weitem das bisher Gesehene übersteigen würden. Die in Aussicht stehenden Spiele seien maritimer Natur: Scharen von Kriegern mit Schwimmflossen an den Füßen würden im Wasser Kämpfe mit der bloßen Hand ausführen.

Wir entschieden uns jedoch, in der Frühe aufzubrechen.

In der Kühle der frühen Morgenstunde, wenn sich eines Menschen Gesicht gerade erkennen läßt, reisten wir von Diranda ab. Und im geisterhaften Dämmerlicht kehrten unsere Gedanken zu dem Phantom zurück, das so plötzlich die Ebene leergefegt hatte. Aufmerksam lauschten wir den Erzählungen Mohis, der, als er von dem traurigen Ende mancher tapferer Häuptlinge in Mardi sprach, auch den jugendlichen Adondo erwähnte, einen der berühmtesten Häuptlinge der Chroniken. In einem Kanukampf wurde dieser, nachdem er wahre Tapferkeitswunder vollbracht hatte, am Kopf verwundet und sank auf den Grund der Lagune.

»Es gibt eine erhabene Monodie über den Tod von Adondo,« sagte Yoomy. »Soll ich sie singen, edler Herr? Sie ist sehr schön; und nie kann ich sie ohne Tränen singen.«

»Auf deine Tränen können wir verzichten, Sänger,« sagte Media, »doch singe sie, wenn du magst.«

Und Yoomy sang:

> *Dahin der Stolz und die Ehre von Mardi:*
> *Der Ruhm seiner Inseln ruht tief in der See,*
> *Die schweigend über seinen Leichnam rollt.*
> *Seine Krieger, über ihre Speere geneigt,*
> *Seine Schwestern starren hinab in Trauer.*
> *Weint, weint, denn Adondo ist tot!*
> *Die Sonne versank im Regenguß,*
> *Das Antlitz des Monds in Wolken vergraben;*
> *Voll Tränen die Augen des funkelnden Himmels,*

Voll Tränen die Augen der Blumen;
Und die rieselnden Bäche sind Tränenströme
Und ziehen von den Bergen zu Tal. –
Dahin der Stolz und die Ehre von Mardi:
Der Ruhm seiner Inseln ruht tief in der See.
Rasch fällt der Regen auf seine schluchzende Brust, -
Kein Regenschauer, sondern Oros Tränen.

»Das muß eine trübselige Zeit gewesen sein,« gähnte Media, »kein Bach blieb trocken in Mardi, kein See, der nicht feucht war. Rinnsale aus Tränenkanälen und untröstliche Lagunen! Nennst du das Dichtung, Sänger?«

»Mohi hat so etwas wie eine Träne im Auge,« sagte Yoomy.

»Falsch!« rief Mohi aus und wischte sie weg.

»Wer komponierte diese Monodie?« fragte Babbalanja. »Ich habe sie schon oft gehört.«

»Niemand weiß es, Babbalanja; doch muß der Dichter immer noch vor sich hin singen, denn seine Lieder dringen durch den Rasen in die Blumen auf seinem Grab.«

»Aber lieber Yoomy, Adondo ist ein legendärer Held aus weit zurückliegender Zeit. Kann folglich diese Monodie nicht eine Melodie sein, die spontan entstanden ist und uns schon seit dem Anfang von Mardi begleitet hat? Welcher Barde komponierte die sanften Verse, die unsere Palmenzweige des abends singen? Nein, Yoomy, diese Monodie stammt nicht von einem Menschen.«

»Ach! Wäre ich doch dieser Dichter gewesen, Babbalanja; denn dann wäre ich wirklich berühmt. Diese Zeilen werden überall auf der Insel

gesungen, von Fürst wie von Bauer. Ja, Adondos
Monodie wird durch die Zeiten dringen, wie der
leise Unterton, den man hört, wenn viele Sänger
singen.«

»Edler Herr,« rief Babbalanja, »das bedeutete
aber, tatsächlich unsterblich zu sein: – in unseren
Werken zu währen und nicht in unseren Namen.
O Oro mach, daß ich namenlos bekannt bin!«

XXXIX.

Babbalanja spricht über sich selbst

DAS Schweigen, das eine Weile geherrscht hatte, wurde schließlich von Babbalanja gebrochen.

Er wies auf die Sonne, die gerade den Horizont erreicht hatte, und rief aus: »Wie schon der alte Bardianna sprach – schließt eure Augen und glaubt.«

»Und was hat Bardianna mit diesem Himmelskörper zu tun?« fragte Media.

»So viel, edler Herr, als daß die Astronomen behaupten, Mardi bewege sich um die Sonne; was ich, der ich diese Sache nie systematisch untersucht habe, keinesfalls glauben kann, außer ich würde etwas blind glauben, obwohl ich etwas anderes sähe. Doch stimmt sogar ganz Mardi blindlings einem astronomischen System zu, für das in fünfzigtausend Jahren niemand den astronomischen Beweis liefern kann. Sehr viele Jahrhunderte ist es noch nicht her, edler Herr, daß ganz Mardi in gleicher Weise ein astronomisches System anerkannte, das demjenigen, das jetzt für wahr gehalten wird, diametral entgegengesetzt war. Doch haben die meisten Mardianer weniger Grund, an das neue System zu glauben als an das veraltete; denn alle, die Augen im Kopf haben, sehen doch bestimmt, daß sich die Sonne anscheinend bewegt und Mardi anscheinend feststeht, ewig *an dieser Stelle*. Es gibt zwar Theorien, die wahr sein können, obwohl der Augenschein sie Lügen straft. Daher erscheint in solchen Fällen den Unwissenden Unglaube selbstverständlicher als Glaube; obwohl sie oft die Zeugenschaft ihrer eigenen Sinne für das zurückweisen, was für sie eine bloße Vermutung ist. Und daher kommt es, edler Herr, daß die meisten Mardianer nicht glauben, weil sie wissen, sondern weil sie *nicht* wissen. Und sie werden gleichfalls bereit sein, dieses oder jenes anzuerkennen, wenn es aus anerkannter Quelle stammt. Edler Herr, Mardi ist ein Vogel Strauß, der alles verschluckt, was man ihm anbietet, selbst eine Eisenstange, außer man hält sie ihm quer vor den Schnabel. Und mag auch das Eisen unverdaulich sein, zum Füllen taugt es allemal; womit der Zweck der Fütterung erfüllt wäre. Denn Mardi braucht etwas, um seine Verdauung in Schwung zu halten, selbst wenn dieses Etwas auf immer unverdaulich wäre. Und wie Angler zur Belustigung zwei mit einer Schnur verbundene Köderstücke den auf dem Meer schwimmenden Albatrossen hinwerfen, die jeweils voller Gier nach einem der Brocken schnappen, so daß diese, wegen der Verbindungsschnur, zwischen den Vögeln hin und her gezogen werden, genau so, denke ich manchmal, belustigen sich die Theoretiker über die Glaubensgier der Mardianer.«

»Ha, ha,« rief Media aus, »hier spricht wohl Azzageddi.«

»Nein, edler Herr. Azzageddi nahm neulich Urlaub, um sich zu Hause ein Weile aufzuwärmen. Aber deshalb bin ich nicht allein gelassen.«

»Wie das?«

»Lassen wir Azzageddi im Moment völlig beiseite, edler Herr – obwohl ich nun seit fast fünfhundert Monden auf sehr freundschaftlichem Fuß mit mir selbst stehe, vermochte ich es noch nicht zu sagen, wer oder was ich bin. Euch mag es vorkommen, ich sei Babbalanja; doch für mich selbst bin ich anscheinend nicht ich. Allenfalls bin ich gewiß, das mich etwas wie ein prickelndes Gefühl überläuft, das Leben genannt wird. Und gelegentlich erinnern mich ein Kopfschmerz oder ein komischer Einfall daran, daß in meinem Oberstübchen etwas vor sich geht. Doch wie kann ich wissen, ob diese Empfindungen mit mir identisch sind? Soviel ich weiß, könnte ich auch jemand anderes sein. Jedenfalls betrachte ich mich selbst so, als wäre ich ein Fremder. Es geht etwas in mir vor, das völlig unabhängig von mir ist. Oft wollte ich das eine tun und es wurde etwas anderes getan. Ich möchte nicht sagen, durch mich; denn ich war darüber nicht im Bilde: es wurde instinktiv getan. Meine tugendhaftesten Gedanken sind nicht Früchte meines Sinnens, sondern entspringen in mir wie die lichten Einfälle des Poeten: nicht bemüht sondern spontan. Ich weiß nicht, woher sie kommen. Ich bin ein Blinder, der von hinten geschoben wird; vergebens drehe ich mich um, auf daß ich sehe, was mich antreibt. Die Lobreden meiner Freunde betrachte ich als nichtig; denn, was sie preisen, steht mir, Babbalanja, nicht zu sondern diesem unbekannten Etwas, das mich antreibt. Doch warum neige ich, als Mardianer in mittleren Jahren, weniger zu Exzessen als in der Jugend? Ich bin doch von den gleichen Lockungen und Anreizen umgeben. Aber nein: meine glühenderen Leidenschaften sind ausgebrannt, solche, die dann am stärksten sind, wenn wir ihnen am wenigsten widerstehen können. Daher sind es also nicht so sehr äußerliche Versuchungen, die uns Sterblichen beherrschen, edler Herr, sondern innere Instinkte.«

»Eine sehr merkwürdige Spekulation,« sagte Media. – »Doch, Babbalanja, habt ihr Sterblichen kein sittliches Empfinden, wie es bei euch heißt?«

»Doch. Aber wovon Ihr sprecht, das entsteht erst nachträglich. Wir essen und trinken Monate bevor wir unseres Denkens bewußt sind. Und obwohl offenbar etliche Erwachsene alle ihre Handlungen auf dieses sittliche Empfinden zurückführen, entspricht das doch nicht der Wirklichkeit. Denn es ist derart dominant in ihnen, daß es ihre instinktiven Leidenschaften zügelt; daher beherrschen sie sich nicht selbst, sondern werden von ihrer eigenen Natur beherrscht. Folglich sind manche Menschen, aufgrund ihrer Veranlagung, in ihrer Jugend ebenso gesetzt wie ich es jetzt bin. Sollen wir sie aber deshalb fromme und würdige Jugendliche nennen? Ist derjenige enthaltsam, der keine Erregung verspürt? Und wenn andererseits die instinktiven Leidenschaften von Natur aus das sittliche Empfinden ein Leben lang beherrschen, wie wir es bei unverbesserlichen Übeltätern im Extrem ausgebildet sehen, – sollen wir diese als Kriminelle und Scheusale bezeichnen? Edler Herr, für manche Menschen ist es leichter, Heilige zu sein, als für andere, keine Sünder zu sein.«

»Mag sein, Babbalanja; doch du stehst am Abgrund, keinen Schritt weiter! Kehre zu deinem Ausgangspunkt zurück und erzähle uns von diesem anderen und noch geheimnisvolleren Azzageddi, von dem, der sich, wie du angedeutet hast, dir gegenüber als du selbst ausgegeben hat.«

»Nun denn, edler Herr, – lassen wir Azzageddi noch beiseite, – eben diesem unergründlichen Fremden laste ich alle meine früheren Taten an, die mir zurückblickend so überaus närrisch vorkommen, daß ich davon überzeugt bin, daß nicht ich, der jetzt sprechende Babbalanja, diese begangen hat. Dennoch, edler Herr, kann ich selber heute etwas tun, was mir in späterer Zeit ebenfalls sinnlos vorkommen könnte. Denn in der Zeit eines Lebens führen wir hundert Leben. In diesem meinem Körper sind ja Dutzende von Räumen an diesen unfaßbaren Fremden vermietet, wenn auch eine dunkle Kammer in mir immer von meinem alten Geheimnis in Beschlag genommen wird.«

»Wirst du nie zur Sache kommen, Babbalanja? Erzähle uns ohne Umschweife von dem Fremden. Wer, was ist er? Stelle ihn vor.«

»Ich kann nicht, edler Herr. Er ist in mir eingesperrt. Er trägt eine Maske und hält mich zum Narren. Er schleicht in mir herum und hält Ausschau; und ich stehe staunend da. Er ist es, der in meinem Schlaf spricht und meine Geheimnisse enthüllt; und mich nach unerhörten Gefilden jenseits des Himmels von Mardi entführt. Er ist stets so gegenwärtig, daß ich anscheinend weniger aus mir heraus lebe, sondern eher bloß eine Vorstellung dieses unerklärlichen Wesens in mir bin. Doch ist dieses Wesen die ganze Zeit über ich selbst.«

»Babbalanja,« sagte Media, »du hast dein Inneres da ganz schön nach außen gekehrt.«

»Ja, edler Herr,« fügte Mohi hinzu, »und er hat mich so durcheinandergebracht, daß ich anfange zu glauben, daß Mardi ein quadratischer Kreis ist.«

»Ist es möglich, Babbalanja,« sagte Media, »daß ein Kreis ein Quadrat ist?«

»Nein, edler Herr, doch von Anfang an haben wir Mardianer unser möglichstes getan, es quadratisch zu machen.«

»Gut gegeben! Nun Babbalanja, kannst du dir nicht vorstellen, daß du durch die Verbreitung dieser deiner Sophismen Unheil anrichtest, die, wie deine Teufelstheorie, ganz Mardi von moralischer Verantwortung zu entbinden scheinen?«

»Edler Herr, im Grunde gibt es niemanden, der einen von seinen Fesseln befreien könnte; und ebenso kann niemand einen seiner unveräußerlichen Rechte berauben. Sagt einem rechtschaffenen Menschen, daß es ihm freistehe, einen Mord zu begehen, – wird er dann morden? Sagt einem Mörder, daß er Schaden an seiner unsterblichen Seele nehmen würde, wenn er in Mordgedanken schwelgte, – wird ihn das zu einem Heiligen machen?«

»Wieder am Abgrund, Babbalanja! Keinen Schritt weiter, sage ich.«

»Ich kann keinen weiteren Satz mehr machen, edler Herr. Schon bin ich fertig, fertig, fertig.«

»Philosoph,« sagte Media, »was Azzageddi betrifft und den geheimnisvollen Bewohner, auf den du dunkel hinweist, so wundere ich mich nicht, daß du dich nicht recht entscheiden kannst, wer du nun wirklich bist. Doch wann, scheint es, bist du am meisten du selbst?«

»Wenn ich schlafe ohne zu träumen, edler Herr.«

»Wirklich?«

»Weil man dann eine Narrenkappe auf dem Kopf haben kann und es nicht weiß.«

»Das ist genau der Turban, den du tragen solltest,« murmelte Mohi.

»Doch lebe ich dann, edler Herr, obwohl ich ohne Bewußtsein bin, obwohl ich, allem Anschein nach, ein toter Klumpen bin. Und kann nicht bei vielen stummen, passiven Gegenständen, derer wir nicht achten, dieser Seinszustand, der bei mir nur phasenweise als Schlaf auftritt, Dauerzustand sein? Glaubt mir, es gibt mehr Lebendiges als das, was da kreucht, fleucht oder schwimmt. Glaubt Ihr denn, edler Herr, daß man als Baum kein Empfinden hat? Daß man nicht den Saft in den Ästen spürt, den Windhauch im Laubwerk? Glaubt Ihr, daß es nichts ist, eine Welt zu sein, die wie eine Bisonherde ihre Bahn durch grenzenlose Ätherauen zieht? Was bedeuten aus der Sicht eines Vogels, der nicht in unsere Seele schaut, die von uns ausgesandten Lebenszeichen? Daß wir uns bewegen, Laute von uns geben, daß wir Organe haben, Pulsschläge, daß wir aus Flüssigem und Festem bestehen? Alle diese Dinge vereinen sich in Mardi. Das majestätische Pochen seines Herzens verspürt man täglich an der Oberfläche in den Gezeiten der Lagune. Die Flüsse sind seine Adern; und wird Mardi gemartert, sind Erdbeben seine Wehen. Im Donner brüllt es auf und weint im Regenschauer. Und wie der Körper eines Bisons dicht behaart ist, so ist Mardi mit Gräsern und Pflanzenwuchs bedeckt, worin wir Parasiten lediglich umherkriechen und das geduldige Geschöpf quälen, an das wir uns klammern. Und doch hat sich Mardi noch nicht von dem Schmerz erholt, den ihm die erste menschliche Gründung bereitete. Bis ins Innerste ist Mardi ein Lebewesen. Wenn man Wasser ausschüttet, gurgelt es da nicht? Wenn man eine Perlmuschel anschlägt, tönt sie dann nicht? Sollte man als Fels etwa kein Empfinden haben? – Existieren heißt: sein; sein heißt: etwas sein; etwas sein heißt –«

»Weiter.« sagte Media.

»Und was heißt es: etwas sein?« fragte Yoomy naiv.

»Denke daran, was du vorher gesagt hast,« mahnte Media.

»Verliere nicht den Faden,« sagte Mohi.

»Er ist gerissen,« sagte Babbalanja.

»Ich kann wieder aufatmen,« sagte Mohi.

»Doch wieso bist du jetzt zum Stillstand gelangt, Philosoph?« wollte Media wissen. »Hat nicht übrigens schon der alte Bardianna gesagt, daß kein Mardianer losgehen sollte, ohne immer einen Fuß vorne zu haben?«

»Laßt mich auf die Unbestimmtheit der Vorstellung zurückkommen, die ich von mir habe,« fuhr Babbalanja fort.

»Ein angemessenes Thema,« sagte Media. »Weiter damit.«

»Edler Herr,« murmelte Mohi, »ist dieser Philosoph nicht wie ein Tausendfüßler? Schneidet man ihm den Kopf ab, krabbelt er weiter.«

»Es gibt Zeiten, wo ich mich selbst für wahnsinnig halte,« fuhr Babbalanja fort.

»Ah, jetzt fängt er an, vernünftig zu reden,« flüsterte Mohi.

»Du hast offenbar dein Thema vergessen, Babbalanja,« sagte Media. »Wie viele Theorien hast du noch auf Lager? Zuerst bist du von einem Teufel besessen; dann vermietest du dich zur Gänze an einen Bewohner; und nun verwandelst du dich selbst in ein Irrenhaus. Du bist unbeständig.«

»Und genau aus diesem Grund, edler Herr, bin ich *nicht* unbeständig; denn die Summe meiner Unbeständigkeiten ergibt meine Beständigkeit. Und um sich selbst gegenüber beständig zu sein, muß man Mardi gegenüber oft unbeständig sein. Gewöhnliche Beständigkeit bedeutet Unwandelbarkeit; doch ein Großteil der Weisheit hienieden befindet sich in einem Übergangsstadium.«

»Ah!« murmelte Mohi, »mein Kopf beginnt sich wieder zu drehen.«

»Ich lasse also Azzageddi beiseite und vorläufig auch den geheimnisvollen Bewohner und betrachte mich nun, edler Herr, als einen Wahnsinnigen. Doch basiert diese letzte Vorstellung weniger auf der Verrücktheit besonderer Handlungen als auf dem ganzen Strom meines gewöhnlichen und fortwährenden Tuns, worin ich allen anderen Mardianern am ähnlichsten bin. Anscheinend durchläuft man dabei allerhand wunderliche Spielereien, die eines festen Ziels entbehren. Denn obwohl viele meiner Handlungen anscheinend Ziele haben und diese alle in irgendeiner Weise ineinander greifen, fragt sich, auf was sie letzten Endes hinauslaufen. Zu welchem endgültigen Zweck gehe ich, esse ich, denke ich, träume ich? Zu welchem großen Zweck streicht Mohi jetzt seinen Bart?«

»Aber ich habe es unwillkürlich getan,« sagte Mohi, indem er seine Hand sinken ließ und seinen Kopf hob.

»Genau so weit wäre ich gerne, alter Knabe. ›Was wir tun, tun wir blind,‹ sagte der alte Bardianna. Vieles tun wir, ohne zu wissen, was wir tun – wie du mit deinem Bart, Mohi. Und vieles andere erkennen wir nicht eher, bis es vorbei ist, – zumindest nicht in seiner ganzen Tragweite. Verbringen wir nicht unser halbes Leben damit, uns frühere Handlungen vorzuwerfen, von deren wirklicher Natur und deren Konsequenzen wir damals nichts wußten? Der alte Bardianna sagte: ›Hätte ich nicht so oft Hunger auf meine Yamswurzeln verspürt, hätte ich alles für einen Traum halten können;‹ – so verwirrend erschien ihm alles auf Mardi. Doch Alla-Malolla geht weiter und sagt: ›Wir sollten uns zusammenschließen, wir Menschen, die wir einander Rätsel sind: Könige, Bauern und Wesen dazwischen. In uns sind sonderbare Empfindungen gebündelt, wir gaukeln uns seltsame Phantasien vor: wir sind Luft, Wind, Atem, Seifenblasen. Unser Sein ist im Nu erzählt.‹«

»Nun denn, Babbalanja,« sagte Media, »wozu bist du in diese ganze Litanei verfallen? Du bewegst dich immerfort in einem Kreis.«

»Wie die Sonne am Himmel auch, edler Herr; wie ich zieht sie ihre Kreise und spendet Licht auf ihrem Weg. Der alte Bardianna bewegte sich auch im Kreis. Er sagt es selbst. In seinem umfassenden Kapitel über ›Zyklen und Epizyklen, nebst Bemerkungen über die Ekliptik,‹ legt er folgendes dar: – ›Alle Dinge drehen sich um ein Zentrum, das für sie fest steht; denn das Zentripedale ist dem Zentrifugalen immer über. Deshalb sind wir, ohne fortzuschreiten, in einem immerwährenden Kreisen; und wir sausen herum, ob wir wollen oder nicht. Anzuhalten hieße, in den Raum zu sinken. So drehen und drehen wir uns ohne Unterlaß in einer Polka um die eigene Achse und um die Sonne.‹ An anderer Stelle sagt er: ›Es gibt weder Apogäum noch Perigäum, weder Norden noch Süden, rechts oder links; was heute nacht unser Zenith ist, ist morgen unser Nadir. Wir können stehen, wie wir wollen, und stehen auf dem Kopf. Versuchen wir in die Luft zu springen, landen wir auf dem Boden. Hier kleben wir fest, und unsere Knochen bilden den Leim.‹«

»Genug, genug, Babbalanja,« rief Media aus. »Du bist ein sehr weiser Mardianer; doch die weisesten Mardianer machen die größten Narren.«

»Das tun sie, edler Herr; doch ich wurde unterbrochen. Ich war im Begriffe zu sagen, daß es keinen Ort gibt, außer dem All, keine Grenze außer dem Grenzenlosen, keinen Grund außer dem Grundlosen.«

XL.

Die Zauberer von der Insel Minda

»FRÜHSTÜCK! Frühstück!« rief Media, »Zeit zum Frühstücken! Auf, Kameraden! Und während die Matte ausgebreitet wird, gehen wir zum Bug und schöpfen tief Luft, um hungrig zu werden. Hörst du, Vee-Vee! Vergiß nicht die Kalebasse mit dem meerblauen Siegel und einem Ring als Brandzeichen. Ein herrliches, altes Zeug, Mohi, älter als du: Rundfahrer nenne ich es. Mein Vater hatte ein Kanu eigens zu dem Zweck auslaufen lassen, dieses Zeug dreimal um Mardi zu fahren, damit es Geschmack gewönne. Es war viele Monate unterwegs. Die Seeleute segelten nie schneller als drei Knoten; zehn Knoten hätten den besten Wein, der je floß, verdorben.«

Als das Frühstück vorüber war und die meerblaue Kalebasse gänzlich in der Qualmwolke aus unseren Pfeifen verschwunden war, schlug Media vor, den Nebel zu nutzen und die Flasche zu entern. Mit dem Becher in der Hand griffen wir also alle wacker an und gingen siegreich aus dem Kampf hervor.

Dann setzten wir uns wieder und schmauchten friedlich im Kreis, während der Rundfahrer in angenehmer Weise die Runde machte. Und Media bat Mohi, etwas Unterhaltsames zum besten zu geben.

Nun, von allen alten Klatschmäulern in Mardi war gewiß unser entzückender alter Diodorus mit der größtmöglichen Vielfalt an Geschichten,

Chroniken, Anekdoten, Memoiren, Legenden, Überlieferungen und Biographien ausgestattet. Die Bibliothek, die er mit sich herumtrug, war unerschöpflich. Er war die gesamte Geschichte Mardis in eigener Person: ungekürzte und erweiterte Ausgabe in einem Band.

König Medias Geheiß gehorchend, ergötzte Mohi die Gäste mit einer Geschichte, die sinngemäß folgende war: –

In einer bestimmten Gegend des Archipels lag eine Insel namens Minda. Und auf Minda gab es viele Zauberer, die sich den Konflikten und Animositäten, die in diesem unglücklichen Land herrschten, widmeten. Fühlte sich ein Mindarianer von einem Landsmann gekränkt und verunglimpft, wandte er sich sogleich an einen dieser Zauberer, der, gegen angemessene Bezahlung, seine Zaubersprüche wirken ließ, wobei er sich selbst im Dunkeln hielt und diese gegen das verhaßte Individuum richtete. Und schon bald würde dieses Individuum, aufgrund bestimmter Sinneswahrnehmungen, bemerken, daß etwas im Busche war und unverzüglich zu seinem eigenen Meister der Schwarzen Kunst eilen, der, gut honoriert, bald einen Gegenzauber zuwege brächte, so daß es letzten Endes keinen Gewinner oder Verlierer geben würde – außer in der Höhe der aufgewendeten Honorare.

Am übelsten war es jedoch, wenn das Opfer anfangs nicht die geringste Ahnung von der Verzauberung hatte und zu spät von dem Unheil hörte, das da ausgebrütet wurde; dann wurde es fast immer zur Beute seines Feindes. Solch ein Unheil wurde für den Gipfel der Kunst gehalten. Doch da das Gros der Zauberer in etwa die gleiche Zauberkraft besaß, waren die verschiedenen Parteien, die diese in Anspruch nahmen, folglich auch gleichstark. Daraus erwuchsen diese endlosen, viele Monate währenden Wettstreite, wo beide Parteien hart um ihre gegenseitige Vernichtung rangen.

Zeigten sich ihre Auftraggeber naturgemäß schon versessen, wie erstaunlich dann die Verbohrtheit, mit der die Zauberer selbst zu Werke gingen. Bis auf den letzten Zahn in der Börse ihres Kunden betrieben sie ihren Zauber; und sie ließen nicht eher locker, bis dieser ihr Mandant finanziell oder physisch hinüber war.

Doch so sehr sie auch geschmäht wurden, man fand auf Minda niemanden, der halb so unparteiisch wie sie gewesen wäre. Erfüllte man gewisse unerläßliche Bedingungen, waren einige von ihnen bereit, den Ruin sowohl von diesem als auch jenem zu betreiben, ganz gleich ob er gut, böse oder undefinierbar war.

Kein Wunder also, daß diese gedungenen Scheusale erhebliches Unheil auf Minda anrichteten. Sie steckten überall ihre Nasen hinein, stifteten friedliebende Leute zu Feindseligkeiten mit ihren Nachbarn an; woraufhin sie sich mit wunderbarer Bereitwilligkeit als diejenigen präsentierten, die ihnen die Belästigungen wegzaubern könnten, die sie ihnen zuvor aufgeschwatzt hatten.

Es kam sogar tatsächlich vor, daß ein Zauberer heimlich beauftragt worden war, auf ein Opfer mit Zaubersprüchen einzuwirken, und daß dieses, da es aufgrund seiner körperlichen

Empfindungen ahnte, daß etwas nicht stimmte, ohne genau zu wissen was, zu eben diesem Zauberer ging und ihm den Auftrag erteilte, diesem Unheil, das möglicherweise ausgebrütet wurde, entgegenzuwirken. Und dieser ehrenwerte Herr war sofort im Geschäft; denn dann hätte er beide Parteien in der Hand und könnte sie auf ewig baumeln lassen. Und mittlerweile gäbe er fein acht, daß sie ihn für seine Mühen ordentlich entlohnten.

Einmal gab es eine mächtige Aufregung um diese Zauberer, die aus einigen beunruhigenden Enthüllungen über ihre Praktiken erwuchs. In einigen Dörfern von Minda versuchte man sie zu Fall zu bringen. Doch zwecklos der Versuch; denn man fand bald heraus, daß ihre Zauberei schon so um sich gegriffen hatte und daß sie selbst schon so in die alltäglichen Angelegenheiten der Insel verwickelt waren, daß man sie besser gewähren ließ, anstatt sie unter Druck zu setzen und dadurch zusätzliche Unannehmlichkeiten heraufzubeschwören. Ah! was für eine gerissene Bande war das! Diesen Zauberern war schwer beizukommen, weder durch gutes Zureden noch durch Überlistung.

Doch was machte, zum Magier nochmal, deren Zaubersprüche so wirksam und so okkult? Übereinstimmend hieß es, daß sie ihre stärkste Wirkung aus dem Rauch gewisser Mixturen zögen, deren Ingredienzen man – o Graus! – hauptsächlich aus dem menschlichen Herzen gewann; und, durch die verschiedenartige Mischung dieser Ingredienzen, brächten sie ihre mannigfachen Zauberwirkungen in Anwendung.

Sie waren eine eitle und arrogante Kaste. Aufgrund ihrer Fähigkeit, im Dunkeln zu wirken, machten sie sich geheimnisvoller als sie wirklich waren. Befragte man sie über ihr Wissen, pflegten sie den Fragenden mit Antworten zu verwirren, die in eine außergewöhnliche Sprache gekleidet waren, mit Wörtern, die fast so lang wie Anakondas waren. Doch machte all dies großen Eindruck auf die einfachen Leute.

Und nicht weniger bemerkenswert war es, daß zwei Zauberer, die bei einem Mindarianer in entgegengesetzter Weise beschäftigt waren – einer um anzugreifen, der andere um abzuwehren – dennoch oft den freundlichsten Umgang miteinander hatten, ein seltsamer Umstand, der bei dem Opfer nie den geringsten Verdacht erregte.

Ein anderes Phänomen: Wenn zwei Zauberer aus irgendeinem Grund in Zank gerieten, übten sie ihren Zauber selten gegeneinander. Dies hat seinen Grund vielleicht darin, daß beide gleichermaßen in der Zauberkunst bewandert waren und keiner hoffen konnte, den andern zu übertrumpfen.

Doch trotz allem Schimpf, der über diese Zauberer ausgegossen wird, – wovon sie einen Teil verdienen, – kann man die ihnen unterstellten Schlechtigkeiten hauptsächlich, wenn auch indirekt, den Personen selbst zuschreiben, die diese beauftragten, will sagen: mißbrauchten; und deren Schmähreden waren auch am lautesten, – wozu sie allen Grund hatten.

Und es ist auch nicht zu leugnen, daß die Zauberer in mancher Hinsicht sehr viel Gutes bewirkten. Da die Art ihrer Betätigung sie tief in die Arkana des Geistes führte, machten sie oft bedeutsame Entdeckungen; und neben vielem Krempel sammelten sie wertvolle Beispiele dafür an, wie es im Innern der Mindarianer aussah und was da vor sich ging. Und sie redeten sich oft regelrecht heiß, wenn sie die Geheimnisse der Sünde erläuterten.

Doch war all ihr Wissen auf solch rare, fremdartige und antiquierte Tafeln geschrieben, daß es für die meisten ihrer Landsleute so gut wie nicht vorhanden war. Und irgendeine Geisteskoryphäe soll gesagt haben, ihre Schätze seien so gut verschlossen gewesen, daß der Schlüssel als Alteisen wertvoller gewesen sei als die gesamte Kiste und ihr Inhalt.

XLI.

Hauptsächlich über König Bello

»NUN, Taji,« sagte Media, »mit dem alten Bello dem Buckligen, dessen Insel Dominora vor uns liegt, bin ich zerstritten.«

»Ach, wie das?«

»Ein unerfreulicher Bericht, doch du sollst ihn hören.«

Und somit begann Seine Hoheit.

Dieser königliche Zank entsprang anscheinend einem belanglosen Gerangel um ein kahles Eiland in einer sehr entlegenen Region der Lagune. Anfangs wäre die Angelegenheit leicht zu regeln gewesen, wenn die Parteien ein paar freundschaftliche Worte gewechselt hätten. Doch da keiner von ihnen den anderen aufsuchen wollte, um eine solch unbedeutende Geschichte zu diskutieren, wurden die Verhandlungen über eine Verständigung gewissen Bevollmächtigten übertragen, sehr zungenfertigen und vielsilbigen Männern, denen selbst mehrsilbige Wörter zu kurz waren, um von ihnen geäußert zu werden.

Je mehr diese werten Herren nun in das Problem eindrangen, um so größer wurde die Kluft; und was vorher nur ein Spalt war, wurde jetzt zu einem klaffenden Abgrund.

Doch was vielleicht mehr als alles andere zur Verschärfung des Konfliktes zwischen den Königen beitrug, war, daß der bucklige Bello als seinen dreizehnten Bevollmächtigten einen winzig kleinen Unterhändler nach Odo schickte, der ganz allein in einem einzelnen Kanu übersetzte, um eine Audienz bei Media zu haben. Er wurde unverzüglich zu diesem geleitet.

Der König warf einen kurzen Blick auf ihn, wandte sich an seine Häuptlinge und sagte: »Bemerkt Ihr, meine Herren, auch wenn ihr ganz scharf blickt, dieses unbedeutende Männchen? Was! Gibt es auf Dominora keine hochgewachsenen Männer, so daß König Bello unbedingt diesen Zwerg hierher entsenden muß?«

Und er beauftragte seine Diener, den Gesandten mit einer besonderen Kost aus weichem Kokosnußbrei zu verpflegen und während seines Aufenthaltes Kindermädchen bereitzustellen. Dann zog sich der Monarch aus der Halle der Audienzen zurück.

»Da ich ein Mann bin,« rief der verachtete Gesandte aus und stellte sich auf die Zehenspitzen, »wird mein königlicher Herr diesen Affront übel aufnehmen! – Ein Zwerg, fürwahr! – Oro sei Dank, daß ich kein hochaufgeschossener Riese bin! In mir ist so viel Substanz wie in anderen auch; was sich in ihren plumpen Rümpfen verteilt, ist bei mir in konzentrierter Form. Als Kleiner bin ich viel! Und wieviel, das wirst du schon bald erfahren, hochmütiger König von Oro!«

»Sprecht nicht gegen unseren Herrn, den König,« riefen die Bediensteten.

»Und sprecht mich nicht an, ihr dämlichen langen Latten!«

Nach diesen Worten ließ man den Bevollmächtigten nur mit Rücksicht auf seine Kleinheit unbehindert abreisen; und, trotz seiner Großsprecherei, machte er sich, mit Empfehlungsschreiben und Schimpf in der Tasche, davon.

Als er erfuhr, wie schändlich sein Diener empfangen worden war, bekam der cholerische Bello einen Koller; und gab Order, tausend Muscheltrompeten zu blasen und seine Krieger zu Land und zu Wasser zu sammeln.

Doch da er die möglicherweise folgenden Feindseligkeiten bedachte, verfiel der scharfsinnige Media auf einen ehrenhaften Weg, ein Ereignis abzuwenden, auf das er nicht vorbereitet war. In aller Eile entsandte er seinerseits zu dem buckligen König einen Zwerg, der in einem Kanu nach Dominora übersetzte, ebenso allein und traurig wie Bellos Bevollmächtigter, und der mit den gleichen Schmähungen empfangen wurde. Dies, um ein Gleichgewicht der Beleidigungen zu bewirken, gemäß dem Grundsatz, daß ein Schlag, den man austeilt, einen aufhebt, den man empfängt.

Dennoch führte diese Maßnahme nur zu einem Aufschub von Feindseligkeiten; denn schon bald hätte nichts die beiden Könige davon abgehalten, sich in den Krieg zu stürzen, wären nicht die folgenden klugen Erwägungen gewesen. Zum einen fürchtete Media, besiegt zu werden; zum anderen fürchtete Bello beinahe, Sieger zu sein. Media, weil er an Männern und Waffen unterlegen war; Bello, weil allein schon sein möglicher territorialer Zuwachs von den Nachbarkönigen als etwas Feindseliges hätte gedeutet werden können.

Was der alte Chronist Flechtbart sagte, entsprach tatsächlich der Wahrheit: daß nämlich etliche Stämme in Mardi diesen König von Dominora als reizbaren, streitsüchtigen und habgierigen alten Monarchen betrachteten, der unermüdlich Hader und Krieg aussheckte; der als älterer Bruder dieses Haushalts von Staaten sich ständig als Herr über die jüngeren aufspielen wollte. Und obwohl seine Stammgebiete im Norden der Lagune lagen, hatten selbst die Herrscher der entferntesten Inseln nicht den geringsten Zweifel daran, daß dieser alte Haudegen von seinem Thron aus fortwährend seinen Speer in Dinge steckte, die ihn in keiner Weise angingen, und daß er alle Betroffenen durch seine grundlose Einmischung in Nervosität versetzte.

Insbesondere mischte er sich allzu aufdringlich in die Belange von Porpheero ein, einer sehr großen und berühmten Nachbarinsel, in deren zahlreiche weiträumige Täler sich viele rivalisierende Könige teilten: – der König von Franko, ein schöner, feuriger, galanter Herr von schlankem Wuchs, mit Pudelfrisur und sehr gewählter Tätowierung; dem Tanz und dem Ruhm sehr ergeben; – der König von Ibeereea, ein großer und stattlicher Kavalier, stolz, großzügig, formvollendet und den Wein meidend; eine Hand immer griffbereit auf seinem Wurfspeer, die andere in abergläubischer Huldigung zu seinen Göttern erhoben; seine Glieder sind gänzlich bedeckt mit tätowierten Pfählen und Kreuzen; – der König von Luzianna, ein schlanker Häuptling mit düsterer Miene; manchmal in ein ebenso düsteres Gewand gehüllt, unter dem er etwas abtastete, als sei es ein Dolch; andererseits jedoch ein lebhafter Troubadour, den Serenaden und dem Mondlicht ergeben; – die vielen Häuptlinge des sonnigen Latianna, Sängerkönige, voll Gefühl und reich an Liedern; leidenschaftlicher in der Liebe als im Krieg; ruhmreiche Freiheitsbarden, die aber doch mit ihrem Gesang Hochachtung bezeigten; – der Priesterkönig von Vatikanna, die Brust vollständig mit altertümlichen Zeichen tätowiert; mit einer Kapuze als Krone; sein verrostetes Szepter über einstürzenden Türmen und Wällen schwingend; angefüllt mit dem Aberglauben der Vergangenheit und die kommende Zeit mißtrauisch beäugend; – der König von Hapzaboro, wohlbeleibt und liebenswürdig, ein Liebhaber von Wildschweinfleisch und ein tüchtiger Zecher, der sich in gehobener Stimmung handfeste Beglückung wünscht; – die achtunddreißig verbündeten Könige, Häuptlinge, Junker und Oligarchen der ausgedehnten Hügel und Täler von Tutoni, die ihre Herrschaftsgebiete so fest zusammenschlossen, daß sie sich gegenseitig nichts entreißen konnten; ein ernstes Geschlecht; tiefsinnige Denker, die tief ins Glas schauen; mit langen Pfeifen und langköpfig; ihre Weisen ergeben sich geheimnisvollen Überlegungen und ziehen den Teufel zu Rate; – die Doppelkönige von Zandinavia, zähe und genügsame Bergbewohner, mit aufrechtem Rückgrat und Herzen; in Bärenfelltracht; – der König von Jutlandia, den Hoheiten von Zandinavia sehr ähnlich; mit einer Robbenfellmütze als Krone, ein furchtloser Segler auf seinen kalten Meeren; – der König von Muzkovi, ein zottiger, zapfenbehangener Eisbär als Despot des Nordens, der angeblich über Millionen Morgen von Gletschern herrscht, der riesige Provinzen aus Schneewehen hat und manche blühende Kolonie auf treibenden Eisbergen. Er herrschte so absolut wie die Prädestination in der Metaphysik; und hätte er seinem ganzen Volk befohlen, den Geist aufzugeben, wäre es als Verrat angesehen worden, als letzter zu sterben. Dieser Monarch hatte sehr präzise und närrische Neigungen. Angewidert von dem Mangel an Gleichförmigkeit in der Statur seiner Untertanen, soll er die Ausmerzung all derer erwogen haben, die seinen vorgeschriebenen Standard von sechs Fuß Körpergröße unterschritten. Bei seinen unheilvollen Kriegen kam es auf eine unsterbliche Seele mehr oder weniger nicht an; denn diese wurden in seinen Sklavenzuchtanstalten täglich nach Maß fabriziert.

Zu all diesen Monarchen nun pflegte der alte Bello oftmals Herolde zu entsenden, die zum Beispiel seinen unabänderlichen Beschluß verkündeten, für die Sache dieses Königs gegen jenen einzutreten; und dies vielleicht sogar genau zu der Zeit, als Ihre Durchlauchtigen Hohlheiten, anstatt die Lanzen zu kreuzen, auf ihr Wohl anstießen. Und bei diesen Gelegenheiten pflegten die Könige dem alten Bello Bescheid zu schicken, daß er, anstatt sich in ihre Angelegenheiten einzumischen, sich viel besser um seine bekümmern würde, die, wie sie andeuteten, in trauriger Verfassung seien und dringend der Reform bedürften.

Als Vorwand für diese und ähnliche Vorgehensweisen diente dem alten Kämpen die in Porpheero maßgebliche Regelung, die er scherzhafterweise als ›Gleichgewicht der Flaschen‹ titulierte, das, wie er ständig beschwor, für die Sicherheit der verschiedenen Stämme in diesem Land von wesentlicher Bedeutung wäre.

»Doch wer hat das Gleichgewicht in Eure Hände gegeben, König Bello?« riefen die empörten Staaten.

»Oro!« rief der bucklige König und schwang seinen Speer.

Über das väterliche Interesse hinaus, das Bello für die Belange der Könige von Porpheero hegte, interessierte er sich, unserem Chronisten zufolge, nicht weniger für diejenigen der entferntesten Inseln. Denn wenn er ein reiches Land entdeckte, von einem Volk bewohnt, das er als barbarisch und unfähig betrachtete, sich weise zu regieren, befreite er dieses manchmal aus seinen politischen Nöten, indem er sich zu seinem Diktator aufschwang. Und wenn die Bewohner, über sein Verhalten erzürnt, zu ihren Speeren Zuflucht nahmen, wurden sie als Rebellen angesehen und entsprechend behandelt. Doch, wie der alte Mohi ganz richtig bemerkte, stand der alte Bello darin nicht allein; denn alle starken Staaten in ganz Mardi liebten es, ebenso wie alle starken Männer, die Schwachen zu regieren. Und denjenigen, die König Bello die größten Vorwürfe wegen seiner politischen Habgier machten, war genau dasselbe vorzuwerfen. Das galt auch für Vivenza, eine ferne Insel, die manchmal sehr lautstark Bello als großen Staatsräuber beschimpfte. Noch nicht ganz ausgelöscht waren die Ureinwohner in Vivenza: ein Geschlecht wilder Nimrode und Jäger, die Jahr für Jahr systematisch immer weiter in entlegene Gebiete zurückgedrängt wurden, bis sie, wie einer ihrer wehmütigen Jäger sagte, erbarmungslos auch noch von dem letzten Fleckchen Erde vertrieben wären.

Bello nun war ein großer Geograph und Landvermesser und Eichmeister von Meeren. Er durchforschte das feste und flüssige Mardi beständig nach unbekannten Reichen. Er liebte es sehr, die Höhe himmelhoher Berge einzunehmen, den Tiefpunkt tiefer Flußtäler, die Breite breiter Inseln. Gern hißte er seine Flagge auf den höchsten Zinnen dominierender Kaps und Vorgebirge. Er umgab Mardi mit seinen Wachtürmen; und der Fernreisende, der in entlegensten Gewässern wilde Felsen passierte, wurde vom Zapfenstreich oder der Reveille aufgeschreckt, von des buckligen Bellos allgegenwärtiger Trommel geschlagen. Der schrille Klang seiner Hörner mischte sich, inmitten antarktischer Gletscher, mit Möwengeschrei; und die allumfassende Natur war anscheinend so eingenommen von seinem Dominion, daß selbst die Wolken am Himmel nie über Dominora hinwegsegelten, ohne die Huldigung eines Schauers zu erweisen. Daher war die Luft von Dominora feuchter als die irgend eines anderen Landstrichs.

Bei all seinen großen Unternehmungen wurde König Bello von seinen zahlreichen Kriegskanus außerordentlich unterstützt; denn seine Flotte war die größte in Mardi. Daher beteuerten seine Logiker, daß ihm die gesamte Lagune gehöre; und daß alle umherstreifenden Wale, Kiele und Haie Eindringlinge seien. Von dieser schönen Vorstellung inspiriert, komponierten seine Hofdichter manch herrliche alte Salzwasserode, die einem beim Hören die Seele im Leibe singen ließ.

Doch obwohl sich alle anderen Mardianer an solch edler Sangeskunst sehr erfreuten, stimmten sie dennoch nicht mit Bellos Dichtern überein, die meinten, die gesamte Lagune sei des alten Monarchen angestammte Domäne.

Einmal bemerkten die Paddler des buckligen Königs auf einer großen Lagune einige Kanus, die von der eben erwähnten Insel Vivenza stammten. Sie ergriffen einige der fremden Ruderer, fühlten ihnen auf den Zahn und erklärten sie zu Eingeborenen von Dominora. Daher stünde es ihnen nicht frei, überall hinzugehen, wo sie wollten; denn sie seien auf Lebenszeit Untertanen Bellos, außer es gelänge ihnen auf irgendeine Weise, wiedergeboren zu werden. Sein Haar, ja sogar seine Haut könne man ablegen, nicht jedoch seine Untertanenpflicht; solange sie Knochen hätten, gehörten sie Bello. Daher wurden diese unglücklichen Paddler, trotz ihrer Vorwürfe und Rechtfertigungsversuche, in die Boote von Dominora geschleppt; und es wurde ihnen befohlen, ihre Häscher nach Hause zu rudern.

Als dies die Männer von Vivenza hörten, gerieten sie sehr in Wallung; und nach einem mächtigem Palaver an ihrem Lagerfeuer rüsteten sie einige Doppelkanus aus und stachen mit ihnen in See, um »diese Großfreibeuter von Dominora« aufzuspüren.

Doch glücklicherweise waren die Flotten des buckligen Königs zu diesem Zeitpunkt allerorten in Kämpfe verwickelt und fochten, Dollbord an Dollbord und Seite an Seite, mit zahlreichen Feinden, so daß auf die Kanus der Männer von Vivenza nicht solch eine gewaltige Armada hätte zusteuern können, daß allein der Wellengang unter den tausend Bugen ihre verstreuten Proas möglicherweise für immer aus der Sicht geschwemmt hätte.

Nach Lage der Dinge schickte Bello ein paar seiner kleineren Boote los, um den Feind aufzuspüren und kurzerhand zu versenken; damit sie dann, ohne den Heimathafen anzulaufen, mit wichtigeren Unternehmungen fortfahren könnten.

Doch als Bellos Boote einzeln auf die des Feindes trafen, fügte es sich, daß diese viel kleiner waren als die Kanus aus Vivenza; und daß sie auch weniger beherzte Männer an Bord hatten; weshalb sie in den folgenden Seeduellen geschlagen wurden. Und die Kanus von Vivenza verbanden ihre Rahnocken mit denen der Besiegten und geleiteten sie sehr höflich in ihre eigenen Korallenhäfen.

Die Leute von Vivenza, die diese Siege einzig ihrem überlegenen Mut und ihrem Geschick zuschrieben, triumphierten äußerst lautstark und schrien sich in ihren Kampfgesängen die Kehle fast aus dem Hals; infolgedessen seien, laut Mohi, einige von deren Nachfahren heute noch genötigt, durch die Nase zu sprechen.

XLII.

Dominora und Vivenza

INDES die drei Kanus dahinglitten, wurden weitere Einzelheiten über Dominora und, gelegentlich auch, über andere Inseln erzählt.

Offenbar ließ sich der ansonsten besonnene Bello durch seine Vorliebe für ein weiträumiges Dominion zu maßlosesten Taten verleiten. Hatte sich zufällig etwas Erdreich und Schwemmholz um irgendein vereinzeltes Korallenriff in der Lagune angesammelt und bestand auch nur die geringste Wahrscheinlichkeit, daß sich hier ein Inselchen bilden würde, entsandte er in aller Eile Kanus zu dieser Stelle, um vorsorglich Besitz von diesem Territorium, das noch nahezu unterseeisch war, zu ergreifen und gegebenenfalls die Zoophyten hinauszuwerfen.

Wenn eine ungewöhnlich niedrige Ebbe mancherorts das äußere Riff des Archipels freilegte, ließ Bello seinen königlichen Speer auf jede derart entblößte Stelle pflanzen, als Zeichen, daß er diese beanspruchte.

Eine andere Anekdote: in Dominora kam das Gerücht auf, daß auf einer fernen Insel ein Mann mit einer ungewöhnlich großen Nase leben würde, mit einem Kolben von wirklich ungeheurem Ausmaß, von der die Wahrsager annahmen, daß sie den Schatten fürchterlichen Unheils vorauswerfen würde. Obwohl Bello dieser abergläubischen Vorstellung keine Beachtung schenkte, entsandte er dennoch einen Beauftragten, der herausfinden sollte, ob diese Nase von den Ausmaßen eines riesigen Vorgebirges geographisch verfügbar wäre; in diesem Falle wäre sie dadurch sicherzustellen, daß man ihren Besitzer mitbrächte.

Der weise alte Mohi betrachtete es nun als Glücksfall für Mardi im allgemeinen, daß diejenigen Untertanen, die Bello zur Besiedlung seiner auswärtigen Besitzungen losschickte, nur allzu sehr geneigt waren, ihren Vasallenstatus abzuschütteln, sobald sie sich imstande fühlten, mit ihm fertig zu werden.

Tatsächlich wurde auf diese Weise ein hübsches Land im Westen von Mardi zu einem souveränen, ja sogar republikanischen Staat. Es war das von Mohi schon zuvor erwähnte Vivenza. Doch in stolzer Erregung über ihre jüngst erreichte nationale Selbständigkeit, warfen sich die Männer von Vivenza allzu sehr in die Brust. Und weil sie, in ihrem Bollwerk verschanzt, nach vielen langwierigen Kämpfen schließlich doch die Krieger erfolgreich abgewehrt hatten, die Bello zur Niederschlagung ihres Aufstandes entsandt hatte, waren sie einhellig der Meinung, der bucklige König sei noch nie so deutlich gedemütigt worden. Wohingegen sie weniger Bello besiegt, als ihre eigenen Küsten verteidigt hatten; so wie ein junger Löwe seine Höhle gegen Legionen von Einhörnern verteidigt, die ihn, wäre er fern der Heimat, in Stücke reißen würden. In Wirklichkeit verfügte Dominora, laut Flechtbart, zur Zeit dieses Krieges, über zehnmal so viele Speere wie Vivenza: Langspeere zudem gegenüber den kurzen Wurfspießen, die aber auch ebenso kräftig geschleudert wurden.

Doch warum gab König Bello, an Männern und Waffen überlegen, schließlich die Hoffnung auf, diese widerspenstigen Männer von Vivenza niederzukämpfen? Ein Grund war, laut Mohi, daß viele dieser Kämpen schon in anderen Regionen von Mardi reichlich beschäftigt waren. Ein anderer: daß Bello bald bemerkte, daß Vivenza, mochte er auch noch so wacker kämpfen, gänzlich uneinnehmbar war – doch nicht der Bewohner wegen. Sture Widersacher, diese Berge, – dachte Bello, – denen ist nicht beizukommen.

Doch waren die Männer von Vivenza keine Feiglinge. Ungelogen: sie entstammten Löwenlenden und waren selbst ein löwenlendiges Geschlecht. Hatten ihnen ihre Barden nicht verkündet, daß sie einen neuen Anfang im Geschlecht der Mardianer machen würden; da sie ja eine neue Welt zu ihrer vollen Entfaltung benötigten? Denn man muß wissen, daß das große Land des Kolumbo, von dem Vivenza einen beträchtlichen Teil einnahm, als letzte Insel des Archipels entdeckt worden war.

Um voll und ganz die Wahrheit zu sagen, als würde sie ein Unparteiischer vom Arkturus aussprechen: Vivenza war ein prachtvolles Land. Es stand da wie ein junger Tropenbaum, in üppigem Grün, überall mit Abertausenden von Blüten und an einem Ast dicht behängt mit reifen Früchten. Es war verheißungsvoll wie der Morgen.

Vivenza kann auch mit Johannes dem Täufer verglichen werden, der sich von Heuschrecken und wildem Honig nährte und der mit prophetischer Stimme den Stämmen aus der Wildnis zurief. Oder wie ein Kind, zwischen den alten, festlich gekleideten Königen und Königinnen des Archipels stehend, erschien Vivenza als ein junger Messias, zu dessen Predigt sich die bärtigen Rabbiner neigten.

So wirkte Vivenza von seiner besten Seite. Dennoch gebärdete es sich als Prahlhans in Mardi: der einzige mit Mumm, den man je kannte. Wie ein Heer von Hähnen, gespornt und mit geschwollenem Kamm, so kikerikite dieses Volk beim glänzenden Aufgang seiner Sonne. Schäme dich, Vivenza! Woher stammt denn dein unzweifelhafter Wert? Hast du ihn nicht von den kühnen alten Küsten Dominoras mitgebracht, wo es diese Werte noch in reicher Zahl gibt? Welche Insel außer Dominora konnte dich mit dieser Unbeugsamkeit versehen? Mit diesem Herz, das in höchster Kühnheit pocht? O Vivenza, wisse, daß wahre Größe Prahlerei nicht nötig hat; es können Staaten und Menschen zu tüchtig sein, um Größe zu haben.

Doch was weiter über König Bello? Trotz seiner territorialen Erwerbsgier und seiner Abneigung, entwendete Nationen aus seinen Krallen zu lassen, war er doch ein prächtiger alter König; zwar recht cholerisch – gefackelt wurde nicht lange – doch mit echt königlichem Herzen. Mochten die Inseln auch noch so sehr auf ihn schimpfen, sie waren doch im Grunde stolz auf ihn. Und trotz seiner Habgier ging es ihnen vielleicht doch, alles in allem, durch seine Taten besser. Denn wenn er manchmal, mit nicht gerade rechtschaffener Absicht, Böses tat, so vergalt er dies mit fünfzigfacher Wohltat wie sonst niemand; und mit tausendfacher, ungewollter Wohltat. Einem alten Orakel zufolge war der bucklige Monarch nur eine der auffälligsten Figuren auf einem Schachbrett, worauf die Götter zu ihrer Kurzweil spielten.

Doch es soll hier nicht unerwähnt bleiben, daß König Bello seine Expansionsbestrebungen in letzter Zeit etwas abgemildert hatte. Verschiedene Gründe wurden angeführt. Einige glaubten, dies käme daher, daß er seine Territorien bereits als zu umfangreich für einen einzigen Regenten betrachten würde; daß seine entfernteren Kolonien beträchtlich zu seinen Drangsalen beitrügen, ohne entsprechend zu seinen Einkünften beizutragen. Andere behaupteten, daß er zu schwer an seinem Buckel zu tragen hätte; wiederum andere, daß die Staaten zu stark für ihn geworden seien. Mit prophetischem Ernst und kopfschüttelnd konstatierten die Weisen, daß sein immer weiter fortschreitendes Alter schon die kritischen Periode überschritten hätte; daß er, obwohl er ein rüstiger alter Knochen sei, doch nicht mehr in voller Jünglingsblüte stünde; und daß er täglich an Leibesfülle zunehme und eine immer gesundere Gesichtsfarbe zeigte, was eher die Symptome krankhafter Verfettung als gesunder Rüstigkeit seien. Diese Weisen prophezeiten dem armen Bello einen baldigen Schlaganfall.

Es gab aber in Vivenza einige Großmäuler, die oftmals folgendes faselten: »Des Buckels Stunde ist gekommen. Zuletzt wird der alte Fuhrmann von den Nationen, die er ins Joch gespannt hat, aufs Horn genommen werden. Sein Spiel ist aus.

Er soll seine Karten zeigen und sein Szepter verloren geben. Er fällt Mardi zur Last – man soll ihn absägen und verbrennen. Er steht denen im Weg, die ihm überlegen sind – er soll sich aus dem Staub machen. Er hat viele Augen auf immer geschlossen und erblindet nun selbst. In seinem langen Leben hat er schreckliche Scheußlichkeiten begangen, der alte Sünder! Nun soll er schleunigst beten, bevor er geköpft wird.«

Nichtsdestoweniger lebte Bello weiter, genoß die Freuden der Tafel und hob seine Humpen wie ehedem. Ah, ich habe doch ein sehr langes Leben gepachtet, so sann er über seinem Wein. Und wie ein zäher alter Onkel lebte er beharrlich weiter, trotz der Vorhersagen der Neffenstaaten, die vielleicht hofften, nach seinem Hinscheiden Einzelstücke aus seinen Besitzungen zu erben: drei Lagen fette Täler, mit mageren Bergen durchwachsen!

XLIII.

Sie landen auf Dominora

DA Media, wie schon erzählt, nicht in bestem Einvernehmen mit dem König von Dominora stand, hielt er es für angebracht, sich dessen Dominion in vollem Staat zu nähern; denn er, Media, stand in bestem Einvernehmen mit sich selbst. Unsere Segel waren gesetzt, unsere Paddler paddelten, die Wimpel flatterten und Vee-Vee im Haifischmaul ließ seine Muscheltrompete laut erschallen. Das Getöse wurde bald gehört; und als wir in eine große und schöne Bucht einschwenkten, sahen wir von fern ihren Saum mit Köpfen übersät wie mit Kieselsteinen: so viel Volk stand am Strand.

Wir folgten den Biegungen eines herrlichen Tals und erreichten bald Bellos Palast, der wie ein Stacheltier mit erhobenem Kopf in einem Wald lag. Die stehenden Stangen aus Rohr, die dessen Stirnseiten bildeten, überragten die Dachsimse in einer langen Reihe von Lanzenspitzen, an denen scharlachrote Wimpel flatterten; während darunter, zwischen den Streben aus Rohr, drei Reihen geschmückter Lanzen schräg hervorragten. Ein kriegerischer Anblick! Der ganze Bau sah aus wie die Breitseite einer makedonischen Phalanx, die zum Angriff vorrückte und deren Helm ein Dach war.

»Ah, Bello,« sagte Media, »du wohnst so eingeigelt wie das Stachelschwein.«

»Ich spüre, daß mich eine stechende Hitze

überläuft,« rief Mohi, »gnädiger Herr Media, laßt uns eintreten.«

»Ja,« sagte Babbalanja, »im Zentrum der Gefahr ist man sicherer als an ihren Rändern.«

Als wir einen Bogen durchschritten hatten, der aus zwei gekreuzten Spießen gebildet war, fanden wir uns als angehende Zielscheiben wieder; denn die Ecken des Palastes waren von einigen Speerwerfern besetzt, die ihre Waffen schwangen.

Uns gegenüber stand ein wohlbeleibter alter Krieger, Speer in der Hand, Buckel auf dem Rücken und Feuer im Blick.

»Ist Krieg?« rief er und richtete seine Waffe auf uns, »oder Frieden?« und ließ sie wieder sinken.

»Frieden,« sagte Media.

Woraufhin sich König Bello höflich näherte und uns begrüßte.

Er bot den Anblick eines Waffenlagers: auf seinem Kopf die ererbte Krone von Dominora – ein Helm aus einem Seeigelgehäuse, das gänzlich vor Stacheln starrte und vorne ein Rhinozeroshorn aufwies, zum Angriff gesenkt. Seine Ohren waren von gefiederten Pfeilen durchbohrt; und von seinem gefärbten Gürtel aus Haifischhaut hing ein Kilt aus Speeren, die miteinander verflochten waren.

Bellos breite Brust war die Landkarte von Mardi: alle Inselgruppen des Archipels waren auf ihr in meerblauer Farbe eintätowiert. Und mit jedem Atemzug hoben und senkten sich die Inseln wie in einer Flut: Dominora lag ihm ganz am Herzen.

Seine stämmigen Schenkel waren seine Triumphbögen; darauf fanden sich all seine Siege zu See und an Land in unzähligen Medaillons, Helmbüschen und Schilden in Wappen verwandelt.

Sein starker echter Arm war Dominoras Ruhmesrolle, auf der alle Helden verzeichnet waren – eine Rolle ohne Ende!

Unser Chronist versicherte, daß Bellos rechte Fußsohle den Stempelaufdruck der Krone seines Erbfeindes, des Königs von Franko tragen würde. »Auf diese Weise,« rief Bello und stampfte auf, »zermalme ich ihn fortwährend.«

Bello war ein Berg von einem Mann; wie aber ein hoher Turm von einer vorspringenden Klippe überragt werden kann, so hing Bellos Buckel als Berg Athos über ihm. War es möglich, daß der Buckel, wie viele seiner Edelleute glaubten, für den Monarchen Sensorium und Kraftquelle war: von Nerven, Muskeln, Ganglien und Sehnen durchzogen? Doch er wuchs Jahr um Jahr und nahm an Jahresringen zu wie die Stämme seiner Palmen. Die Kriegsmühen vergrößerten ihn. Nur noch ein Scharmützel mit den Inseln, sagten die Neunmalklugen von Porpheero, und Bellos Berg wird ihn zermalmen.

Um ihn vor dieser Kalamität zu bewahren, bemühten sich seine Medikaster um eine Reduzierung des Buckels. Aber er war nicht wegzubekommen. Dann versuchten es seine Magier mit diversen Zauberriten. Sie machten ein tiefes Loch, in das sie viele Zähne warfen. Doch sie konnten es nicht stopfen. Daher nannten sie es ›Deckungsloch‹, denn es war bodenlos. Dennoch sagten die Magier, daß Bellos Buckel verschwinden würde, wenn nur das Loch gestopft wäre. »Hoch lebe also der Buckel!« riefen die Edelleute, »denn er wird ihn nie loswerden. Lang lebe der Buckel! Wir scharen uns um den Buckel und sterben! Nur Mut, König Bello! Trotze, alter König!«

Doch wenn ihr Herrscher, mit seinem Berg Athos auf dem Rücken, auf Reisen ging, folgten ihm die gleichen Edelleute untätig in seinem Schatten, während Bello sich schwer auf sein Volk stützte, das ins Wanken geriet.

Ja, Bellos stattliche Statur kam in eine arge Schräglage; doch obwohl viele beteuerten, er müsse bald stürzen, kann er, wie Pisas Schiefer Turm, lange Zeit vornüber geneigt sein, ohne jemals zu schwanken.

Da wir Dominora einen friedlichen Besuch abstatteten, war Bello bald sehr umgänglich und übertraf den wohlbeleibten Borabolla fast an Gastfreundschaft: oktoberliche Fülle herrschte in den Mauern seines Palastes.

Nach unserem ersten Empfang wurde ein üppiges Mahl aufgetragen; und es entspann sich ein sehr angeregtes Gespräch.

Von Taji wollte Bello wissen, ob Seine Sonnenmajestät den Mond schon zu einer Provinz gemacht hätte; ob die Scharen der Sterne den Rang von Territorien hätten oder bloß Motoos seien, wie diese grünen Tüpfelchen, die an Mardis Rundriff geheftet sind, hier hießen; ob die Bewohner der Sonne ihn, Bello, ebenso schmähten, wie dies die Mardianer täten; und was sie von einem Ereignis dächten, das solch schicksalsschwere Bedeutung für die Freiheit des Universums hätte: die Vergrößerung seiner Flotte um drei Kanus nämlich.

Schon bald waren wir einander so gesellig zugetan, daß Bello, der seinen Humpen bis oben hin füllte und Medias Hand umklammerte, auf immerwährende Freundschaft mit Odo trank.

So vergaßen die beiden Könige über ihren Bechern mit rotem Saft ihre Zwiste; und bezüglich der strittigen Insel hat man nie mehr etwas gehört; insbesondere, da diese, wie sich herausstellte, während der größten Hitze des Gefechts plötzlich der Sicht entschwunden war, da sie vulkanischen Ursprungs war.

XLIV.

Sie durchstreifen Dominora auf der Suche nach Yillah

SCHLIESSLICH zogen wir uns aus König Bellos Gegenwart zurück und machten uns auf den Weg, immer noch zu unserer Suche entschlossen.

Viele erfreulichen Anblicke hatten wir. Schöne Felder; die ganze Insel ein Garten, grüne Hecken ringsum; das Land voll schmucker Katen; es war wie von weißen Mäusen übersät. Alte Eichenwälder, stämmig und rüstig wie je; alte Heiligtümer, von Efeu überwuchert; alte Grabmäler alter Helden, tief verborgen in ausgedehnten Lorbeerhainen. Alte Flüsse, voll mit schwerbeladenen Kanus; ganze Kamelherden von Berghöckern, mit Ernten überhäuft: alles Anzeichen herrlichen Überflusses, Hinweis auf die ruhmreiche Arbeit von Generationen. Großartiger, schöner Anblick! Nichts Großartigeres, Schöneres in ganz Mardi.

Als wir diese bezaubernden Bezirke durchstreiften, kamen wir auch an einem stoppelbärtigen Kornfeld vorbei, wo ein alter, hagerer Schnitter seine Sichel niedergelegt hatte und im Namen der Götter Almosen erflehte. – »Brot, Brot! Oder ich sterbe inmitten dieser Garben!«

»Dresche dein Korn und du wirst nicht darben.«

»Ach, ihr Herren, dieses Korn gehört nicht mir. Ich pflüge, ich säe, ernte, binde die Garben und stelle sie auf – für Lord Primos Kornkammern.«

Als wir weiterzogen, erreichten wir einen Weiler, eingeduckt in eine Mulde; und sahen viele betrübte Mädchen auf einer Bank unter Trauerweiden sitzen, neben jedem ein zerbrochener Spinnrocken. »Seht, wir leiden Hunger,« riefen sie aus, »unsere Spinnräder sind entzwei; und wir können nicht weiter weben und spinnen!«

Außerdem kamen aus Kellergewölben lärmende Haufen von Menschen hervor, die Hände auf ihrem Rücken gebunden. – »Brot! Brot!« riefen sie. »Der Zauberer hat uns aus unserem Bergtal vertrieben, wo wir ehemals in den Tagen der Green Queen arbeiteten. Er hat uns an Hüfte und Arm gefesselt, auf daß wir Hunger leiden. Wie Schafe sterben wir an der Fäule. – Verflucht sei der Zauberer. Verflucht sei sein Bann.«

Als wir uns dem Talkessel zuwandten, bemerkten wir einen Bach, der von den Bergen herabkam. Ehe aber diese Wasser das Meer erreichten, entrichteten sie ihren Untertanentribut. Durch Gräben und Mühlengerinne geleitet, ließen sie große Räder kreisen, die zehntausend Greifer und Klauen belebten, deren Griff unwiderstehlich war und doch so sacht wie die Samtpfote eines Kätzchens. Mit roher Kraft hoben und senkten sie große Gewichte, woben und spannen dann ganz fein: wie der Rüssel des Elefanten, der ein Nashorn zu Tode bringt und dann einem Falter den Puls fühlt. Der ganze Platz schien belebt zu sein von all den Spindeln.

Sie drehten sich und drehten sich, und gebaren Wundersames bei jedem Umlauf; ruhlos wie die Räder, die im Himmel kreisen. Laut summte der Webstuhl, wie der Blitz flog das Schiffchen, rot tobte die grimmige Schmiede und ließ Amboß und Hammer erklingen. Doch kein Sterblicher war zu sehen.

»He, Zauberer! Komm aus deinem Versteck hervor!«

Aber die Spindeln waren alle taub und stumm, wie die Taubstummen, die dem Sultan aufwarten.

»Da wir geboren wurden, wollen wir leben!« Das lasen wir auf einem blutroten Banner, das dem Rot der Wolken spottete. Es wurde in vorderster Reihe von einer aufrührerischen, rotbemützten Menge geführt, die uns umtobte, als wir aus dem Tal kamen. Weitere folgten, schwarz oder blutrot:

»Mardi dem Volk!«
»Nieder mit den Grundbesitzern!«
»Jetzt sind wir an der Reihe!«
»Wir wollen Rechte statt Unrecht!«
»Brot! Brot!«
»Nutzt die Gunst der Stunde!«

Sie schwangen ihre Fahnen und Keulen, ihre Hämmer und Sicheln; und unter gellenden Schreien stürmte die Menge auf Bellos Palast zu. Ihr voran sechs Maskierte, welche die übrigen zu wahnwitzigen Schreien und Gesten anstachelten: »Hierher! Hierher!« riefen sie.« Durch den Wald, den dunklen Wald!« Woraufhin alle in den Wald stürmten. Auf einmal sprangen die Maskierten nach vorne und setzten über einen langgestreckten, bedeckten Graben, in den viele der von ihnen Angeführten fielen. Doch die Maskierten stürmten weiter, erreichten Bellos Palast und, da sie Alarm auslösten, entlud sich von dort ein Wald von Speeren auf die durcheinander geratenen Reihen im Wald. Es krachte, als prallten bei Zembla Eiszapfen auf Eisberge; und Hämmer und Sicheln sanken nieder. Der Haufe floh und wurde heftig verfolgt. Inzwischen nahten prächtig gekleidete Herolde von Bello und krönten die sechs Maskierten mit Lorbeerkränzen. – »Willkommen, ihr Helden, ihr werten und wack'ren!« riefen sie. »So belohnt unser Herr Bello alle diejenigen, die ihm einen Dienst erweisen und die gegen Bezahlung die Ihren verraten.«

Wir setzten unsere Suche fort und durchwanderten alle Licht- und Schattenseiten Dominoras. Doch nirgends wurde Yillah gefunden.

XLV.

Sie betrachteten
König Bellos Staatskanu

SCHLIESSLICH sagten wir König Bello Lebewohl; und unter dem Ochsengebrüll, zu dem seine zahlreichen Höflichkeiten eskalierten, brachen wir zum Strand auf. Doch ehe wir in die Boote gingen, machten wir Halt und bestaunten einen Gegenstand, der lange unsere Aufmerksamkeit fesselte.

Nun, wie sich die kühnen Ritter immer an besonderen Paradepferden, geschmückt mit farbenprächtigen Schabracken, ergötzt haben und mit ihnen, bei ganz besonderen Anlässen, auf die Ebenen hinausstürmten, so waren Inselpotentaten stets stolz auf ein Galaboot mit prächtigem Gepränge, worin sie über das Meer setzen konnten.

Als in alter Zeit der nach Ruhm strebende Jason, in Begleitung seiner jungen Statthalter Castor und Pollux zu diesem waghalsigen Abenteuer nach Colchis aufbrach, da war das treffliche Schiff *Argos*, dessen Planken er abschritt, nach dem Bilde eines Schwans gebaut.

Und als der Trojaner Aeneas westwärts zog und das liebliche Land Latium entdeckte, da segelte er in dem stattlichen Schiff *Bis Taurus*, dessen Heck herrlichen Wappenschmuck trug und dessen Bug eine vorwärts gerichtete Lanze war.

Und unter den Klängen von Psalter und Harfe glitt Kleopatra, auf dem mit Samt und Satin behängten Zedernholzdeck einer prächtigen Gondel thronend, im Schatten der Pyramiden den Nil hinab, um den liebestollen Mark zu begrüßen. Des Bootes silberbeschlagenen Ruder tönten wie Flötenmusik. So pflegte sich auch Queen Bess auf der alten Themse die Zeit zu vertreiben.

Und der Rauhbauz Torf-Egill, der dänische König der Meere, zählte eine schlanke Yacht zu seinem Marstall, mit Masten aus jungen Shetland-Fichten, der Bug in Gestalt einer Robbe, die nach Hundeart eine Schwertfischklinge hielt. Er nannte die Yacht *Windhund*, so schnell schoß sie dahin, und *Seemilan*, so blutbefleckt war ihr Schnabel.

Und der blinde alte Doge Dondolo, der sich die Stufen seines Palazzos hinabtastete, ging oft an Bord seiner vergoldeten Barke, wie der Lord Mayor, der in bürgerlichem Pomp mit seiner Karosse von der Guildhall aufbrach. Doch sprang Dandolo noch von einem anderen Bug, als er in Konstantinopel als erster an Land ging und, neunzigjährig, mit der Rechten das Banner von Sankt Markus mitten unter die langen Wimpel an den Kinnen der langbärtigen Türken pflanzte.

Und Kumbo-Samba, Kaiser von Japan, hatte eine Dschunke mit Drachenschnauze, einen schwimmenden Dschagannath, worin er den Meeresgöttern Räucheropfer darbrachte.

Und Kannakoko, König von Neuseeland, und Pomaree der Erste von Tahiti und der Potentat von Palau besaßen alle große Staatskanus, alle

Seeschlangen gleich und überladen mit Schnitzereien wie chinesische Schatullen; und mit so vielen Kriegern bemannt, daß ihre Ruderschläge das Meer wie Heringsschwärme aufwühlten.

Erstaunte es dann, daß dieser Bello der Bucklige, der alte Meereskönig von Mardi, mit einer schönen Meereskarosse prangte?

Sie war in einem großen Bootshaus am Wasser eingestallt wie Alp Arslans Kriegspferd oder wie das vergöttlichte Streitroß Caligulas. Auf ihrem Heck war ein Skulpturengewucher: Muscheln, Medaillons, Masken, Greifen, Möwen, Monster, Löwen mit Flossen, geflügelte Walrosse, alle Arten von Meeresrittern, die Kreuzzüge gegen Zentauren, Krokodile und Haie führen; und Meermänner und Meerweiber und was, bei Neptun, alles noch.

In diesem Gefährt stand König Bello wie ein Doge und feierte Hochzeit mit der Lagune. Doch ging dieser Brauch nicht auf die Gepflogenheit der Dogen zurück, um die es, laut Ghibelli, folgendermaßen bestellt war:

Als Ziani in einem heftigen Seegefecht Barbarossas Sohn Otho besiegt und all dessen Feluken in die Flucht gejagt hatte, als seien es Wasservögel, die von einem See aufschrecken, da überreichte ihm Seine Heiligkeit, der Papst, einen Ring und sprach: »Nimm diesen, o Ziani, und mit ihm das Meer zu deiner Braut; und vermähle dich jedes Jahr aufs Neue mit ihr.«

So der Dogen Überlieferung und jetzt die Bellos:

In früheren Zeiten war Dominora von einem Riff umgeben, das sich in dem Maße ausdehnte, wie sich die Seehoheit der Insel vergrößerte, die bald die ganze Lagune umfaßte; und dieser Trauring umgab schließlich die ganze Welt.

Doch wenn das Meer König Bellos Braut war, dann hatte er sich mit einem adriatischen Wüterich vermählt. In ihren rasenden Leidenschaftsstürmen führte sie seine Kanus oft in die Irre und bescherte seinen Flotten ein wirklich sehr ungestümes Leben.

Und böswillige Unkenrufer meinten, daß sie schon bald ihren alten Herrn im Stich lassen und sich wieder verheiraten würde. Sie hätte bereits, behaupteten sie, Vivenza gegenüber Avancen gemacht.

Sollte sie aber wirklich den alten Bello verlassen, wäre dieser unverzüglich mit all seinen Flotten hinter ihr her. Und er würde nicht ruhen, bis die Königin zurückerobert wäre.

Nun alter Meerkönig, hüte dein Staatskanu wohl! Denn vielleicht ist sein Kiel von der Trockenfäule befallen; und in seinen Spieren stöbert der Holzwurm.

Ohne aufmerksame Pflege geht jedes Boot zuschanden. Doch kann sein schönes Urbild bewahrt werden, auch wenn sein Bug in jedem Frühjahr, wie des Hirschs Geweih, erneuert wird: Planke für Planke, Spant für Spant ersteht so sein ausgebessertes Ebenbild wieder. Ebenso solltest du es, o Bello, mit deiner Barke tun.

XLVI.

Babbalanja verneigt sich dreimal

DIE Dämmerung des nächsten Morgens traf uns wieder auf dem Meere an. Und alle bis auf Media, der sich zu dieser Stunde gern mit einem Sterblichen unterredet hätte, gaben sich dieser fast traurigen Stimmung hin und verharrten lange in Schweigen.

Doch jetzt ist zu sehen, wie sich im Osten die Myriaden weißer Tartarenzelte schimmernd sammeln. Wie Lanzenreihen, im Defilee auf einem Hochplateau, so durchschießen die Sonnenstrahlen den Himmel. Und inmitten glänzender Banner und dem Stampfen von zehntausend goldenen Hufen, rückt der berittene Sultan des Tages vor, wie Xerxes: das Morgenlicht ist seine Standarte, Osten und Westen sind seine Zimbeln.

»O morgendliches Leben!« rief Yoomy mit einem persischen Lied, »wäre doch alle Zeit Sonnenaufgang und alles Leben Jugend.«

»Ach, diese Bürschchen winseln von Jugend,« sagte Mohi und kraulte seine Zotteln, »als hätten sie diesen Bart.«

»Aber selbstverständlich, alter Mann,« sagte Babbalanja. »Wir Mardianer kommen uns selbst nie jung vor. Die Kindheit ist für die Jugend, was das Mannesalter für das Greisenalter ist: etwas, auf das man zurückblicken kann, bekümmert darüber, daß es vorbei ist. Doch die Kindheit kümmert sich um keine Zukunft und kennt keine Vergangenheit; daher ist ihre Gegenwart Schall und Rauch.«

»Mohi, wie steht es mit deinem Hunger heute morgen?« fragte Media.

»Auf diese Weise, ihr Götter,« seufzte Yoomy, »wird das Empfinden immer verächtlich gemacht. Was ich auch immer verspüren mag, ich kann es nicht zum Ausdruck bringen.«

»Ein guter Kommentar zu dem alten Bardianna, Yoomy,« sagte Babbalanja, »der irgendwo sagt, kein Mardianer könne seinem Herzen freien Lauf lassen, weil ihm die starren Rippen im Wege stünden. Und tatsächlich hält oftmals Stolz oder dergleichen das Gefühl unter Kontrolle. Edler Herr, es gibt welche, die nicht bemerkt haben wollen, daß sie ein Herz besitzen.«

»Sehr wahr, Babbalanja; und ich nehme an, daß der herzlose, unempfindsame und glatzköpfige Stil deines alten Grüblers auf Stolz gründete.«

»Verzeiht, edler Herr, doch Ihr irrt. Bardianna war ganz und gar nicht stolz; obwohl er dieses Fehlen von Stolz auf eine verquere Weise kundtat. In seinem Essay ›Über die Neigung, die Oberlippen zu kräuseln‹ schreibt er folgendes: ›Wir hören viel vom Stolz und davon, daß er in diesem unseren Mardi eine Sünde sein soll; wohingegen ich mich rühme, randvoll davon zu sein – von meiner Art Stolz. In der Gegenwart von Königen, hohen Herren, Palmen und allen, die glauben, größer zu sein als ich, stehe ich stocksteif und lockere keinen Wirbel meines Körpers. Doch da ich in Mardi niemanden als über mir stehend ansehe, betrachte ich auch niemanden als unter mir stehend; daher bin ich mit denen, die gesellig sind, immer bereit, gesellig zu sein.‹«

»Ein Agrarier!« sagte Media, »bestimmt hätte er seinen Henker zum Minister für Gleichheit gemacht.«

»Im Grunde sind wir bereits gleich, ehrenwerter Gebieter,« sagte Babbalanja und verbeugte sich tief. »Wir kommen alle auf gleichem Wege nach Mardi; und ebenso verlassen wir es auch. Ein König, dem es an Yamswurzeln fehlt, verhungert ebenso schnell wie ein Bauer; und wird jemand an einer schwachen Stelle getroffen, brüllt er ebenso laut wie ein anderer, sagt Bardianna.«

»Sehr grob gesprochen, Babbalanja. – Vee-Vee! Meine Krone! – So, Babbalanja, versuche doch Bardiannas Stil in dieser letzten Sentenz, die du ihm zu geschrieben hast, aufzupolieren.«

»Sehr wohl, ehrenwerter Gebieter,« sagte Babbalanja und verneigte sich tief. »Dann drücken wir es so aus: Da, wo sie bloß Mardianer sind, sind auch die erhabensten Halbgötter den menschlichen Schwächen unterworfen. Denn selbst ein König, wird er von einem spitzen Speer getroffen, legt oftmals seine Krone ab, aus Furcht vor zukünftigen Stichen.«

»Ha! Ha! Bravo Babbalanja; doch ich bat dich, den Pfeil zu polieren und nicht anzuspitzen.«

»Das ist das gleiche, dreifach ehrenwerter Gebieter – polieren ist jedenfalls nicht abstumpfen.«

XLVII.

Babbalanja philosophiert und Media läßt die Kalebassen kreisen

NACHDEM eine Weile Schweigen geherrscht hatte, rief Media aus: »Komm Yoomy, mache dein langes Gesicht etwas kürzer.«

»Wie soll er das können, edler Herr,« sagte Mohi, »wenn seine Gedanken Meilenlänge haben?«

»Fadenlänge, meinst du Mohi; siehst du nicht, wie er über dem Dollbord sinniert? Und nun eine Banane, Sänger, zur Stärkung deiner Gedanken. Warum verbringt ihr Poeten nur so viel Zeit mit Grübeln?«

»Das kommt daher, edler Herr, daß wir wenig an uns selbst denken, wenn wir denken.«

»Ich denke ebenso,« sagte Mohi, »denn kaum bin ich gesellig geworden mit mir, muß ich auch schon klein beigeben.«

»Ach, alter Mann,« sagte Babbalanja, »viele von uns Mardianer sind sich selbst nur traurige Gastgeber. Einige Herzen sind Einsiedler.«

»An wen denkst du denn sonst, Yoomy, wenn du nicht an dich selbst denkst?« fragte Media.

»Edler Herr, ich denke selten,« sagte Yoomy, »doch ich schenke den Stimmen in meiner Stille mein Ohr.«

»Sprach gerade Babbalanja?« fragte Media. »Doch keine weiteren Träumereien von dir.« Und mit diesen Worten versank Media selbst allmählich in Träumerei.

Die übrigen ebenso. Bald streckten alle ihre Glieder aus; und wir starrten einander an und sahen uns doch nicht.

Media brach den Bann, indem er Vee-Vee, unseren Pagen, bat, die Kalebassen und Becher zu bringen, und Nektarinen für alle.

In Betrachtung seines Kelches lehnte sich Media zurück und sagte: »Babbalanja, es ist noch keine zehn Minuten her, da wir alle geistesabwesend waren. Angenommen, du würdest wirklich aus deinem Körper treten und als Geist einen schattigen Hain heimsuchen?«

»Unsere Lungen sind aber nicht völlig überflüssig, edler Herr,« sagte Babbalanja mit lauter Stimme.

»Und unsere Lippen auch nicht,« sagte Mohi und schlürfte an seinem Wein.

»Doch gesetzt, du könntest hier in Mardi wirklich körperlos sein, Babbalanja, wie sähe das für dich dann aus?« fragte Media.

»Edler Herr,« sagte Babbalanja und sprach halbwegs durch eine Nektarine, »verschieb bitte diese Frage bis mein Hunger gestillt ist; denn, glaubt mir, kein hungriger Sterblicher möchte seines Gaumens verlustig gehen, damit er ins Unfaßbare aufgelöst wird.«

»Aber schließlich müssen wir alle reiner Geist werden, Babbalanja, selbst die unedelsten,« sagte Yoomy.

»Ja, so sagt man, Yoomy. Wenn aber die unsterblichen Ahnen endloser Dynastien Unsterblicher alle Bauern waren, wie wenig besinnen sich dann unsere ehrwürdigen Patrizier auf ihr großartiges Schicksal, wenn sie deren Gesellschaft immerzu verschmähen. Und wenn sie hier in Mardi, selbst am Altar, keine Gleichheit mit Plebejern ertragen können, wie werden sie diese dann hautnah die ganze Ewigkeit über aushalten können? Da der Prophet Alma erklärt, das Paradies setze sich fast gänzlich aus Armen und Verachteten zusammen, verwundert es nicht, daß einige Aristokraten auf unseren Inseln eine Laufbahn einschlagen, die, übereinstimmend mit gewissen Theologien, die auf Mardi eifrig aufrechterhaltenen gesellschaftlichen Unterschiede auf immer zementieren muß. Und obwohl manche sagen, beim Tod falle alles Irdische vom Geist ab, so daß Bauern und Herren auf gleichem Fuße stünden, so ist, wie der Volksmund weiß, doch immer beobachtet worden, daß die Geister von Bauern, als Wiedergänger auf Mardi, unverändert in ihren bäurischen Kitteln erschienen. Und wie ungerecht ist es, edler Herr, im Hinblick auf unsere geistige Gleichheit im Jenseits, wenn der gescheiteste Mardianer, der Jahre, Tage und Nächte dem schweren Wissenserwerb geweiht hat, am Ende erleben sollte, daß seine gesammelten Erwerbungen auf einen Streich von dem dümmsten Dummerjan überflügelt werden, der plötzlich von göttlichem Licht inspiriert wurde. Und obwohl einige behaupten, daß alles mardianische Wissen nichtig sei und daß alle Mysterien beim Tode enthüllt würden, placken sie sich dennoch hier und jetzt ab und machen sich Gedanken. Daher spricht ihre Zunge eine andere Sprache als ihr Verstand.«

»Edler Herr,« sagte Mohi, »wir sind auf den Bodensatz gelangt. Verzeih, Babbalanja.«

»Dann eine neue Kalebasse, Vee-Vee! Schenke nach, Mohi; und spüle Wein mit Wein hinunter. Deinen Becher, Babbalanja. Noch irgendwo sonst ein Bodensatz?«

»Reichlich, edler Herr; wir Philosophen sind dort sehr bald angelangt.«

»Dann schwemme ihn hinweg; doch laß deine Rede nicht stocken. Bei den Sterblichen können, den Göttern sei Dank, Gaumen und Zunge zugleich sich rühren. Schenke nur nach, Babbalanja; du bist kein Philosoph, wenn du beim zehnten Becher aufhörst: Ausdauer ist in ganz Mardi der Prüfstein für Philosophie. Trinke nur und mach uns weise durch dein Vorbild und deine Richtschnur. – Na, Yoomy, du siehst aus, als ob du etwas sagen wolltest.«

»Ja, edler Herr. Babbalanja sprach vorhin von Bauern. Doch hat der bescheidenste Landmann nicht ein Auge, das den weiten Horizont mit einem Blick erfassen kann: Berg und Tal, Ebene und Ozean? Ist solch ein Wesen nichts?«

»Doch kann dieses Auge sich selber sehen, Yoomy?« sagte Babbalanja augenzwinkernd. »Und nimmt man es aus seiner Höhle, kann es dann überhaupt sehen? Die Verbindung mit dem Körper verleiht ihm Wirksamkeit.«

»Er stellt alles in Frage,« rief Mohi aus. »Philosoph, hast du einen Kopf?«

»Jawohl,« sagte Babbalanja und tastete ihn ab. »Ich habe oben fast eben einen solchen Deckel wie alle anderen Mardianer auch.«

»Edler Herr, das erste Ja, das je über seine Lippen kam.«

»Ach, Mohi,« sagte Media, »das Gespräch

schleppt sich dahin. Ich fürchte, wir sind wieder auf dem Bodensatz angelangt. He, Vee-Vee, eine neue Kalebasse. Und mit ihr wechseln wir das Thema. Nun, Babbalanja, ich muß diesen Becher leeren und dann eine Frage stellen. Ah, Mohi, dies ist ein trefflicher alter Wein; er schmeckt nach Kork. Doch aufgepaßt, Philosoph. Gesetzt, du hättest eine Frau – die du ja nicht hast –: Wäre es unvernünftig von ihr, wenn sie glaubte, du seist nicht mehr am Leben, nur weil du zufällig aus ihrem Blickfeld verschwunden bist?«

»Wie das auch immer zugehen mag, »murmelte Yoomy, »die junge Nina jedenfalls beweinte sich als Witwe, wann immer Arhinoo, ihr Herr, nicht an ihrer Seite weilte.«

»Edler Herr Media,« sagte Babbalanja, »wenn ich abwesend wäre, hätte meine Frau mehr Grund anzunehmen, daß ich nicht am Leben wäre als umgekehrt. Alles Fühlbare um sie herum spräche für die erste Annahme; und für die letzte sprächen nur ihre eigenen zärtlichen Phantasien. Unsere Imagination ist der Grund für all diese Dinge, edler Herr. Bin ich an einem Ort, so existiert für mich kein anderer. Aber allzu gern stelle ich mir dies vor. Doch bin ich in Odo, redet mir nicht von Ohonoo. Es ist für mich nur existent, wenn ich dort bin. Sollte es existieren, so beweist es. Um es zu beweisen, müßt Ihr mich dorthin bringen; doch ihr beweist nur, daß für sein wirkliches Vorhandensein, das also für mich erkennbar ist, meine Gegenwart unerläßlich ist. Ich erkläre, daß ganz Mardi nur kraft meines souveränen Willens existiert; und bei meinem Tode wird dieses Universum mit mir zugrunde gehen.«

»Hoffentlich stammst du aus einem langlebigen Geschlecht, das nicht von Schlaganfällen betroffen ist,« sagte Mohi. »Ich möchte doch noch einiges zuwege bringen und nicht dabei im Stich gelassen werden.«

»Beachte ihn nicht, Babbalanja,« sagte Media. »Tauche deinen Schnabel wieder ein, mein Adler, und schwinge dich auf.«

»So laßt uns wirklich Adler sein, edler Herr: wie Adler wollen wir diesen roten Wein betrachten, ohne mit der Wimper zu zucken; dieser gute Tropfen soll uns feierlich werden lassen und nicht lärmend.«

Und dann erhob er seinen Becher: »Edler Herr, ruhigen Blutes bedauere ich alle, die sich nur dadurch ein Jota von ihrer Mitte entfernten, daß sie zuviel von dieser Flüssigkeit tranken. Nötigt einem Weisen, eine ewig lange Polarnacht lang, auch noch so viel auf, er wird nicht betrunken werden. Wenn auch sein Körper bei Sonnenaufgang torkelt, so wird er doch um seine Mitte torkeln; und wenn er auch im Zickzack geht, so wird er doch nach Hause gelangen; während Dutzende sternhagelvoller Toren unterwegs zu Boden gehen. Edler Herr, bin ich toll von zu vielem Denken, dann nehme ich zum Wein Zuflucht, um nüchtern zu werden. Seine Zauberdünste hauchen mich an wie der Spätsommer, der die gesamte Natur in Ruhe versetzt. Für mich ist Wein kein gewöhnliches Feuer, er schürt keine niederen Leidenschaften: mein stets offenes Herz öffnet sich nur weiter;

und herrliche Visionen erstehen in meinem Gehirn. Dann liegt mir ganz Mardi zu Füßen, und die Gestirne des Firmaments sind in meiner Seele.«

»Superb,« rief Yoomy aus.

»Pft!« sagte Mohi, »wer sieht dann keine Sterne? Ich sehe jetzt den Großen Bären und auch den Kleinen; und Andromeda und den Kettenpanzer von Perseus und Kassiopeia mit ihrem goldenen Haar und den glänzenden, geschuppten Drachen und die funkelnde Lyra und alle Juwelen auf dem Schwertheft des Orion.«

»Ja,« rief Media, »das Studium der Sterne wird durch Wein auf wunderbare Weise erleichtert. Schenke ein, alter Ptolemäus, und teile uns mit, wenn du einen Planeten entdeckt hast. Mir scheint, dieses Naß muß im Fluß bleiben. He, Vee-Vee, mein Szepter! Laßt uns gesellig sein. Doch komm, Babbalanja, mein goldköpfiger Adler, kehre zu deinem Thema zurück: – die Imagination, bitte.«

»Nun denn, edler Herr, ich war im Begriffe zu sagen, daß die Imagination das Voli-Donzini ist; oder, klarer gesagt, die unikale, rudimentäre und allumfassende abstrahierte Wesenheit der unendlich entfernten Dinge. Ohne sie wären wir Grashüpfer.«

»Und mit ihr seid ihr Sterbliche auch nicht viel mehr. Bist du nicht die ganze Zeit am Zirpen, Mohi? Bei meiner halbgöttlichen Seele, wüßte ich nicht, wer ich bin, würde mich dieser Wein fast in die Knie zwingen.«

»Und ohne –« fuhr Babbalanja fort.

»Ohne was?« fragte Media und sprang auf.

»Diesen Wein? Verräter, bis zum letzten Zug bleibe ich ihm treu. Du bist betrunken, Babbalanja.«

»Vielleicht, edler Herr. Doch ich sprach von der Imagination, wenn es beliebt.«

»Von dem unikalen, rudimentären Fundament der Dinge,« fügte Mohi hinzu.

»Ah! Nichts davon ist nüchtern; fahre fort, Azzageddi!«

»Der edle Herr schwenkt seine Hand wie ein Banner,« murmelte Yoomy.

»Ohne Imagination kann man einem Mann ohne Arme, der blind geboren ist, nicht glauben machen, daß er Haare auf dem Kopf hat, da er sie weder sehen noch fühlen kann; und Haare selbst sind nicht spürbar.«

»Doch hätte dieser Krüppel eine Böse Sieben zur Frau, würde er nicht mehr lange zweifeln,« sagte Mohi.

»Ihr schweift alle ab,« rief Media, » doch kein Wunder: eure sterblichen Hirne sind für solches Zechen nicht geeicht. Komme auf dein Thema zurück, Babbalanja. Nimm jetzt an, Babbalanja, – nimm an, mein werter Prinz – nimm an, nimm an – warum tust du nicht, was ich sage?«

»Ich bin bereit, alles anzunehmen, was Ihr wollt, edler Herr; doch was ist es?«

»Ah, ja; nimm an, daß du nach Hause kommst und bemerkst, daß sich deine Frau wieder verheiratet hat, unter der – der – der metaphysischen Annahme, daß du – *du* Azzageddi, da du nicht mehr sichtbar warst, dieses Leben verlassen hast. In anderen Worten: aus den Augen, aus dem Sinn. Und was dann, mein werter Prinz?«

»Wohlan denn, edler Herr, ich würde meinen Rivalen im Nu in Stücke reißen.«

»Würdest du? – Dann – dann so viel zu deiner Metaphysik, Bab-Babbalanja.«

Babbalanja erhob sich und brabbelte in sich hinein: »Ist dies Unterstellung oder Wirklichkeit? – Kann ein Halbgott vom Wein überwältigt werden? Die alten Mythologien machen ja aus den Göttern Bacchanten. Doch er war wunderbar scharfsinnig! Ehe er fiel, fällte er mich.«

»Yoomy, der edle Herr Media ist heute sehr angeheitert,« flüsterte Media, »doch das Porträt, das du gabst, ist nicht sehr gut getroffen. Nein, nein, ein Bacchant pflegt nicht so logisch zu sein, wenn er zu tief ins Glas schaut.«

XLVIII.

Sie umsegeln eine Insel, ohne zu landen, und umkreisen ein Thema, ohne zum Kern zu kommen

DA wir beschlossen hatten, Kaleedoni zu besuchen, ein mit Dominora zur Gänze vereinigtes Land, führte unser Kurs nun nördlich an den weißen Klippen des westlichen Inselteils vorbei. Doch da der Wind von vorne kam und die Strömung zu stark war für unsere Paddler, mußten wir unser Ziel aufgeben. Babbalanja bemerkte, daß Yillah wohl kaum auf Kaleedoni verborgen sein könnte, wenn wir sie nicht schon auf Dominora gefunden hätten.

Und nun entspann sich ein Gespräch über das Land, von dessen Besuch wir abgehalten worden waren. Unser Chronist wußte viel Gutes über dessen Bewohner zu erzählen und rühmte deren Tapferkeit im Krieg, deren Freundlichkeit im Frieden, deren Hingabe an die Religion, deren philosophische Tiefe, die Einfachheit und Lieblichkeit ihrer Lieder, deren Fürsorge und Genügsamkeit in allen häuslichen Dingen. Und er führte einen langen Reigen von Helden an, von Metaphysikern, Barden und tüchtigen Männern.

Doch da alle Tugenden in Laster umschlagen können, so verkamen in manchen Fällen die besten Charakterzüge dieses Volkes. Seine Genügsamkeit verwandelte sich zu oft in Geiz; seine Frömmigkeit in schreckliche Bigotterie; und all dies in viel größerem Maße vielleicht, als es von den unmittelbareren Untertanen König Bellos zu erwarten war.

In Kaleedoni gab es vieles, das die Inbrunst seiner Barden erwecken konnte. Tiefland und Hochland waren reich an malerischen Gegenden. Und viele ungesungene Lieder schlummerten noch in den Hochtälern. Zwischen den blauen, mit Heidekraut bestandenen Hügeln lebten viele Volksstämme fort, die, in ihrer wilden Gewandung und Tätowierung, noch die Sitte der mächtigsten Stämme von ehedem bewahrten. Sie entblößten das Knie und bezeigten damit, daß es ebenso ehrenvoll war wie das Gesicht, da es nie gebeugt worden war.

Während Flechtbart dies erzählte, trieb uns die Strömung über eine Meeresstraße auf eine sattgrüne Insel von bezauberndem Aussehen zu.

Nicht grüner ist die mittlere Stufe der Anden, die, trotz sengender Hitze, das schöne Quito in den Tau eines ewigen Frühlings taucht; – nicht grüner der neuntausend Fuß hohe Gipfel des Pirohitee, der sich aus dem warmen Innern Tahitis erhebt und den ganzen Sommer mit sich in die Wolken trägt; – nein, nicht grüner die berühmten Gärten des Cyrus – als die Frühlingswiesen, die Kuppen und Mulden des wunderbaren Verdanna.

»Ach, liebliche Insel! Ranken überwuchern deine Trostlosigkeit,« seufzte Yoomy mit starrem Blick.

»Land gemeiner Schufte!« rief Media aus.

»Insel, deren Zukunft in der Vergangenheit liegt. Heimischer Herd, dem die Kinder entlaufen,« sagte Babbalanja.

»So bluttriefend sind deine Chroniken, Verdanna, daß ich sie nicht lesen kann,« murmelte Mohi.

Wir fuhren näher heran und wären gelandet, hätte dem nicht die rollende Dünung entgegengestanden. Dann umrundeten wir dreimal die Insel, um einen ebenen, offenen Strand zu finden; doch ohne Erfolg.

Mittlerweile war ein reges Gespräch im Gange.

»Edler Herr,« sagte Yoomy, »als wir bei König Bello weilten, hörte ich viel über die Fehde zwischen Dominora und diesem unglücklichen Land hier. Doch ist Verdanna nicht ein Kind von König Bello?«

»Ja, Sänger, ein Stiefkind,« sagte Mohi.

»Um den Kreis seiner Familie zu erweitern,« sagte Babbalanja, »gewährte ein alter Löwe einem im Stich gelassenen jungen Hirsch Eintritt zu seiner Höhle. Doch der Hirsch wurde nie häuslich und griff sogar seine Ziehbrüder an. – Verdanna ist nicht von gleichem Fleisch und Blut wie Dominora, daher rühren zum großen Teil diese Zwiste.«

»Aber gibt es keine Möglichkeit, Babbalanja, diese Feinde miteinander zu versöhnen?«

»Nur eine, Yoomy: man müßte diese Meeresstraße mit Erde auffüllen. Denn sind wir Mardianer durch Wasser voneinander getrennt, müssen wir es auch im Herzen sein. Wenn auch Kaleedonia lange vor Verdanna mit Dominora vereinigt worden war, bereitete es König Bello doch nie Ungelegenheiten; denn beide Völker, die geographisch eine Einheit bilden, mischen sich in den Grenzregionen unmerklich. Keine feindliche Meeresstraße trennt dort die Arme und hindert sie an der Umarmung.«

»Doch Babbalanja,« warf Yoomy ein, »was verlangt Verdanna denn von Dominora, daß es dermaßen zetert, wenn es eine Abfuhr erhält?«

»Sie sind ausgemachte Kannibalen, Yoomy,« sagte Media, »und fordern das Vorrecht, einander aufzufressen.«

»So denkt König Bello,« sagte Babbalanja; »doch seid ihr Halbgötter in diesen Dingen immer einer Meinung, edler Herr. Aber Verdanna mag verlangen, was es will, und Bello wird es ihm hartnäckig verweigern.«

»Warum ihnen nicht alles gewähren und sogar den Anspruch auf die gesamte Insel fallen lassen?« sagte Mohi. »Auf diese Weise würde sich König Bello manche Schwierigkeit vom Halse schaffen.«

»Und denkst du, alter Mann, »sagte König Media, »daß König Bello seine angestammten Rechte auf Gedeih oder Verderb hergeben würde? Würde ein dreifach gekrönter König auf sein dreifaches Diadem verzichten? Und selbst wenn Bello das täte, was du vorschlägst, würde er nur noch größere Schwierigkeiten heraufbeschwören. Doch würde man Verdanna alles zugestehen, wäre es schon bald froh, auf vieles Geforderte verzichten zu können. Alles, was es jetzt verlangt, hatte es schon in der Vergangenheit – ohne einen Vorteil daraus zu ziehen. – Und ist es jetzt klüger?«

»Verlangt es nicht seine eigene Ernte, edler Herr?« sagte Yoomy, »und hat nicht der Schnitter ein Recht auf seine Garben?«

»Was für eine Leier, Yoomy! Wenn du für mich erntest, gehört die Garbe mir.«

»Doch wenn der Schnitter sein eigenes Feld aberntet, wem gehört die Garbe dann, edler Herr?« fragte Babbalanja.

»Sie gehört dem, für den er erntet, – seinem Herrn!«

»Dann soll der Schnitter mit Sichel und Schwert losziehen und mit der einen das Korn abrasieren und mit dem anderen seinen bärtigen Herrn über die Klinge springen lassen.«

»Du wirst tollkühn in deinen lyrischen Anwandlungen, meine kriegerische Taube,« sagte Media freundlich. »Doch du, Philosoph, wisse, daß Verdannas Bewohner dem Stamme Bellos an Geblüt und Geist unterlegen sind. Und die besseren Mardianer müssen eben herrschen.«

»Verdanna soll Dominora unterlegen sein, edler Herr. – Hat es keine Barden, keine Weisen, keine Patrioten hervorgebracht? Mohi, entrolle deine Chroniken! Sag, ob Verdianna nicht ebenso viele Sterne des Ruhms beanspruchen kann, wie auf König Bellos Arm tätowiert sind?«

»Dies ist wahr,« sagte Mohi. »Viele Kapitel bestätigen, was du sagst.«

»Doch, edler Herr,« sagte Babbalanja, »wie die Wahrheit allgegenwärtig ist in allen Dingen, sogar in Lügen, so ist auch ein Körnchen Wahrheit in den Verleumdungen enthalten, die man auf das Volk dieses Landes häuft. Denn obwohl es mit Recht stolz ist auf seine vielen illustren Namen, zieren diese Juwelen kein prächtiges Gewand. Und obwohl Verdanna wie eine rebenumrankte Laube vor Säften strotzt und vor Geist nur so sprüht und sprudelt, geben doch nicht alle seine Trauben Wein; und mancherorts sind viele von Mehltau überzogen, oder teils von Maden zernagt, die in den eigenen Ranken ausgebrütet wurden.«

»Laß deine Trauben fallen und deine Metaphern!« rief Media. »Bringe deine Gedanken unverbrämt hervor, so nackt, wie die Menschen in Mardi auf die Welt kommen. – Was willst du sagen, Babbalanja?«

»Das, edler Herr, daß Verdannas schlimmste Übel hausgemacht sind und nicht durch andere verschuldet. Es ruiniert sich mit eigener Hand. Es schadet sich selbst durch seine Bigotterie, seinen Aberglauben, durch Uneinigkeit und innere Fehden, durch Unwissenheit und Unbesonnenheit. Es will handeln, doch unterläßt es. Der Osten ist eine schwarze Gewitterwolke, die sich nie entlädt. Sein erbittertster Kampf führt zu einer Niederlage. Es überschüttet mit Vorwürfen, wo es harte Schläge hageln lassen sollte. Es steht da wie ein Bullenbeißer, der den Mond anheult.«

»Ein Tropus auf den anderen!« sagte Media. »Ich will die Geschichte erzählen – so geradlinig wie auf die Schnur gezogen. Verdanna ist ein Irrer – –«

»Ein Tropus, edler Herr,« rief Babbalanja.

»Meine Tropen sind keine Tropen,« sagte Media, »doch deine sind welche. – Verdanna ist ein Irrer, der, nachdem er vergeblich versucht hat, jemandem die Kehle durchzuschneiden, nun grimassierend vor dem Wasserspiegel eines Teichs steht und droht, sich die eigene durchzuschneiden. Kann man solch einen Verrückten sich selbst überlassen? Nein, da er sich nicht selbst regieren kann, muß ihn ein anderer regieren. Und die Zügel dürfen nicht schleifen, und die Kandare muß fest am Gebiß sitzen. Übertreibe ich? – Sag mir Mohi, ob Verdanna, bis auf einen lichten Moment, seine Angelegenheiten je verständig geregelt hat, als es unabhängig von Dominora war? War es nicht immer von Kämpfen und Aufständen zerrissen? Und wodurch geriet es vor allen Dingen unter Bellos Herrschaft? Eilte nicht sein eigener Häuptling Dermoddi zu Bellos Ahn und erbat von ihm Schutz vor seinen eigenen rebellischen Untertanen; womit er sich selbst als König entthronte? Ist das dann erstaunlich, daß Henro, Bellos Vorvater, nach der Krone griff? Und soll das Unrecht sein?«

»Die Rede des edlen Herrn ist wahr,« sagte Mohi, »doch sprecht bitte nicht weiter, außer Ihr wollt Eurer Sache schaden.«

»Trotz allem, Babbalanja,« sagte Media,« hat Bello das verrückte Verdanna nur in Obhut genommen.«

»Doch bedeutet Obhut auch, daß ein Wächter seinen Schützling in Gewahrsam nimmt, edler Herr?«

»Ja, wenn er es kann. Alles, was man tun *kann*, das darf man auch: das ist das Credo der Halbgötter.«

»Ach!« rief Yoomy aus, »warum dieses arme, leidende Land auch noch mit Wörtern bekriegen. Seht doch! Trotz seines Blühens, hungert sein Volk, verrotten die Yamswurzeln, ehe man sie dem Boden entnimmt. Des Himmels Gifthauch scheint auf dieses Land herabgekommen.«

»Nein,« sagte Media, »der Himmel sendet keinen Gifthauch. Verdanna will nicht lernen. Und mit verfaultem Erntegut säen sie wieder Fäulnis aus und müssen wieder Fäulnis ernten. Doch du, Yoomy, scheinst diese Sache ernst zu nehmen. Alle sagen übereinstimmend, daß in Verdanna der Wurm ist; sag du nun, du mitfühlendes Wesen, was muß der königliche Bello tun, um das Übel zu beseitigen?«

»Ich bin kein Weiser,« sagte Yoomy. »Und was würde der edle Herr Media tun?«

»Was würdest *du* tun, Babbalanja?« sagte Media.

»Mohi, was du?« fragte der Philosoph.

»Und was würde der Gast tun?« fügte Mohi hinzu.

»Nun, diese Übel bringen uns alle in Verwirrung,« sagte Babbalanja. »Jüngst starb in Verdanna ein Mann, der sich anschickte, das Volk auf humane und friedliche Weise zu kurieren, ohne Krieg und Blutvergießen. Dieser Mann hieß Konno. Unter einem großen Kessel machte er ein prasselndes Feuer.«

»Nun, Azzageddi, wie konnte dieses seinem Ziele dienen?« fragte Media.

»Es gab nicht besseres, edler Herr. Das Feuer briet seine Brotfrucht. Und das überzeugte seine Landsleute so, daß er vollauf beschäftigt war. Und sie plünderten fast ihre dürftigen Brotfruchtgärten, um seinen Kessel zu füllen.«

»Konno war ein Schuft,« sagte Mohi.

»Verzeihung, alter Mann, doch dies ist nur

seinem Geist bekannt und nicht uns. Er war jedenfalls ein großer Mann; denn selbst wenn er sein Land beschwatzt hatte, hätte dies kein gemeiner Mann zu tun vermocht.«

»Babbalanja,« sagte Mohi, »dem edlen Herrn beliebte es, Verdanna irre zu nennen; doch entspringt nicht sein Irresein der Behandlung durch Dominora, das es in provozierender und peinigender Weise schmachten läßt?«

»Gewiß, Flechtbart, viele Überspanntheiten von Verdanna verdanken sich dem genannten Grund. Doch der Gerechtigkeit halber sei gesagt, daß Verdanna Dominora nicht minder zu verhöhnen und herauszufordern sucht; doch nicht mit dem gleichen Ergebnis. Bemerkst du, Flechtbart, daß der Passat durch diese Meeresstraße direkt von Dominora herweht und nicht von Verdanna? Daher erreicht jedes von König Bellos Leuten losgeschleuderte Spottgeschoß sein Ziel, während den Leuten von Verdanna ihr Höhnen wieder ins Gesicht zurückgeweht wird. So ernten sie doppelten Spott und werden von ihren Feinden weiter beleidigt.«

»Deshalb sind König Bellos Leute Feiglinge,« rief Yoomy.

»Das zeugt nicht von Verständnis, Geist oder Menschlichkeit,« sagte Babbalanja.

»Ihr trefft alle nicht ins Schwarze,« rief Media. »Was soll für Verdanna getan werden?«

»Was will es für sich selbst tun?« sagte Babbalanja.

»Philosoph, du bist außerordentlich weise; und da Weise auch Seher sein sollten, enthülle bitte Verdannas Zukunft.«

»Edler Herr, wahre Propheten werden immer klug sein. Und kein Prophet wird seinen Ruf dadurch aufs Spiel setzen, daß er die Zukunft seines Landes vorhersagt. Das Schicksal der Inseln liegt in Oros Hand. Wer dennoch Verdanna richtig heilen will, muß erst König Bello kurieren, der in mancher Hinsicht selbst Patient ist, obwohl er gern ein Arzt wäre. Dennoch gibt es einen verdammt guten Doktor in Mardi, edler Herr, der sich schließlich mit diesen hoffnungslosen Fällen abgibt. Er verwendet nur Pillen, die aus Substanzen eines Baumes namens Conroupta Quiancensis hergestellt sind.«

»Und was ist das für ein Gewächs?« fragte Mohi.

»Erkundige dich bei den Botanikern,« sagte Babbalanja.

XLIX.

Sie nähern sich Porpheero und gewahren eine schreckliche Eruption

MIT der Flut entfernten wir uns von Verdanna, ließen die Meeresstraße hinter uns liegen und erreichten die offene Lagune. Unsere Buge wiesen in Richtung Porpheero, von dessen Magnifizenzen sich der edle Herr Media einen glanzvollen Empfang versprach.

»Sie sind allesamt Halbgötter,« rief er aus, »und haben auch noch die alte Gesinnung von Halbgöttern. Solche riesigen Täler wie die ihren haben wir noch nicht erblickt. Ihre Szepter sind so lang wie unsere Speere; im Vergleich zu ihren prächtigen Palästen sind Donjololos Domizile allenfalls vornehme Häuser. Ihre Bankettsäle bieten weiträumige Perspektiven. Ihre Stammbäume, die nicht ihresgleichen haben, reichen bis ins Chaos zurück.

Babbalanja! Dort wirst du Stoff für dein Philosophieren finden; – dicht an dicht, wie die Felder auf einem Schachbrett, so liegen in diesem Land die verschiedenen Nationen zusammen; und unterscheiden sich doch in Sitte, Gesinnung und Kleidung. Hier findet man Wissen und Weise; hier reihen sich die Manuskripte meilenweit; die Barden singen hier im Chor.

Mohi, dort wirst du deine Seiten füllen können: in Porpheero haben die Jahrhunderte ihre Schätze aufgehäuft – die Vergangenheit überschattet das Land wie eine Pyramide.

Yoomy, dort wirst du Stoff für deine Lieder finden: blaue Flüsse durchfließen Weinberge und der Wälder Laubdome; durchfließen Wiesen, samtig weich wie Ottomanen. Strahlende Mädchen flechten die goldenen Locken der Erntezeit; und Berge bilden den Hintergrund, an dem die Welt zu enden scheint. Und wenn dich die Natur nicht zufriedenstellt, dann wende dich den Landschaften der Kunst zu. Erblicke Mosaikwände, die wie unsere Gesichter tätowiert sind; Gemälde, riesig wie Horizonte, in die man meint, sich stürzen zu können! Erblicke Statuen, vor denen du deinen Turban ziehen könntest; Städte, wo sich die Säulen so dicht drängen wie Menschen; und Kuppeln, dem Himmelsdom gleich, die golden das Licht ewiger Sonnenaufgänge verströmen. Sieh die Spitzen von Kirchtürmen, die sich wie Mastspitzen recken, als sei das Land der Ozean und Bellos große Flotte läge vor Anker.

»Edler Taji! Du suchst nach Yillah – verzweifele nicht! Porpheero ist solch ein bezaubernder Ort, daß die Verschollene dort verborgen sein muß.«

»Ein herrliches Gemälde!« rief Babbalanja, »doch wie sieht die Kehrseite der Medaille aus, edler Herr?«

»Du Zyniker – das war es schon. – Bald werden wir in Franko sein, dem ansehnlichsten Tal von allen. Lang ist es her, daß ich dem alten König die Hand gereicht habe!«

Die Sonne versank nun hinter uns und beleuchtete die weißen Klippen von Dominora und die grünen Kaps von Verdanna, während vor uns die lange, gewundene Küstenlinie von Porpheero im Dunkeln lag.

Es war ein Sonnenuntergang bei ruhiger See.

»Wie die Winde säuseln im Ohr des ersterbenden Tags,« murmelte Yoomy.

»Wir werden eine milde, klare Nacht haben,« sagte Media.

»Seht Ihr nicht diese Wolken über Franko, edler Herr,« sagte Mohi kopfschüttelnd.

»Ah, alt und wetterkundig wie immer, der Herr Chronist. Ich prophezeie eine klare Nacht; und es wird nicht bei dieser einen bleiben.«

»Geduld braucht keinen Propheten,« sagte Babbalanja. »Die Nacht ist nahe.«

Bis jetzt waren die Wasser der Lagune ruhig gewesen. Doch jetzt verdunkelten sie sich und wallten auf; und aus dem Dunkel drangen lärmende Laute. Bald darauf schoß ein Feuerball in die Luft, der im Zenith zerbarst und einen Funkenregen vom Firmament herabschickte. Danach schien die Finsternis noch viel finsterer zu sein.

Alle hielten den Atem an, während über Franko der Glutstrahl einer ungeheuren Eruption aufschoß, der ganz Mardi in den Vordergrund zu rücken schien.

Als hätte der Vesuv seine Fackel entzündet und in dem Lodern rollten die sturmgepeitschten Wogen der Bucht von Neapel auf ihn zu, so sahen jetzt Frankos Volksmassen aus, die den Gipfel mit dem brennenden Palast ihres Monarchen erstürmten, ganz nahe bei dem lodernden Berg.

»Bei meinem ewigen Thron!« rief Media

erschrocken, »der alte Vulkan ist wieder ausgebrochen!«

»Doch in einem neuem Krater, edler Herr,« sagte Babbalanja.

»Diese Eruption ist offenbar heftiger als die zu meiner Jugendzeit,« sagte Mohi. »Ich glaube, Frankos Ende ist gekommen.«

»Ihr seht bleich aus, edler Herr,« sagte Babbalanja, »während alle anderen Gesichter erglühen. Yoomy, lege in Gegenwart eines Königs diesen Glorienschein ab.«

Über das Wasser drang ein Grollen, in das sich Kriegsgetöse mengte; und es senkte sich ein Aschenregen herab, der vom Wind verwirbelt wurde, ehe er auftraf.

»Fort von der Küste!« schrie Media. Und in aller Eile erreichten wir einen sicheren Ort.

So breit wie Rhein oder Rhône ergossen sich nun Lavaströme ins Tal: ein Glutschwall schwappte über die Bäume, riß sie mit sich und stürzte mit ihnen in die siedende See.

Der Strand war gesäumt von unzähligen Menschen in heller Aufregung, die in Kanus vom Land abstießen.

Inzwischen entfachte der Feuersturm aus Franko neue Flammen in den entfernteren Tälern von Porpheero; während von Verdanna schreckliches Brüllen und Jubeln herüberdrang. Über Dominora hielt sich ein unheilvoll glimmender Lichtschein.

»Dreifach verfluchte Flammen!« rief Media aus. »Soll ganz Mardi Feuer fangen? Wie es prasselt und kracht und um sich greift! – Ist dies unser Scheiterhaufen?«

»Ruhig Blut, ruhig Blut, edler Herr,« sagte Babbalanja, »wütende Flammen brennen nur kurz – sing uns ein Lied, lieblicher Yoomy! Nimm deine Pfeife, alter Mohi! Es haben schon größere Feuer als dieses in Mardi gelodert. Nur die Ruhe bewahren! Diese Inseln sind da, um zu brennen. Flechtbart, später wirst du, in einer stillen Klause, diesem ganzen Spektakel nur ein einziges Kapitel widmen. Laß es dir also jetzt durch den Kopf gehen.«

»Mein Gesicht wird versengt,« rief Media.

»Das ist der Jüngste Tag!« rief Mohi

»Nein, alter Mann,« sagte Babbalanja, »dieser Tag wird heiter und klar heraufziehen. Beruhigt Euch, mein mächtiger Gebieter.«

»Sprich nicht von heiterer Miene in stürmischer Zeit,« rief Media wütend. »Seht, wie die Flammen nach Domonora hinüberwehen!«

»Doch die von ihnen entfachten Feuer werden bald gelöscht sein,« sagte Babbalanja. »Nein, nein! Dominora gerät nie durch Frankos Feuer in Brand, es kann nur von selbstgelegten Flammen verzehrt werden.«

»Fort von hier!« rief Media. »Wir können jetzt Porpheero nicht anlaufen. – Setzt die Segel! Westwärts wollen wir fahren.«

So lenzten wir direkt vor dem Feuersturm.

Bei Tagesanbruch war kein Land mehr in Sicht.

»Mit Frankos König muß es schlimm stehen,« sagte Media, »wenn sich sein Volk zusammen mit den roten Vulkanen gegen ihn erhebt. Ah, könnte ich diese Kerle zertreten! Auch sieht es schlimm aus für alle anderen Regenten im großen Lande Porpheero. Und hoffentlich überlebt die von uns Gesuchte diese Feuersbrunst!«

»Edler Herr,« sagte Babbalanja, »Wo immer sich Yillah verbergen mag, so doch nicht in diesem Porpheero. Wenn wir hier nicht an Land gehen, edler Taji, haben wir das Mädchen nicht verfehlt!«

»Dieses Feuer wird das Land wohl in eine Wüste verwandeln,« sagte Mohi. »Alle Äcker verbrannt und verschüttet.«

»Wein wächst aber über Dörfern, die in Schutt und Asche liegen, Mohi,« murmelte Yoomy.

»Richtig, Sänger,« sagte Babbalanja, »und Prärien werden von Feuer gereinigt. Aus Asche wird fruchtbare Erde. Und keine Kunst kann bewirken, daß der selbe Boden immer fruchtbar bleibt. Immer gab es Umschichtungen in der Vergangenheit. Wuchsen die ersten Früchte der Erde noch wild und waren giftig, sprossen doch schließlich die Palmen auf. Und wieder einmal konnten die Völker im Schatten ruhen. Edler Herr, wenn aus Windstillen Stürme erwachsen, so auch Windstillen aus Stürmen. Und auch auf diesen furchtbaren Aufruhr muß Frieden folgen. Es mag sein, daß Porpheero so seine Zukunft leicht errungen hat.«

L.

König Media feiert die Pracht des Herbstes; der Sänger die Verheißung des Frühlings

»AUF nun!« rief Media, »laßt uns die weiten Wasser durchmessen, Vivenza entgegen, diesem Neuen Mardi! Laßt uns sehen, ob sie, die wir nirgends gewahrten, schließlich in Vivenzas Tälern gefunden wird.«

»Dort oder nirgends, edler Taji,« sagte Yoomy.

»Sei nicht zu optimistisch, guter Yoomy,« sagte Babbalanja.

»Ob Yillah wohl lieber in der wilden Wildnis von Vivenza wohnt als in den alten Weingärten von Porpheero?« sagte Babbalanja.

Yoomy sang:

Ihre Laube nicht Weinranken hat
Sondern wildes, wildes Geißblatt!
Das kriecht nicht auf bröckligem Bogen,
Das wird von Lärchen emporgezogen.

Ruinen bleibt sie fern,
Sucht neue Täler gern.

Nicht im moosigen Zottelwald,
Voll Efeu die Bäume und alt,
Nicht in Maramma will sie hausen,
Voll hohler Eremitenklausen.

Eine neue Insel sie gewinnt,
Die lächelt ihr zu wie ein Kind,

Sanft gewiegt von der See.
In Blüte sie steht;
Ihre Flut nie vergeht,
In der neugeborenen See!

Lenz, Lenz ist, wo sie weilt,
Wenn sie waldige Täler durcheilt,
Wo Mardi jung ist und sprüht,
Wo taufrisch sein Grün erblüht.

Dort kommt duftend der glänzende Morgen herbei,
Dort sprießt des jungen Hirsches Geweih.
Tief dort in junger Triebe Gewirr
Tönt des Scharlachtangaras Geschwirr, –

Der senkt seinen Kamm
Auf die kahle Brust,
Damit sie wieder entflamm'!
Lenz, Lenz, wo sie weilt,
Wenn sie waldige Täler durcheilt:
Wo sich jedes Wesen paaren will,
Damit sich das Geschick erfüll':
Drossel, Hase, Reh – mit Lust!

»Du singst in höchsten Tönen, lieblicher Yoomy,« sagte Media, »hinsichtlich dieses lenzlichen Landes Vivenza. Doch sind nicht die alten, herbstlichen Täler von Porpheero herrlicher als dieses jugendliche Vivenza? Vivenza hat keine Andenken an die Sommerzeit vorzuweisen, doch Dominoras Rose rötet sich in voller Blüte auf den Gartenmauern; die Herbstwälder sind prächtig gefärbt.«

»Edler Herr, der Herbst taucht bald in den

Winter ein, doch der Frühling hat alle Jahreszeiten vor sich. Die erblühte Rose ist dem Verwelken näher als die Knospe. Der blasse Morgen ist ein Aufblühen; die volle Blüte ist schon der karminrote Sonnenuntergang.«

LI.

Azzageddi benutzt Babbalanja offenbar als Sprachrohr

ALS Porpheero weit achtern zurück lag, stieg unsere Stimmung. Der alte Mohi entflocht seinen Bart und flocht ihn wieder neu. Der edle Herr Media saß wie ein Türke auf seiner Matte, rauchte seine beflaggte Pfeife und ergötzte sich an den phantastischen Liedern Yoomys, den phantastischen Chroniken Mohis und den noch phantastischeren Spekulationen Babbalanjas. Ab und an ließ er alten königlichen Wein, Krug um Krug, in seine Seele gurgeln.

Media, der Babbalanja manchmal als eine Art Enzyklopädie, eine unzuverlässige zwar, in Anspruch nahm, wollte unter anderem wissen, ob sich der Wechsel von Ebbe und Flut tatsächlich derart sklavisch an die Mondperioden hielte.

Woraufhin Babbalanja, seiner enzyklopädischen Natur getreu, eine ältere und bessere Autorität als sich selbst zitierte; wen anders, als den ewigen Bardianna. Dieser treffliche Autor hat diese Frage offenbar in einem Kapitel abgehandelt, das den Titel trägt: ›Mysterienschau durch Mühlsteine hindurch‹. Seine Ausführungen, obwohl bisweilen stilistisch zwielichtig, erwiesen sich als so profund, daß alle vor solcher Gelehrsamkeit in die Knie gingen.

»Babbalanja, dein Bardianna muß ein ungeheuer fleißiger Forscher gewesen sein,« sagte Media nach einer Pause. »Bestimmt hat er mit seinen Kerzen ganze Dickichte von Binsen verbraucht.«

»Mitnichten, edler Herr. – ›Habt Geduld, Philosophen,‹ sprach Bardianna, ›löscht eure Kerzen, schlingt euer Essen nicht hinunter, nehmt euch Zeit; dann wird es reichlich Weisheit geben.‹«

»Ein beachtenswerter Rat! Warum hältst du dich nicht an ihn, Babbalanja?«

»Weil ich schon längst darüber hinaus bin.«

»Deiner Natur entsprechend; du hältst dich nirgends auf, Babbalanja.«

»Ja, in Bewegung bleiben heißt meine Devise. Doch wenn wir schon von fleißigen Forschern sprechen: hat der edle Herr schon von dem Ontologen und Entomologen Midni gehört?«

»Nein.«

»Dann sollt Ihr jetzt von ihm hören. Midni hielt das Tageslicht für ordinär, es sei gerade gut genug zum Anbau von Taro und zum Reisen, doch den höheren Zielen des Forschens sei es abträglich. Er arbeitete bei Nacht, vertiefte sich von Sonnenuntergang bis Sonnenaufgang in die Werke der alten Logiker. Wie die meisten Philosophen war Midni ein liebenswerter Mensch, doch eine Sache machte ihn fuchsteufelswild. Er las im Wald bei Glühwürmchenlicht; mit dem Insekt in der Hand, folgte er Zeile um Zeile den Seiten. Doch Glühwürmchen glühen nicht lange; und mitten in einem verwickelten Gedanken, kurz vor einem entscheidenden Komma, erlosch das Tierchen oft. Dann tappte Midni im dunkeln. In solchen Momenten hätte er gern das Sonnenlicht zur Verfügung gehabt, um die Satzperiode überblicken zu können. Doch da es dunkel war, sprang Midni auf und jagte, mit dem Pergament in der Hand, durch Schilf und Morast, einem neuen Glühwürmchen hinterher. Oft ließ er seinen Turban herabsausen und dachte, Beute gemacht zu haben. Doch Kuchendeckel. Ein neuer Versuch; und wieder nichts. Schließlich hatte er sich eines geschnappt, doch kaum hatte es ihm drei Zeilen erhellt, als es wieder ausging. Das wiederholte sich am laufenden Band. So stockte und stolperte er immer in seinen Studien und durchhastete seine Marschen nach einem glimmenden Etwas.«

Diese spaßige Geschichte löste bei einem unserer einfältigsten Paddler einen Lachanfall aus, der nicht mehr zu bremsen war. Da Media dieser Verstoß gegen die guten Sitten verdroß, erteilte er einen scharfen Verweis.

Doch der Gerügte wandte ein, er könne einfach nicht anders als lachen.

Media wollte ihn gerade wieder rüffeln, als Babbalanja bat, sich einschalten zu dürfen.

»Edler Herr, man darf ihn nicht tadeln. Seht doch, wie ernsthaft er gegen seine Heiterkeit ankämpft; doch zwecklos. Das ist bei mir oft genauso. Und manches Mal habe ich nicht nur vergeblich mein Lachen zu unterdrücken versucht, sondern bei einigen Vorträgen habe ich zugleich gelacht und geweint. Aber kann es in einem Wesen gleichzeitig entgegengesetzte Emotionen geben? Nein. Ich wollte weinen, doch mein Körper wollte lachen; und zwischen beiden Regungen erstickte ich fast. Nicht der Mann selbst, edler Herr, der Körper dieses Mannes lacht.«

»Doch sein Körper gehört ihm, Babbalanja; und er sollte ihn besser unter Kontrolle haben.«

»Der übliche Irrtum. Unsere Seelen gehören unseren Körpern und nicht umgekehrt. Wer sorgt für den anderen? Wer führt den Haushalt? Wer kümmert sich um den Nachschub für Aorta und Herzohr? Wer lagert die Sekrete ab? Wer rackert sich ab und bleibt in Gang, während der andere schläft? Wer erteilt Ratschläge zur rechten Zeit und warnt in erfahrener Weise? Wer hat die Obergewalt? – Der Körper natürlich. Auf einen Wink hin muß man sich bewegen; eine Warnung bewirkt, daß man innehält. Die Schwachsinnigen zeigen uns, daß ein Körper fast ohne Seele vorankommen kann; doch haben wir keinen greifbaren und unzweifelhaften Beweis dafür, daß eine Seele ohne Körper vorankommen kann. Man mag so gescheit sein, wie man will, und atmet doch unwillkürlich. Und wie viele Millionen leben Tag für Tag aufgrund subtiler Vorgänge, die unaufhörlich in ihnen wirken, von denen sie nichts wissen, um die sie noch weniger bekümmert sind? Sie machen kein Aufhebens von Lymphgefäßen, von den Arterien in Schenkel und Schläfe, von Perikranium und Perikardium, von Chylus, Fibrin, Albumin, von Eisen im Blut und Pudding im Kopf. Sie leben dank der Nachsicht ihrer Körper, deren Diener sie sind. Für mich, edler Herr, sind die Körper überlegen. Eine Seele, die so töricht ist, das Böse dem Guten vorzuziehen, wohnt in einer Hülle, deren kleinste Handlung voll unergründlicher Weisheit ist. Da sie um ihre Überlegenheit wissen, neigen unsere Körper zum Eigensinn: die Bärte wachsen uns zum Trotz; und wachsen, wie jeder weiß, bisweilen den Toten.«

»Demnach seid ihr Sterblichen nur lebendig, wenn ihr tot seid, Babbalanja.«

»Nein, edler Herr; doch unsere Bärte überleben uns.«

»Eine sinnreiche Unterscheidung; fahre fort, Philosoph.«

»Hätten wir keine Körper, edler Herr, ermangelten wir der treibenden Kräfte der Leidenschaften, die, in dieser oder jener Weise, jedem menschlichen Tun zugrunde liegen. Ohne Körper müßten wir etwas anderes sein als das, was wir dem Wesen nach sind. Deshalb halte ich es für eine der vernünftigsten Lehren Almas, – mit der jedoch seine Anhänger sich am schwersten tun und die im Widerstreit mit allen vorgefaßten Vorstellungen von der Unsterblichkeit steht, – daß nämlich jeder Mensch am Jüngsten Tag leibhaftig auferstehen wird.«

»Bitte, Babbalanja, sprich nicht zu einem Halbgott von Auferstehung.«

»Dann laßt mich eine Geschichte vortragen, edler Herr. Sie findet sich in den ›Wundersamen Schnurren‹ des Stehgreifdichters Quiddi. Ein drolliges Buch. Es schließt mit fackel-fi, fackel-fö, fuchtel-fochtel-forum.«

»Jetzt hat er wieder diesen irren Blick,« murmelte Mohi.

»Fahre fort, Azzageddi,« sagte Media.

»Der Philosoph Grando verachtete seinen Körper aufs äußerste. Oftmals legte er sich mit ihm an und erging sich in Unglimpf. ›Pfui über dich, du lumpiger Leib! Du Klotz, Klump, Hemmnis! Du hinderst mich am Fliegen. Ohne dich käme ich schneller voran. Pfui über dich, du Keller, Kammer, Kanal, Kloake, du gewöhnlicher, widerwärtiger Körper! Was gibt es Gemeineres als dich? Und glaubst du Lump, daß du mich in der Hand hast? Mach diesem Menschen da Beine, wenn du es ohne meine Erlaubnis wagst. Dieser Geruch ist unerträglich; versuche ihn zu beseitigen, ohne daß ich es anordne. Grabe diese Yamswurzel aus! – Gut! Trage mich über dieses Feld! – Ab geht's! – Halt und nicht weiter! Für heute hast du genügend Auslauf gehabt. Verkriech dich jetzt in den Schatten, Alter, und sei still. – Jetzt bin ich ausgeruht. So, jetzt schlendern wir ganz verträumt nach Hause. – Auf, alter Knochen, mach dich auf die Socken.‹ Da erhob sich das Gerüst des Leibes gravitätisch und schritt aus, indes der Philosoph sinnierte. Er war der Quadratur des Kreises auf der Spur – da schlug er gegen einen Ast. ›Bauerntölpel, ungeschlachter! Denkst du, du könntest dir meine Träumereien zunutze machen? Ich werde schon mit dir fertig werden.‹ Und er packte sich einen Knüttel und zog ihn sich tüchtig über den Rücken. Doch wurde seine Wirbelsäule durch einen seiner Rückhandschläge angeknackst. Der Philosoph sank ohnmächtig hin, kam aber bald wieder zu sich. ›Potztausend! Ich werde dich schon kleinkriegen! Auf, auf, ich werde dich trotz diesem Zipperlein nach Hause treiben.‹ Doch wundersamerweise verweigerten seine Beine den Dienst; jegliches Gefühl war aus ihnen gewichen. Da aber zufällig eine riesige Wespe seinem Fuß einen Stich versetzte, – nicht ihm selbst, denn er spürte ihn nicht, – sprang das Bein unverzüglich in die Luft und machte allerhand eigensinnige Kapriolen. ›Sei still! Leg dich!‹ Doch das Bein dachte nicht daran. ›Meine Arme halten noch zu mir,‹ dachte Grando; und mit deren Hilfe gelang es ihm schließlich, sein widerspenstiges Glied zu bändigen. Doch alle Überredungskünste, Befehle und Willensakte konnten seine Glieder nicht bewegen, ihn nach Hause zu tragen. Es war ein einsamer Ort; und fünf Tage später wurde der Philosoph tot unter einem Baum aufgefunden.«

»Ha! ha!« lachte Media. »Azzageddi feiert fröhliche Urständ.«

»Doch gibt es Geschöpfe, edler Herr,« fuhr Babbalanja fort, »die noch verkehrtere Körper haben als Grando. In den Fabeln von Ridendiabola findet sich folgendes: ›Ein Süßwasserpolyp hatte seine Wasserexistenz satt und wollte von der Luft leben. Doch was er auch tat, seine Tentakel stopften weiterhin seinen Magen voll. In einer jähen, widernatürlichen Regung stülpte sich der Polyp schließlich um, da er annahm, dann kein Mageninneres mehr zu haben. Doch es zeigte sich, daß sein Magen außen genauso wie innen funktionierte: die Tentakel schafften wieder Nahrung heran und die Verdauung ging ihren Gang.‹«

»Und das soll man Wort für Wort glauben?« fragte Mohi.

»Es ist so wahr wie die Wahrheit selbst,« sagte Babbalanja, »dieser Polyp wird umgekrempelt leben.«

»Schon sehr merkwürdig,« sagte Media. »Doch glaube ich, daß ich etwas über die sogenannten organischen Funktionen gehört habe, das die von dir erwähnten Phänomene erklären könnte. Und, wie mich deucht, habe ich auch etwas über die sogenannten Reflexvorgänge bei den Nerven gehört, die, recht betrachtet, deine Geschichte von Grando und seinem Körper, in weniger merkwürdigem Licht erscheinen ließen.«

»Das sind nur Lautgebilde, die Unerklärliches ersetzen sollen, edler Herr. Die Wissenschaft beschwatzt uns mit vielerlei Dingen. Doch was bei dem Polypen unleugbar der Fall ist, das übertragen einige Physiologen auch analog auf menschliche Verhältnisse. Demnach soll die Auskleidung unseres Innern nur eine Fortsetzung der Epidermis oder Oberhaut sein; woraus folgt, daß wir uns vor langer Zeit von innen nach außen gekehrt haben mußten. Diese Hypothese mag eine indirekte Erklärung für unsere moralische Verkehrtheit abgeben.«

»Du bist doch wohl ein Narr, Azzageddi,« sagte Media.

»Und bin in bester Gesellschaft, edler Herr. Während einige Geschöpfe ihre Außenhäute innen tragen, stellen andere ihre Skelette außen zur Schau: man nehme Hummer und Schildkröte, die, lebendigen Leibes, ihr eigenes Körpergerüst betrachten können.«

»Azzageddi, du bist ein Possenreißer.«

»Verzeiht, edler Herr,« sagte Mohi, »ich denke, daß er eher ein Hummer ist; man kann seine Mundwerkzeuge schwer von seinen Klauen, sprich Scheren, unterscheiden.«

»Ja, Flechtbart, ich bin ein Hummer, eine Makrele, gerade, was dir gefällt. Doch waren meine Vorfahren Känguruhs und keine Affen, wie der alte Boddo irrtümlich annahm. Meine Ansicht läßt sich leichter beweisen als seine. Die Landfossilien, die man in den tiefsten Erdschichten fand, waren Überreste von Känguruhs und nicht von Menschen. Folglich hat es damals auch keine Titanen gegeben; wohl aber Känguruhs. Und diese Känguruhs waren die erste Auflage des Menschengeschlechts; seither überarbeitet und verbessert.«

»Und was ist aus unseren Körperenden oder Schwänzen geworden?« fragte Mohi und rutschte auf seinem Sitz hin und her.

»Die alte Frage, Mohi. Und wo sind die Schwänze der Kaulquappen nach ihrer allmählichen Metamorphose in Frösche? Haben Frösche etwa Schwänze, alter Mann? Unsere Schwänze, Mohi, sind im Prozeß der Zivilisation abgewetzt, genauer: abgesessen worden; von der Zeit an, als unsere Väter in Sitzhaltung gingen, die ein grundlegendes Anzeichen für unsere ganze Zivilisation ist. Weder von Affen noch von Wilden läßt sich sagen, sie säßen: stets hocken sie auf ihren Schenkeln. Sitzgelegenheiten und Bänke sind bei barbarischen Stämmen unbekannt. Doch, edler Herr Media, als euer getreuer Vasall und Untertan, kann ich es gar nicht genug bedauern, daß Ihr Eures königlichen Schwanzes beraubt seid. Dieses steife, von Wirbeln durchsetzte Glied, das wir bei unseren unfeinen Vorfahren finden, mit denen wir nichts mehr zu tun haben wollen, wäre eine sehr dienliche Ergänzung zu Euren königlichen Beinen gewesen. Und während der edle Herr jetzo genötigt ist, auf zwei Stelzen herumzustolpern, hätte die Majestät von Odo als Känguruh, wie die Monarchen von ehedem, seine Würde auf einem Dreifuß fest verankern können.«

»Ziemlich irrwitzige Vorstellung! Doch aufgepaßt, Azzageddi! Deine Theorie betrifft mich nicht.«

»Babbalanja,« sagte Mohi, »du mußt das letzte Känguruh sein.«

»Wohl wahr, Mohi.«

»Was ist nur aus dem altmodischen Beutel deiner Großmütter geworden?« stichelte Media.

»Edler Herr, ich nehme an, daß dieser sich im Laufe der Zeit zum männlichen Geschlechtsteil umgewandelt hat.«

»Ha! ha!«

»Was gibt es da zu lachen, edler Herr? Laßt uns ernsthaft sein. Obgleich der Mensch kein Känguruh mehr ist, kann man ihn doch für eine niedere Pflanze halten. Die Pflanzen spüren das Kreisen ihrer Säfte ebenso wenig, wie wir Sterblichen etwas von unserer Blutzirkulation bemerken. Und vor vielen Jahren wußten wir sogar nicht, daß es sie gab. Pflanzen wissen nichts von ihrem Inneren. Siebzig Jahre gondeln wir mit unserem herum, und spähen doch nie hinein. Pflanzen stehen auf ihren Stengeln, wie wir auf unseren Beinen stehen. Keine Pflanze sprießt aus toter Wurzel; kein Mensch, der im Grab liegt, lebt auf Erden weiter. Pflanzen gehen ohne Nahrung ein – wie wir. Und nun zu den Unterschieden. Pflanzen atmen ihre Nahrung vornehm ein und placken sich nicht dafür ab. Wie Herren verharren sie und lassen sich bedienen. Obgleich sie grün sind, leiden sie doch nie an Koliken. Aber wir Menschen müssen auf Nahrungssuche gehen; wir stopfen unser Inneres voll und werden von Eingeweiden und Säcken niedergezogen. Pflanzen lieben und vermehren sich; und, mit Pollen und Düften lockend, übertreffen sie uns in ihrem Liebeswerben. Pflanzen bleiben an einem Ort – und leben. Wir müssen wandern oder sterben. Pflanzen gedeihen ohne uns; wir gehen ohne sie zugrunde.«

»Genug, Azzageddi!« rief Media aus. »Halte deinen Mund bis morgen verschlossen.«

LII.

Der bezaubernde Yoomy singt

DER Morgen kam. Mit drei schnaufenden Bugen schossen wir dahin, während unser Mattensegel in der Brise keuchte. Wir hatten alle teil an diesem luftigen Leben. Und einstimmig wurde Yoomy aufgefordert, ein Lied zu singen. Die Kanus passierten ein langgestrecktes, helles Riff, funkelnd vor Muscheln, wie das Schatzkästchen eines Juweliers. Yoomy ließ nur laut werden, was in seiner Seele lag; und er sang folgendes nach einer alten Weise:

So süß, so süß ihr Mund!
In Pfirsischtönen
Gerötet das Rund
An der Muschel Rand:
Mit vollen Lippen,
Die sich öffnen wollen.
Einsam auf Klippen
Ein Fischersmann,
Den Speer in der Hand,
Ans Ohr sie hebt,
Zu hören den Sang,
Der süß auflebt:
Ein südlicher Klang!
Wie ein Rosenkuß
Des Mädchens Mund
Tut in Tönen sich kund!
Ein schöner Traum
Im innersten Raum!

Ihre Brust! Zwei Knospen, halb erblüht:
Ein kleines Tal, das Düfte versprüht,
Das sich weiter zieht,
Dem Licht entflieht,
Ihrer Augen Schau.
Das sich weiter zieht, über Berg und Feld,
Bis das Tal sich wandelt zur sanften Au.

Bis dahin war der alte Mohi unruhig auf seinem Sitz hin und her gerutscht, während er an seinem Bart zupfte und bei jedem Reim erwartungsvoll aufschaute, als wolle er den Eindruck erwecken, er hielte jeden Vers für den letzten. Doch jetzt sprang er auf und rief aus: »Halt ein, Sänger! Das Kleid deiner Muse ist verrutscht: Schluß damit!«

»Dann soll es damit genug sein,« sagte Yoomy; »doch der herrliche Schluß ist dir entgangen.«

LIII.

Sie nähern sich dem Land

NACH tagelanger Fahrt rochen wir das Land von fern: weit dehnte es sich von Norden nach Süden und war im Innern reich an Gebirgen.

»Gegrüßt seist Du, Kolumbo!« rief Yoomy.

Als wir an der Küste eines Landesteiles vorbeifuhren, die Mohi Kanneeda nannte, eine Provinz König Bellos, sahen wir Wälder, die sich im Sturm bogen; wie gespannte Bögen ihre biegsamen Äste; und wie Taubenschwärme stoben ihre Blätter davon und verdunkelten das Land.

»Diese Wälder sind bald am Boden,« sagte Mohi.

»Nein, edler Herr,« sagte Babbalanja. »Diese heftigen Böen entstehen durch den Zusammenstoß zweier feindlicher Luftströme, wobei einer von der Lagune her kommt und der andere vom Land her. Sie sind auch bezeichnend für die gelegentlichen Meinungsverschiedenheiten zwischen Kanneeda und Dominora.«

»Ja,« sagte Media,« und wie Mohi andeutete, muß diese Brise von Dominora die Wälder von Kanneeda bald niedergeworfen haben.«

»Nicht wenn die Brise vom Land her standhält, edler Herr: ein Wind treibt oft einen anderen zurück. – Steht auf und seht! Von Kap bis Kap ist dieses ganze Festland jung und voller Eigensinn. Weiter im Süden von Kanneeda und Vivenza gibt es stolze und maßlose Ströme, die an ihren Mündungen den Ozean zurückdrängen und es lange Zeit der Salzflut wehren, daß sie sich mit ihrer Frische mischt. – So kühn, so stark und so entschlossen, Angriffe abzuschmettern ist dieses Land Kolumbo: diese mardianische Besitzung, die als letzte gesucht und gefunden wurde, stand so lange im Hintergrund. Fleht Oro an, daß sie nicht törichterweise vergeudet wird. Plantagen erstrecken sich hier, die im Besitz von starken Herzen und Händen sind; grenzenlose Gefilde, über die der Blick schweift. Die Feinde, die man hier hat, sind die Wälder, die man ohne Blutvergießen fällt. – He! Die ihr arm seid und stark in Mardi, die ihr darbt oder bettelt; ihr sieben Söhne, die ihr für den Erstgeborenen der Erde front : kommt her und gründet euer Reich! Seid Urheber künftiger, vereinter Stämme! Erniedrigte jetzt, doch immerdar berühmt: geballte Kraft seid ihr!«

»Eine sehr schöne Beschwörung,« sagte Media. »Nun setze dich wieder, Babbalanja. Und sage uns, ob nicht Dominora und die Könige von Porpheero einen kleinen Teil dieses Kontinents besitzen, den du gerade derart dichterisch zur Beute irgendwelcher Landstreicher erklärt hast, die dort nach ihrem Belieben siedeln sollen. Gehört Kanneeda nicht zu Dominora?«

»Und gehörte Vivenza nicht einst auch zu Dominora? Und was Vivenza jetzt ist, muß Kanneeda werden. Das sage ich nicht, weil ich es wünsche, sondern einfach, weil ich es vorhersehe. Es wird geschehen. Es ist sinnlos, daß Dominora von all seinen Sprößlingen Treue verlangt. Ebenso gut könnte der alte Noah erscheinen und das Recht beanspruchen, über die ganze Menschheit zu herrschen, da sie den Lenden seiner drei umtriebigen Söhne entsprungen war.

Dies ist das alte Gesetz: der Osten bevölkert den Westen, der Westen den Osten – ein ewiges Hin-und-her-Fluten. Und nach Aufstieg und Fall noch nicht geborener Nationen wird die Zeit kommen, daß Porpheero, aus seiner künftigen Asche erstanden, das Gelobte Land sein wird; und der Überschuß aus Kolumbo wird es bevölkern.«

Wir fuhren weiter die Küste entlang und erreichten am nächsten Tag Vivenza. Media wünschte, daß wir das Land zuerst an einem Punkt in der Mitte ansteuerten, um uns die Häuptlingsversammlung anzuschauen, die zu dieser Zeit dort gerade tagen sollte. So blieben wir auf Küstenkurs, bis wir einen hohen Landrücken erreichten, der, wie ein Bollwerk für das umliegende Land, in die Lagune ragte und in einem natürlichen Bogen aus Porphyr endete. Wogen brandeten gegen seinen Sockel. Obenauf aber wogte ein verlockendes Wäldchen, worin ein offener Tempel aus Palmensäulen sichtbar wurde. Dieser enthielt nur ein einziges Standbild, das einer helmtragenden Frau, der Schutzgöttin von Vivenza.

Die Kanus kamen näher heran.

»Da, was ist das für eine Inschrift, die dort über dem Bogen eingraviert ist?« rief Media.

Der Altertumsforscher Mohi studierte diese riesigen Schriftzeichen eine Weile und entzifferte sie nach und nach, indem er sie weiter im Blick behielt:

»In-diesem-republikanischen-Land-sind-alle-Menschen-gleich-und-frei-geboren.«

»Falsch!« sagte Media.

»Und wie lange bleiben sie das?« fragte Babbalanja.

»Doch richte deinen Blick nach unten, alter Mann,« rief Media, » ich glaube, dort unten in der Ecke sind ein paar kleine Hieroglyphen versteckt. – Deute sie, alter Mann.«

Nachdem Champollion Mohi seine Augen mächtig verdreht hatte, denn die Schrift war wirklich ganz winzig, entzifferte er: »Mit-Ausnahme-des-Stammes-von-Hamo.«

»Dies macht das vorherige null und nichtig,« rief Media. »Ach, ihr Republikaner!«

»Die letzte Zeile ist offenbar als Postskriptum hinzugefügt worden,« versetzte Flechtbart und verdrehte seine Augen erneut.«

»Mag sein,« sagte Babbalanja,« aber vielleicht war es das Werk eines Witzboldes.«

Wir schossen durch den Bogen hindurch und erreichten rasch den Strand.

LIV.

Sie besuchen den großen zentralen Tempel von Vivenza

AM Strand begrüßte uns eine unbändig lärmende Menge.

»Woher kommt ihr?« schrien sie. »Wohin wollt ihr? Habt ihr je solch ein Land wie dieses gesehen? Ist das nicht eine riesige Republik? Schaut bitte, wie groß wir sind; betastet unsere Schenkel; sind wir nicht ein herrliches Volk? Hier, befühlt unsere Bärte. Schaut euch um und seid nicht ängstlich; seht diese Palmen. Schwört nun, daß dieses Land alle anderen überragt. Des alten Bellos Berge sind Maulwurfshügel gegen unsere; seine Flüsse, Rinnsale; seine Reiche, Dörfer; seine Palmen, Sträucher.«

»Gewiß,« sagte Babbalanja. »Doch hat der große Oro bei der Erschaffung eurer Berge und Ströme die Hand im Spiel gehabt. – Wärt ihr auch in einer Wüste so groß geworden?«

»Wo ist euer König,« fragte Media, indes er sich in seine Robe warf und sich seine Krone aufs Haupt hob.

»Ha, ha, mein Guter! Wir sind hier alle Könige; wir alle schnuppern königliche Luft. Doch komm, komm! Du sollst unseren großen Freiheitstempel sehen.«

Und mit diesen Worten ergriffen sie unehrerbietig seinen Arm und führten ihn zu einem hohen Bauwerk, das auf einem steilen Berg stand und von dreißig Palmensäulen gestützt wurde;

vier von diesen waren ganz frisch, als ob man sie gerade erst hinzugefügt hätte. Und dann war da eine Lücke, so unermeßlich groß, als ob alle Palmen Mardis sie in Zukunft füllen sollten, um dieses Gebäude zu stützen.

Oben auf dem Tempel war eine Fahnenstange; als wir uns näherten, sahen wir, wie gerade ein Mann, der eine eiserne Krause um den Hals trug und dessen Rücken rote Streifen von Peitschenschlägen aufwies, im Begriffe war, eine Tapa-Standarte zu hissen, die ebensolche Streifen trug. Weitere Diener in Halseisen gingen im Tempel ein und aus.

Nahe dem Portal stand ein Bildnis, gleich dem, das wir auf dem Gipfel des Bogens gesehen hatten. Sein Sockel war viele Handbreit hoch mit rätselhaften Bekanntmachungen beklebt, worauf, laut Mohi, Belohnungen für das Auffinden Vermißter ausgeschrieben waren.

Beim Betreten des Tempels gewahrten wir eine Art Amphitheater, in dessen Mitte ein großes Feuer brannte. In seinem Umkreis waren zahlreiche Häuptlinge versammelt; sie trugen lange Gewänder und kontrastierten stark im Stile ihrer Tätowierungen.

Einige lachten und schwatzten miteinander; andere stocherten gemächlich mit Bambussplittern zwischen ihren Zähnen herum oder verwandelten ihre Köpfe in Mühlen zum Zermalmen von Blättern, deren Saft sie herausschleuderten. Einige verstopften sich eifrig die Ohren mit Distelwolle. Andere waren bestrebt, auffällige Posituren einzunehmen, wobei sie ihre Speere theatralisch vor der Brust kreuzten. Sie hätten auch sehr imposant ausgesehen, wäre die Kleidung auf ihren Kehrseiten nicht in beklagenswerter Unordnung gewesen. Andere wiederum hatten aufgedunsene Vorderseiten und schienen ihre Würde im wesentlichen ihren Tafelfreuden zu verdanken. Viele waren eingenickt und dösten vor sich hin. Und ab und zu gab es auch unermüdliche Notabeln, die viel Wind um ihre zwingenden und dringenden Geschäfte machten und emsig Bananenblätter in Schriftrollen verwandelten, die sie unbekümmert in die Hände von Bürschchen mit bunten Turbanen und hübschen Gürteln gaben; die flitzten daraufhin los, als ginge es um das Seelenheil eines Sterbenden.

Es war ein einziges Getümmel: hier und da standen die dunkelhaarigen Häuptlinge in Gruppen zusammen; und ihre phantastischen Tätowierungen sahen aus wie die Verzierungen auf kuriosen alten Kaminkästen, wenn man sie aus der Ferne sieht. Doch einer von ihnen überragte alle anderen. Als erblickte man, bei der Annäherung an das alte Rom, den Petersdom, wie er sich aus der Menge der skulpturenreichen Säulen und Giebel gelassen in höhere Sphären emporschwingt, so zeigte sich eine große, ruhige Stirn in diesem Haufen von Häuptlingen. Das war Saturnias Kopf. Gall und Spurzheim! Saht ihr je eine solche Stirn? Wie eine Lawine, überhängend unter dem Schatten eines Waldes! Weh den unglückseligen Tälern da unten! Lavater! Sieh diese Lippen – wie geheimnisvolle Schriftrollen! Diese Augen – wie Pantherhöhlen am Fuße des Popocatepetl!

»Alles, was recht ist, Saturnia,« rief Babbalanja, »doch du bist nach dem Bilde deines Schöpfers gemacht! Wohl habe ich Männer mit ebensolchem gebieterischem Blick gesehen, die ebensolche Globen als Köpfe hatten, sie erreichten aber nie dein Kaliber. Wir sollten Gehirne messen und keine Schädel, edler Herr; andernfalls würde der Pottwal mit seiner Riesentonne von Kopf uns alle in den Schatten stellen.«

In der Nähe führten überwölbte Gänge zu Kellerräumen, aus denen ein wohlriechender Dunst drang, zudem ein ungeheures Geschepper von Kalebassen und ein Schnalzen von Lippen, als würden dort die größten Fresser heißhungrig und mit unbändiger Lust über etwas herfallen: ein Schlürfen, Schmatzen, Prassen. Als wir hinabschauten, sahen wir eine Gesellschaft im Ansturm auf eine Tafel, die sich vor Köstlichkeiten bog. Die Mitte des Tisches nahm ein riesiger, goldgelber Oktoberkürbis ein, als wäre er die Sonne selbst. Aus ihm flossen Ströme roten Weins. Er war umstellt von vielen Dickwänsten, dermaßen abgefüllt wie dickbauchige Krüge an einem Brunnen. Umgeben von diesen Strömen alten Weines und von diesen korpulenten Zechern fand sich, traurig anzusehen, ein hagerer Mann, der gelegentlich seinen Schnabel eintauchte. Er sah wie ein Ibis aus, der im überschwemmten Nil steht, umgeben von einer Schar schlürfender Nilpferde.

Sie waren außer Rand und Band und lachten derart schallend, daß die Halbkugeln ihrer Köpfe zitterten, als seien sie von Erdbeben erschüttert. Wie sie prusteten und röhrten! Selbst ein Tauber hätte sie gehört. Und hätte auch ein Zweiundvierzigpfünder dort hinein gedonnert, wäre keine Milch sauer geworden.

An sich sind Wohlgerüche keine üble Sache; denn sie verweisen auf ein herrliches, handfestes Mahl. So sehr zogen uns die Zephyre des gesegneten Arabiens in die Nase, diese stürmischen Winde aus den Schlünden gegrillter Wildschweine, gefüllt mit Brotfrucht, Bananen und Salbei, daß wir gern hinab gegangen wären und teilgenommen hätten.

Doch das war nicht möglich; denn uns war beschieden worden, daß sich diese Würdenträger in geheimer Versammlung befänden und sehr damit beschäftigt seien, gewichtige Staatsangelegenheiten auf eine solide Grundlage zu stellen. Es waren alles Häuptlinge von ungeheurer Kapazität – schwer zu sagen, wieviel Gallonen sie wogen.

Nun drang ein ohrenbetäubendes Getobe aus diesen Katakomben, als sauste und brauste dort eine Geisterschar fetter Lamberts; und dieses Toben verstärkte noch das Getöse droben.

Doch ohne sich um all das zu kümmern stand, inmitten des Amphitheaters, ein großer, hagerer, abenteuerlich tätowierter Mann mit Bussardnase und langen, dunklen Locken; er hatte lauter Pfeile ohne Spitzen in den Händen. Er rang mit heftigen Gefühlsausbrüchen, indes ihn drei wohlmeinende Personen zu halten versuchten. Doch immer wieder entwand er sich ihnen und geriet erneut in Raserei. Betrüblich nur, daß der Rest der Versammlung jedes Mitgefühl vermissen ließ und anscheinend ganz von sich in Anspruch genommen war. Offenbar war es ihnen auch egal, wie und wann sich der Irre durch sein wahnwitziges Treiben selbst zerfetzen würde.

Auf einem erhöhten Podest an einer Seite dieses Amphitheaters saß ein weißhaariger alter Mann mit einem Tomahawk in der Hand: mit ernster Miene blickte er auf diesen Tumult herab und sagte kein Wort. Gelegentlich betrachteten ihn die Anwesenden mit einer Art geheimnisvollen Hochachtung; wenn sie zwischen ihm und dem Verrückten hindurchgingen, taten sie dies stets in einer gebückten Haltung, wahrscheinlich um den Luftstößen zu entgehen, die fortwährend aus dem Mund des Irren kartätschten.

»Was ist das für ein Volksauflauf?« fragte Media.

»Das ist die große Ratsversammlung von Vivenza,« rief ein Umstehender. »Hört ihr nicht Alanno?« Und er wies auf den Irren.

Als wir nun dicht an Alanno herankamen, bemerkten wir, daß er sich mit unglaublicher Zungenfertigkeit an die Versammlung wandte und zu einem Rundumschlag gegen König Bello ausholte, dem er Grenzverletzungen im Nordwesten von Vivenza vorwarf.

Dieser Tobsüchtige hielt sich mit einer Hand die Hüfte, schlug sich mit der anderen gegen die Stirn und fuhr mit seiner Rede fort, wobei er wie ein wildes Tier brüllte und wie ein Windmühlenflügel auf die Luft eindrosch.

»Ich habe es gesagt: der Donner zuckt, die Blitze grollen! Die Erde bebt bereits in Dominora! Bald wird der alte Bello merken, daß seine teuflischen Machenschaften gegen dieses Land zu nichts führen. Wer wagt es zu erklären, unser Land sei nicht unbesiegbar? Ich wiederhole, es ist unbesiegbar. Ha! ha! Der kecke Bello muß Staub fressen! Mit den Spitzen unserer Speere werden wir seinen grauen, blutbefleckten Bart, Haar um Haar, über den Boden schleifen! Ha! ha! Ich werde heiser. Könnte ich doch brüllen wie ein wilder Bulle von Bullorom, so daß man mich von dem äußersten Winkel dieses großartigen Landes bis zum entferntesten Zenith vernehmen könnte, ja, über das ganze Erdenrund hin. Erwache, Vivenza! Die Zeichen der Zeit sind ominös, ja, außerordentlich; ich zögere nicht zu sagen, ganz überdimensional! Auf! Auf! Wir wollen nicht in Seichtigkeit verfallen, wo wir in höchste Höhe steigen sollen! Blickt nicht ganz Mardi auf uns? Kann denn die große Sonne zuschauen und kalt bleiben? Dann laßt uns die Zähne zusammenbeißen, wenn der mörderische Zusammenstoß naht. Ich sehe ihn schon kommen. Der alte Bello ist verschlagen; und er hat geschworen, uns auszulöschen! Mit lüsternem Schlangenblick späht er über die gesamte Lagune, wetzt seinen nimmersatten Schnabel, mummelt mit seinen barbarischen Hauern, züngelt mit seiner gespaltenen Zunge. Und wer weiß, wann dieser Hai mitten unter uns ist? Doch täuscht euch nicht! Denn obwohl uns Bello bis jetzt nicht offen behelligt hat, sind seine Sendlinge doch am Werk, sind seine teuflischen Wühler und Unterwanderer rührig, seine Ammen und Hebammen und Totengräber! Auf seinen Kanuwerften herrscht helle Aufregung! Seine Wälder werden zu Flotten verarbeitet und aufs Meer losgelassen. Schon bald werden wir von Taifunen, Zephyren, plötzlichen Böen, balsamischen Brisen, Hurrikanen und Windhosen umtobt!«

Als er seine Philippika beendet hatte, wurde Alanno vom Platz geführt. Da er jetzt ganz erschöpft war, legte man ihm kühle Kiesel auf die Schläfen und unterzog ihn einem Bad im Fluß.

Dieser Häuptling entstammte offenbar einem entfernten westlichen Tal namens Hio-Hio, eines der größten und fruchtbarsten in Vivenza, obgleich es erst jüngst besiedelt worden war. Seine Bewohner und die der Nachbartäler – eine ziemlich robuste Sippschaft – wurden zu den dogmatischsten und ultra-demokratischsten aller Stämme in Vivenza gerechnet. Sie suchten ihresgleichen immer zum äußersten zu treiben; und ganz besonders erbittert waren sie gegen Bello. Dennoch waren sie ein stattlicher, junger Stamm. Wie starker, junger Wein waren sie noch in heftiger Gärung, bevor sie sich klärten. Vielleicht wären sie mit der Zeit ganz in Ordnung.

Nun schwoll der Tumult noch stärker an, währenddessen der weißhaarige Alte mit seinem Tomahawk unausgesetzt auf den Tisch vor sich hämmerte und trommelte, offenbar, um das Getöse zu vergrößern, – wenn er auch bestrebt schien, es einzudämmen.

Schließlich ermüdete ihn seine Pose und er flüsterte einem befreundeten Häuptling etwas ins Ohr. Dieser wandte sich an einen vierschrötigen Krieger in der Nähe und bat ihn, er möge sich erheben und sich an die Versammlung wenden. Kaum hatte dieser begonnen, zerstreute sich der gesamte Konvent, als seien alle zu ihren Yamswurzeln heimgerufen worden. Der Alte sprang grinsend von seinem Platz und machte seine Beine auf einer Matte lang.

Die Feuersbrunst war nun erloschen und der Tempel war leer.

LV.

Babbalanjas kritische Bemerkungen zu der Rede des Alanno

WÄHREND wir weiter im Tempelbezirk verweilten, nachdem sich alle anderen entfernt hatten, gab es manchen Kommentar zu dem, was wir erlebt hatten. Babbalanja, dem die Feindseligkeit des tobsüchtigen Redners Dominora gegenüber aufgefallen war, wandte sich folgendermaßen an Media:

»Edler Herr, ich kann nicht glauben, daß ganz Vivenza mit diesem großmäuligen Häuptling aus Hio-Hio einer Meinung sein kann. Dennoch kann ich mir vorstellen, daß ein Gefühl der Feindseligkeit zwischen Dominora und diesem Land noch nicht ganz erloschen ist; auch wenn es nur die verglimmenden Gluten eines einst wütenden Feuers sind. Edler Herr, Ihr mögt es Poesie nennen, doch stehen manche Nationen in Mardi zu anderen in einer Art Vater-Sohn-Verhältnis. So ist es bei Dominora und Vivenza. Und obwohl Vivenza jetzt die Volljährigkeit erreicht hat und sein eigener Herr ist, sollte es doch den ehrfürchtigen Respekt seinen Eltern gegenüber nicht vermissen lassen. Bei Menschen wie Nationen hat man das Alter zu ehren; und ein Junge, auch wenn er groß ist, sollte seinen Vater nie am Bart packen. Obwohl Dominora wohl kaum Vivenzas Hochachtung verdient, sollte Vivenza doch keine Beschuldigungen aussprechen, damit es sich selbst hochachten kann.

Und sollte in Zukunft, was Oro verhüten möge, Vivenza unbedingt mit König Bello Krieg führen, so soll Vivenza in aller Ritterlichkeit den Speer mit dem alten Kämpen kreuzen. Andererseits sollte König Bello nie vergessen, daß alles, was in Vivenza rühmlich ist, auf ihn zurückstrahlt. Und wie ein tapferer alter Edelmann Statur und Muskelkraft seines Sohnes stolz mustert und erfreut ist, in dessen jungen, edlen Gesichtszügen die Ähnlichkeit mit sich selbst zu erkennen, indes es ihm in den Sinn kommt, daß er, wenn er schließlich zu Grabe getragen wird, doch in dem langen, starken Leben seines Sohnes weiterleben wird, dem würdigen Erben seines Werts und seines Rufes, genau so sollte König Bello das junge, hoffnungsvolle Vivenza betrachten, dessen tatkräftiger Urheber er selbst war. Edler Herr, seht diese beiden Staaten an! Von allen Nationen im Archipel sind sie allein von gleichem Blut. Dominora ist das letzte und größte Land Enak der alten Zeiten; Vivenza der hoffnungsvollste Jüngling der Gegenwart. Das eine Land ist voll Vergangenem, das andere strotzt vor Zukunft. Ah! hätte nur dieses Vaters altes Herz für diese freien Gedanken geschlagen und hätte er seinen kühnen Sohn unterstützt, dann würde sich ganz Mardi vor ihnen verbeugen. Und der große Oro hätte ihnen einen Werdegang verfügt, den die Massen schwerlich vorausgesehen hätten. Wie Vivenza dem alten Bello nie einen Anlaß bieten wird, für seinen Sohn zu weinen, so wird man auch von Vivenza nicht verlangen können, daß es das ganze Jahr über dem Grab des toten Vaters weint. Und selbst wenn

König Bello seine altertümliche, dreigezackte Krone ablegen und sich dem schlichten Gewand der Zeit fügen würde, bliebe seine Gestalt doch so stattlich wie einst und zeichnete jedes Kleid aus, das er trüge. Diejenigen, die sagen, Dominora sei alt und verbraucht, täuschen sich höchstwahrscheinlich. Dominora mag zwar als Nation alt sein – doch seine jetzige Generation ist ebenso jugendlich wie die Jugend in jedem Land unter der Sonne. Dann kommt ihr beiden, die ihr einander würdig seid, und reicht euch jetzt die Hände zum Bund. Seht! Die Vergangenheit ist prophetisch. Doch die Zukunft ist die erfüllte Prophezeiung.«

LVI.

Eine Szene im Land der Warwicks oder Königsmacher

ALS wir den Tempel verließen, wurden wir von einem geschwätzigen und lauten Wesen begleitet, einem gewissen Znobbi, einem ausgewanderten Bewohner von Porpheero, der nun begeisterter Bewohner von Vivenza war.

»Hier kommt unser großer Häuptling!« rief er. »Seht ihn euch an! *Ich* habe dabei mitgemischt, ihn zu dem zu machen, was er ist!«

Und mit diesen Worten wies er auf einen Menschen, der keineswegs bemerkenswert war, außer durch die Tätowierung auf seiner Stirn – dreißig Sterne – und durch den ungewöhnlich langen Speer, den er in der Hand trug. Zwanglos begab er sich in die Menge.

»Seht, wie vertraut ich mit ihm bin!« rief Znobbi aus, während er sich dem Menschen näherte und ihn an seinem Nasenhenkel packte als sei er ein Krug.

»Freund,« sagte der Würdenträger, »deine Begrüßung ist sonderbar, doch willkommen. Ich ehre die vorurteilslosen Bürger dieses Landes.«

»Niederträchtiger Hund!« murmelte Media. »Ich hätte diesen dreisten Plebejer gepfählt.«

»Da hast du nun einen Oberhäuptling, Kamerad!« rief Znobbi. »Dreifach hurra! Ja, hier sind alle Könige, sind alle gleich. Wir haben alles gemeinsam.«

In diesem Moment spürte ein Zuschauer, daß ihn etwas an der Seite streifte; und als er herabschaute, sah er Znobbis Hand, die sich verstohlen seiner Börse am Gürtelende näherte.

Daraufhin rief die Menge: »Ein Dieb! Ein Dieb!« Und der Häuptling mit den Sternen rief mit lauter Stimme: »Ergreift ihn, Leute, und bindet ihn an diesen Baum.«

Und auf der Stelle ergriffen sie ihn und banden ihn.

»Ah,« sagte Media, »dieser Häuptling hat doch etwas zu sagen. Ohne viel Federlesens bindet er einen König, während er sich von einem Plebejer an der Nase packen läßt. Zum Teufel, ich glaube sein Speer, obwohl er keine Quasten trägt, ist länger und spitzer als meiner.«

»Die Freiheit hier ist nicht so groß wie diese freien Leute glauben,« sagte Babbalanja und wandte sich um. »Ich lache und staune.«

LVII.

Sie lauschen einer Stimme von den Göttern

AM nächsten Tag fuhren wir auf gleichem Wege wieder nach Norden zurück, um diesen Teil von Vivenza zu besuchen.

Wir kamen dort zu der vorgesehenen Zeit an.

Das Land bot eine Augenweide: Verheißungsvolleres hatten wir zuvor nicht gesehen. Die Wälder waren hochstämmig und grün; die Felder breiteten sich üppig aus; vom Gras schien kaum der Tau des ersten Morgens geschwunden. Allenthalben vernahm man das Rauschen von Wasserfällen, das Summen von Bienen und das freudige Murmeln eines emsigen Volks.

»Ha! ha!« lachte Yoomy. »In diesem Land arbeitet man lachend. Und in den Wäldern jauchzt man und klatscht in die Hände! Hier, glaube ich, wird Yillah gefunden werden.«

Wir wurden in diesem Land großzügig aufgenommen und weilten dort; bis schließlich über die Lagune her ausführlich und im einzelnen Nachricht kam von der Eruption, die wir in Franko miterlebt hatten. Die Feuersbrunst hatte sich über ganz Porpheero ausgebreitet; und die Könige wurden wie Missetäter von Bluthunden hin und her gehetzt. Schwer atmend unter Schmerzen lag dieser Teil von Mardi.

Diese Nachrichten wurden von vielen mit höchstem Entzücken begrüßt, während andere sie mit ahnungsvoller Unruhe aufnahmen.

Manche waren zwar über die Niederwerfung der Könige erfreut, beklagten aber, daß es dem Volk deswegen nicht besser ginge. Ein Sieg, der nicht zu klugem und dauerhaftem Vorteil wird, ist kein Sieg. So fallen manche Siege wieder den Besiegten zu.

Tagtäglich rannten große Menschenmassen zum Strand hinab und warteten auf Kanus, die ab und zu neue Nachricht brachten; stündlich brachen neue Schreie aus. »Hurra! Noch ein Königreich liegt in Schutt und Asche; noch ein Halbgott ist entmachtet; noch eine neue Republik kommt auf. Reichen wir uns die Hände, wir Freien! Bald werden wir von Dominora hören, daß es im Staub liegt; vom unglücklichen Verdanna, daß es so frei ist wie wir. Alle Vulkane von Porpheero werden bersten! Wer kann dem Volk widerstehen? Die Zeiten erteilen den Tyrannen schreckliche Lehre! Bevor wir Freien sterben, wird ganz Mardi frei sein.«

Als Babbalanja diese Rufe vernahm, wandte er sich folgendermaßen an Media: »Edler Herr, ich kann nicht umhin zu glauben, daß diese Leute weit aufgeregter sind als diejenigen, mit denen sie so leidenschaftlich sympathisieren. Doch kein Wunder. Die Schüsse, die man in Porpheero vereinzelt vernimmt, kommen hier geballt an, als einziger ungeheuerlicher Knall. Die Ereignisse treffen hier ein, als feuerten Peletone.«

In dieser aufgewühlten Phase nun hielt sich König Media klugerweise sehr zurück. Er legte seine königlichen Insignien ab und zeigte in allem würdevolle Zurückhaltung. Viele Stunden war er abwesend; und keiner wußte, wo er war und was er tat.

Desgleichen Babbalanja. Bei unserer weiteren Suche jedoch erreichten wir zuletzt ein großes Tal, dessen Bewohner noch mehr als üblich von der Raserei der Zeit angesteckt waren.

Als wir weiterzogen, erblickten wir eine lärmende Menge, die sich um eine auffällige Palme scharten, an die eine Schriftrolle geheftet war.

Die Leute waren äußerst aufgebracht und verwünschten den unverschämten Kerl, der dieses skandalöse Dokument dort über Nacht angebracht haben mußte. Wer auch immer der Urheber war: er hatte es verstanden, sich im dunkeln zu halten.

Nach heftiger Diskussion, während der von nahegelegenen Baumstümpfen flammende Reden geschwungen wurden, kam man überein, selbige Schrift laut zu verlesen, damit sie jeder vernehmen könne.

Ein junger Tausendsassa stieg auf die gebeugten Schultern seines alten Vaters, ergriff die Schrift und las, von vielen Rufen unterbrochen, mit schriller Stimme folgendes:

»Freiheitliche Könige von Vivenza! Ihr solltet Euer Ohr der Weisheit leihen. Doch weiß ich wohl, daß Ihr Euer Ohr kaum anderer Weisheit leiht als Eurer eignen; daß Ihr als Freie frei seid, jeden zu hetzen, der von Eurer Majestät Meinung abweicht. Daher halte ich es für angebracht, mich anonym an Euch zu wenden.

Und wenn es Euch beliebt, könnt Ihr diese Stimme den Göttern zuschreiben; denn auf die

Menschen werdet Ihr sie nie zurückführen können.

Es ist nicht unbekannt, freiheitliche Könige, daß in diesen stürmischen Zeiten die Lehren der Geschichte durch die Erfahrungen des Tages fast ad acta gelegt sind. Obwohl das gegenwärtige Mardi aus seiner Vergangenheit erwachsen ist, soll es überholt sein, sich auf das Gewesene zu beziehen. Doch vielleicht ist die Vergangenheit ein Apostel.

Der große Irrtum dieses Zeitalters ist die allgemeine Annahme, der Leibhaftige gehe heute in besonderem Maße um; wohingegen er schon umgegangen war, als Mardi begann.

Und der große Irrtum unserer Nation, freiheitliche Könige, ist offenbar die Vorstellung, daß sich Mardi in der letzten Szene des letzten Aktes seines Dramas befindet; und daß alle früheren Ereignisse nur dazu dienten, die Umwälzung anzubahnen, die ihr bevorstehen seht: eine allumfassende und beständige Republik.

Die dies behaupten sind, wenn Ihr gestattet, Narren.

Zeit ist aus verschiedenen Zeitaltern gebildet; und jedes hält sich für neu. Doch fand man, eingebettet in die Mauern der Pyramiden, die sich jeder Chronologie entziehen, behauene Steine, die noch älteren Bauwerken entstammten. Wie schon die Epoche der Erdhügel, so glaubte jedes Zeitalter, daß seine Erhebungen ewig seien. Doch wie unsere rasch wachsenden Wälder die Tumuli in unseren westlichen Tälern überwachsen, freiheitliche Könige, so gehen auch erfolgreiche Generationen, die ihre Kraft aus der Vergangenheit schöpfen, über diese hinweg. Mit der Zeit aber vergehen auch sie.

Oro verfügt diese ewigen Wechsel.

In alten Chroniken ist zu lesen, freiheitliche Könige, daß ein Adler in den Wolken dem fliehenden Taquinoo den Thron vorhersagte; und Taquinoo regierte als König. Er dachte nicht, daß seine Dynastie je enden würde.

Aber es kam ein anderes Omen von oben, Vorzeichen für den Sturz seines Sohnes Zooperbi. Als Zooperbi aus seinem Lager zurückkehrte, hatte sich sein Land gegen ihn verschanzt. Es wollte keine Könige mehr. Und fünfhundertzwölf Monde lang wurde diese Königsflucht, auch Regifugium, jährlich wie ein Geburtstag gefeiert. Und wütende junge Redner schäumten gegen die Königsherrschaft; und Auguren schworen, ihre Vögel hätten der Freiheit Unsterblichkeit vorhergesagt.

Daraufhin flogen Romaras freie Adler über ganz Mardi und ließen sich auf den höchsten Kronen des Ostens nieder.

So sollte es immer sein.

Denn der Welt sind die Monarchen zumeist wie juwelenbesetztes Zaumzeug, zur Zügelung des Rosses, das aus der Prärie stürmt. Und Republiken sind gleichsam riesige Reservoire, die alle Flüsse zu einem einzigen Wasserspiegel zusammenführen und so eine Überfülle erzeugen, die einfach überfließen muß. Und so überschwemmte Romara ganz Mardi, bis von den früheren, erhabenen Königreichen kaum ein Berg Ararat geblieben war.

Das ist in Franko vor zweiundfünfzig Monden

geschehen und könnte wieder geschehen. Doch bei Euch, freiheitliche Könige, ist dies gar nicht in solchem Maße möglich, weil eure Überflüsse sich in einem so riesigen Gebiet verteilen; im Wilden Westen gibt es eine Wüste, über die viele Schäfer mit ihren Herden nicht an einem Tag hinwegstürmen könnten. Doch wird auch sie schließlich überrannt werden; und ebenso muß ein Rückschlag erfolgen.

Wäre euer Land so dicht bevölkert gewesen wie euer altes Vaterland Dominora, dann hätten eure Chronisten bis jetzt, mit Verlaub, eine ganz andere Geschichte zu erzählen gehabt. Dann hätte sich euer großes Experiment als Explosion erweisen können; wie bei dem Chemiker, der in die Luft gejagt wurde, als er seine Mixtur umrührte.

Denn obwohl euch der große Stier im Blute steckt, wieder und wieder eingekreuzt, und er in euren Wappen und Stammbäumen prangt, seid ihr, freiheitliche Könige, doch keine nachdenklichen Philosophen wie die Bewohner einer kleinen Republik der Antike; und auch keine ausdauernden Stoiker wie deren Nachbarn. Wärt ihr so eingepfercht wie diese es waren, hätten eure dreizehn ursprünglichen Stämme, mit Verlaub, mehr Aufruhr verursacht als so manche rebellische Legion. Zügellose Pferde brauchen weite Prärien: euer Glück, freiheitliche Könige, ist es, daß ihr genügend Platz habt, um frei zu sein.

Und teils seid ihr deswegen frei, weil ihr jung seid. Euer Land gleicht einem schönen, blühenden Jüngling voller Ungestüm, der schwer zu zügeln ist. Sein starker Arm wetteifert auf edle Weise mit seinem Herzen. Nach allen Seiten hin erweist er sich als freigebig; und gewinnt doch überall hinzu. Der Atem, der seinen Nasenflügeln entsteigt, ist wie ein Dampf in Frühlingsluft; jede seiner Sehnen ist aufgeladen mit großzügigen Entschlüssen. Er trotzt dem Unterdrücker und überspringt die hohen Wälle veralteter Ansichten in einem Satz. In der Zukunft erblickt er alle Kuppeln des Orients.

Doch die Jahre verstreichen und dieser kühne Jüngling hat sich verändert. Sein Blick ist nicht mehr so offen wie zuvor; sein Herz ist wie in einen Schraubstock geklemmt. Er rückt nichts mehr heraus; und da er nichts mehr hinzugewinnen will, steht ihm sein Sinn nur noch danach, seine Schätze zu bewahren. Die Grundsätze, die er einst mit Füßen trat, stehen nun auf seiner Stirn geschrieben; und er, der Unterdrücker haßte, ist nun selbst Unterdrücker geworden.

So ist das oft bei Menschen und oft auch bei Nationen. Daher wundert euch nicht, freiheitliche Könige, daß alte Staaten anders sind als junge; und glaubt nicht, daß euer eigener immer so freisinnig bleiben muß wie jetzt.

Jedes Zeitalter wähnt, es würde ewig währen. Doch obwohl Romara durch die Gunst der Geschichte fünfhundertzwölf Monde lang eine Republik war, kamen schließlich doch die schrecklichen Königstiger an die Macht und besudelten sich mit Blut.

Und eine Zeitlang war Dominora durch und durch republikanisch. Die Krone des Karolus,

Sohn eines absoluten Monarchen, rollte mit seinem Kopf in den Staub. Dominora hatte Patrioten zu Tausenden; eine mutige Apoligia und eine glanzvolle Areopagitica wurden verfaßt und seither nicht übertroffen. Und es wurde kein Turban abgenommen, außer Oro zu Ehren.

Doch, mit Verlaub, zur rechten Zeit kehrte der zweite König Karolus, unterm Klang von Pfeifen und Handtrommeln, wieder zurück; und wurde von Hohen und Gemeinen als huldvolle Majestät begrüßt.

Die Vergangenheit ist für alle Ewigkeit nur eine Umkehrung der Zukunft. Ihr Sterblichen wandelt ewig in den alten Fußstapfen kreuz und quer durch eure Sierras. Und die Ergebnisse der Rechenmaschine sind genau so zuverlässig wie die Substraktionen durch die historischen Dezimalzahlen.

Auch bei den Staaten, freiheitliche Könige, gibt es so etwas wie Seelenwanderung; so tragt ihr ein wunderbares Geschick in euch. Der Adler von Romara lebt in eurem Gebirgsvogel auf und schwingt sich erneut in die Lüfte. Seine Schreie werden von den stolzen Rufen eines Falken erwidert, dessen roter Schopf noch vom Kampfgemetzel dunstet. Und diese kühnen Vögel mögen auffliegen, einer im Osten, der andere im Westen, bis sie sich genau in der Mitte treffen und ihre Schwingen umschließen.

Doch wenn er sich in den Himmel über den Staaten schwingt, die ihre Kinder unter seinem Schutze sammeln, kann man diesen blutigen Falken für den Adler halten.

Obwohl blutrote Republiken wie neue Sternbilder, glühende Aldebarane, aufgehen können und ihrem Höhepunkt zustreben, müssen sie schließlich doch sinken und den alten Sultan der Sonne am Himmel zurücklassen, der, mit der Zeit, auch entthront werden wird.

Heute können, mit Verlaub, Republiken kaum länger währen als in früheren Zeiten. Angenommen, Mardi wäre heute klüger als ehedem, würden doch einzelne, – obwohl alle Menschen schon annähernd Weise sind –, auf den Plan treten, die noch klüger sind; womit die alte Abstufung erhalten bliebe. Selbst eine Gleichheit des Wissens würde nicht von der tief verwurzelten Hörigkeit befreien, die Menschen untereinander haben; und auch nicht von den Gründen dafür, daß sich die Menschheit unausweichlich in Brigaden und Bataillone aufteilt, mit Kapitänen an der Spitze.

Die Zivilisation hatte nicht immer die Gleichheit zum Bruder. Freiheit wurde in den wilden Horsten der Berge geboren; und barbarische Stämme haben sie unter ihre Fittiche genommen, während die aufgeklärten Bewohner der Ebenen unter anderen Flügeln Zuflucht nahmen.

Obwohl eure Republik, oberste Könige, für euch bis jetzt segensreich gewesen ist, sind Monarchien an sich doch nicht völlig schlecht. Für manche Nationen sind sie jetzt und in Zukunft besser als Republiken. Und auf jeden Fall ist es besser, daß der Frieden mit einem Szepter regiert wird als wenn die Volksstämme ihre Schwerter schwingen. Besser der Untertan eines aufrechten und gerechten Königs sein als ein freier Mann in Franko, wo das Henkersbeil an jeder Ecke lauert.

Es ist nicht das höchste Ziel und der größte Segen, politisch frei zu sein. Freiheit ist nur ein Mittel, kein Ziel an sich. Und wenn der Mensch sie gegen seine Herren bis auf den letzten Blutstropfen erkämpft, so würde er doch das Joch nicht ganz von seinem Nacken schütteln. Als Knecht seiner Herren geboren, der nun nach Freiheit schreit, bleibt er doch Knecht unter Oro; und für das Universum ist es gut, daß Oros Herrschaft unumschränkt ist.

Uralt der Spruch, daß es leichter ist andere zu regieren als sich selbst. Und damit sich alle Menschen selbst wie Nationen regieren könnten, ist es nötig, daß sie besser und weiser sind als die weisesten Einzelherrscher. Doch in keiner Demokratie von Dauer regieren sich alle Menschen selbst. Auch in einem Heer von Freiwilligen muß das Kriegsrecht herrschen. Wenn ihr euch verbündet, ihr Sterblichen, müßt ihr die Macht delegieren. Dieses Risiko müßt ihr eingehen. Und wenn auch euer Oberhäuptling, freiheitliche Könige, nicht wie König Bello von Dominora von sich aus den Krieg erklären kann, so hat er sich noch viel herrschaftlicher aufgeführt: er ist ohne Kriegserklärung in den Krieg gezogen. Ihr wurdet auf ein Nachbarland geworfen, bevor ihr merktet, daß ihr Speere in den Händen hattet.

Doch da ihr es in Sternen aufs Himmelsgewölbe geschrieben habt, freiheitliche Könige, seid ihr ein großes und herrliches Volk. Und wahrhaftig, euer Land ist das beste und glücklichste unter der Sonne. Doch nicht ganz, weil ihr es in eurer Weisheit verfügt habt sondern aufgrund eures Ursprungs und der geographischen Gegebenheiten. Und eurer Segen kann nicht von Grund auf euren edlen Vätern zugeschrieben werden, die einst zu eurem Nutzen kämpften, freiheitliche Könige! Eure Nation genoß schon eine recht große Unabhängigkeit, bevor eure Erklärung diese verkündete. Die alten Pilgerväter waren die Urheber eurer Freiheit. Und eure Urwälder hegten den Schützling. Der Staat, der heute aus Knechten besteht, kann diese nicht morgen zu Freien machen; wenn sie auch durch Gesetzlosigkeit verrohen können. Freiheit ist der Name für etwas, das *nicht* Freiheit ist; diese Lektion ist nicht in einer Stunde oder einem Zeitalter zu erlernen.

Doch es läßt sich, mit Verlaub, auch unter einem Cäsar frei sein. In früheren Zeiten gab es ebenso viele, die kraft ihrer Lebensenergie frei waren, wie heute.

Die Benennung macht noch nicht den Unterschied; manche sind Despoten und herrschen, ohne ein Szepter zu schwingen. Während König Bellos Palast nicht im Frondienst erbaut wurde, ist euer Bundesstempel der Freiheit, freiheitliche Könige, das Werk von Sklaven.

Nicht goldene Szepter und Kronjuwelen allein machen ein Volk zu Knechten. Auch bei euch, freiheitliche Könige, kriecht man unterwürfig zu Kreuze! Überall in Mardi stehen die Armen niedriger als die Reichen. Überall ist es schlimm, ein Schuldner zu sein; überall spielt sich der Kluge dem Dummen gegenüber als Herr auf; überall trifft man auf Leiden.

Daher hat die Freiheit eher einen gesellschaftlichen als politischen Wert. Und ihr wirklicher Segen ist nicht teilbar; er ist das, was jeder einzelne für sich erhält und behält; er ist das, was nicht den Staat regiert sondern mich selbst. Besser unter einem König sicher sein als der Gewalt von zwanzig Millionen Monarchen ausgesetzt zu sein, auch wenn man zu ihnen zählt.

Aber ihr hegt abergläubische Vorstellungen, freiheitliche Könige! Bei einem Besuch von Dominora würdet ihr nicht unverzüglich in den Kerker wandern. Wenn ihr dort auch Dinge sehen könntet, die euch mißfallen, würdet ihr doch auch freiheitliche Luft atmen und würdet Menschen treffen, die auf ihre Vorrechte so stolz sind, wie ihr es auf eure seid. Und der Wein von Dominora hat auch keinen monarchischen Geschmack.

Obwohl man nun überall mit der Zeit Schritt halten muß und große Reformen wirklich nötig sind, braucht man nirgendwo blutige Revolutionen. Obwohl es das sicherste Heilmittel ist, treibt kein gescheiter Kranker den Aderlaß so weit, daß er mit seiner Krankheit sein Leben dahingibt. Und obwohl man alle Übel lindern kann, sind doch nicht alle zu beseitigen. Denn das Böse ist die chronische Krankheit des Universums; wird ihm an einer Stelle Einhalt geboten, bricht es an einer anderen aus.

In dieser Hinsicht sind jüngst einige abenteuerliche Träume zerplatzt.

Viele glaubten noch vor kurzem, daß das Zeitalter der Spieße und Speere vorbei sei; daß sich das alte Mardi schließlich, nach einer stürmischen Jugend, zu heiter-gelassenem Alter beruhigen würde; und daß der Spätsommer, der bei euch, freiheitliche Könige, zuerst entdeckt wurde, der feine Dunst wäre, der Mardis friedlicher Pfeife entstiege. Doch mitnichten. Mardis Friedenszeit war nur ein Waffenstillstand. Die roten Kometen, die lange ferngeblieben waren, kehrten schließlich wieder. Und sie müssen wiederkehren, obwohl sie für ihre Umläufe Zeitalter brauchen. Und sollte Mardi dauern, bis Berg in Berg zerfließt und sich alle Inseln zu einem Tafelland verbinden, würde doch wieder nur das alte Schlachtfeld ausgebreitet werden.

Die Geschichtsforscher packt das Entsetzen bei den Massakern von einst; doch werden heute auf den Schlachtfeldern auch Menschen hingemordet. Könnte man die Zeit umkehren, und die Zukunft stünde an der Stelle der Vergangenheit, würde die Vergangenheit uns und unsere Zukunft ebenso laut verdammen, wie wir es mit den vergangenen Zeiten getan haben.

Hört her, freiheitliche Könige! Applaudiert der kläffenden Meute nicht allzu sehr. Schon oft sind Jäger von ihren Hunden zerrissen worden. Haltet eure Hände sauber. Haltet euch fern. Oro hat einen Ozean ausgegossen, als ewiges Hindernis zwischen euch und der schlimmsten Torheit, die andere Republiken begangen haben. Haltet dieses Hindernis heilig. Und schwört, daß ihr nie nach Porpheero übersetzen werdet, weder durch Manifest noch mit einem Heer; außer, ihr würdet es auf dem Landwege erreichen.

Und seid auch zu Hause nicht allzu habgierig.

Plündern ist nicht Freiheit. Dehnt euer Gebiet jetzt nicht allzu weit aus. Sucht ihr Anhänger? Nachbarstaaten können frei sein, auch ohne unter eurem Banner zu stehen. Und wenn ihr von eurem Ehrgeiz nicht lassen könnt, wißt: er wird am besten befriedigt, wenn man die Ereignisse auf sich zukommen läßt.

Zeit, nur Zeit allein kann euch erlauben, den Äquator zu kreuzen und die Polarkreise zu euren Grenzen zu machen.«

So lautete die anonyme Schriftrolle, die von der Menge kurzerhand in Stücke gerissen wurde.

»Alter Tory und Monarchist!« brüllten sie. »Er predigt Unaufgeklärtes in diesen erleuchteten Zeiten! Weiß dieser Tor nicht, daß man die Vergangenheit samt ihren Gräbern längst umgegraben hat?«

Sie tobten und rollten ihre Augen so wild auf der Suche nach Opfern, daß es gut für König Media war, daß er seine Krone nicht trug. Und still und leise entfernten wir uns.

»Edler Herr, ich bin erstaunt über die Unbesonnenheit eines Halbgottes,« sagte Babbalanja unterwegs. »Ich habe Euren sultanischen Stil gleich beim ersten Satz erkannt. Das also ist das Ergebnis Eurer einsamen Stunden.«

»Philosoph! Ich bin erstaunt über deine Unverschämtheit. Ich habe deine Philosophie schon bei der ersten Maxime erkannt. Wer hat dieses Pergament für dich angebracht?«

So bezichtigte einer den anderen der Autorschaft. Und es war unmöglich herauszufinden, ob einer von ihnen etwas über den Ursprung der Schrift wußte.

Babbalanja konnte wohl kaum der Verfasser gewesen sein. Obwohl die Schrift philosophisch war, erschien sie doch zu dogmatisch und konservativ für ihn. Und König Media? Obwohl er absolutistisch dachte, hätte er sich nicht so kühn ausgeliefert, nachdem er gerade die Explosion in Franko gesehen hatte.

In der Tat muß die Klärung dieser Frage um vier oder fünf Jahrhunderte verschoben werden und den Kommentatoren der mardianischen Geschichte überlassen werden.

LVIII.

Sie besuchen den äußersten Süden von Vivenza

WIR drangen tiefer und tiefer in die Täler der Umgegend ein; doch obwohl wir manchmal, wie andernorts, Geflüster vernahmen, das ein Ende unseres Umherirrens verhieß, zogen wir doch immer noch weiter. Und selbst Yoomy dämpfte wieder einmal seinen Optimismus.

Nun bereiteten wir uns auf die Fahrt in den äußersten Süden des Landes vor.

Doch man ließ uns wissen, daß wir in diesem Teil von Vivenza vieles sehen würden, was auf Fremde abstoßend wirkte. Nachsichtige Besucher würden dergleichen aber übersehen. Sie, die Bewohner von Nord-Vivenza, seien sich dieser Übelstände wohl bewußt. Man hätte alles getan, um ihnen abzuhelfen, doch vergebens. Die Bewohner dieser südlichen Täler, seien eine hitzige und eigensinnige Rasse und sie kümmerten sich nicht um Vorwürfe oder Bitten. Sie hielten stur an ihren Gewohnheiten fest, ja, würden sogar schwören, daß sie, wenn sich die nördlichen Stämme weiter einmischten, den gemeinsamen Bund auflösen und untereinander eine eigene Förderation gründen würden.

Am Ende unserer Fahrt längs der Küste knirschten unsere Kiele auf dem Sand eines Strandes, auf dem viele Palmen niedergestürzt lagen und, vermodernd, von den Wogen bespült wurden. Diese Region schien, obwohl sie Teil des eben von uns verlassenen Gestades war, ein anderes Land zu sein. Weniger Gedeihliches war zu erblicken, und weniger fröhliche Laute wurden vernommen.

»Hier hat die Arbeit ihr Lachen verloren!« rief Yoomy aus.

Wo wir gelandet waren, erstreckte sich eine große Ebene, auf der sich unter sengender Sonne hunderte von Männern in Halseisen plackten; sie arbeiteten in Gräben voller Taropflanzen, die in diesem Boden trefflich gediehen. Über den Arbeitenden standen andere Männer und ließen gnadenlos ihre langen Peitschen auf sie niedersausen. Und Wunden wurden geschlagen, Blut mischte sich mit Schweiß und rann in Bächen herab.

»Wer ißt diese Pflanzen, die auf solche Weise gedüngt werden?« rief Yoomy aus.

»Sind das Menschen?« fragte Babbalanja.

»Was meinst du?« fragte Mohi zurück.

Babbalanja beachtete ihn nicht und ging auf den vordersten Auspeitscher zu, einen gewissen Nulli. Er hatte ein leichenblasses, geisterhaftes Aussehen, eine wulstige und fliehende Stirn, stahlgraues Haar und wundersame Augen: glänzend und behende wie die zwei Elmsfeuerkugeln, die in Gewitterstürmen die Reuelrah-Enden eines Schiffes umtanzen.

Die Sonne verschwand unter einer Wolke; und als Nulli Babbalanja einen Blick aus diesen wundersamen Augen zuwarf, traf ihn ein unheilvolles Funkeln.

»Haben sie Seelen?« fragte er und wies auf die Sklaven.

»Nein,« sagte Nulli, »ihre Vorfahren mögen welche gehabt haben; doch ihre Nachkommen haben ihnen ihre Seelen ausgetrieben, so wie man bei Vorstehhunden den Geruchssinn abgetötet.«

Media näherte sich einem dieser Sklaven, faßte seine Hand und befühlte sie lange; schaute ihm in die Augen, horchte seine Seite ab und rief aus: »Gewiß ist dies ein Wesen, dessen Blut warm ist. In seinem Auge ist Oro; und in ihm schlägt ein Herz. Ich schwöre, daß dies ein Mensch ist.«

»Ist dies unser Herr, der König?« rief Mohi erstaunt aus.

»Wer bist du?« fragte Babbalanja den Sklaven. »Empfindest du jemals den Unterschied von gut und böse? Bist du je glücklich oder traurig? Sie sagen uns, du seist kein Mensch. So sprich denn für dich selbst; sag, ob du an deinen Schöpfer glaubst.«

»Erzählt mir nichts von meinem Schöpfer. Unter der Peitsche glaube ich meinen Herrn und halte mich für ein Tier; doch in meinen Träumen glaube ich ein Engel zu sein. Aber ich bin Leibeigener; und meine Kinder sind es auch. Die Milch ihrer Mutter ist vergällt.«

»Gerechter Oro!« rief Yoomy. »Warum fährt nicht Blitz und Donner in dies verfluchte Land!«

»Zuflucht allen Knechten Mardis!« rief Media.

»Brandstifter!« rief Nulli mit den wundersamen Augen, »kommt ihr, um aufzuwiegeln und die Flamme der Revolte zu entfachen? Hinweg, du König! *Du* zeigst dich hierzulande entsetzt?

Gehe zurück nach Odo und beseitige die Übelstände dort! Diese Sklaven hier sind glücklicher als deine, obwohl deine keine Halseisen tragen; sie sind auf diese Weise glücklicher als wenn sie frei wären. Kümmert man sich denn nicht um sie, nährt sie, kleidet sie? Deine Sklaven darben, wie diese nie gedarbt haben; die sich keine Gedanken zu machen brauchen, die keine Sorgen haben.«

»Gedanken und Sorgen sind Leben, sind Freiheit und Unsterblichkeit!« rief Babbalanja. »Und demnach bläst man ihre Seelen aus wie Kerzen?«

»Großmaul! Sie sind zufrieden,« schrie Nulli. »Sie vergießen keine Tränen.«

»Eis weint nie,« sagte Babbalanja, »und in diesen eiskalten Augen sind die Tränen zu Frost erstarrt.«

»Ihr gefesselten Söhne gefesselter Mütter, in Banden empfangen und geboren,« rief Yoomy. »Ein Leben lang schleppt ihr sie mit euch herum und stürzt damit ins Grab. O ihr Wesen, die ihr wie wir seid – mein Arm ist ausgestreckt und zittert danach, euch zu rächen! Schlüge man ein Glied aus euren Ketten, so könnte einen das vom Muttermord freisprechen. Das Herz springt mir fast aus der Brust!«

»Oro! Gibt es dich überhaupt?« rief Babbalanja. »Und läßt du dieses zu? Mein kleiner Glaube beginnt zu wanken.« Dann wandte er sich wieder an Nulli. »Wie kannst du solch ein grausames Regiment führen?«

»Nur ruhig, Hitzkopf! Wer sonst als diese kann Felder bestellen, die der Gesundheit schaden? Und wie diese Wesen sind, so werden sie bleiben. Das ist richtig und gerecht! Maramma segnet es ab! Meinen Eid darauf! Den ersten Streich, den man zu ihren Gunsten führt, zerschlägt das Band des Bundes der Täler von Vivenza. Die Stämme des Nordens wissen das wohl; und sie kennen mich.«

Darauf Media: »Aber wenn –«

»Kein Wort weiter! Sonst wirst du, auch wenn du König bist, im Kerker landen. Es gibt hier ein entsprechendes Gesetz; du bist hier nicht im Norden.«

»Und das soll Freiheit sein,« murmelte Media, »wenn sogar die Stimme des Himmels erstickt wird. Und würden sich diese Sklaven erheben und für Freiheit kämpfen, dann würden ihre angeblichen Söhne sie zu Tode hetzen!«

»Bittet den Himmel,« rief Yoomy, »daß sie einen Weg finden können, um ihre Fesseln ohne Blutvergießen zu lösen. Doch höre mich, Oro! Gäbe es keinen anderen Weg und sollten sich ihre Herren nicht erweichen lassen, müssen alle Aufrechten diesen Stamm Hamo ermutigen; auch wenn sie seine Ketten mit dreifach scharfen Waffen zertrennen müssen, die Klingen blutig bis zum Heft! Recht ist es, überall dort, wo Knechtschaft ist, für die Freiheit zu kämpfen.«

»Diese südlichen Savannen könnten sich als Schlachtfelder erweisen,« sagte Mohi düster, als wir den Rückweg antraten.

»Dann wird Oro an der Spitze der Gerechten stehen«.

»Das sah nicht immer danach aus,« sagte Babbalanja. »Oftmals kämpften die Gerechten allein gegen die Welt, ohne daß Oro ihnen half. In jeder Hinsicht muß der Mensch seine eigenen Kämpfe selbst austragen. Yoomy, mein Mitgefühl ist genauso stark wie deines. Doch du würdest für diese Sklaven die Speere kreuzen und ich nicht. Besser jetziges Leid für einige anstatt künftiges für alle.«

»Vielleicht ist gar kein Kampf nötig, um diesen Stamm Hamo auf der Stelle zu befreien,« rief Yoomy, »und es wird ein Weg gefunden, ohne daß Unheil entsteht, das nicht wiedergutzumachen ist.«

»Finde ihn und sei gepriesen, Yoomy.«

»Das ist Vivenzas Sache; doch der Kopf ist schwer von Begriff, wenn das Herz kalt ist.«

»Edler Herr,« sagte Babbalanja, »Ihr habt uns durch Euer königliches Mitgefühl für das Leiden in Erstaunen versetzt; sagt also, wie es in kluger Weise behoben werden kann.«

»Das ist Vivenzas Sache,« sagte Media.

»Mohi, du bist der älteste; sprich du.«

»Vivenza soll sprechen,« sagte Mohi.

»Dann stimmen wir also alle überein; und obwohl wir weinen, sind wir nur das Echo des hartherzigen Nulli. Tränen sind keine Schwerter; und Unrecht ist offenbar ebenso natürlich wie Recht. Für die Aufrechten ist es manchmal schwieriger, ein Übel zu bekämpfen als für die Übeltäter, dieses beizubehalten. Die Menschheit schreit bei dieser Ungeheuerlichkeit auf, doch kennt keiner ein kluges Heilmittel. Tadelt also nicht den Norden und urteilt nicht klug über den Süden. Schon ehe beide als Nationen Verantwortung trugen, hatte sich das Übel bei ihnen eingenistet. Solche Wurzeln reichen tief. Verpflanzt heute diese Sklaven nach Dominora, und mit ihnen Vivenzas gesamte Geschichte – und sie wären viele Jahre lang in Dominora Sklaven. Von ferne läßt sich leicht schimpfen. Alle, die atmen, meinen urteilen zu können. Wir können behaupten, die Sterne seien am Himmel falsch verteilt. Blinde mögen sagen, die Sonne sei blind. Tausend Muskeln bewegen unsere Zungen hin und her; dennoch ist ihnen eine Heimstatt gegeben, auf daß man sie dort hüte. Wer frei von Sünde ist, der möge das Kreuz über sich schlagen – doch damit seine Lippen versiegeln. Es ist nicht sein Verdienst, daß er nicht böse ist. Ton und Wachs werden von unsichtbaren Händen geformt. Die Erde entscheidet über den Menschen. Und nicht der Mensch entscheidet vor der Geburt, ob er hier oder dort zur Welt kommen wird. Diese südlichen Stämme sind mit der Sklaverei groß geworden: Leibeigene waren ihre Ammen und Leibeigene dienen ihnen immer noch. Doch nicht alle Sklaven werden so mißhandelt wie die, die wir sahen. Einige wirken glücklich: doch nicht so, wie es Menschen gebührt. Sie sind entmenscht und wissen nicht, wer sie sind. Und obwohl Nulli mit seinem verrohten Glauben im Süden fast allein dasteht, wird sein übler Sinn, wie bei allen Missetätern, durch die allgemeinen Gepflogenheiten bestärkt. Und wenn es für jeden Mardianer gültig ist, daß das Bewußtsein über das eigene Los entscheidet, so werden viele dieser südlichen Bewohner völlig ohne Strafe bleiben, da ihnen jegliches Bewußtsein ihrer Sünde fehlt. Dennoch ist es Sünde: ein Schandfleck, faulig wie der Höllenpfuhl; diese Sünde löscht die Sonne am Mittag aus, läßt alle Fruchtbarkeit verdorren. Und jeder Herr, der den leibeigenen Säugling der Mutter entreißt, so daß ihre Brust Tränen statt Milch vergießt, der die Geschwister trennt, der das heilige Band der Ehe zerschneidet, so daß Mann und Frau auseinander sind wie die beiden blutigen Hälften eines Körpers, dieser Herr, gleich ob er Bewußtsein hat oder nicht, kann vor seinem Tode dreifach die Absolution empfangen und alle Sakramente und auf den Knien den Geist aufgeben, und wird doch in Verzweiflung sterben und auf immer verdammt sein. Die Zukunft ist wie eine Hieroglyphenschrift. Wer kann sie lesen? Aber ich glaube, die große saumselige Zeit muß nun geschwind ausschreiten und diesen Knechten auf irgendeine Weise Beistand leisten. Es geht nicht, daß ihr Elend ewig weiter vererbt wird; obwohl dieses Land das Erstgeburtsrecht verurteilt, müssen die Erst- und Letztgeborenen von Hamos Stamm immer noch alle Sünden ihrer Väter übernehmen. Ja, die alles heilende Zeit, die menschenfreundliche Zeit, die Zeit muß diesen Knechten zur Seite stehen!«

»Das gebe Oro!« rief Yoomy. »Und Mardi soll Amen sagen!«

»Amen! Amen! Amen!« rief ein dreifaches Echo.

Wir durchquerten viele dieser südlichen Täler; doch, wie schon auf Dominora, war Yillah in ganz Vivenza nicht zu finden, im Norden nicht und nicht im Süden.

LIX.

Gespräch über Mollusken, Könige, Pilze und andere Themen

NACH weiterer Fahrt erreichten wir den Südwesten von Vivenza. Dort sahen wir riesige Scharen von Arbeitern, die große Ladungen von Erde aus Booten auf den Strand schütteten und dort verteilten.

»Dann stimmt es also,« sagte Media, »daß diese Freien anderen Ländern die Erde abgraben und damit nach und nach ihr eigenes Land vergrößern. Und dies nennen sie eine friedliche agrikulturelle Ausdehnung ihrer Gebiete.«

»Edler Herr, für jede Bootsladung zahlen sie einen Preis,« sagte Mohi.

»Ja, alter Mann, sie halten die Lanze in der einen Hand und schließen den Handel mit der anderen ab.«

»Doch das sollte man nicht ganz Vivenza vorwerfen,« sagte Babbalanja. »Manche Stämme sind diesen Praktiken abhold: mit dem Kampf ihrer Landsleute um Land stehen sie auf Kriegsfuß.«

»Und darin liegt eine der Absonderlichkeiten der Verhältnisse in Vivenza, die ich kaum begreifen kann,« sagte Media. »Wie kommt es, daß die Stämme der Täler, trotz so vieler Differenzen, ihr geheimnisvolles Bündnis noch immer unangetastet gelassen haben?«

»Ganz klar. Das kommt daher, daß sie das Modell ihres Bündnisses einer Organisationsform der Natur entnommen haben. Edler Herr, habt Ihr von der geheimnisvollen Kolonienbildung der Mollusken aus der Ordnung der Manteltiere Notiz genommen, einer Art von Kleinpolypen, die es auf dem Grund der Lagune in reicher Zahl gibt?«

»Ja, bei heiterem Wetter habe ich sie ab und an in Nähe der Riffs bemerkt; doch habe ich nie ein Auge auf ihre politische Verfassung gehabt.«

»Ach, edler Herr, wir sollten die Nervenleitung zwischen unseren Augen und unseren Hirnen nicht kappen.«

»Was wolltet Ihr gerade über die Ordnung Manteltiere bei den Mollusken sagen, Herr Philosoph?«

»Höchst ehrenwerter Herr, meine Folgerung folgt auf dem Fuß. Die Tiere leben in einem komplexen Verbund; doch obwohl sie über Hautkanäle miteinander verbunden sind, die ihnen eine ungehinderte Kommunikation innerhalb ihrer Liga ermöglichen, hat doch jedes Mitglied sein eigenes Herz und seinen eigenen Magen, beschafft und verdaut seine Mahlzeiten selbst und hat seine eigenen Regungen und Bewegungen, an denen es seine Nachbarn nicht teilhaben läßt. Doch kommt ein beutegieriger Hai mit einem Mitglied des Bundes in Berührung, geraten alle in Unruhe. Genauso ist es jetzt mit Vivenza. In dieser Konförderation gibt es so viele Denkweisen wie es Stämme gibt. Wenn daher ein Mitglied sich zu seinem eigenen Vorteil etwas herausnimmt, was die anderen danach ablehnen, fällt diese Verfehlung auf ihn zurück und wird nicht gemeinschaftlich getragen.«

»Eine sehr feinsinnige Erklärung, Babbalanja. Du spielst wohl auf die abtrünnigen Stämme an, die, ihrer Ansicht nach, Mardi ein höchst moralisches Schauspiel bieten, während sie in König Bellos Augen nur einen hoffnungslosen Fall zweifelhafter Außenstände darstellen. Und genau diese Stämme brüsten sich eines grenzenlosen Reichtums.«

»Ganz richtig, edler Herr. Doch täuscht sich Bello, wenn er deswegen Vivenza als Ganzes brandmarkt.«

»Babbalanja, du selbst bestehst doch aus einzelnen Gliedern; wenn du nun unter einem Hexenschuß leidest, dann bist wohl nicht *du* von Unwohlsein befallen, sondern dein Rückgrat ist es.«

»Wie Ihr wollt, edler Herr. Dazu habe ich nichts mehr zu sagen. Doch etwas anderes: welche Art von Empfindung ist, Eurer Meinung nach, Leben für solche Geschöpfe wie diese Mollusken?«

»Beantworte deine eigenen Fragen, Babbalanja.«

»Das werde ich tun; doch sagt mir zuerst, welche Art von Empfindung ist Leben für Euch selbst, edler Herr.«

»Beantworte bitte diese Frage mit der anderen, Azzageddi.«

»Sofort; doch sagt mir bitte, mit Verlaub, edler Herr, welche Art von Empfindung ist Leben für einen Pilz.«

»Bitte, Babbalanja, nimm alle drei Fragen zusammen; und dann tue, was du schon vorher oft getan hast: erkläre dich für verrückt.«

»Ich ersuche Euch, edler Herr, erinnert mich daran nicht zu oft. Es ist wahr, aber lästig. Und kein kluger Mann wird einen anderen einen Narren nennen.«

»Dann hältst du mich bloß für einen Menschen, Babbalanja, wenn du solches zu mir sagst?«

»Halbgöttlicher Herr und Meister, ich war tief beunruhigt über Eure Unpäßlichkeit letzte Nacht. Darf ein treuer Untertan fragen, ob sein Fürst wieder vollständig von der Wirkung dieser Guaven genesen ist?«

»Vorsicht, Azzageddi; du bist zu höflich, um höflich zu sein. Doch fahre fort.«

»Ich bin Euer Diener. Königen, Mollusken und Pilzen wohnt das gleiche Leben inne. Der Philosoph Dumdi bezeichnet es als eine gewisse Vibration organischer Teile, die auf die *vis inertiae* der unorganischen Materie einwirkt. Bardianna jedoch verneint dies. Hört ihn: ›Wer fügte den wunderbaren Mechanismus zusammen, der ich bin; und zog ihn auf, so daß er siebzig Jahre läuft; und der, wenn er abgelaufen ist, keine Stunde länger schlägt? Und was ist es, das sich täglich und stündlich erneuert und das in wunderbarer Weise mein Fleisch und Blut erzeugt? Was hält diese telegraphische Verbindung zwischen den Vorposten meiner Zehen und Finger und der beherrschenden Kuppel oben aufrecht, meinem Gehirn? – Ich bin es nicht, du bist es nicht; auch er oder es ist es nicht. Nein; wenn ich meine Hand auf mein Herz lege, diesen königlichen Muskel, dann erschrecke ich. Ich spüre, wie der große Gott selber in mir am Werk ist. Oro ist Leben.‹«

»Und was ist Tod?« fragte Media.

»Tod, edler Herr, – das ist das Toteste von allem.«

LX.

Mit dem Szepter in der Hand wirft sich König Media in die Bresche

IM Süden von Vivenza kamen wir in Küstennähe an einer Gruppe von Inselchen vorbei, grün wie frisch gesprossenes Gras; über ihre Ränder quoll, wie aus schwimmenden Füllhörnern, eine Blumenflut ins Meer. Auf einigen Inseln wuchsen prächtige Rosen; auf anderen standen Doppelsäulen und wieder auf anderen ruhten trikolore Regenbögen.

Babbalanja wies auf letztere und rief aus: »Frankos Friedenszeichen, mit dem es, wie es sich lauthals rühmt, das ganze Riff überspannen will! – Man entferne alle Farben außer Rot, dann kommt das Zeichen der Wahrheit näher.«

Alle diese Inseln waren fruchtbare Gärten, auf denen König Bello und die Fürsten von Porpheero all ihre köstlichen Früchte anbauten: Nektarinen und Trauben.

Doch, obwohl Vivenza ganz nahe lag, besaß es hier keine Gärten; leckte sich aber sehr die Finger danach. Und seine heißblütigsten Stämme schworen oftmals unverblümt, alle Rosen auf dem halben Riff zu entwurzeln, alle Säulen niederzureißen und alle Regenbögen zu zerstören. »Mardi gehört zur Hälfte uns,« sagten sie. Haltet ein, Invasoren! Von Eitelkeit gebläht, betrachteten sie sich im Spiegel der Zukunft und wähnten, darin ihre eigene vollständig wiedergegeben zu sehen.

Es war jetzt hoher Mittag.

»Ich glaube, die Sonne wird sengend heiß,« sagte Media und zog sich weit unter den Baldachin zurück. »He, Vee-Vee! Hast du kein kühlendes Getränk? Etwas von diesem goldenen Wein, gekeltert aus sonnendurchglühten Trauben; eingekellert dann in nördlichen Regionen in einem Eisberg? Dieser Wein befindet sich unter unseren Vorräten. Suche Vee-Vee, wo er sich versteckt hält! Ha, ich sehe ihn in dieser gelben Kürbisflasche! – Bringe sie her, mein Junge. Die Bernsteinbecher sollen die Runde machen: fülle alle! Taji, mein Halbgott, Kopf hoch! Alter Mohi, mein Kindchen, mögest du zehntausend Jahrhunderte leben! Ach, es ist wirklich eine feige Angewohnheit von euch Sterblichen, alle siebzig Jahre das Zeitliche zu segnen! Daher sollst du, Babbalanja, niemals sterben! Yoomy, mein lieblicher Poet, du sollst leben, um mir im Paradies zu singen. Ha! Ha! Würden wir nur in diesem köstlichen Zeug schwimmen statt in dieser scheußlichen Salzbrühe. – Hört her! Hätte ich Mardi neu zu erschaffen, dann müßte jeder Kontinent eine riesige Rehkeule sein, jeder Ozean ein Fuder Wein! In jeder Höhle würde ich erlesene alte Schnäpse stapeln und drei zusätzliche Sonnen erschaffen, damit die Trauben das ganze Jahr über reifen. Laßt uns darauf trinken! Mit vollen Gläsern! Also: das nächste Mardi, das geschaffen wird, soll eine einzige Traube sein und ich bin derjenige, der sie keltert!«

»Seht, edler Herr!« rief Yoomy, »welch herrliche Küste wir passieren.«

»Das muß der Süden von Kolumbo sein,« sagte Mohi.

Es war ein riesiges, diesiges Gestade, abgestuft in Terrassen und hier und da von rauschenden Flüssen durchzogen, die goldreichen Sand nach oben spülten, so daß sie über einem Bett aus diamantenen Kieseln zu funkeln schienen. Heliotrope, Sonnenblumen, Ringelblumen waren wie Sterne oder Edelsteine in die violetten Wiesen gewirkt und neigten ihre Köpfe wie Vasallen vor der Sonne. Die Felsen waren von Grotten durchbohrt, in denen vielfarbige Kristalle glitzerten.

Es war ein Land der Minen und Edelsteine; der Osten ein Rubin, der Westen ein Topas. Im Innern dehnte sich das Waldland aus: ein bodenloser Laubozean, dessen grüne Wogen durch das Tauwerk der Lianen brandeten, als seien dies die brüchigen Ketten, in die Xerxes vergeblich den Hellespont zu legen suchte. Eine Flut von Waldlauten strömte daraus hervor: von Papageien, Sittichen, Makaken, vermischt mit dem Brüllen der Jaguare, dem Zischen der Anakondas, dem Schnattern der Affen und dem Schreien der Kraniche.

In dieser Waldestiefe entsprang ein Strom.

Das Land lag in der runden Glutschüssel der Welt und röstete im sengenden Sonnenfeuer.

»Hier brauchen wir nicht zu landen,« rief Yoomy, »denn hier verbirgt sich Yillah nicht.«

»Hitze erzeugt Leben und Trägheit und Wut,« sagte Babbalanja. »Hier lebt ein kunterbunter Verschnitt von Rassen und Staaten, die sich mörderische Kämpfe untereinander liefern, um ihre Freiheit unter Beweis zu stellen. – Schenkt wieder ein, edler Herr.«

»Mich dünkt, Babbalanja, hier schimmert das geheimnisvolle Pergament durch, das wir in Vivenza gelesen haben. Nicht wahr? Ja, Philosoph, das hier sind Menschen, die Schlösser geschleift haben, um für Elendshütten Platz zu machen; die für Freiheit kämpften, doch es für despotisch hielten, sich selbst zu regieren. Für ein solches Gezücht, Babbalanja, wäre ein Tyrann ein Segen.« Mit diesen Worten leerte er seinen Becher.

»Edler Herr, diese letzte Ansicht macht klar, wer der Verfasser dieser Schriftrolle war. Doch, bei aller Hochachtung: Tyrannen erweisen sich selten als ein Segen, wie auch Böses selten gut ausgeht. Doch wenn diese Leute noch lange am Krieg festhalten, werden sie bald einen Tyrannen über sich haben. Einer der vielen Speere wird sich als Szepter erweisen; einer der vielen Helme als Krone. Es kommt nur auf die Art und Weise des Tragens an. – Schenkt wieder ein, edler Herr.«

»Es sind Narren!« rief Media. »Diese Stämme hassen uns Könige; und wissen nicht, daß allein Frieden die Könige bekriegt. Von Speeren, die unsere Gesandten sind, werden wir selten beseitigt. – Wie stark dieser Wein ist.«

»Ha! Durch diesen Becher erfahren wir von einem König, was Königsmacht ist. Ja, ja, edler Herr, Eure königliche Ordnung wird so lange währen, wie Menschen kämpfen werden. Zerbrecht die Speere und befreit die Staaten. Könige bringen die Ernten der Schlachtfelder ein. Und oft reißt ihr Könige die Blüte der Agave an euch, deren langsames Aufgehen von der

Menschheit hundert Jahre über betrachtet wurde. – Sprecht weiter, edler Herr.«

»All dies weiß ich; und bleibe daher zufrieden. Meine Kindeskinder werden Könige sein, auch wenn man sie vielleicht anders nennt. Mardi mäkelt immer mehr an Namen herum: wir Hoheiten werden uns entgegenkommend zeigen. Die Ochsen würden gern ihre Joche zerbrechen, doch fehlt es ihnen an Händen. Die gesamte Herde bäumt sich auf und wirft sich nach vorne, doch wird bald wieder die Köpfe senken; so geht das seinen alten Gang!«

»Doch wurden in Porpheero gesalbten Händen starke Szepter entwunden. Die Menschen scheinen sich gerüstet zu haben.«

»Sollen sie sich weiter rüsten. Sie hassen uns, na und. Das haben sie immer getan, aber wir haben weiter regiert, Sohn auf Vater. Manchmal töten sie uns, Babbalanja, manchmal lassen sie unser Blut strömen wie ich es jetzt mit diesem Wein tue; doch unsere Sippe blutet dadurch nicht aus. Früher glaubte man gerechterweise, es sei ein Schlag gegen Oro, nur wenn man an einem König rührte. Das ist wahr. Ein königlicher Geist übt die schrecklichste Rache; und Königsmord erzeugt nur Sklaven. Throne, nicht Szepter sind zerbrochen worden. Mohi, hat sich das in der Vergangenheit nicht immer so erwiesen?«

»Verzeiht, edler Herr, die Zeiten haben sich offenbar geändert. Man glaubt nicht mehr, daß Halbgötter kraft göttlichem Recht herrschen. In Vivenza schwört man, daß die Könige, die noch in Mardi herrschen, die letzten sein werden.«

»Ist also der Jüngste Tag nah, alter Mann? Mohi, dein Bart ist grau; doch höre du, Yoomy. Schau dich um, wenn du stirbst, und sage, ob sich irgend etwas Entscheidendes verändert hat. Alte Königreiche mögen dahinschwinden; doch ziehen neue Dynastien herauf. Obwohl sich Revolutionen zu hohen Frühlingswogen erheben, werden Monarchen nicht darin ertrinken – sie überstehen die Sintflut!«

»Sind all unsere Träume dann vergebens?« seufzte Yoomy. »Ist es kein neuer Tagesanbruch, was den Himmel im Osten karminrot färbt? Sind das nur die falschen Flackerlichter des Nordens, die manchmal Aurora imitieren? Ach Mensch, mein Bruder! Haben sich alle Märtyrer umsonst für dich geopfert; haben wir Poeten umsonst gesungen, haben die Propheten umsonst gesprochen? Nein, nein! Das große Mardi schlägt, in Helm und Harnisch, auf des Unterdrückers Schild und fordert ihn zum Kampf heraus! Oro wird die Gerechten verteidigen; und königliche Köpfe müssen rollen.«

»Das, Yoomy, habt ihr sterblichen Poeten schon seit Jahrhunderten gesungen, doch habt ihr die Welt nicht aus den Angeln gehoben; sie blieb in ihrer alten Umlaufbahn. Auf der Karte der Himmelskörper ist Mardi als ›Welt der Könige‹ verzeichnet. Jahrhunderte über Jahrhunderte rundeten sich; steckte die Welt da nur in den Kinderschuhen? Und sprießt nun, wenn die Felsen ergrauen, dem Menschen der erste Bart? Oder ist unser goldenes Zeitalter, unser äquinoktales Jahr nah, das unsere Geschlecht rasch zur Vollendung treibt? Wo jede Hand nach einem Szepter greift, so daß es keine Könige mehr geben kann?

Doch ist das freie Vivenza nicht der Stern, der schon bald alle Konstellationen, auch die noch nicht erstandenen, anführen wird? In Vivenza gibt es keine Könige; und trotz seiner Sklaverei scheint es in diesem Land mehr Gutes als anderswo zu geben. Unsere Hoffnungen sind keine abenteuerlichen Träume: Vivenza feuert unsere Herzen an. Es ist den Inseln ein Regenbogen.

Ja, es ist wahr, daß man in Vivenza erfolgreich war. Doch daraus folgt nicht, daß alle Menschen dies ebenso sein können. Sind alle Menschen von einem Herz und Hirn; von gleichem Fleisch und Blut? Sind alle Nationen Dominoras Lenden entsprungen? Hat Vivenza seine Überzeugungen schon geprüft? Die Jahre, Yoomy, die einen Menschen prüfen, prüfen keine Nation. Schon seit der Zeit von zwei Königsherrschaften hat Vivenza keinen Monarchen mehr. Seine kritische Zeit ist noch nicht gekommen; es hat noch nicht einmal das Mannesalter erreicht. Es ist gerade in der Kindheit und greift seiner Jugend voraus; wie einem Zaren gelüstet ihm schon nach Herrschaft. Yoomy, urteile noch nicht! Die Zeit wird uns noch etwas zu erzählen haben. Viele Bücher und viele lange Kapitel von Vivenzas Geschichte fehlen noch; und welche Geschichte ist nicht mit Blut getränkt?«

»Haltet hier ein, edler Herr,« sagte Babbalanja, »und hütet Euch vor Vorhersagen. Das Schicksal verlacht die Propheten; und von allen Vögeln ist der Rabe ein Lügner!«

LXI.

Sie umrunden
das stürmische Kap aller Kaps

VIELE Meilen lang, viele öde Tage über reisten wir an dieser Küste entlang, bis wir Regionen erreichten, wo wir unsere Hüllen vervielfachen mußten.

Der Himmel bezog sich. Jeden Abend jagten schwarze Wetterwolken über die winterliche See; sie zogen eine Bahn zerrissener Schwaden hinter sich her, so dichtgedrängt wie eine Spur im Sand, die eine Sahara-Karawane hinterläßt. In diesem rasenden Gewölk erhoben sich zehntausend schaumbekrönte Höcker von Dromedaren.

Zwischen diesen fliehenden und schnaubenden Tieren sausten die drei Kanus einher.

Die Luft wurde jetzt schneidend kalt. Die Wolken warfen ihre Wolle ab: die Kanus wurden beschneite Hügel; unsere Bärte, von Rauhreif bezogen.

Als säßen wir in unseren Leichentüchern, so durchfuhren wir Pässe zwischen den steil aufragenden Eisinseln und scheuchten Robben, die sich schüttelten, von Eissimsen auf; und Eisbären, an deren zottigem Hermelin Eiszapfen musikalisch klimperten.

Mal nah mal fern erstreckte sich der himmelhohe, gläserne Kamm der Anden, dessen Kuppeln und Zinnen in ihrem eigenen Frost erschauerten. Eissplitter krachten von den Klippen herab und versanken schäumend im Meer.

Ringsum, wie in Amphitheatern, stürzten ganze Städte von Eistürmen, von Strömungen untergraben, krachend ein und sackten in einer Mitte zusammen. Die Erdbeben von Lissabon und Lima waren nichts dagegen. In der wallenden Meeresflut schossen die Trümmer mächtig dahin, rollten polternd übereinander her, wie es Tümmler bei Schiffen tun, die wie gelähmt in der Stille nach dem Sturm liegen.

Die Landspitze, die wir schließlich umfuhren, sah aus wie das Schaufelgeweih eines Elchs, das in Gefahr gereckt ist. Danach gerieten wir in blaue, ruhige Gewässer, die dem Windermere-See oder dem Horicon glichen. So glitten wir von dem tosenden Sturm der Jugend ins ruhige Greisenalter.

Doch als wir wieder nordwärts fuhren, bot das Meer einen anderen Anblick.

Ringsum, so weit das Auge reichte, stiegen Wasserhosen in die Höhe, auf deren Kolonnaden das gesamte Himmelsgewölbe ruhte; in diesen Säulen spielten helle Gebilde, stiegen auf und sanken nieder. In solcher Weise hatte Jakob in seiner seltsamen Vision zu Lus die Engel gesehen.

Eine endlose Höhle voller Stalagmiten, schien es: aus den Wolken senkten sich Rüssel in die Tiefe hinab, bis sich diese Tromben aus Dampf mit den Wassersäulen des Meeres trafen; sie vereinigten sich dann zu Gebilden, die wie die Geister von Göttern über die Wasser schritten. Oder die sich in der Mitte wieder trennten: die Wasserhälfte sank hinab, die Wolkenhälfte wurde weit nach oben in den Himmel gerissen. So zerfallen wir Sterblichen beim Tode auch in zwei Teile: die irdische Hälfte bleibt hienieden, doch steigen unsere Geister in die Region, der sie entstammen.

In der vorgesehenen Zeit erreichten wir die andere Seite des Südteils von Kolumbo; und während wir weitersegelten, warteten wir vergebens auf den Tag und wunderten uns über die Dunkelheit.

»Wie beharrlich diese Wolken sind!« rief Yoomy. »Seht diesen Wolkenkamm mit den vielen Zacken; unten verschwimmt er, doch oben ist er weiß bekrönt.«

»Das sind keine Wolken sondern Berge,« sagte Babbalanja. »Das ist die lange Wirbelsäule, die Kolumbo durchzieht; ihre seitlichen Ausläufer sind die Rippen, zwischen die sich fruchtbare Täler betten, von silbernen Flüssen und Silbererzadern durchzogen.«

Es war eine lange Schlachtreihe von Bergzinnen. Hoch im Osten waren diese tausend Gipfel mit ihren Schilden postiert und stemmten sich gegen die Morgendämmerung. Gegen diese schroffen, purpurnen Bastionen schleuderte Aurora lange Zeit ihre Lichtspeere und ihre goldenen Geschosse. Die Aufforderung zur Übergabe verklingt. Aber jetzt erstürmen die Lanzenwerfer der Sonne die Steilhänge und bringen den Kamm zum Erglühen. Funkelnde Speere und geschmückte Schilde triumphieren am Morgen.

Doch bevor wir dies erblickten, fuhren wir Stunden lang im Dämmerlicht dahin; während auf der anderen Seite des Gebirges sich die Jäger wohl schon im hellen Sonnenglanz tummelten.

LXII.

Sie begegnen Goldsuchern

NUN fuhren wir an der Westküste von Kolumbo nordwärts entlang, wo die gleichen wilden Waldlaute wie im Osten zu uns drangen. Wir gingen dort nicht an Land, um unter diesen verfeindeten Stämmen unsere Suche fortzusetzen. Nach vielen Tagen erblickten wir Buge sonder Zahl, die alle vor dem Wind gen Norden fuhren: mit geblähten Segeln und rührigen Rudern jagten sie die Fische aus ihrer Bahn.

Die Besatzungen antworteten nicht auf unseren ernstlichen Zuruf.

Aber während sie so dahinflogen, sangen sie, wie von Sinnen, folgenden langen Chorus:

Das Meer uns rollt
Auf der Jagd nach Gold
Zum Land über'n großen Teich:
Wenn wir uns mühen,
Wird Gold uns blühen:
Nach harter Arbeit maßlos reich.
Schaut her! Schaut her!
Goldfische vor unseren Bugen fliegen
Und blitzend ihre Leiber biegen!
Unterm Sonnengold
Das Meer uns rollt,
Ins Land, wohin wir gewollt!
Und jede Nacht
Halten wir Wacht
Unterm immerwährenden Sternengold!

Die Feuer brennen mit goldenem Glanz,
Nur goldene Locken erstrahlen ganz!
Orangenhaine golden fluten,
Frühmorgens glühen goldene Gluten!
Ein Schauer aus Gold war über sie geronnen: 5
So hat ein goldner Gott Danae gewonnen!
In goldenen Pokalen die Weine strahlen;
In goldenen Räumen Könige träumen!
Die goldene Regel wehrt der Zähren,
Die goldene Zahl regiert die Sphären! 10
Gold, Gold beeinflußt die Nationen.
Gold, Gold, die Mitte aller Rotationen!
Auf goldenen Achsen sich die Welten drehen,
Goldschimmernd wir die Meere sehen!
Hell leuchten alle Feuerfliegen, 15
Goldjäger sich in goldenen Träumen wiegen!
Zu Hause war viel Arbeit, karger Lohn;
Die Sehnsucht unterdrückt in harter Fron:
Kein Hoffnungsschimmer, nur harte Not,
Tage und Nächte liefen sich tot. 20
Die Augen jetzt aber freudig glühen,
Rasch wir ins Land des Goldes ziehen:
Wo in der Erde tiefem Schacht
Verborgen ist die goldene Pracht.
Wo goldenes Gleißen liegt gebannt 25
In goldener Flüsse tiefem Sand!
Den wollen wir aussieben
Bis die goldenen Funken stieben!
Ihr Flüsse, Flüsse, laßt das Rinnen! 30
Sandbänke steigt und stoppt die Flut!
Bis wir erlangen unser goldenes Gut
Und den goldenen Hafen gewinnen!

35

**

»Schnell, schnell, edler Herr,« rief Yoomy, »folgen wir ihnen doch. Und wir werden sehen, wie Yillah aus goldenen Wassern auftauchen wird.«

»Nein, nein,« sagte Babbalanja, »Yillah ist nicht dort! In dieses Gelobte Land gehen mehr Suchende als daraus zurückkehren werden. Ihr Sinn steht nach dem Glück im güldenen Gewand. Doch eitel ist es, nach dem Glück zu greifen. Es läßt sich nicht einfach pflücken und essen. Es ist die Frucht unseres mühsamen Anbaus; langsam wächst es heran, genährt von vielen Tränen und sorgsamer Pflege. Doch bevor die Frucht reif ist, kann Frost sie verderben; dann pflanzen wir wieder aufs Neue; und immer so fort. Der wahre Schatz liegt tief, tief; tiefer als Mardis ganzes Gold, nahe der Achse der Welt. Doch anders als Gold, ist er in jedem Boden verborgen: überall in Mardi. Läßt sich Krankheit mit goldenen Pillen und Tränken vertreiben? Lassen sich die eingeschrumpften Adern des Alters mit jungem Wein aufpumpen? Heilt Gold das Herzeleid? Kann es uns abtrünnige Herzen wieder geneigt machen? Kann Gold Nationen festen Grund geben? Sich um Gold zu placken ist verlorene Mühe. Wären alle Inseln Goldkugeln in einem Meer von Quecksilber, dann wäre Mardi eine Wüste. Gold ist die einzige Armut; von allen glänzenden Übeln ist es das schlimmste. Und damit es den Menschen nicht verarmen möge, hat es Oro, zusammen mit allen anderen Todbringern – Salpeter und explosivem Zeug –, tief ins Innere der Erde verbannt und in den Flußbetten vergraben. Der

Mensch schürft aber weiter danach und schaufelt damit sein eigenes Grab. – Yoomy, Yoomy, die Verschollene verbirgt sich nicht in den Goldbergen!«

»Da, eine Vision!« rief Yoomy aus, während er sich mit den Händen aufgeregt über die Augen strich. »Eine große, ruhige Bucht, von stillen Dörfern gesäumt. An Türschwellen, von Gras überwachsen, heulen magere Hunde bei den erstarrten Leichen von Greisen und Jungen: graue Haare mischen sich mit lieblichen, flachsblonden Locken; brachliegende Felder, unter Dornengestrüpp erstickt; in den Schuppen sind Gerätschaften verstreut, Äxte, deren Eisen rostet; tausend Fußspuren führen vom Dorf weg, ins Landesinnere – als sei eine ganze Schar geflohen. Weiter: da, über Berg und Tal und Wald hinaus: die Region des Goldes! Tausende wühlen dort im Treibsand unbekannter Flußufer, unter überhängenden Klippen, nach der glitzernden Beute; und sinken bald in die Gräben, die sie selbst geschaufelt haben: der Staub, zu dem sie geworden sind, vermischt sich mit Goldstaub. Tausende andere fronen auf festerem Grund und bohren sich noch tiefer; und häufen die Erde so hoch auf, daß ihnen die Puste ausgeht und sie dahinscheiden; ihre Kameraden steigen auf sie und schuften weiter; und sterben – so häuft sich Grab auf Grab! Gerade ermordet ein ausgemergelter Goldsucher einen anderen in seiner Grube; und während seines Mordes wird er selbst von einem dritten ermordet. Gellende Schreie, Stöhnen und Fluchen: das ist die Hölle des Goldes! Ein wohlgenährter Fremder naht mit seinen

Kamelen, hält vor den glänzenden Haufen und zeigt jetzt *seine* Schätze her: Yamswurzeln und Brotfrucht. ›Her damit!‹ schreien die ausgehungerten Goldsucher, ›fürstliche Bezahlung für ein Mahl! O Fremder, wir beten dich auf den Knien an: nimm unser Gold und laß uns leben!‹ Es werden ihnen Yamswurzeln hingeworfen; und sie schlagen sich darum. Derjenige, der nicht gegraben, nicht geackert hatte, belädt sogleich seine Karawane mit Gold, erreicht die Küste wieder und segelt geschwind nach Hause. ›Nach Hause!‹ schreien die Goldsucher mit Augen, aus denen Tränen brechen. ›Durch dieses glänzende Gold können wir unsere wartenden Frauen wiedersehen, die ihre Hände auf entfernten Stränden ringen; alles würde gut werden. Doch wir können nicht entfliehen; unsere Schiffe verrotten auf dem Strand. Ach Heimat, du einziges Glück! Besser Verdienste in silberner Münze als diese goldenen Funde. O bitteres Ende all unseres Hoffens – wir sterben in goldenen Gräbern.‹«

LXIII.

Sie suchen auf der Insel nach Palmen und passieren die Myrrheninseln

NUN wandten wir unsere Buge westwärts und querten die blaue Lagune.

Bald war kein Land mehr zu sehen. So weit das Auge reichte: ein einziger azurner Plan, mit einer Herde von Schaumflocken, endlos auf einer endlosen Wiese!

Wieder alles verändert. Wie eine Vielzahl von Sternen erglänzte ringsum eine sich stets mehrende Zahl von Inseln. Smaragdgrüne Tupfen in phantastischen Formen: Kreise, Bögen, Halbmonde – alles Atolle oder Korallenketten, juwelenbesetzt und in der Sonne funkelnd.

Wir glitten zwischen diesen Inselgruppen hindurch und erspähten durch das Blattwerk liebliche Mädchengestalten, Edens Evas vor dem Fall oder Persephones zu Enna. Vom Strand her drangen urtümliche Weisen herüber; und die Rosen, die ihre Düfte wiegten, hatten die Röte von Hebes Wangen.

»Hier werden wir zu guter Letzt die liebliche Yillah finden!« murmelte Yoomy. »Hier hält sie sich bestimmt in ihrer Unschuld verborgen! Schnell! Laßt uns landen und sie suchen.«

»Wenn sie hier ist,« sagte Babbalanja, »wird sie unsere Ankunft nicht erwarten sondern vor uns in die Wälder fliehen. Siehst du nicht, daß die Palmen überall dort dahinwelken, wo ein Kanu gelandet ist? Aber dort nicht, wo kein Kiel auf den Strand traf. Haben wir Erbarmen und fliehen wir diese Küste. Unser Atem muß hier wie ein Gifthauch wirken.«

Danach erreichten wir wilde Eilande, wo in die schimmernden Korallen Gebeine eingelagert schienen, von der Sonne gebleicht. Nackte Wilde standen am Strand, schwangen klobige Keulen und knirschten mit den Zähnen wie Keiler.

Der rote Vollmond ging auf; und vor ihm zogen, in einem langen Defilee, die Phantomgestalten der Opfer dahin, die gebunden zu den Waldaltären geführt wurden. Todesröcheln erfüllte die Luft. Doch es senkte sich eine Wolke herab und hüllte alles in Dunkel.

Wieder war die Wasserleere vor uns ausgebreitet; und nach vielen Tagen traf uns eine sanfte Brise, mit würzigem Hauch beladen, mit Zimtaromen; und in der rosig erglühten Abendluft glommen, Glühwürmchen gleich, die Inselchen auf, wo dieses Räucherwerk brannte.

»Liebliche Myrrhen-Inseln! Ihr glutroten Wälder,« rief Yoomy. »Weh und Ach wird über euch kommen! Euer Glänzen und Blühen, würzigen Feuerfliegen gleich, ist für den Tod nur doppelte Lockung! Die Nationen stürzen sich auf euch wie Bären, die sich mit Honig mästen wollen.«

Schwanengleich segelten unsere Boote zwischen diesen Inseln dahin; oft landeten wir, doch vergebens. Und als wir uns von ihnen entfernten, folgten wir noch immer der sinkenden Sonne.

LXIV.

Sie ziehen ihre konzentrische Bahn um die Welt, mit Mardis Riff in der Mitte

WESTEN, Westen! Westen, Westen! Wohin die Hoffnung weist und des Propheten Finger; wohin sich bei Sonnenuntergang alle Feueranbeter kniend wenden; wohin die großen Wale, auf des Ozeans Mitte, ziehen, um zu verenden; wohin man in Persien alle toten Muslime ausrichtet; wohin man zu Himmel und Hölle gelangt! – Westen, Westen! Wohin sich Menschen und Mächte wenden – und Herden, Karawanen, Heere, Flotten; und alle Welten, Sonnen, Sterne! – Westen, Westen! – Grenze ohne Grenzen! Immerwährendes Ziel! Wohin sich zehntausend mal tausend Kiele in tausend Welten stürzen! Leuchte, die das Universum lenkt! Wie der Polarstern, der alle Kompaßnadeln auf sich zieht! Auf immer unerreichbar; doch im hiesigen Leben immer zu Großem verleitend! – Bienenstock aller Sonnenuntergänge! – Auch Gabriels Schwingen können dich nicht einholen!

Immer noch über balsamische Wogen westwärts fahren! Von früh bis spät jagten die hellen, hellen Tage dahin, gefolgt von düsteren Nächten; das erlöschende Tageslicht leiht den Sternenhimmeln seinen Glanz. So fliehen die glänzenden Delphine weit vor den düsteren Haien; und werden doch gepackt, zerrissen; zerstieben dann zu Flammen und ersterben – ihr letzter

Glanz funkelt wie Schuppen auf dem Leib des Meeres.

Zimbeln, Trommeln und Psalter! Die Luft ist von Musik durchpocht, durchpulst! – Großes und hohes Land! Mit Lichtern, die sich bewegen, mit bunten Lampions! – Welch großes Land ist dies?

»Verehrung entbieten wir dir, altes Orienda!« rief Media mit entblößtem Haupt. »Ursprung aller Reiche und Herrscher! – Ein gekrönter König grüßt dich!«

»Mardis Vaterland!« rief Mohi. »Ahn aller Nationen, – gegrüßt!«

»Aller Segen!« rief Yoomy. »Könige und Weise, die hierher kommen, sollten als Pilger kommen – mit Tasche und Stab! O Orienda, du warst unser Osten, wo Poesie und Wissen zuerst tagten, während Mardi noch in den Anfängen lag! Doch wie anders jetzt! Der Tagesanbruch ist zur Düsternis geworden, die wir mit dem Glanz von Lanzen erhellen! In der ererbten Heimstatt der Welt vergießen wir unserer Brüder Blut!«

»Hier haben verschiedene Stämme unter ihren eigenen Ahnen gewütet,« sagte Babbalanja. »Luzianna entsandte in früherer Zeit seine Proas hierher; Franko Dutzende von Kapitänen; und die Niederländer ihre Hausierer, deren Maßstöcke Speere waren. Doch du, o Bello, königlicher Stammherr, Noah der Moderne, du bist mit deinen Heuschreckenheeren die gegenwärtige Plage von Orienda. Von den heiligen Ebenen her treiben deine Opfer wie Flöße die alten Ströme hinab! Die Pestilenz, die deine Heere dort dezimiert, kriecht aus den Leichen, die sie eigenhändig schufen. Marammas Priester, deine frommen Herolde, verkünden lauthals, Orienda hätte, von allen heidnischen Ländern, der Wahrheit am meisten getrotzt! – Ach, nichtig sind alle frommen Stimmen, die aus Kriegsgewölk sprechen! Der Eroberungszug durch wilde Gebiete mag ein Marsch des Geistes sein, ist aber kein Marsch der Liebe.«

»Du, Bello!« rief Yoomy aus. »Du würdest Almas Hand den Hirtenstab entwinden und ihn durch einen Speer ersetzen. Doch sinnlos, ihn zu einem Eroberer zu machen, da er den Purpur abgelegt hat, als er nach Mardi kam; und da er goldene Mitren ausschlug, ritt er demütig auf einem Esel in die Welt.«

»Verflucht sei der Handel,« rief Babbalanja, »der Seelen gegen Geld tauscht! Bello, du möchtest dieses Land mit Opium betäuben, um es im Schlaf ermorden zu können! Und welchen Vorteil bringen deine Eroberungen diesem Land? Von Speeren gesäte Saat sprießt nur selten; und Ernten, die damit eingebracht werden, verderben auf der Sichel Schneide.«

Doch weiter, weiter fuhren wir die Küste entlang; und zählten nicht die Tage.

»O ihr Schwärme und Herden von Nationen, unzählige Stämme, deren Zelte Ebenen und Steppen dunkel sprenkeln!« rief Yoomy. »Die ihr auf tausend Bergen die Sterne anbetet, in tausend Tälern die erste Frucht als Opfergabe bringt, bis alle Wälder in Brand zu stehen scheinen; – wo im Feuer der Witwe Geist zu ihrem Herrn aufsteigt! – O Orienda, vergeblich ist es, hier nach Yillah zu suchen!«

»Die Nacht ist dunkel wie der Tod!« sagte Mohi und schüttelte den Tau von seinen Zotteln. »Der Himmel prangt hier nicht im Sternenglanz wie über Dominora und Vivenza.«

Man sah nur ein Sternbild, doch leuchtete jeder einzelne Stern darin so hell wie der Morgenstern: das war das Kreuz des Südens – Almas Emblem.

Und nun steuerten wir nach Südwesten, bis wir eine andere Insel, Hamora, erreichten, die sich weit bis zur Antarktis erstreckte.

Wir näherten uns barbarischen Küsten, wo bemalte Krieger mit Speeren all unserer Landungsversuche wehrten. Schließlich umfuhren wir eine mächtige Klippe, die von einem Leuchtturm erhellt wurde; und hörten Bellos Hörnerklang! Eine Garnison am Ende der Welt eilte zum Zapfenstreich.

Hier erreichte des Meeres Dünung Bergeshöhe; und wir mühten uns darin ab, als hätten wir den Kaukasus zu erklimmen.

Doch nicht für lange. Wie der Wanderer, der von windumheulten Rätischen Höhen die grüne Lombardei weit unten erspäht und dieser angenehmen Ebene in steilem Abstieg entgegenstürmt, so stürzten wir auch der Wogen Hänge hinab, um in der stillen Lagune zu landen.

Als wir aber nordwärts fuhren, stieß der Sturm erneut ins Horn, während sich die Seen, Kavalleriepferden gleich, eilends sammelten zu dem Signal; und sich in Bataillonen vor einem himmelhohen Felsen, fernab des Festlands, duckten. Kein Mond, verfinstert an Ägyptens Himmel, sah so trostlos aus wie dieser Felsen.

Doch in dieser Düsternis flatterte, auf dem höchsten Gipfel, Bellos Standarte.

»Du leere Gruft!« rief Babbalanja. »Der vereinte Mars und Moloch unserer Zeit lag darin, auf dessen Krone Edelsteine prangten. Du Gott des Krieges, du warst offenbar das allesverschlingende Tier der Apokalypse, das einen so großen Schatten über Mardi warf, daß er noch über Frankos Tälern liegt; dort erschaudern sie immer noch vor deinem furchterregenden Geist. Und hatten neulich ein Phantom als König begrüßt. Wie mächtig muß dieser Heldenzauber gewesen sein, daß er nach einem halben Jahrhundert noch alle Herzen in den Bann schlagen kann! Ein Tropfen Heldenblut genügt, damit ein Narr vergöttert wird!

Franko! Du möchtest frei sein; doch besteht deine Freiheit darin, die Asche eines Königs zu verehren, den du zum ersten und edelsten seines Geschlechts erwählt hast. In zornigem Feuer hast du Ludwigs Thron verbrannt; und über dem neu errichteten Häuptlingsportal hast du in goldenen Lettern geschrieben: ›Der Palast unseres Herrschers‹. In deiner Neuen Ordnung hast du an dem veralteten Gesetz festgehalten. Und auf dem Altar der Freiheit – ach, fürchte ich! – bringst du noch deine alten Menschenopfer dar. Doch die Freiheit wendet sich ab; sie ist von deinen Blutopfern angewidert. Sie liebt andere Rituale; und würde gern nur von Unsichtbaren verehrt werden, wie auch der große Oro selbst unsichtbar ist. Sie will keine ausgedehnten Kavalkaden, pompösen Prozessionen, keine wild geschwenkten Fahnen, keine mystische Musik, keine aufmarschierenden Völker. O möge deine friedfertige Zukunft, Franko, dich von deiner blutigen Vergangenheit freisprechen. Die Geschichte soll nicht sagen: ›Es ist zu seinen alten Göttern zurückgekehrt.‹«

Als wir die Felseninsel passiert hatten, beruhigte sich die See; wieder einmal näherten wir uns der Westküste von Hamora, die in tiefer Dunkelheit lag. Das Ufer wurde von der weißen Gischt sich brechender Wellen erhellt, die von Vivenza und Dominora heranrollten; ein Schimmer, der manchmal in die innerste Düsternis des Dschungels drang.

Schwer seufzend wehten die Nachtwinde von der Küste zu uns herüber.

»Ach, umsonst ist es, Yillah hier zu suchen,« rief Yoomy. – »Armes Land! Der Menschen Fluch liegt auf dir, nicht der Oros! Du verzagst deiner Kinder wegen, die deinem Boden entrissen wurden, damit sie die Erde Fremder beackern. O Vivenza, würden die Winde doch nur diese Klagen zu dir hinüber tragen, so daß sie in jedem deiner Täler widerhallten. O du Stamm Hamo! Dein Leidenskelch ist so übervoll, daß er bald das Land überfluten wird, das euch als Sklaven hält. Das aus der Sünde entstandene Elend greift um sich und vergiftet alles. Das Leiden jagt die Sünde wie der ausgehungerte Hund den Hasen und zerreißt ihn in des Dickichts Grün.«

Nach vielen ruhigen Tagen und Nächten der Fahrt überfiel uns ein Sturm mit der Wucht von tausend berstenden Bomben. Die Zickzacks von Blitzen flammten auf; die Wasser kochten; unsere drei Buge erhoben sich zum Bittgebet, doch die Wogen züchtigten sie und schlugen sie nieder.

Darauf Babbalanja, der sich den Böen beugte: »So, o Vivenza, wirkt die Vergeltung! Obwohl es lange auf sich warten läßt, kommt es schließlich doch – das Gericht mit Blitz und Donner.«

Nun ergriff uns eine Strömung, und unsere Buge schossen wie Pfeile gen Osten. Durch eine Meerenge gelangten wir auf die glatte Fläche eines gänzlich stillen Binnenmeers.

Zu unserer Linken lag Porpheeros südwestlichster Punkt, ein mächtiger Felsen, der lange Galerien umfaßte, wie Decks übereinander geschichtet, der Flaggenstangen aufwies wie die Masten eines Admiralschiffs: ein Kreuzer, ganz aus Porphyr, der im Meer ankert. Hier lag Bellos Löwe eingekauert und belauerte durch tausend Pfortluken die Welt.

Zu unserer Rechten erglänzte Hamoras Nordküste von der Fülle der Halbmonde, die so zahlreich waren wie die Kreuze auf der gegenüberliegenden Küste.

»Wie nichtig zu sagen, der Fortschritt würde die Wahrheit erweisen, edler Herr,« sagte Babbalanja, »wenn diese Halbmonde noch nach Jahrhunderten unvermindert glänzen und ebenso viele Gläubige um sich scharen wie diese Kreuze. Wahrheit und Verdienst erkennt man an anderen Zeichen als denen des Erfolges. An diesem Wettlauf der Sterblichen können alle teilnehmen, das Feld steht allen offen. Die Lüge läuft Seite an Seite mit der Wahrheit, Narren treten mit Weisen an; doch nie werden sie sich treffen, auch wenn sie, wie geometrische Linien, ins Unendliche vorstoßen.«

Wir segelten über diese See ohne Gezeiten; und gingen rechts und links an Land, doch fanden das Mädchen nimmer; bis wir schließlich die Grenze des Wassers erreichten und im Landesinnern große Bergmassive erblickten, deren Gipfel von Gloriolen gekrönt waren.

»Festlande aus Granit,« rief Babbalanja, »die offenbar wie die Planeten erschaffen wurden und nicht von menschlicher Hand errichtet sind. Das sind Wahrzeichen, auf deren Flanken die Zeit ihre Spuren abzeichnet, gleich den Gezeitenmarken vorsintflutlicher Meere.«

Wie der erfolglose Jäger, der eine purpurne Talschlucht im Herzen einer grenzenlosen Steppe wieder und wieder umwandert und sich schließlich verzweifelt der offenen Ebene zuwendet, so schwenkten wir Suchenden nun unsere Kiele und tauchten aus diesem Binnenmeer auf. Das Universum lag wieder vor uns: so weit, wie unsere Suche reicht.

Weiter unterwegs

ES tagte auf der gleichen sanften, blauen Lagune von zuvor; und alle Länder, die wir seit Pikos Land der Lanzen passiert hatten, verschwammen in der Ferne.

Zum Teil scharten sich die Inseln von Mardi zu selbständigen Gruppen, wie die Plejaden, die im Stier erglänzen und von dessen Karfunkelblick und den dichten Sternenhaufen ringsum überstrahlt werden.

Und wie vom Orion aus dieses Erdenrund für einen alten königlichen Astronomen – sagen wir: des Königs von Rigel oder Beteigeuze – nur ein winziger Punkt ist, ebenso erscheinen auch diese Inseln den irdischen Augen, die weit durch den Raum schweifen.

Und wie die Sonne durch göttlichen Einfluß ihre scheinbare Bahn zieht und die Sternbilder Krebs, Löwe, Fische und Wassermann durchschreitet, so werde ich durch irgendeinen geheimnisvollen Impuls in rascher Reise durch die Inselgruppen des weißen Riffs getrieben, das Mardi umgibt.

Hört, o Leser! Ich bin ohne Karte gereist. Mit Kompaß und Blei hätten wir diese Inseln von Mardi nicht gefunden. Wer kühn in See sticht, kappt alle Taue und wendet sich von der gewöhnlichen Brise ab, die jedermann gewogen ist; und füllt die Segel mit seinem eigenen Atem. Klebt man an der Küste, sieht man nichts Neues.

Doch war man auf der Suche nach einer neuen Welt, wird schließlich »Land in Sicht!« gesungen.

Dieser Reisende steuerte sein Schiff durch Meere, die zuvor noch nicht befahren worden waren; bahnte sich seinen Weg trotz Hohn und Spott. Doch war sein Herz oft schwer von dem Gedanken, er könnte allzu kühn sein und dort Land suchen, wo es keines gab.

Obwohl ich mich nur aus Kurzweil auf diese Fahrt begeben hatte, wurde ich doch von einem unwiderstehlichen Windstoß von meinem Kurs abgebracht. Dieser Anprall, dem ich mich beuge, trifft mich in allzu jungen Jahren, wo ich noch unerfahren und schlecht ausgerüstet bin; und dennoch fliege ich vor dem Sturm. Es hat mich harte Mühe gekostet, den Mut zu bewahren.

Und wenn es auch schwieriger ist als je zuvor, neue Gebiete zu finden, wo doch heute unsere Meere von zehntausend Bugen durchmessen werden, – wie größer dann der Ruhm!

Diese neue Welt aber, die hier gesucht wird, ist weitaus fremder als die desjenigen, der seine Schwingen von Palos her ausbreitete. Es ist die Welt des Geistes, in der sich der Fahrende verwunderter umschaut als die Schar Balboas, die durch die goldenen Wälder der Azteken streifte.

Doch schafft glühendes Verlangen seine eigene phantomhafte Zukunft und hält sie für Gegenwart. So mag man zu dem Urteil kommen, daß nach all diesen gefahrvollen, kräfteraubenden Entrückungen der goldene Hafen nicht erreicht wurde. Doch besser, in kühner Suche nach diesem in tiefste Tiefen sinken als auf gewöhnlichen Untiefen treiben. Und wenn ich schon Schiffbruch erleide, dann, gebt Götter, daß ich ganz und gar zerschelle.

LXVI.

Ein Schwarm von Nachtigallen aus Yoomys Mund

MITTAGS verfielen wir in Windstille.

»O Neeva! Guter Neeva! Sende uns deine liebliche Brise!«

So betete der kleine Vee-Vee von seinem Haifischmaul zu dem Gott der Günstigen Winde. Und schon stürmten sie heran, bis die drei Buge im Wind wieherten und auf ihrem Weg tänzelten wie die Rosse von Kreuzfahrern.

Da nun diese günstige Brise aufgekommen war, da die Sonne freudig über den Himmel ritt und die Lagune überall weiße, wehende Mähnen schüttelte, forderte Media Yoomy auf, seinen gesamten Schatz an Liedern, – kriegerischen, amourösen, gefühlvollen, – zu durchstöbern, um uns mit einem Sang zu erfreuen und aufzuheitern, denn zu lang seien wir in düsterer Stimmung gewesen.

»Das Beste von dir,« rief er.

»Ei, dann will ich Euch, edler Herr, ein Lied singen, das selbst voller Lieder ist. Ich habe es schon vor Zeiten komponiert, als Yillah noch auf Odo weilte. Bis jetzt sind erst einige Bruchstücke zu Gehör gekommen. Ach Taji, in dieser meiner Weise werden deine Stunden des Glücks wieder aufleben. Manche Freuden haben tausend Leben und sterben nie; denn wenn sie schwinden, fängt süße Erinnerung sie auf. – Edler Herr, ich halte diese Verse für gelungen. Sie sprudelten in mir hoch wie frisches Quellwasser aus einer Silberader. Und mit Verlaub, edler Herr, habe ich großes Vertrauen in die Inspiration. Ein Sänger ist auch ein Seher.«

»Zittern, das ist der Beweis dafür,« sagte Babbalanja. »Hast du gezittert, Yoomy, als du dieses Lied komponiert hast?«

»Am ganzen Leibe, Babbalanja.«

»Vom Scheitel bis zur Sohle?«

»Bis in die Fingerspitzen.«

»Dann ist dies, bei meinem Leben, wahre Poesie, edler Herr! Denn, wie gesagt, das Zittern ist der Beweis dafür.«

»Und wird es in ein Lied gegossen, bringt es dieses so sehr zum Funkeln und Sprühen, daß kein Menschenkind es wiederholen kann, ohne nicht selbst zu zittern. Dieses mein Lied mag selbst beweisen, was ich sage.«

»Bescheidener Jüngling!« seufzte Media.

»Und vor allem aufrichtig,« sagte Babbalanja. »Wer freimütig ist, wird oft als eitel erscheinen, edler Herr. Doch dieser spricht ohne Arg so offen von sich wie auch von anderen; und ehrt seine eigenen Verdienste, auch wenn sie eingebildet sind, ebenso bereitwillig, wie er über unleugbare Mängel jammert. Überdies neigen solche Menschen zu Trübsinn; und ihre gelegentlichen Selbstzweifel erscheinen Kleingeistern ohne Einfühlungsvermögen nur als eine Phase des Eigendünkels. Wohingegen der Mensch, der sich selbst Freunden gegenüber verschlossen zeigt und sich abschottet, sein süßes Ich in so hohen Tönen preist, daß er in Sorge ist, er könnte dieses von ihm angebetete Heiligtum dadurch entweihen, daß er seine Pforten aufstößt. Er ist verschlossen und Ego ist der Schlüssel. Zurückhaltung allein ist Eitelkeit. Aber alle Menschen sind Egoisten. Die Welt dreht sich um das I im Ich; und wir drehen uns um uns selbst, denn wir sind unsere eigenen Welten. Die anderen sind Fremde, aus fremdländischen, fernen Gegenden, und laufen in Tierfellen herum. Darum sollten wir, gleich was sie sein mögen, unsere Welten offen zeigen und nicht vor den Menschen verbergen, was Oro kennt.«

»Das ist wahr, edler Herr,« sagte Yoomy, »doch trifft dies auf die Menschen im allgemeinen zu und nicht im besonderen auf meine bescheidene Zunft. Von allen Menschen sind wir Dichter am stärksten widersprüchlichen Stimmungen unterworfen. Mal himmelhoch jauchzend mal zu Tode betrübt. Das ist der Preis, den wir dafür zahlen müssen, was wir sind. Doch Mardi sieht nur Anzeichen für unsere Selbstgefälligkeit (oder glaubt sie zu sehen); übersieht aber all unsere Seelenängste. Poeten werden nur dann gesehen, wenn sie sich aufschwingen.«

»Das Lied! Das Lied!« rief Media. »Kümmere dich nicht um die Metaphysik des Genius.«

Yoomy, derart lautstark aufgefordert, räusperte sich dreimal, bevor er den richtigen Ton traf.

Doch es muß hier gesagt werden, daß der Sänger über die wunderbare Gabe der drei Stimmen verfügte; gelegentlich konnte er, wie eine Spottdrossel, ein ganzes Konzert lieblicher Töne selbst bestreiten. Hatten ihm gute Freunde bei ihrem Tod ihre Stimmen vermacht? Doch lauscht! Er beginnt mit tiefer, sanfter Tenorstimme:

Halb verschleiert auf den Hügeln, doch in rosigem Schimmer
  Steht jung und schön der Morgen in seinem Blühen!
Wie Yillah! Ihre sinnenden Augen sind die Sterne,
  Die sanft erstrahlen auf ihrer Wangen Glühen!

Der holde Morgen ändert sich bald,
Auch Yillah wechselt die Gestalt!
  Die Sonne steigt auf
  Und nimmt ihren Lauf:
Weit glänzt jeder Strahl
Wie ein Schwert aus Stahl -
  Und das Licht in seiner Wonne
  Tönt wie Musik der Sonne!
So steigt und glänzt auch Yillah itzt!
Licht unter ihren langen Wimpern blitzt, -
  Tönt wie Musik der Sonne!

Es klingt ihres Lachens Schall:
Aus Tönen ein Wasserfall!
Melodisch die Wasser erklingen,
Wenn sie ins Silberbecken springen,
  Von Schale zu Schale sich ergießen,
  Rasch stürzend in glänzendem Fließen.
Auf Yillahs Brust zuletzt ihr Lachen fällt:
Ein sanfter See, der sacht sich wellt!

O schöne Yillah! So frei dein Schreiten!
  Schnell alle Wellen sich weiten,
Sich kräuselnd dir entgegen gleiten,
  Strebst du dem fröhlichen Meere zu!

Alle Sterne lachen,
  Wenn sie nach oben blickt.
Alle Bäume schwatzen

In ihrem Walddistrikt.

Alle Bäche singen,
Alle Höhlen klingen,
Alle Knospen aufspringen,
Alle Äste hoch schwingen,
Alle Vögel jauchzen ihr Lied;
Und die Blätter drehen sich um,
Wenn Yillah hinsieht!

Licht quillt aus ihrer Seelensonne Tiefe.
Es kommen viele, als ob man sie riefe!
Weinreben steigen, Blumen blühen;
In Liebe zu ihr Jünglinge erglühen!

»Fahre fort, sanfter Yoomy,« sagte Babbalanja.
»Was soll es bedeuten?« sagte Mohi.
»Wie geht es weiter?« sagte Media.
»Edler Herr, ich habe mittendrin aufgehört. Der Schluß ist noch nicht fertig.«
»Geheimniskrämerei!« rief Babbalanja. »Was, Sänger! Soll diese ganze Melodei auf nichts hinauslaufen? Auf einen entscheidenden und unerschöpflichen Sinn? Nichts, das in der Seele Tiefen vordringt, damit sie sich selbst gewahrt und zu ihrem eigenen Wesen vorstößt, um sich in ihrem allesdurchdringenden Ursprung aufzulösen und Bestandteil des allumfassenden Göttlichen zu werden; wodurch wir Sterblichen mit den Göttern kommunizieren und wodurch unsere Seelen Gedanken der Götter werden, die uns in alles Okkulte, Unsagbare, Sublime einweihen? Dann sollte, Yoomy, dein Lied also wertlos sein? Alla-Malolla sagte: ›Ein Atem, der keine

Feuchtigkeit versprüht, ist kein wirklicher, lebendiger Atem.‹ Ich fürchte, Sänger, daß du noch nicht von dem Arkanum durchdrungen bist, daß du noch nicht ausreichend über den Adyta, den Monaden und den Hyparxen gebrütet hast; ebensowenig über den Dianoias, den Unikalen Hypostasen, den Gnostischen Energien der Seelensubstanz, dem Überirdischen und der Trias des Pleoremas; ganz zu schweigen von den Abstrakten Noumena.«

»Oro bewahre!« rief Yoomy. »Allein der Klang dieser Wörter entsetzt mich.« – Dann fragte er flüsternd Mohi: »Ist er wieder neben der Kappe?«

»Mein Hirn ist arg angeschlagen,« sagte Media. »Azzageddi, du wirst auf Diät gesetzt und zur Ader gelassen.«

»Ach!« seufzte Babbalanja und wandte sich um. »Wie wenig wissen sie von den Rudimentären Quincunxen und der Hekatischen Sphaerula!«

LXVII.

Sie besuchen einen gewissen Doxodox

AM nächsten Morgen kamen an wir einen tiefen, grünen Wald, der träge bis auf die Wellen herab wogte; sein Saum weiß von Schaum: ein zauberhafter Anblick!

Während alle unsere Paddler verzückt hinschauten, fand Media Babbalanja in Träumereien versunken und forderte ihn auf, zu erwachen; er fragte ihn, was ihn so in Anspruch nähme.

»Ach, edler Herr! Welch seraphischen Klänge habt Ihr mir gerade verjagt!«

»Klänge? Hier ist bestimmt nichts anderes als das Rauschen der Brandung zu hören; was hörst du denn sonst noch?«

»Mich durchrieselt der Monochordklang meiner Seele, edler Herr. Doch spitzt Eure Ohren nicht, um ihn zu hören. Allein der entzückte Geist vernimmt diese göttliche Harmonie, die nicht durch die Hörnerven zu uns dringt.«

»Nicht weiter, Azzageddi! Schluß damit! Sieh doch dort!«

»Ein sehr schöner Wald, wirklich. Ich glaube, darin haust Doxodox der Weise.«

»Ich höre schon die Schreie seiner Eulen,« sagte Mohi.

»Edler Herr, Ihr habt bestimmt schon etwas von ihm gelesen. Er soll von den unterteilten Prinzipien zu den ungeteilten vorgestoßen sein. Sollen wir ihn besuchen und seiner Weisheit lauschen? Gewiß weiß er manches, nach dem wir uns verzehren.«

Die Wasser der Lagune waren still, als wir landeten; kein Windhauch rührte die Fiederblätter der Bäume; und als wir in den schweigenden Schatten eintraten, hob Babbalanja die Hand und flüsterte:

»Diese Stille bietet einen geeigneten Zugang zu der Lehre der Entelechie. Irgendwo unter diesem Moos ist der mystische Stein Mnizuris verborgen, durch den Doxodox das Wissen von den unerzeugten Wesenheiten erlangte. Nächtens badete er seine Seele in Strahlenkränzen von Erzengeln. O Doxodox, treibe den Strophalunaren Kreisel an! Erzähle von deinen Jyngen!«

»Nieder mit dir, Azzageddi, leg dich!« rief Media. »Seht, hier sitzt der Weise; nun auf zur wahren Weisheit!«

Unsere Stimmen hatten den Weisen gewiß auf unser Nahen aufmerksam gemacht; doch, auf einem grünen Hang sitzend, von einem roten Maulbeerbaum beschattet, auf dessen Ästen sich viele Eulen niedergelassen hatten, war er offenbar ganz davon in Anspruch genommen, mit einem pechschwarzen Stab verschiedene Figuren in die Luft zu zeichnen.

Babbalanja näherte sich mit großer Hochachtung und Demut und begrüßte ihn.

»O weiser Doxodox! Hierher gelockt von Eurem berühmten Namen, ersuchen wir um Einlaß in den innersten Kreis Eurer Weisheit. Als einziger von allen Mardianern versteht Ihr diese Kombinationen der Arkana, mit deren Hilfe man die verborgensten Dinge, gegenwärtige und künftige, ans Tageslicht bringen kann. Wir ersuchen Euch, beschwört Eure Tselmen herauf!«

»Tetraden, Pentaden, Hexaden, Heptaden, Ogdoaden: meinst du diese?«

»Das sind alles neue Begriffe für mich!«

»Er wird mit seinen eigenen Waffen geschlagen,« sagte Media.

»Wie willst du denn dann mein Wissen verstehen, wenn du meine Nomenklatur nicht verstehst? Doch will ich dich dahingehend prüfen, ob du aufgenommen werden kannst. – Wie kommt es, daß einige Dinge weiter reichen als andere, so wie Quadammodotative umfangreicher sind als Qualitäten, insofern sich Quadammodotative auf Dinge erstrecken, die selbst wieder Quadammodotative enthalten?«

»Hier bietet jemand Azzageddi Paroli,« sagte Media.

»Immer noch in Verlegenheit, Babbalanja?« fragte Mohi.

»Es verschlägt mir die Sprache, ehrlich gesagt! Doch ich ersuche Euch, weiser Doxodox, unterweist mich in Eurer Dialektik, auf daß ich Eure schwer verständliche Lehre erfassen kann.«

»Fangen wir also an, Kindchen: alle Dizibilien wohnen dem Geist inne.«

»Aber was sind Dizibilien?« sagte Media.

»Meinst du vollkommene oder unvollkommene Dizibilien?«

»Gleich welche; doch was sind sie?«

»Es gibt verschiedene Arten vollkommener Dizibilien: Interrogative, Perkontative, Abjurative, Optative, Imprekative, Exekrative, Substitutive, Kompellative, Hypothetische und zu guter Letzt Dubiose.«

»Reichlich dubios! Azzageddi, schweige hinfort auf immer!«

»Ach, meine Kindchen! Ich muß zurück zu meinen Axiomen.«

»Und was sind sie?«

»Es gibt diverse Arten von ihnen, die wiederum unterschiedlich sind. So gibt es bei meinen Axiomen die einander entgegengesetzten Disjunktiven und Subdisjunktiven; so ist es auch bei allen anderen. Und desgleichen auch, in gewissem Grade, bei meinen Syllogismen .«

»Und was ist mit ihnen?«

»Habe ich nicht gerade angedeutet, was sie sind? Sie sind von diverser Art: zum Beispiel gibt es Konnexe und Konjunkte.«

»Und was ist mit diesen?« bohrte Mohi weiter, während Babbalanja mit verschränkten Armen ernst und stumm dastand und die Lippen höhnisch verzog.

»Wie bei den anderen Teilen meiner Dialektik, so verhält es sich auch, in spezieller Weise, mit meinen Syllogismen. Sage ich: – Wenn es warm ist, ist es nicht kalt; – so ist das ein einfacher Obersatz. Füge ich hinzu: Folglich *ist* es warm; – so ist dies ein Untersatz.«

»Und als solchen benutzt ihn gewiß der Syllogismenmacher,« sagte Mohi und strich sich den Bart.

»Armer, unwissender Säugling, nein! Höre: Wenn ich abschließend sage: – Deshalb ist es nicht kalt; – so ist dies der Schlußsatz.«

»Und ein höchst triumphaler ist dies!« rief

Babbalanja. »Höchst tiefsinniger und gelahrter Doxodox! Licht von Mardi und Leuchte des Universums, habt Ihr je von dem Haifisch-Syllogismus gehört?«

»Obwohl deine Epitheta stimmen mögen, Kindchen, zweifele ich an deiner Aufrichtigkeit. Von dem Syllogismus, den du erwähnst, habe ich noch nichts gehört.«

»Er lautet so: Ein Hai packte einen Schwimmer am Bein und wandte sich folgendermaßen an ihn: ›Freund, ich will dich loslassen, wenn du mir aufrichtig antwortest: denkst du, daß ich dir ein Leid zufügen will.‹ Da er wohl wußte, daß Haie selten großmütig sind, antwortete er: ›Lieber Herr, ich glaube, daß Ihr mir etwas antun werdet. Nun geht Eurer Wege.‹ – ›Nein, das geht nun nicht; das verbietet mein Gewissen. Ich will nicht die Worte eines so wahrhaften Sterblichen Lügen strafen. Du solltest aufrichtig antworten, doch sagtest du, ich würde dir etwas antun. – So tue ich es an: – und Bein adé!‹«

»Profaner Scherzbold! Du willst mich wohl mit deiner Hanswurstiade beleidigen? Schert euch alle! Packt euch! Ich sage: hinfort!« Und Doxodox selbst verschwand im Wald.

»Bravo, Babbalanja!« rief Media. »Du hast das Ruder in bewundernswerter Weise noch einmal herumgerissen.«

»Für deine Philosophie kann man noch hoffen,« sagte Mohi.

»Unverschämter Schwindler! Kindischer Alter, Einfaltspinsel! Denkt er, er könne mich mit seinem absurden Geschwafel auf den Arm nehmen? Soll dieser seichte Phrasendrescher der berühmte Doxodox sein, dem so große Hochachtung entgegenzubringen ist, wie man mich lehrte? – Ach, ach, kein Odonphi ist in Sicht!«

»Es hat ihn wieder gepackt,« seufzte Yoomy.

LXVIII.

König Media träumt

DIESER Nachmittag ging unmerklich in den Abend über. Bis auf Media waren alle hellwach, doch regten sich nicht, wie auch der Schläfer auf der purpurnen Matte. Mit offenen Augen schliefen wir den wachen Schlaf derer, die nur dem Körper Ruhe gönnen, während der Geist weiterarbeitet und sich durch Gebirgspässe hindurchwindet.

König Media pflegte zu schlafen wie die behelmte Wache im Dienst. Und er schreckte aus dem Schlaf auf wie ein Damhirsch, der aus dem Unterholz bricht. Einige sagten, er würde nie schlafen, sondern lediglich ganz tief in seinem Innern die Zeit intensivieren; oder er würde unbemerkt zu einer fernen Ratsversammlung der Götter abreisen, während er seine gekrönte Stirn in marmorner Stille zurückließ. Wie auch immer: er hatte seine Lider nie geschlossen. Diese Kristallaugen funkelten im Nachmittagslicht: mit starrem Glanz wie Diamanten.

Indes wir derart regungslos dalagen, drehte sich Media um und murmelte: »Brüderliche Götter und Halbgötter, es ist nicht richtig. Diesen Sterblichen soll entweder weniger zuteil werden oder mehr. Zu meinen Untertanen zählt ein Mann, dessen Genius den gängigen Theorien mißtraut, doch dessen Geist, der noch sterblich ist, nicht den Ozean zu seinen Füßen ausloten kann. Seine Seele ist ein Höhle, worin er deliriert.«

»Hört,« flüsterte Yoomy, »unsere Majestät träumt; und welch königlichen Traum.«

»Ein höchst königlicher und gebieterischer Traum,« sagte Babbalanja. »Er stellt mich vor das oberste Himmelsgericht. Ja, im Traum zumindest hält er sich für einen Halbgott.«

»Pst,« sagte Mohi, »er spricht wieder.«

»Götter und Halbgötter! Mit einem Wink können wir alle Abgründe aufdecken; und vor den Augen Mardis die noch verborgene Zukunft heraufbeschwören. Wäre das richtig? Wie im Wald verirrte Kinder, so taumeln sie auf ihren verschlungenen Pfaden; überall schrecken sie zusammen, wenn sie auf ihresgleichen stoßen. Selbst wenn sie vorankommen, so doch nur in einem endlosen Flur, der nirgendwo hinführt. Auf meiner eigenen Insel Odo – Odo! Wie regiert mein Vizekönig überhaupt auf Odo? – Dort scheint der Pöbel verrückt zu spielen! He, Speerwerfer, greift an! Beim Himmel, meine Hellebardiere fliehen!«

»Sein Traum ist umgeschlagen,« sagte Babbalanja, »er ist jetzt auf Odo, wo ihn seine Ängste überkommen.«

»Pst,« sagte Yoomy.

»Ich komme auf den Boden herab! Gib deinen Rechenschaftsbericht, Almanni! Wo ist mein Thron? Mohi, bin ich kein König mehr? Verzeichnen deine Chroniken mich nicht mehr? Yoomy, bin ich nicht die Seele irgend eines herrlichen Liedes? Babbalanja, sprich. – Mohi, Yoomy!«

»Was gibt es, edler Herr. Es ist nur ein Traum.«

Media blickte verstört drein, schaute dann in die Runde und lächelte.

»Ha, was für ein wirres Zeug wir Könige in unseren Träumen reden! Ich habe doch keine Geheimnisse ausgeplaudert?«

»Während er zu schlafen schien, hat der edle Herr viel geredet«, sagte Mohi.

»Ich habe es nicht bemerkt; und wüßte es auch jetzt nicht, wenn du es mir nicht sagen würdest.«

»Nicht wir sind es, die träumen,« sagte Babbalanja, »sondern es ist etwas in uns.«

»Ja? – Guten Morgen, Azzageddi! – Schluß nun, keine Träume mehr! – Vee-Vee, bringe Wein!«

Und die ganze ewig lange Nacht über zechte der unsterbliche Media.

LXIX.

Nach langer Zwischenzeit verfallen sie nachts wieder in Windstille

SONNEN gingen auf und unter, Monde nahmen zu und ab; bis schließlich der Stern, der zuvor Herold des Morgens gewesen war, nun den Abend ankündigte: für uns ein trauriges Zeichen! – Währenddessen waren wir weit in die innersten Bezirke des Runds von Mardi vorgestoßen, segelten von Meer zu Meer, von Insel zu Insel, von Atoll zu Atoll; erkundeten ungeheure Reiche, durchmaßen Täler im Landesinnern von Anfang bis Ende. Und sahen so viele Könige wie es Sonnenstrahlen gibt.

Es muß nicht alles erzählt werden, was uns dabei zustieß, welche Stämme und Karawanen wir sahen, welche weiten Horizonte, grenzenlosen Ebenen und Sierras, zwischen denen jeweils Völkerschaften siedelten.

Es genügt zu sagen, daß wir immer noch umherstreiften.

Es war Abend. Und als sich die aufgedunsene rote Sonne in die Wogen stürzte, brachen wir wieder einmal in unseren drei Kanus von einem wilden Strand auf.

Nun näherte sich die Nacht unter ihrer Wolkenkapuze wie eine Nonne aus einem Kloster. Sie raschelte mit ihrer Schleppe, die aber keinen Sternenflitter trug. Doch oben auf ihrer Stirn schien der fahle Halbmond, eingekreist von einem Halo aus violetten, roten und gelben Ringen. So blickte der einsame Betrachter in die schillernde Iris der Nacht: dermaßen traurig ohne Sterne.

Die Winde hatten sich gelegt; die Lagune lag still da wie eine Prärie an einem Augustmittag.

»Laßt uns während der Kalme träumen,« sagte Media. »Einer von euch Paddlern halte Wacht. He, Kameraden, auf nach Cathay!«

Der Schlaf regierte auf den Kanus, die ihrerseits auf dem Wasser schliefen. Doch tausendfach krochen niedrige Nebelschleier näher und näher heran, getüpfelt von den funkelnden Irrlichtern benachbarter Küsten. Diese Dünste wirkten wie düstere Leoparden, die sich geduckt anschlichen.

Still vergingen die Stunden. Woraufhin Taji, von einem Schrei erschreckt, aufsprang und mit dem Fuß gegen etwas stieß; dann ein rasches Aufklatschen! Und eine dunkle Gestalt sprang in die Lagune.

Der dösende Wachposten hatte den Schrei ausgestoßen; und der Mörder, der gerade zustoßen wollte, hatte sein Stilett fallen gelassen und war ins Wasser getaucht.

Als wir mit Mühe durch diesen heimtückischen Nebel spähten, bemerkten wir zwei Gestalten in einem Boot, die einen Dritten, der vor Wasser troff, an Bord zogen.

»Wieder verfehlt und auf immer verfehlt. Kein Opfer eines Feindes bin ich geworden.«

Als wir in die Düsternis starrten, entschwand das Boot rasch, ehe wir die Verfolgung aufnehmen konnten.

Darauf glitt von einem Nebelstreif gegenüber

ein zweites Kanu heran; und zeigte, unter der Iris des Mondes, nun eine zweite: Hautias Schwertlilienwimpel!

Die Sirenen waren nicht abzuwimmeln und kamen näher.

Eine schwenkte ein Gewächs von kränklichem Silbergrün.

»Der Mitternachts-Zitterpilz!« rief Yoomy aus; »der gefallene Stern der Blumen! – Und doch komme ich, wenn man mich am wenigsten erwartet. Fliehe dann.«

Die zweite schwenkte eine Schierlingsstaude, deren Dolde noch geschlossen war und die in einem spitzen Hüllblatt auslief. Die dritte trug eine halb geschlossene Winde.

»Das Ende naht und all deine Hoffnungen schwinden.«

Dann boten sie Trauben an.

Doch als wir sie noch einmal abwiesen, verschwanden sie lautlos.

Wieder einmal war an dem Pfeil gerissen worden, der mit seinem Widerhaken in meiner Seele stak; wieder war Yillah heraufbeschworen worden, doch hatte Hautia geantwortet.

Langsam ging die Nacht zu Ende. Mit Sonnenaufgang schwanden die düsteren Wolken und Stimmungen.

LXX.

Sie landen auf Hooloomooloo

»HALTET mit allen drei Kanus Kurs auf diese Klippe dort,« rief Media. »An diesem fröhlichen Morgen wollen wir keine Trübsal blasen! Und nun auf zur Insel der Krüppel – nach Hooloomooloo halt.«

»Die Insel der Krüppel?«

»Ja, warum nicht? Mohi, erzähle uns, wie es dazu kam, daß sie sich zusammenfanden.

Seine Erzählung lautete dem Sinn nach so:

Da sie die barbarische Sitte verabscheuten, alle nicht wohlgestalten Kinder bei der Geburt auszulöschen, sich aber diese unglücklichen Wesen aus den Augen schaffen wollten, hatten die Bewohner einer benachbarten Inselgruppe vor langer Zeit einen Zufluchtsort für Krüppel eingerichtet. Dort lebten diese, ihren eigenen Vorschriften gemäß, von einem selbstgewählten König regiert und bildeten kurzum eine eigene Klasse selbständiger Wesen.

Sie unterlagen einzig der Beschränkung, die Insel auf keinen Fall verlassen zu dürfen. Und für die Bewohner der umliegenden Inseln war der Anblick eines mißgestalteten Menschen dermaßen unerquicklich, daß die Landung eines Fremden auf Hooloomooloo als ein Wunder betrachtet wurde. Daher wußten die Krüppel von der Außenwelt so gut wie nichts und waren fast so isoliert als wäre Hooloomooloo das einzige Land auf Erden gewesen.

Diese Unglücklichen, deren Zahl andernfalls gering geblieben wäre, vermehrten sich in ihrer eigenen Gemeinschaft vehement. Nur waren die folgenden Generationen auch nicht wohlgeformter als die vorigen.

Bald näherten wir uns der Insel.

Eine Aufhäufung zerklüfteten Gesteins, hie und da von zwergwüchsigem, windschiefem Gebüsch bedeckt: der angemessene Ort für seine Bewohner.

Bei unserer Landung wurden wir von einem bunten Haufen umringt und strebten in solcher Begleitung dem im Landesinnern liegenden Domizil ihres Herrn, des Königs Yoky, zu.

Welch ein Schauspiel!

Da holperte ein beinloser Zwerg einher, der sich mit zwei Krücken aus Baumwurzeln behalf; ein anderer ging steifbeinig voran und hatte einen Arm starr in die Luft gestreckt, als sei er ein Blitzableiter; ein dritter, kregler als alle, paddelte mit zwei Schwimmflossen umher und robbte sich des Weges; ein vierter hopste auf einer einzigen Beinstelze und drehte sich bei jedem Satz um die eigene Achse wie ein Kreisel; während ein anderer wiederum, mit Fühlern oder Flossen ausgestattet, sich zur Kugel machte und nach vorne über den Boden rollte.

Mit beharrlichem Instinkt hielten sich die Blinden an unserer Seite; die Tauben und Stummen zeichneten mit zitternden Fingern stumpfe und spitze Winkel in die Luft; und Dutzende von Stotterern stammelten als polterte Geröll in Bergschluchten. Mißklang paarte sich mit Ungestalt. Dem gegenüber kamen einem Schreie von Eseln als Wohllaute vor, erschienen einem Kalibane als Engel.

Und sie begafften uns dreimal mehr als wir sie begafften.

Schließlich hielten wir vor einer Behausung aus groben Steinen; die Sparren aus krummen Banyan-Ästen waren mit bizarren Blättern bedeckt. Der Bau war in seiner Anlage so verworren und verschachtelt, daß ihn anscheinend die Eruption ausgespuckt hatte, die, Mohi zufolge, Ursprung der Insel selber war.

Beim Eintreten erblickten wir König Yoky.

Ach! Traurigerweise gebrach es ihm an allem, was ein wirkungsvoller Herrscher braucht. Er war taubstumm; außer den Armen und den unentbehrlichen Teilen Rumpf und Kopf hatte er rein gar nichts. Sein alles umfassender Mund war so riesig, daß er sich selbst zu verschlingen schien.

Doch trotz Mißgestalt und Hilflosigkeit war Yoky als König von Hooloomooloo ausreichend; denn dieser Staat war nur eine eingeschränkte Monarchie, deren Majestät bloß ein untätiges und schmückendes Haupt war.

Als seine Besucher nahten, begann er mit seinen Fingern zu plaudern: ein Diener übersetzte. Bemerkenswert, wie schnell Bewegung in Laut umgesetzt wurde; und wie übergangslos Bedeutung auf vier Wegen – Hand, Auge, Stimme und Trommelfell – zum Geist gelangte.

Seine Hoheit äußerte nun großes Erstaunen und warf entsetzte Blicke.

»Was tun sich Horrorgestalten wie ihr zusammen? Kommt ihr als Haufen, um euch Halt zu geben? Oder graust euch vor eurer Scheußlichkeit, so daß ihr fürchtet, allein aufzutreten? Monster, sprecht.«

»Großer Oro!« rief Mohi. »Werden wir jetzt vom König der Krüppel selbst für Krüppel gehalten? Edler Herr, sind unsere Arme und Beine nicht wohlgeraten?«

»Kein Drechsler hat je schönere gedrechselt, Mohi. Königlicher Yoky, wir fühlen uns wirklich vor Euch beschämt.«

Weitere ungläubige Blicke wurden daraufhin gewechselt; wonach Seine Hoheit wissen wollte, ob es unter seinen Besuchern möglicherweise Vergleichende Anatomen gebe.

»Vergleichende Anatomen? Keinen einzigen!«

»Und warum stellt König Yoky diese Frage?« wollte Babbalanja wissen.

Worauf uns folgende Erklärung gegeben wurde.

Der ehrwürdige Vorgänger von König Yoky hatte gegen Ende seiner Regentschaft, als er offenbar senil wurde, eine große Zuneigung zu einem alten, grauhaarigen Schimpansen entwickelt, den er eines Tages sinnend im Walde antraf. Er hieß Rozoko. Er bot einen sehr ernsten und würdevollen Anblick und hatte viel von einem Philosophen. Ihm waren alle diese knorrigen und verdrehten Themen vertraut; er hatte in seinem Leben so manche harte Nuß geknackt. Und Rozoko war so vernarrt in seine menschenscheue Einsamkeit, daß es vieler Schmeichelworte und Verlockungen bedurfte, um ihn zum Verlassen seiner moosigen Misantropenhöhle zu bewegen, auf daß er sich in den verwirrenden Tumult eines Hofes begebe.

Doch schon bald vergaß der Weise seinen Wald, da er zu hohen Ehren aufrückte und Favorit des Königs wurde. Und er erwiderte, Liebe um Liebe, des betagten Königs Hätscheleien. Sie wurden geradewegs innige Freunde, speisten und tranken zusammen, zechten mit zitternden Lippen maßvoll und mit langen Pausen, verglichen ihre früheren Erfahrungen und klapperten solche Themen ab, über die sich Achtzigjährige gern verbreiten.

Denn wenn die Glut der Jugend vorüber ist und Mardi ein Antlitz zeigt, das wirklicher ist, dann ziehen wir es vor, zu denken anstatt zu handeln; dann scheint das Gegenwärtige unwesentlicher zu sein als das Vergangene; dann tun wir uns mit Graubärten zusammen wie wir selbst und unterhalten uns über Schlagfluß, Leichenwagen, Bahrtücher und Grabmäler; bestellen unseren Leichenbestatter; hüllen uns in unsere Mäntel als seien es Totenhemden; und liegen jede Nacht da, zum Sterben bereit. Dann platzt die große Weltenblase; dann wird des Lebens Wolke weggefegt, und unseren fassungslosen Augen enthüllt sich der Himmel. Dann beten wir Rosenkränze und murmeln Vaterunser; und rufen mit bebender Stimme: »Oro, sei uns gnädig.«

So war es auch bei dem Monarchen und Rozoko.

Doch nicht immer. An einem hellen, heiteren Morgen unternahmen sie manchmal gemächlich-tatterige Streifzüge in den Wald, indes ihre Köpfe über grotesken Wanderstäben wackelten, welche die Handwerkskunst des Schimpansen hervorgebracht hatte. Denn der stoische Rozoko ging der Liebhaberei des Holzdrechselns nach und verfertigte dilettantische Spazierstöcke. Diese wurden später regelrecht zu seinen Steckenpferden; denn, schon halb altersblöde, bestieg er seinen Stock und unternahm einen leichten Ausritt in die gesunde Abendluft. Dies hielt er manchmal für eine angemessenere Bewegungsart als Gehen. Bald führte er seinen Freund, den König, in diese Reitkunst ein. Oft tänzelten sie dann nebeneinander auf ihren Steckenpferden oder waren des Sattels müde und stiegen ab; legten Pausen ein, um über umgestürzten Palmen nachzudenken, die auf dem Weg vermoderten und zählten deren geheimnisvollen Jahresringe. Jeder Ring war ein Jahr in ihrem eigenen Kalender.

Der Monarch hing so sehr an dem Schimpansen, daß er es seinen Untertanen, die er zur rechten Zeit zusammenrief, allen Ernstes auferlegte, ihn und seinen getreuen Freund im Todesfalle in einer gemeinsamen Gruft zu bestatten.

Der Fall trat ein und der Monarch starb. Der arme Rozoko war nun in seine zweite Kindheit versetzt und weinte so jämmerlich, daß in dieser Nacht auf Hooloomooloo keiner ein Auge zutat. Nicht im geringsten wollte er seinen Körper verlassen. Doch schließlich, nachdem er ihn dreimal langsam umkreist hatte, legte er ihn ab. Ganz eingerollt lag er da und hauchte lautlos seinen Geist aus.

Man gedachte der Verfügung des Königs; und beide fanden in der selben Gruft Aufnahme.

Die Monde verstrichen. Und da man die Bewohner der Insel mit Hohn und Spott übergoß, zeigten diese sich schließlich sehr entrüstet darüber, daß ein Affe von niedriger Geburt das Totenlager ihres verblichenen Herrn teilte, obwohl sie doch beide, den betagten Anaeas und seinen Achates, Seite an Seite gebettet hatten.

Sie beschlossen sogleich, eine neue Gruft mit einem hohen Grabhügel zu bauen; und dorthin die von ihnen verehrten Gebeine zu überführen.

Doch bei der Exhumierung entstand eine betrübliche Verwirrung. Denn schau! Diese beiden engen Freunde übertrafen selbst Saul und Jonathan und waren sogar als Dahingeschiedene unzertrennlich. Alle ihre Überreste, von Hüftbein, über Elle bis zum Handgelenk, bildeten ein derartiges Gemengsel und die einzelnen Teile waren einander so ähnlich wie die literarischen Relikte der Herren Beaumont und Fletcher, daß man auch mit einer Brille nicht sagen konnte, wer nun welcher wäre. Daher ließen sie ihren Plan fallen; auf daß ihr turmhohes Monument nicht an einen Affen statt an einen Monarchen gemahne.

Das war die Erzählung, nach der sich der edle Herr Media vornehm in Schweigen hüllte. Doch sprach Babbalanja, den Turban in der Hand, folgende Worte, die ihm geziemend schienen:

»Ich bin zutiefst betroffen, König Yoky, über die Verwirrung, in die Eure Insel geraten ist. Und nicht gering ist mein Bedauern, daß ich nicht der Mann bin, der ihr abhelfen kann. Es ist zum Weinen, daß die Zahl der Vergleichenden Anatomen jetzt noch nicht so groß ist wie sie es gewiß in Zukunft sein wird, wenn man ihre Dienste verstärkt in Anspruch nehmen wird; insbesondere am Jüngsten Tag, wenn Millionen edler und unedler Geister lauthals nach ihren verschollenen Skeletten verlangen werden; wenn sich die streitenden Parteien auf ein armseliges, morsches Rückgrat stürzen; und wenn wir uns wie die Hunde balgen, doch diesmal um unsere eigenen Knochen.«

Daraufhin traten zwergenhafte Mundschenke und Majordomus ein, oben mit Geweihen, die dergestalt verwachsen waren, daß sie sich – mundgerecht gruppiert – zu Trinkgefäßen formten. Sie kündigten das Mittagsmahl an.

König Media zeigte jedoch keine Neigung mit diesen Mißgestalten zu speisen und rührte sich nicht vom Fleck. Doch indem Babbalanja das alte Sprichwort zitierte: »Schlage mir ins Gesicht, doch verschmähe nicht meine Yamswurzeln«, veranlaßte er ihn, von seiner Überempfindlichkeit zu lassen.

Mit Widderhörnern wurde ein Tusch geblasen und Hof und Gäste schritten zu Tisch.

Die Mitte des Raumes nahm der verrenkte Stamm eines wilden Banyan-Baumes ein, dessen Äste man alle auf gleicher Länge abgesägt hatte, so daß er auf diesen Füßen wie ein riesiger Tausendfüßler zu kriechen schien. Der Tisch war mit schiefhalsigen Kürbisflaschen, mißgebildeten Kalebassen und unförmigen Servierbrettern bestückt, die man knorrigem Holz abgerungen hatte.

Der erste Gang bestand aus einer Garnelensuppe, in großen Muschelschalen serviert; der

zweite aus Hummer, Tintenfisch, Krabben, Herzmuscheln, Krebsen; der dritte aus Taro-Wurzeln und Bananen, deren Enden sich eigensinnig wie eingefleischte Schweineschwänze
kringelten. Zum Nachtisch gab es Melonen, so unförmig wie die Wasserköpfe von Idioten.

Diese Leckerbissen nun wurden der gefälligen Beachtung der Gäste empfohlen, nicht nur wegen ihres köstlichen Geschmacks sondern auch wegen ihrer Wohlgestalt.

Und in den Pausen zwischen den Gängen machte man uns bis zum Überdruß auf diverse Kunstgegenstände aufmerksam, die wir bewundern sollten: krummbeinige Schemel aus Mangrovenholz, Fischbein-Rapiere in Zickzackform, Armreifen aus Tümmler-Wirbeln, exotische Terrinen aus dem Bauchschild von Dosenschildkröten und Kännchen aus Pavianschädeln.

Nach dem Bankett zogen wir uns unter höflichen Verbeugungen zurück.

Als wir uns wieder dem Wasser zuwandten, kamen wir an einem Feld vorbei, wo Zwerge in Yamsbeeten arbeiteten; sie häuften die Erde um die Wurzeln, indem sie diese, nach Hundeart, hinter sich scharrten.

Als wir abfahrbereit waren, verschaffte uns Yokys Knecht, ein dreiarmiger Zwerg, einen prächtigen Start, indem er jedem Kanu einen kräftigen, dreifachen Schubs gab und rief: »Fort mit euch Monstern!«

Und es soll nicht unerwähnt bleiben, daß Vee-Vee, kurz bevor wir in die Boote gingen, einen sonderbar aussehenden Stein bemerkte; er drehte ihn um und fand eine Schlange darunter.

LXXI.

Ein Buch aus den
›Grübeleien des Bardianna‹

»NUN,« posaunte Babbalanja los, als wir uns von der Insel entfernten, »wer sind nun die Monster, wir oder die Krüppel?«

»Du selbst bist eines, weil du eine solche Frage stellst,« sagte Mohi.

»Und für die Krüppel bin ich das auch; doch nicht aus dem Grund, den du anführst, alter Mann. Aber ich bin, wie ich bin; ob häßlich oder schön, das hängt vom dem ab, der zum Richter bestellt ist. Man hat noch keine oberste Norm gefunden, die uns erlaubte, uns selbst zu beurteilen. ›Selbst unsere Instinkte sind Vorurteile,‹ sagte Alla-Malolla. ›Selbst unsere Axiome und Postulate sind weit davon entfernt, unfehlbar zu sein.‹ ›Im Hinblick auf das Universum ist der Mensch nur ein Ausschnitt,‹ sagte Diloro; ›und die ersten Grundsätze sind nichts als Dogmen.‹ Welche Ethik herrscht auf den Plejaden? Was haben die Synoden im Sternbild des Schützen beschlossen?«

»Laß deine alten Autoren sein und bleibe bei den Krüppeln, verbreite dich über sie,« sagte Media.

»Aber mit ihnen bin ich schon fertig; zu diesem Thema gibt es keinen Sermon. Lauscht lieber einer Passage des alten Bardianna, die ich auswendig kenne. Dort sagt der Weise in Kapitel X der ›Grübeleien‹ (Titel ›Zermalmende‹; Motto: ›Je pense.‹): ›Meine Vorrangstellung in der Schöpfung, – brüstet sich der Mensch –, wird in meiner natürlichen Haltung deutlich: Ich stehe aufrecht! Aber solches tun auch die Palmen und die Giraffen, die deren Wipfel abgrasen. Die Vögel der Luft fliegen hoch über unseren Häuptern; und von dort aus, wo wir unseren Himmel vermuten, bekleckern sie die Zinnen unserer Tempel. Wie Adler von ihren Horsten, so schauen sie auf uns Mardianer in unseren Bienenkörben herab, nicht anders, wie sie auf die Biber in ihren Bauten blicken; und sie wundern sich über unsere unverständlichen Gewohnheiten. Wie gescheit wir auch sein mögen, es bleibt uns doch einiges verborgen, was für sie kein Geheimnis ist. Können wir mit unseren fünf Schlüsseln alles Wissen erschließen? Taub, blind und ohne Geruchssinn findet die Fledermaus untrüglich ihren Weg; könnten wir es? Der Mensch aber ist Herr über die Fledermaus und die Tiere; Herr über die Krähen, mit denen er seine Kornernte teilen muß. Für die Vögel ackern wir ebenso wie für uns. Der Fluch der Arbeit lastet nur auf uns. Wie Sklaven placken wir uns; und sie picken und schnabulieren nach Lust und Laune.

Mardi ist nicht gänzlich unser Eigen. Wir sind der am wenigsten volkreiche Teil der Schöpfung. Eine Zählung unter den Heringen (von anderen Stämmen ganz zu schweigen), würde beweisen, daß wir weit in der Minderheit sind. Und wie das Leben für uns ist, – sauer oder süß, – so ist es auch für sie. Wie wir sterben sie und kämpfen bis zum letzten; wie wir vermehren sie sich und scheiden dahin. Wir bewohnen nur eine rauhe

Kruste, Inselfetzen, während die große, unergründliche Lagune zwei Drittel der Fläche einnimmt und, von ferne gesehen, alles beherrscht.

Welcher Schacht wurde schon bis zu den Antipoden gegraben? Was liegt unterhalb der Goldminen?

Doch selbst hier über der Erde, tappen wir nur im dunkeln, selbst wenn die Sonne im Zenith steht. Vergeblich suchen wir nach unseren Nordwestpassagen, die für die Wale Durchgangsstraßen sind.

O Menschengefährten! Wir sind nur das, was wir sind, nicht was wir sein möchten und zu sein hoffen. Wir sind nur eine Sprosse einer Stufenleiter, die eher über uns hinaus führt als hinab. Wir atmen bloß Sauerstoff. Wer auf Arkturus hat schon von uns gehört? In der Milchstraße kennt man uns nicht. Wir schwatzen von göttlichen Fähigkeiten und wissen nicht einmal wie ein Grashalm sprießt. Unter dem Himmelsgewölbe gehen wir mit eingezogenen Schultern. Wir tönen laut von unkörperlichen Welten; und verweilen doch lange bei unseren Banketten. Wir reklamieren Ewigkeit für unser Leben; und sind doch schon oft von unseren sterblichen Stunden gelangweilt. Wir wissen nicht, von was wir sprechen. Der Vogel des Paradieses überholt uns mit unserem Geflatter. Es ist noch nicht in unser Denken eingedrungen, was es heißt, unsterblich zu sein. Nach Herzenslust zimmern wir unsere jenseitige Welt: Ränge über Ränge, Galerien voller Laureaten, wo ewige Oratorien erschallen, Paternoster und Misereres! Und wir vergessen, daß uns in Mardi unsere Breviere oft den Händen entgleiten. Doch in diesem Jenseits, sagen einige, soll es Diwane geben, in die wir zurücksinken können, von ewiger Sonnenglut gewärmt, ohne daß wir wissen, ob es Orient oder Okzident ist. Stimmt dies? Ihr Menschengefährten! Unser sterbliches Leben hat ein Ende, doch ist dieses Ende kein Ziel, kein Ort zum Ausruhen. Was es auch immer ist, es wird sich nur als der Anfang eines anderen Umlaufs erweisen. Wir werden Freude, Hoffnung, Trauer empfinden, wie früher; wenn auch unsere Tränen eher dem würzigen Harz gleichen, das aus manchen Bäumen quillt. Ohne eigene Energie werden wir sein: nur noch Schemen.

Die trübe Schicht bricht auf. Die Zeitalter sind schon lange im Umlauf gewesen. Menschengefährten! Das jenseitige Leben wird nicht lyrisch sein; und wir werden nicht gähnen und uns als Schatten strecken, während sich die ewigen Kreisläufe vollziehen. Es ist schon eine edle Bestimmung, überhaupt zu leben; doch ewig zu leben, parallel mit Oro, das kann uns schon in Schrecken versetzen. Mühen wir uns nicht hier? Und sollen wir nicht anderswo auf immer faul sein? Andere Welten unterscheiden sich nur graduell von der hiesigen. Ein Kiesel ist gewiß ein schönes Muster für das Universum.

Unsere Winke zielen ins Blaue hinein. Vielleicht gibt es in diesem Augenblick Wesen, die sogar zu dieser Welt als ihrem zukünftigen Himmel aufblicken. Doch das Universum ist überall Himmel: nichts als Sternenwelten in unendlicher Ausdehnung. Was wir sehen, ist nur ein kleiner Sternenhaufen. Könnten wir Bootes erreichen, wären wir Oro näher als jetzt. Er hat keinen Ort, doch er ist vorhanden. Vielleicht hat uns schon unser Sternensystem auf seinen unvorstellbaren Wanderungen durch die Räume geschleppt, wo wir unsere Traumstädte aus Beryll und Jaspis errichten. Vielleicht atmen wir gerade jetzt den Äther ein, von dem wir uns vorstellen, daß er von Engelsflügeln durchfächert wird. Doch schaut euch um. Hier und jetzt ist viel zu sehen. Ist der Erzengel Wacht prachtvoller als die der Sterne, die wir jede Nacht erblicken? Fortwährend schätzen wir die Wunder gering, von denen wir denken, ihr Vorrat sei groß genug. Wir erwarten die Gabe. Wir sind mit Wundern so eingedeckt, daß wir sie gar nicht mehr für Wunder halten. Hätten sich diese Augen zuerst über all den wunderbaren Zeichen der Offenbarung des Johannes geöffnet, dann wären uns diese so vertraut geworden, daß wir sie nicht anders angesehen hätten wie das, was uns umgibt. In *diesem* Moment ist die Seite aufgeschlagen: für die Einfachen so einfach wie eine Fibel, für die Klugen verwirrender als Hieroglyphen. Die künftige Ewigkeit ist nur eine Verlängerung der jetzigen Zeit. Und der Beginn kann wunderbarer sein als das Ende.

Dann laßt uns also weise sein; obwohl wir schon vieles Wissen, was wir suchen, in uns tragen. Wenn es einfach ist, verachten wir es; wenn es gewagt ist, fürchten wir es.

Wir wollen unsere Schätze in Einsamkeit heben. Wir wollen unseren eigenen Gedanken lauschen. Die Seele braucht keinen Lehrer außer Oro; Oro ohne Stellvertreter. Wenn sie ihn wünscht, ist sie zugleich Lehrer und Belehrter. Unleugbar war die Vernunft die erste Entdeckung; und insofern sie auch alle anderen beurteilt, hat sie auch Vortritt vor diesen. Unmittelbar und ungehemmt dringt sie zu uns durch; und hat unbestreitbar Oros Zustimmung. Doch obwohl sie der Inspiration entspringt, ist sie nicht so vermessen, wie manche meinen. Nein, viel zu bescheiden, findet sie sich manchmal mit der größten Schmach ab. Obwohl sie auch in Bestform nicht unfehlbar ist, können wir uns doch, in ihrem Bereich, auf sie verlassen. Wenn sie im Fehler ist, hält sie inne. Von Visionären reden wir nicht. Wenn diese unsere erste Entdeckung vor dem Äußersten Halt macht, so tun dies alle weiteren ebenso. Wenn sie oftmals schiere Verblüffung hervorruft, so tun dies alle weiteren um so mehr. Vieles läßt sie im dunkeln; und den alten Rätseln werden neue Geheimnisse zugefügt. Menschengefährten! Der Ozean, den wir ausloten wollen, ist unergründlich; keine unserer Leinen erreicht seinen Boden. Laßt uns also bescheiden sein, doch nicht mit der dünkelhaften Bescheidenheit der Pharisäer. Wir kriechen weder wie Würmer noch tragen wir die Tracht der Engel.

Das Himmelsgewölbe hat keinen Schlußstein; und der Mensch ist am wenigsten dessen Stütze. Er steht allein. Alles sind wir uns selbst, doch wenig für andere. Was sind andere für uns? Würde das ewige Leben dieser Generation und ihren unmittelbaren Vorfahren zugesichert werden, was würden da die unzähligen Generationen aus früheren Zeitaltern lamentieren? Und schon bald würden wir in die Reihe unserer Väter einrücken. Was würde es uns ausmachen, wenn ein entfernter Volksstamm, der heute quicklebendig ist, auf einen Schlag ausgelöscht werden würde? Interessiert es uns wirklich, ob die Bewohner von Bellatrix unsterblich sind oder nicht, außer wir wären neugierig?

Dingen, die uns hart bedrängen, sollten wir nicht aus dem Weg gehen.

Einst gab es in der Nähe von Kassiopeia einen Stern erster Größe, der den ganzen Nordhimmel überstrahlte; er verglomm dann wie ein Feuer, wurde zu Asche und erlosch. An seiner Stelle ist jetzt eine Leere. Eine gewaltige Welt samt ihren Kontinenten, sagen die Astronomen, ist dort über den Köpfen unserer Väter verglüht, während man in Mardi muntere Feste feierte und Mädchen vermählte. Wer denkt jetzt noch an diese lodernde Sphäre? Wer weiß überhaupt noch, daß es sie gab?

So ist es eben.

Menschengefährten! Um uns richtig sehen zu können, müssen wir uns aufmachen und von den Streifen des Jupiters und von den Monden des Saturn einen Blick auf uns werfen. Das All kann ohne uns alt werden, auch wenn uns, dank Oro, ein kleiner Himmelswinkel zugewiesen ist, den wir erblicken können. Wir haben keinen alleinigen Anspruch auf die Ewigkeit; und irdisches Leid allein, das nicht vergolten wurde, kann diesen Anspruch nicht begründen, wenn nicht auch die mißhandelten Tiere Erlösung erlangen können. Leid ist Leid, gleich ob Mensch, Tier oder Ding leidet.

Wie klein, wie nichtig sind unsere Verdienste! Halten wir uns also mit nutzlosen Spekulationen zurück! Man braucht uns nicht zu sagen, was recht ist; wir sind mit dem ganzen Gesetz im Herzen auf die Welt gekommen. Handeln wir – und beugen wir unsere Knie. Und wenn wir trotzdem sang- und klanglos verschwinden, so gehen wir immerhin zugrunde und haben die Unsterblichkeit verdient, anstatt sie unverdient zu genießen. Statt Glaubenskämpfe zu führen, sollten wir tausenderlei Übelständen in unserer Umgebung abhelfen. Armut kriecht auf ihr schäbiges Lager und siecht ohne Hilfe dahin. Hier auf Erden, Menschengefährten, können wir bessere Engel sein als im Himmel, wo es Elend und Not nicht gibt.

Wir Mardianer reden so, als sei das Jenseits ein und alles, doch wir handeln so, als sei die Gegenwart alles. Wenn wir in unseren Theorien Mardi klein erscheinen lassen, so übersteigen wir doch nicht die Vorstellung, die ein Erzengel davon hat, der alle Sonnen und Systeme mit einem Blick erfaßt. Sollten die Inseln wie Kiesel im Weltraum versinken, würde Sirius, der Hundsstern, immer noch am Himmel glühen. Was für die mikroskopisch kleinen Tierchen das Atom ist, das ist Mardi für uns. Und diese Leben der Sterblichen sind lang, wenn sie richtig gelebt werden; blickt man in diese Seelen hinein, so sind sie unergründlich wie die tiefsten Tiefen.

Menschengefährten! Wir betreiben Haarspalterei; doch läßt man die großen Worte beiseite, bemerkt man, daß die meisten von uns am rechten Glauben hangen. Kein Denkender fällt vom großen Glauben ab. Die ersten Menschen dachten schon wie wir. Die biblische Wahrheit ist immer noch maßgeblich für uns; und alles, was damit in Widerspruch steht, glauben wir weniger als wir glauben, daß wir gar nicht nicht glauben können. Der Wirklichkeitssinn ist ein sturer Despot, der sich meistens durchsetzt. Er prüft und genehmigt Dinge, die gar nichts mit ihm zu tun haben. Doch diejenigen, die glauben, sich ganz über ihn hinwegsetzen zu können, sind doch nur auf andere, unmerkliche Weise gefangen und tragen das alte Joch in anderer Gestalt.‹«

»Halte ein, Babbalanja,« sagte Media, »und erlaube mir, daß ich ein Wort in dein Ohr dringen lasse. Seit langem Philosoph, pflegtest du uns mit Kapiteln deines alten Bardianna zu unterhalten; und mit unendlichem Schwung hast du gerade das längste von allen zitiert. Doch ich sehe nicht, o Weiser, daß du für dich selbst besser oder weiser wärest. Du lebst nicht gemäß Bardiannas Grundgedanken. Er ist standhaft in seinem Denken, doch du bist wie ein Fähnchen im Wind. Wie kommt das?«

»Gockel-gackel, fackel-fö, fuchtel-fochtel-forum!«

»Irre, wieder irre,« rief Yoomy.

LXXII.

Babbalanja kommt wieder auf die Beine

BABBALANJA saß vierundzwanzig Stunden lang starr und bewegungslos da und sprach kein einziges Wort. Daraufhin begann er, fast ohne einen Muskel zu bewegen, folgendes zu murmeln: »Schlemme nicht auf Banketten sondern sättige dich; nimm deine Portion und ziehe dich zurück; und iß nicht eher wieder, bis es dich danach verlangt. Dadurch läßt du der Natur Zeit, damit sie ihre magische Verwandlung vollziehen können: die festen Teile der Nahrung in Fleisch und den Wein in Blut zu verwandeln. Nach einem Bankett lege dich zur Ruhe nieder: die Verdauung will es so. Alle diese Regeln gelten auch an den Tischen der Weisheit und insbesondere auch für diejenigen, die sich am alten Bardianna laben.«

»Du weilst also wieder unter den Lebenden, Babbalanja?« sagte Media.

»Ja, edler Herr, ich bin gerade von den Toten auferstanden.«

»Und hat dich Azzageddi zum Totenreich geführt?«

»Ziehe deine Fänge ein und weiche, Widersacher! Laß mich los! Oder ich schlage dir ein Schnippchen und sterbe!«

»Rasch, Mohi! Laßt uns die Plätze tauschen,« rief Yoomy.

»Was nun, Babbalanja?« sagte Media.

»O edler Herr Mensch – nicht *Ihr*, edler Herr Media – erhabenes und machtvolles Wesen, Krone der Schöpfung! Du bist bloß der größte Prahlhans aller Zeiten! In allen Zeitaltern hast du dich mit deinen kühnen Fortschritten aufgeplustert: deine Vorfahren seien seichte Narren, kindische Greise! Die ganze Vergangenheit: vergeudete Zeit! Die Gegenwart weiß alles! Welches Glück im Jetzt und Hier zu leben! Jeder ist ein Autor! Soviel Bücher wie es Menschen gibt! Ein Licht geht auf in Minuten! Verkaufe Zähne pfundweise! Alle Elemente sind dienstbare Geister! Der Blitz erledigt Botengänge! Flüsse nach Maß! Der Ozean, ein Pfütze! – Doch schon Jahrhunderte zuvor haben sie sich aufgeplustert wie wir; und in künftigen Zeiten und immerdar werden sie sich aufplustern. In früheren Zeiten schwärzte man die Vergangenheit an, hielt sich für der Weisheit letzten Schluß. Mardi sollte nicht allein dastehen: die Annexion eines Planeten wurde gefordert, die Invasion der Sonne, die Kolonisation des Mondes; Konquistadoren schmachteten nach neuen Mardis, die Weisen wollten neue Himmel – denn hienieden konnten sie alle Fibeln schon auswendig. Wie wir, stöhnten sie in früheren Zeiten unter ihren Büchern, machten Bibliotheken zu Scheiterhaufen; und in deren Asche wühlen wir ehrfürchtig nach verkohlten Seiten herum und vergessen sogar, daß wir so viel klüger sind als sie. – Doch was haben wir wunderbare Zeiten: erstaunliche Entdeckungen, die sogar die Natur übersteigen! Und das Wundervollste daran: sie wurden zum erstenmal gemacht. Sie sind so einfach, daß unsere Vorfahren sie gewiß übersehen haben. Sie waren auf tiefere Dinge aus, ergründeten die Seele. Alles, was wir entdecken, hat uns schon begleitet, seit die Sonne zu rollen begann; doch vieles, was wir entdecken, ist nicht wert, entdeckt zu werden. Wir sind Kinder, die wegen Vogelnestern auf die Bäume klettern und die ein großes Geschrei anheben, wenn sie Eier darin finden. Doch wo sind unsere Flügel, die unsere Vorfahren gewiß nicht hatten? Sagt uns, Weise, gibt es etwas, das für einen Erzengel wissenswert wäre? Entdeckt ihr Entdecker etwas Neues? Narren! Mardi hat sich nicht verändert: die Sonne erhebt sich an ihrem alten Ort im Osten, alle Dinge gehen ihren immergleichen Gang. Uns kommen die Weisheitszähne ebenso spät wie vor dreitausend Jahren.«

»Verzeih,« sagte Mohi, »ich bin nun siebzig Jahre und mir ist immer noch nicht der letzte gewachsen.«

»Die Zähne, die der Begründer des Alphabets gesät hat, waren Weisheitszähne, doch gingen nicht alle auf. Wie Frühlingsweizen brechen sie erst spät aus der Erde, wie Frühlingsweizen sind viele im harten Winterboden zugrunde gegangen. O edler Herr, obwohl wir Leichname galvanisieren, so daß sie Veitstänze aufführen, können wir die Toten doch nicht auferstehen lassen! Obwohl wir den Blutkreislauf entdeckt haben, sterben die Menschen doch wie ehedem. Rinder grasen, Schafe blöken, Säuglinge schreien, Esel brüllen – genauso laut und energisch wie vor der Sintflut. Menschen liegen im Streit und versöhnen sich; bereuen und beginnen wieder von vorne; prassen und sterben Hungers; lachen und weinen; beten und fluchen; schwindeln, schachern, täuschen, kriechen zu Kreuz, tricksen, betören, betrügen, belügen, betteln, borgen, bestehlen, hängen, ertränken – wie in uralten Zeiten. Nichts ändert sich, obwohl vieles neumodisch ist: neue Moden wiederholen nur frühere. In den Büchern der Vergangenheit lesen wir nichts von der Gegenwart, wohl aber in den gegenwärtigen etwas von der Vergangenheit. Die gesamte Geschichte Mardis macht, in Großbuchstaben geschrieben, eine einzige Seite aus, die Titelseite. Die gesamte Autobiographie Mardis besteht aus einem Ausrufezeichen.«

»Wer spricht jetzt?« fragte Media; »Bardianna, Azzageddi oder Babbalanja?«

»Alle drei: ist es nicht ein vergnügliches Konzert?«

»Sehr hübsch! – Fahre fort und erzähle uns etwas von dem zukünftigen, jenseitigen Leben.«

»Ich bin noch nicht aus diesem Leben geschieden, edler Herr.«

»Doch gerade hast du gesagt, du seist von den Toten auferstanden.«

»Von dem Toten, der in mir vergraben ist, nicht von mir selbst als Totem.«

»Vielleicht weiß ja Bardianna etwas vom Jenseits?«

»Wenn dem so wäre, würde er es nicht offenbaren. Mir ist immer aufgefallen, edler Herr, daß die tiefgründigsten, freimütigsten Denker, selbst in ihren tiefsinnigsten Abhandlungen, einen großen Teil der kostbaren Gedanken für sich behalten. Sie denken vielleicht, das sei zu gut oder zu schlecht oder zu klug oder zu närrisch für die Menge. Und dieses unliebsame Schwanken stellt sich immer ein, wenn sie auf einen neuen Gedankengang in ihrer Seele stoßen. Der Boden darüber klingt, wie bei vergrabenen Schätzen: merkwürdig und hohl. Jedenfalls sagt uns der tiefsinnigste Grübler selten alles, was er denkt, selten entdeckt er uns das Äußerste und Innerste, selten öffnet er uns die Augen unter Wasser, selten macht er uns das totus-in-toto zugänglich und nie führt er uns zum Un-Inkohärenten, zum Immanenten, zum Über-Essentiellen und zum Einen.«

»Wirrwarr! Denke an die Quadammodotative!«

»Ach,« sagte Flechtbart, »das ist der Riß in seiner Schüssel, den alle Dizibilien des Doxodox nicht flicken werden.«

»Und aus dieser hirnrissigen Schale gibt er uns jetzt zu trinken, alter Mohi.«

»Doch man soll sich weder um sein undichtes Geschirr kümmern noch um dessen Inhalt, edler Herr. Sollen sich diese Philosophen nach Lust und Laune selbst irre machen, wir Weisen nehmen nicht daran teil.«

»Narren wie ich trinken, bis sie sich im Kreis drehen,« sagte Babbalanja. »Und eine Kalebasse muß immer die Runde machen. Fochtel-forum!«

LXXIII.

Letzte Erwähnung des alten Bardianna: Sein letzter Wille

DER Tag neigte sich seinem Ende zu. Und wie ungarische Zigeuner nach vielen Spukgeschichten still um ihr Feuer im Walde sitzen und dem rötlichen Lichtschein zusehen, der über ihre Gesichter spielt – so saßen wir nun in feierlicher Stille; und der karminrote Westen war das Feuer, das alle unsere Gesichter rötete.

»Erblasser!« rief daraufhin Media. »Habt ihr euren letzten Willen testamentarisch festgelegt, so tut ihn kund!«

»Meiner ist schon seit langem niedergeschrieben‚« sagte Babbalanja.

»Und wie lautet er?«

»Fuchtel-fochtel – – –«

»Höre zu, du Störenfried Azzageddi! Schere dich zu deinen fidelen Kumpanen dort unten und wedle dort mit deinem frechen Schwanz; oder ich nagle ihn dir an den Bug, bis du darum brüllst, freigelassen zu werden. Pack dich, sage ich.«

»Fahr hinab, Teufel, fahr zur Hölle!« grollte Babbalanja. »Ich glaube, edler Herr, er ist fort. Und nun werde ich, mit Eurer Erlaubnis, das Testament des alten Bardianna aufsagen. Es ist es wert, von ganz Mardi gehört zu werden. Ich habe es so eingehend studiert, daß ich es auswendig kann.«

»Beginne dann; doch ich fürchte, Azzageddi ist noch nicht tief genug.«

[413]

»Hört also, edler Herr: – ›Anno Mardi 5o ooo ooo a.Z. verfüge ich, Bardianna von der Insel Vamba, aus dem Ort gleichen Namens, nach einem Mahl von Yamswurzeln, gesund an Geist und Gliedern und guter Dinge, hiermit diesen meinen Letzten Willen.

Erstens:

Da alle aus meiner Sippschaft auf Mardi gut gestellt sind, berücksichtige ich sie in diesem meinem Testament überhaupt nicht.

Item: Da mein guter Freund Pondo verschiedentlich, mit Worten und in anderer Weise, seine große Zuneigung zu mir, Bardianna, bekundet hat, in meiner Eigenschaft als Besitzer des umfangreichen Anwesens, genannt »Das Lager«, samt seinen Pertinenzien, jetzo mein Wohnsitz, in besagtem Vamba gelegen; verfüge ich des weiteren für alle meine Brotfruchtgärten, Palmenhaine, Bananenplantagen, Tarofelder, Gärten, Wiesen, Wege und zu besagtem Anwesen gehörigen Erbgüter, daß ich dieselben hiermit dem Bomblum von der Insel Adda vermache, da besagter Bomblum für mich, als Eigentümer eines Grundbesitzes, nie eine Wertschätzung geäußert hat.

Item: Da sich mein werter Nachbar Lakreemo seit der letzten Mondfinsternis täglich nach meinem Gesundheitszustand erkundigt hat und da er allabendlich meinen Kräuterheiler unter Tränen nach dem Befinden meiner inneren Organe befragt hat, vermache ich besagtem Lakreemo samt und sonders diejenigen pflanzlichen Präperate, Pillen, Tränke, Pulver, Laxative, Purgative, Expellative, Evakuative, Tonika, Brechmittel,

Reinigungsmittel, Klistiere, Injektionsnadeln,
Schröpfeisen, Kataplasmen, Linderungsmittel,
Lotionen, Absude, Wasch- und Gurgelwasser
und schleimabführenden Mittel, zusammen mit
den dazugehörigen Krügen, Kalebassen, Flaschen und Salbentöpfen, die in der Nordwest-Ecke meiner ostsüdöstlichen Krypta, in obengenanntem Anwesen, als »Das Lager« bekannt,
vorhanden und befindlich sind.

Item: Da mir die Frau Pesti, zu Vamba gebürtig, oftmals zu verstehen gegeben hat, daß
ich, Bardianna, dringend einer Gemahlin bedürfe und da sie ebenso angedeutet hat, daß sie eine
große eheliche Zuneigung zu mir hege, vermache ich besagter Pesti hiermit – meinen Segen; insofern, daß ich zur Zeit der Eröffnung
dieses Testamentes jeglicher Nachstellung seitens obengenannter Dame Pesti ledig bin.

Item: Da ich eine hohe Meinung von der
Rechtschaffenheit meines teuren und ausgezeichneten Freundes Bidiri habe, vermache, gebe, gewähre, bewillige, hinterlasse, überreiche
ich besagtem Bidiri hiermit voll und ganz die
gesamte Behausung, in der mein Diener Oram
jetzt wohnt, samt aller zugehörigen Wiesen,
Hügel, Senken, Felder, Wälder und Gärten, ZU
TREUEN HÄNDEN jedoch, um selbige
Wohnstatt zu alleinigem Nutzen und Frommen
des ledigen Frauenzimmers Lanbranka Hohinna, jetzo ansässig auf obengenannter Insel Vamba, in Besitz zu haben und zu erhalten.

Item: Hiermit vermache ich meine große beschnitzte Kürbisflasche meinem guten Kameraden Topo.

Item: Da mein enger Freund Doldrum zu verschiedenen Zeiten und Orten prophezeite, daß sein Schmerz bei meinen Hinscheiden riesig wäre, vermache ich besagtem Doldrum hiermit zehn Yards meiner besten samtigen Tapa, damit er sie, zu seinem alleinigen Gebrauch und Nutzen, zu zahlreichen Schneuztüchern zerschneiden kann.

Item: Da mir mein vernünftiger Freund Solo seine Absicht kundgetan hat, lebenslänglich Junggeselle zu bleiben, vermache ich hiermit besagtem Solo meine einschläfrige Matte, auf der ich allnächtlich ruhe.

Item: Was meine private Laube und die angrenzenden Palmenhaine angeht, vorhanden und befindlich auf der Insel Vamba, so übergebe ich selbige, samt aller Pertinenzien, meinem Freund Minta, dem Zyniker, zu treuen Händen für den ersten durch und durch ehrbaren Mann aus der Nachkommenschaft meines Nachbarn Mondi; und in Ermangelung eines solchen für den ersten durch und durch ehrbaren Mann aus der Nachkommenschaft meines Nachbarn Pendidda; und in Ermangelung eines solchen für den ersten durch und durch ehrbaren Mann aus der Nachkommenschaft meines Nachbarn Wynodo; und in Ermangelung eines solchen für irgendeinen durch und durch ehrbaren Mann aus der Nachkommenschaft von irgendwem, der weit und breit in Mardi zu finden ist.

Item: Mein Freund Minta, der Zyniker, ist der alleinige Juror über alle Ansprüche auf obengenanntes Legat; und er behält alle Liegenschaften, bis besagte Person gefunden ist.

Item: Da ich weiß, daß mein ergebener Schreiber Marko sehr empfindlich ist bezüglich der Annahme einer Gunst, möchte ich ihm diese Qual ersparen und vermache hiermit besagtem Schreiber drei Milchzähne, nicht als pekuniäres Vermächtnis, sondern als bescheidenes und zartes Zeichen für meine tiefe Achtung vor ihm.

Item: Den Armen von Vamba vermache ich den gesamten Inhalt meines rot etikettierten Sackes mit kleinen Backenzähnen und Eckzähnen, der drei Viertel meines gesamten Nachlasses ausmacht; meinem Leibdiener Fidi vermache ich meinen Stock, alle meinen Kleider und Togen und dreihundert Backenzähne in bar; meinem Schüler Krako, diesem scharfsinnigen Philosophen, vermache ich ein vollständiges Gebiß, damit er sich einen Rückenwirbel kaufen kann; und diesem frommen und hoffnungsvollen Jüngling Vangi zwei Lachter meines besten Kokosfasertaus samt des Vorrechts, sich jedes Astes in meinen Wäldern bedienen zu können.

Hiermit verfüge ich, daß der Rest meiner Güter, sämtliche Mobilien und Haushaltsgegenständen aller Art; und meine sämtlichen losen Zähne, die nach Zahlung meiner Schulden und Erbschaftssteuern noch übrig sind, direkt unter die Armen von Vamba aufgeteilt werden.

Zum letzten: Ich vermache ganz Mardi diesen meinen letzten Ratschlag: Lebe, solange du leben kannst und schließe deine Augen, wenn du stirbst.

Ein früheres Testament muß nicht widerrufen werden: dies ist mein erstes und letztes.

Um dies zu bezeugen, habe ich hierzu den Abdruck meiner rechten Hand hinterlassen; und

habe hierzu die genaue Kopie der Tätowierung auf meiner rechten Schläfe während des obengenannten Jahres anbringen lassen.
Unterfertigt von mir, ›BARDIANNA.‹

»Babbalanja, dies ist ein außerordentliches Dokument,« sagte Media.
»Bardianna war ein außerordentlicher Mensch, edler Herr.«
»Gab es keine Testamentsnachträge.«
»Das gesamte Testament besteht nur aus Nachträgen; lauter nachträgliche Gedanken. Zehn Gedanken auf eine Tat, das war Bardiannas Motto.«
»Und seinen Anverwandten hatte er nichts hinterlassen?«
»Nicht einen Zahnstummel.«
»Aus seinem Testament geht hervor, daß er allein gelebt hat.«
»Ja, Bardianna hat nie versucht, an der Natur Verbesserungen vorzunehmen: er ist als Junggeselle geboren und starb als Junggeselle.«
»Was wird von seinem Hinschied berichtet,« fragte Mohi.
»Er starb mit geschlossenen Lippen und der Hand auf dem Herzen, alter Mann.«
»Und seine letzten Worte?«
»Stiller und besser.«
»Wo ist er, deiner Ansicht nach, jetzt?«
»In seinen Grübeleien. Und diese sind unser aller Vermächtnis, edler Herr; denn wie der große Häuptling von Romara, der ein ganzes Imperium hinterließ, so haben große Autoren ganz Mardi als Erben.«

LXXIV.

Eine Todeswolke fegt an ihnen vorbei

AM nächsten Tag ein fürchterliches Schauspiel. Wie sich im Seegebiet um die Sulu-Inseln jählings eine Wassertrombe bilden kann, deren Wirbel die fliehenden Boote der Malaien vor sich hertreibt, so war auch hier, rasend schnell, eine Wolke im Anzug und ließ Tausende von Buge dahinjagen; dahinter das schäumende Geflecht ihrer Kielspuren. Die dichtgedrängten Bootsbesatzungen rangen, in wahnsinnigem Flehen, ihre Hände und wirkten derart wie ein Urwald ineinander verschlungener Äste.

»Seht nur,« rief Yoomy, »die Todeswolke fliegt heran! Laßt uns ins Meer untertauchen.«

»Nein,« sagte Babbalanja. »Alles kommt von Oro. Wenn wir ertrinken sollen, so soll uns Oro ertränken.«

»Die Segel fallen lassen! Ruder ab!« rief Media. »Das Boot treiben lassen.«

Wie ein dahinstürmender Bison raste die Todeswolke an uns vorbei und streifte uns mit ihrer Gischt. Und über die tausend Boote dahinter brachen Sintfluten herein; ein Maelstrom tat sich auf und zog jede Planke und Seele hinab in die Tiefe.

Lange wurden wir auf den kreisenden Wogen hin und her geworfen, die sich von dieser Mitte her ausbreiteten und jede Insel zerschmetterten, bis sie, Monate später, ermattet das Riff von ganz Mardi bespülten.

»Oro sei Dank,« murmelte Mohi, »daß dieses Herz noch schlägt.«

An diesem sonnengeröteten Abend segelten wir an manchem stillen Hafen vorbei, aus dem sich Tausende von Booten geflüchtet hatten. Heiter und gelassen rollten dort die Wogen auf die Strände und plätscherten um die unversehrten Stämme der Palmen, an denen die tausend Boote noch des morgens befestigt waren.

»Indem sie den Tod flohen, rannten sie ihm in die Arme,« sagte Babbalanja. »Doch sind sie nicht gestorben, weil sie geflohen sind; denn die Todeswolke hätte auch aus diesen Häfen einen Maelstrom machen können. Sondern sie sind gestorben, weil sie nicht länger leben sollten. Könnten wir einen Blick auf den großen Kalender der Ewigkeit werfen, würden wir dort alle unsere Namen verzeichnet finden, jeder mit seinem Todesdatum versehen. Wir sterben durch Land und sterben durch Meer; wir sterben durch Erdbeben, Hungersnöte, Plagen und Kriege, durch Fieber und Seuchen, durch Leid oder übertriebene Freude. Diese tödliche Luft ist ein einziger Pesthauch, der uns schließlich alle dahinrafft. Wen die Todeswolke verschont, da er schläft, der stirbt in stillen Nachtwachen. Derjenige, den die Speere vieler Schlachten nicht fällen konnten, stirbt an einem Traubenkern unter der weinumrankten Laube, die er baute, um seinen Lebensabend zu beschatten. Wir sterben, weil wir leben. Doch nichtsdestoweniger zittert und zagt Babbalanja. Und wenn er nicht flieht, ist es, weil er in der Mitte eines Kreises steht: von allen Seiten ist ein Pfeil auf ihn gerichtet, überall lauert ein gespannter Bogen: ein Schwirren, und Babbalanja stirbt.«

LXXV.

Sie besuchen den Palmenkönig Abrazza

NACHT und Morgen verstrichen; und nachmittags näherten wir uns einer Insel, über der dunkle Wolken hingen. Ein Schauer ging nieder; aus den Wäldern drangen klagende Laute: halb ersticktes, schluchzendes Flüstern der Blätter. Unsere Buge wiesen auf das steil ansteigende Ufer.

»Fort von hier! Hier wollen wir nicht landen,« rief Media. »Laßt uns, wie der sorgenfreie Junggeselle Abrazza, der hier König ist, der Schattenseite der Insel den Rücken zukehren, und laßt uns die sonnige Seite erreichen, um uns an ihren Morgenauen zu erfreuen.«

»Aber wer ist der hohe Herr Abrazza?« fragte Yoomy.

»Der einhundertzwanzigste, der in direkter Linie von Phipora abstammt,« sagte Mohi, »und der mütterlicherseits mit den Lehnsherren von Klivonia verwandt ist. Sein Großonkel war Neffe der Nichte von Königin Zmiglandi, die vor langer Zeit an der Macht war und deren Heirat auf den ersten Durchgang der Venus fiel. Seine Ahnenreihe ist endlos.«

»Aber wer ist der hohe Herr Abrazza?«

»Hat er es nicht gesagt?« antwortete Babbalanja. »Warum so schwer von Begriff? Sein Großneffe war der Neffe der Nichte der unvergleichlichen Königin Zmiglandi und der einhundertzwanzigste Abkömmling des berühmten Phipora.«

»Will denn niemand sagen, wer Abrazza ist?«

»Kann man einen Menschen nicht dadurch schildern, daß man die Liste seiner Vorfahren abspult?« bemerkte Babbalanja, »oder müssen wir immer auf ihn selbst zu sprechen kommen. Also lausche, begriffsstutziger Yoomy, und wisse, daß dieser hohe Herr Abrazza sechs Fuß groß ist, daß er auf stämmigen Schenkeln steht, daß er blaue Augen und braunes Haar hat, daß er seine Brotfrucht gebackenen und nicht geröstet mag, daß er manchmal Haselnüsse in seiner Krone trägt, daß er beim Sprechen gerne blinzelt, daß seine Zähne gut sind.«

»Das hört sich an wie der Steckbrief eines entflohenen Einbrechers,« sagte Media, »wenn Ihr in dieser Weise von meinem königlichen Freund, dem hohen Herrn Abrazza sprecht. Fahrt fort, Herr, und sagt auch, daß er der alleinige Herrscher von Bonovona ist!«

»Edler Herr, ich war noch nicht zu Ende gekommen. Abrazza ist ein schöner König, von blühendem Aussehen und wohlgenährt; dem das Herz überfließt und der Mund noch mehr. Und der, für eine königliche Hoheit, äußerst liebenswürdig ist. Er ist ein Gentleman mit Szepter, der viel Gutes tut. Gütiger König! In eigener Person erteilt er den Befehl, denjenigen beizustehen, die tagtäglich zur Ausschmückung seiner Königsrobe nach Perlen tauchen und die, schwer atmend und mit blutunterlaufenen Augen, aus haifischverseuchten Tiefen aufsteigen und ihren Schatz zu seinen Füßen niederlegen, während ihnen die Sinne schwinden. Gütiger König Abrazza! Was bemitleidet er diejenigen, die sich tagtäglich auf sein Geheiß hin in seinen riesigen Waldgebieten abmühen. Doch da er ein philosophischer König ist, weint er nie; er zeigt sein Mitgefühl in einem sanften Lächeln, doch dies nur selten.«

»Du scheinst viel Eisen im Blut zu haben,« sagen Media. »Doch sage, was du sagen mußt.«

»Sage ich nicht die Wahrheit, edler Herr? Ich bewundere Abrazza. Bis auf sein königliches Mitleid ist er rundum vergnügt. Er liebt das Leben um des Lebens willen. Er gelobt, daß er ohne Sorgen ist; und oftmals sagt er sich in angenehmen Träumereien: ›Gewiß, edler Herr Abrazza, wenn einer sorgenfrei sein sollte, dann bist du es, der niemanden niederstreckt, der aber alle, die gefallen sind, bedauert!‹ Doch hebt er keinen von ihnen auf.«

Schließlich erreichten wir die Sonnenseite und wandten uns dem Strand zu. Vee-Vees Horn tönte laut. Und der edle Herr Abrazza trat aus seinem goldenen Hain wie ein Gastgeber, der einen auf der Schwelle begrüßt, und traf uns, als unsere Kiele das Ufer berührten.

»Willkommen, mein lieber Halbgott und König! Media, mein angenehmer Gast!«

Seine Diener verbeugten sich tief, seine Häuptlinge verneigten sich, seine Leibgardisten, in grasgrünen Uniformen, präsentierten Palmenzweige statt Waffen – die königlichen Insignien. Und Hand in Hand schritten die nickenden und vergnügten königlichen Freunde eine Gasse von

Begrüßungen ab und zogen eine Schleppe von Neid hinter sich her.

Uns stach Abrazzas juwelenbesetzte Krone ins Auge, die weder lauteren Rubinglanz ausstrahlte noch das strenge Weiß von Medias Perlen hatte, sondern die ein grünes und gelbes Licht warf, worin die Strahlen von Smaragden und Topasen sich kreuzten. Dieses Gleißen war so düster, daß alle Anwesenden darin leichenblaß wirkten; allein Abrazzas Wange erglänzte hell, wenn auch in nervöser Rötung.

Eine geräumige Halle empfing die Könige auf duftenden Matten. Scharen von Höflingen waren dort versammelt, verneigten sich höflich und verströmten sich in sanften Schmeicheleien, so daß alles um sie herum in einen Dunst der Beweihräucherung gehüllt war.

Die Halle war in drei Etagen abgestuft, deren oberste einen Vorhang hatte. Aus diesem trat, bei jedem Wortgeläut, ein Mädchen, mit buntem Schal und nacktem Busen, und brach in ein wildes und hohles Lachen aus, indes es die Zwischengeschosse hinabstürmte, vorbei an Ihren munteren Majestäten.

Weit um die Halle wogten, in Alleen angelegt, Haine von Mandelbäumen; das Weiß ihrer Blüten war wie Eis. Doch jeder der umrankten Stämme war innen hohl; hohl klang es aus den Grotten, hohl das Geräusch der Brecher auf dem Strand; und Hohlheit füllte die Luft in den Pausen zwischen dem hohlen Gelächter.

Mit Speeren bewehrte Wächter schritten die Haine ab, in deren tiefem Schatten man jene oftmals ihre Waffen heben sah, um irgendein häßliches Phantom zurückzudrängen und zu sagen: »Untertanen, behelligt ihn nicht. Abrazza möchte fröhlich sein, Abrazza bewirtet seine Gäste.«

So wurde alles Unpassende aus unserem Blickfeld verbannt; und wir hatten eine angenehme Zeit in diesem Herrschaftsgebiet. Kein Gesicht ging vorbei, das nicht lächelte. Auf den Zweigen saßen Spottdrosseln und machten uns glauben, daß die Haine aus tausend Kehlen Dankgebete zwitscherten! Die stämmigen Diener grinsten hinter ihren Servierbrettern, auf die Zitronen, Granatäpfel und Trauben gehäuft waren; die Pagen kicherten, wenn sie den Wein einschenkten; und alle Edelleute lachten laut, schlugen an ihre vergoldeten Speere und schworen, daß die Insel glücklich sei.

Das war die Insel, auf der wir weilten. Doch auf unseren Streifzügen fanden wir keine Yillah.

LXXVI.

Ein angenehmes Gespräch im schattigen Hain

ABRAZZA hatte ein kühles Refugium – einen Dattelhain. Dort pflegten wir an den Nachmittagen zu lagern und in unsere Gespräche das Geplapper der Rinnsale einfließen zu lassen; und unsere Pünsche in Bechern zu mischen, auf die Trauben ziseliert waren. Und König Abrazza war, wie eh und je, der König der Gastgeber.

»Eure Krone,« sagte er zu Media; und zusammen mit der seinen hängte er sie an einen Ast.

»Lassen wir alle Förmlichkeit!« und er streckte seine königlichen Beine auf dem Rasen aus.

»Wein!« und seine Pagen schenkten ihn ein.

So lagerten wir müßig auf dem Gras. Abrazza, der seine Altvorderen liebte, der die alten Zeiten liebte und nicht von den modernen reden mochte, bat Yoomy, alte Lieder zu singen, bat Mohi, alte Geschichten zu erzählen, bat Babbalanja, alte Ontologien vorzutragen und gebot unterdessen allen, seinen alten, alten Wein zu trinken.

So zechten und zitierten wir herum.

Schließlich kam das Gespräch auf alte homerische Sänger, solche, die sich in alten Zeiten Harfe spielend und bettelnd auf ihrem blinden Weg durch das mitleidige Mardi dahintasteten; die damals Kupfermünzen bekamen und nun unsterblichen Ruhm ernten.

ABRAZZA: Wie kam es, daß sie alle blind waren?

BABBALANJA: Dieses Gebrechen war endemisch, Eure Hoheit. Es gibt nur wenige große Poeten, die gute Augen haben; denn wer immer auf die Sonne starrt, muß blind sein. Vavona selbst war blind, als er, in der Stille seiner abgeschiedenen Laube, sagte: »Ich werde eine andere Welt errichten, in der es Könige und Sklaven, Philosophen und Schöngeister gibt; und deren abwechslungsreichen Taten – bizarr, befremdlich, traurig-lustig – mich erbauen, wenn ich müßiger Laune bin.« Auf diese Weise, edler Herr, spielte Vavona mit Königen und Kronen, mit Menschen und Manieren; und spielte dieses einsame Spiel gar gern.

ABRAZZA: Vavona war offenbar ein einsiedlerisch lebender Mardianer, der selten aus dem Haus ging, der wenig Freunde hatte und der, da er andere mied, selber gemieden wurde.

BABBALANJA: Doch mied er sich nicht selbst, edler Herr. Wie auch Götter und große Dichter allein weilen, während die von ihnen errichteten Welten sie umkreisen.

MEDIA: Du scheinst alle Autoren zu kennen, Babbalanja; folglich hast du bestimmt von Lombardo gehört, der vor einigen Jahrhunderten wirkte.

BABBALANJA: Ja, das habe ich; und seine große Dichtung Koztanza kenne ich auswendig.

MEDIA *(zu Abrazza)*: Das ist ein sehr merkwürdiges Werk, edler Herr.

ABRAZZA: Ja, wertester König. Doch, Babbalanja, wenn Lombardo Mardi etwas zu sagen hatte, – warum dann ein so heikles Vehikel wählen?

BABBALANJA: Das war seine Natur, nehme ich an.

ABRAZZA: Doch für mich wäre das nicht natürlich gewesen.

BABBALANJA: Und es wäre auch für den edlen Herrn Abrazza nicht natürlich gewesen, Lombardos Kopf auf seinen Schultern getragen zu haben. Jeder Mensch hat seinen eigenen, Oro sei Dank!

ABRAZZA: Ein merkwürdiges, sehr merkwürdiges Werk. Babbalanja, seid Ihr mit der Geschichte von Lombardo vertraut?

BABBALANJA: Keiner besser als ich. Ich habe alle seine Biographien gelesen.

ABRAZZA: Dann erzählt uns, wie er dazu kam, dieses Werk zu schreiben. Ich kann es mir, für meinen Teil, nicht vorstellen, wie diese armen Wichte solch ein Donnergetöse in ganz Mardi auslösen können.

MEDIA: Ihre Gewitter scheinen Selbstentzündungen zu sein, edler Herr.

ABRAZZA: Mit denen sie sich selbst verzehren, teurer Fürst.

BABBALANJA: In einem bestimmten Maße wohl, Eure Hoheit. Doch geruht, mir zuzuhören; und ich will Euch erzählen, in welcher Weise Lombardo seine große Koztanza schuf.

MEDIA: Doch höre, Philosoph, diesmal keine Inkohärenzen; mache diesen Teufel Azzageddi mundtot. Und nun sage uns, was es war, das Lombardo ursprünglich zu dem Unternehmen bewog.

BABBALANJA: Als erstes und vor allem: ein volles Herz, so randvoll, sprudelnd, funkelnd und überschäumend wie der Krug in Eurer Hand. Als zweites: die Notwendigkeit, für die Beschaffung seiner Yamswurzeln zu sorgen.

ABRAZZA: Würde der zweite Beweggrund wegfallen, wäre der erste dann ausreichend, Philosoph?

BABBALANJA: Das ist zu bezweifeln. Es braucht mehr als einen Kanal, um die Überflüsse einer Seele abzuleiten. Im übrigen schwappt die reichste Fülle nicht unerwartet über; und selbst wenn sie umgefüllt ist, fließ sie, wie üppiger Sirup, nur zäh; wohingegen dürftige Flüssigkeiten glatt verrinnen und sich überall hin verbreiten. Wenn also große Fülle mit großer Trägheit verbunden ist, dann erscheint dieser Mensch der Fülle anderen allzu oft als eine Null, obwohl seine Gedanken für ihn selbst, aufgrund ihrer Weitläufigkeit, eine unbegrenzte und unbestimmte Reihe bilden, die aber nicht mitteilbar ist – nicht weil es an Kraft fehlte sondern an einem allgewaltigen Wollen, das sein Vermögen in Bewegung setzte. Seine Welt liegt in Fülle vor ihm, der Angriffspunkt ist da, allein, es fehlt der Hebel. Verliehe man einem solchen Menschen die drahtige Resolutheit eines Landmannes, wäre das, als würde man der vorher unbewaffneten Tapferkeit ein Breitschwert zur Seite hängen. Unser Geist ist ein komplexer und ausgeklügelter Mechanismus; und fehlt eine Sprungfeder, ein Rädchen, eine Achse, verlangsamt sich die Bewegung oder kommt zum Stillstand. Das Großhirn soll nicht das Übergewicht über das Kleinhirn haben; unsere Hirne sollten rund wie Globen sein und auf geräumigen Brustkörben sitzen, die am Morgen kräftige Atemzüge nehmen. Bei Teilen von Menschen haben wir gewaltige Entwicklungen gehabt, doch nie bei der Gesamtheit. Vor einem umfassend entwickelten Menschen würde Mardi niederfallen, um ihn anzubeten. Wir sind Blödsinnige, die Letztgeborenen der Götter, deren senilen Produkte; und die Fehlgeburten unserer Mütter. Wir hatten das Zeug dazu, Riesen zu sein, doch sind Zwerge und taumeln inmitten derer, die uns über den Kopf gewachsen sind. Unsere Maße sind zum Bersten voll. Wir sterben an zuviel Leben.

MEDIA *(zu Abrazza)*: Seid nicht ungeduldig, edler Herr, er wird sich bald erholt haben. Du sprachst von Lombardo, Babbalanja.

BABBALANJA: Das tat ich, Eure Hoheit. Von Natur aus war er der trägste Mardianer. Habt ihr je einen gelben Löwen gesehen, der sich den ganzen Tag von der gelben Sonne bescheinen läßt: in seinen Träumereien zerreißt er ganze Elefantenherden, während seine mächtigen Lenden untätig daliegen und er mit den Augen blinzelt. So auch Lombardo; doch es kam grimmige Not, dieser Jäger, und ließ ihn aufbrüllen. Wie die Wellen eines Meeres wurde das Haar seiner Mähne hin und her geworfen, seine Augen entflammten wie zwei Höllen, seine Tatze hatte eine kreisende Welt angehalten.

ABRAZZA: In anderen Worten: Yamswurzeln waren dringend vonnöten und der arme Teufel brüllte, um sie zu bekommen.

BABBALANJA: *(sich verneigend)* Teil teils, Eure wortgetreue Hoheit. Und wie Ihr manchmal mit Eurem goldenen Szepter gelangweilt vor Eurer königlichen Nase herumtrommelt, um es dann machtvoll über die ganze Insel zu schwingen, so auch bei Lombardo. Und bevor ihm die Notwendigkeit nicht die Sporen gab, kannte er seine eigenen Gangarten noch nicht. Diese Notwendigkeit trieb ihn an, Bewußtsein zu erlangen, und brachte seinen Ehrgeiz, der bisher geschlummert hatte, zum Aufschäumen und Sieden, bis er vor sich selbst erzitterte. Keine gewappnete Hand, drohend gegen den Wanderer im Wald erhoben, kann uns so erschrecken wie wir uns selbst. Wir sind mit Geistern und Gespenstern angefüllt; wie in Totenäckern sind Leichen in uns vergraben, die in unserer Gegenwart zu leben anfangen. Alle unsere toten Ahnen stecken in uns; das ist ihre Unsterblichkeit. Von Vater zu Sohn vervielfachen wir die Toten in uns; und für jeden von ihnen ist das eine Wiederbelebung. Jeder Gedanke ist die Seele eines verstorbenen früheren Poeten, Helden, Weisen. Wir sind bevölkerter als eine Stadt. Das Leid bringt all dies zum Vorschein. Wer die Not kennt, der kennt auch sich selbst durch und durch. Um große Höhen zu erklimmen, müssen wir aus tiefster Tiefe kommen. Der Weg zum Himmel führt durch die Hölle. Wir müssen durch die Feuertaufe der wütendsten Flammen in unserem eigenen Busen. Wir müssen spüren, wie unsere Herzen in uns vor Hitze zischen. Und bevor unser Feuer zutage tritt, muß es sich seinen Weg durch uns hindurchbrennen, selbst wenn es uns und sich verzehrt. O glattwangige Fülle, die du über deine eigenen Grübchen lächelst, sinnlos ist es für dich, nach Größe zu greifen. Wende dich ab von all den daunengepolsterten Pfühlen, wende dich ab, und laß dich auf das Rad so manchen Leids flechten. Drücke dir, in deiner Weißglut, selbst das Brandmal auf und zähle deine Wunden, wie es vom Krieg zermürbte alte Veteranen an Lagerfeuern tun. Sanftmütiger Dichter, der du Tränen von Lilien streichst, – nimm diesen Weg! Und heule in Sack und Asche! Wisse, daß jeder lebendige Vers einer zerfurchten Stirn entspringt. Es gibt eine wütende, selbstfresserische Wonne in dem Schmerz, der aufschreit, um sich zu vervielfachen. Dieser Schmerz geizt sich selbst gegenüber; er bedauert alle Glücklichen. Einige Verdammte könnten auch gar nicht glücklich sein, nicht wahr.

ABRAZZA *(zu Media)*: Sagt bitte, edler Herr, ist dieser wackere Mann da ein Teufel?

MEDIA: Nein, edler Herr, er ist von einem besessen. Sein Name ist Azzageddi. Ihr werdet mehr von ihm hören. Doch komm, Babbalanja, hast du Lombardo ganz vergessen? Wie nahm er sein großes Werk Koztanza in Angriff?

ABRAZZA *(zu Media)*: Trotz all des Gefasels Eures Babbalanjas, gab sich Lombardo nie besondere Mühe; daher verdient er nur geringes Lob. Denn ein Genie muß so etwas wie wir Könige sein – ruhig, zufrieden, im Bewußtsein der Macht. Und der Entwurf zu seiner Koztanza hätte flügge sein müssen, als er Lombardo zuflog, wie ein Adler, der von der Sonne kommt.

BABBALANJA: Nein, Eure Hoheit; aber wie die Adler waren seine Gedanken zunächst ohne Feder; nackt geboren, schwangen sie sich dennoch auf.

ABRAZZA: Sehr schön! Ich nehme an, Babbalanja, sein erster Schritt war es, zu fasten und die Musen anzurufen.

BABBALANJA: Verzeiht, edler Herr, ganz im Gegenteil; er besorgte sich zunächst Stöße von Pergament und einige kräftige Schreibfedern: unerläßliche Vorbereitung, Wohllöbliche Herren, zur Abfassung der erhabensten Epen.

ABRAZZA: Ah! Dann wurden die Musen danach angerufen.

BABBALANJA: Verzeiht wiederum. Als nächstes setzte sich Lombardo zu einem köstlichen Pisangpudding nieder.

YOOMY: Wenn mich die Inspiration überkommt, brauche ich nur Oliven.

BABBALANJA: Lombardo mied Oliven, Yoomy. Er sagte: »Welcher fastende Soldat kann kämpfen? Und Schreiben ist der Kampf aller Kämpfe.« In zehn Tagen hatte Lombardo geschrieben –

ABRAZZA: Schnell hingeworfen, meint Ihr.

BABBALANJA: Er hat nie etwas schnell hingeworfen.

ABRAZZA: Wie Ihr wollt.

BABBALANJA: Lombardo hatte in zehn Tagen fünfzig Folianten vollgeschrieben; er liebte riesige Pergamentfelder, auf denen er sich auslassen konnte.

MEDIA: Was dann?

BABBALANJA: Er las sie aufmerksam wieder durch, machte aus dem ganzen einen hübschen Packen und warf ihn ins Feuer.

ALLE: Was?

MEDIA: Was! Diese großen Genies sollen Abfall schreiben?
ABRAZZA: Das habe ich mir gedacht.
BABBALANJA: Edle Herren, sie haben mehr als genug davon! Mehr als andere in Mardi. Genies sind voller Plunder. Doch tut das Genie sein möglichstes, ihn für sich zu behalten; er verschenkt das Erz und behält den Abraum; daher ist sein Werk oft so weise und sein Leben so töricht.
ABRAZZA: Dann ist also letztlich das Genie nicht inspiriert. Was müssen sie in ihren Minen schuften! Mir kommen die Tränen, wenn ich daran denke.
BABBALANJA: Edler Herr, alle Menschen sind inspiriert. Narren sind inspiriert, Eure Hoheiten sind inspiriert; denn das Wesen aller Ideen ist uns eingegeben. Von uns aus und in uns bringen wir nichts hervor. Als sich Lombardo ans Werk machte, wußte er nicht, was es werden würde. Er mauerte sich nicht in Pläne ein, er schrieb darauf los; und dadurch drang er immer tiefer in sein Inneres. Wie ein beherzter Reisender, der sich durch trügerische Wälder schlägt, wurde er schließlich für seine Mühen belohnt. »Rechtzeitig,« sagte er in seiner Autobiographie, »gelangte ich in eine heitere, sonnige und bezaubernde Region, reich an süßen Gerüchen, Vogelgezwitscher, wilden Klagen, schelmischem Lachen, prophetischen Stimmen. Das ist der Ort, den wir schließlich erreichen,« rief er aus, »ich habe das geschaffen, was erschafft.« Und jetzt breitete sich die ganze grenzenlose Landschaft vor Lombardo aus, dem der Schweiß auf

der Stirn stand, der seinen Umhang abwarf; der sich wieder faßte, sich mit Blick auf den Ozean niedersetzte und sich eine kühle Brise über das Gesicht streichen ließ; der Blumen vor sich ausbreitete und sich selbst genügend Platz verschaffte. Sein Pergamentstapel lag auf einer Seite –

ABRAZZA: Und auf der anderen stand sein randvoller Becher.

BABBALANJA: Nein, Eure Hoheit; obwohl er den Wein liebte, trank er ihn nie, wenn er gerade arbeitete.

MOHI: Wirklich? Nun, ich habe immer gedacht, es hätte an seinen vorzüglichen Pünschen gelegen, daß Mardi ihm solch überschäumenden Humor verdankte.

BABBALANJA: Keineswegs. Er hatte andere Mittel, um zu Potte zu kommen.

YOOMY: Rasch, sag uns das Geheimnis.

BABBALANJA: Er schrieb nie bei Kerzenlicht. Seine Lampe schwang am Himmel. Er erhob sich, wenn sich die Sonne im Osten erhob; er schrieb, wenn die ganze Natur lebendig war.

MOHI: Gewiß schrieb er dann mit einem Grinsen; und niemand lachte lauter über seine Scherze als er selbst.

BABBALANJA: Hörst du Gelächter bei der Geburt eines Menschenkindes, alter Mann? Der Säugling mag viele Lachfältchen haben, die Eltern aber nicht. Lombardo bot den Anblick eines Eremiten.

MEDIA: Was? Lachte Lombardo mit säuerlicher Miene?

BABBALANJA: Was bei ihm fröhlich wirkte, war für ihn nicht immer lustig, Eure Hoheit. Er war so sehr in den Ernst seiner Sache vergraben, so sehr an sein Werk gefesselt, daß er es nicht mit einem Lachen unterbrechen konnte.

MOHI: Mein Wort darauf, daß er manchmal schelmisch lachte.

BABBALANJA: Wenn er schrieb, war er nicht sein eigener Herr sondern bloß ein Gehilfe, der nach Diktat schrieb.

YOOMY: Das war die Inspiration!

BABBALANJA: Nenne es, wie du willst, Yoomy, es war eine Art Schlafwandeln des Geistes. Lombardo legte nie die Feder von sich aus nieder: sie fiel ihm aus der Hand. Und dann saß er ernüchtert da, rieb sich die Augen, starrte vor sich hin und fühlte sich erschöpft, manchmal zu Tode erschöpft.

MEDIA: Doch Babbalanja, erzähle uns bitte, wie er mit diesen erlesenen Persönlichkeiten Bekanntschaft schloß, die er uns in seiner Koztanza vorstellt.

BABBALANJA: Er traf sie vor allen Dingen in seinen Träumereien; zunächst wanderten sie verdrießlich in ihm herum und zeigten sich seinen Annäherungen gegenüber reserviert; doch als sie weiter angegangen wurden, schämten sie sich schließlich ihrer Zurückhaltung, gaben sich einen Ruck und reichten ihm die Hände. Danach waren sie offen und freundlich. Lombardo räumte ihnen einen Platz an seiner Tafel ein; und bei seinem Tode hatte er sie in seinem Testament bedacht.

MEDIA: Was? Diese imaginären Wesen?

ABRAZZA: Wunderbarer Geistesblitz! Höllisch fein eingefädelt!

MEDIA: Trotz allem, Babbalanja, fand die Koztanza in den Augen einiger Mardianer keine Gnade.

ABARAZZA: Ja, die Großkritiker Verbi und Batho haben das Werk verrissen.

BABBALANJA: Ja: Verbi soll, laut zuverlässiger Quelle, ein überflüssiges Komma entdeckt haben; und Batho erklärte, daß er aus dem Stoff eine weit schönere Welt hätte errichten können als die Lombardos. Doch hat man je etwas von der Grundsteinlegung dieser Welt gehört?

ABRAZZA: Doch die Einheiten, Babbalanja, die Einheiten! Sie fehlen völlig in der Koztanza.

BABBALANJA: Eure Hoheit, in diesem Punkt war Lombardo ganz freimütig. In seiner Autobiographie sagt er: »Eine Zeitlang versuchte ich, in der Gunst dieser Nymphen zu verweilen; doch sie erwiesen sich als so spitzfindig und pedantisch und erzürnten mich mit ihrer Fehlersucherei so sehr, daß ich schließlich auf sie verzichtete.

ABRAZZA: Sehr unbesonnen!

BABBALANJA: Nein, Eure Hoheit. Auch wenn Lombardo auf alle Ermahnungen von außen verzichtete, bewahrte er sich im Innern doch einen Autokraten: seinen Instinkt mit Krone und Szepter. Und was machte es schon, wenn er eine grobe Wirklichkeit einriß und die ätherischen Sphären plünderte, um etwas Eigenes daraus zu schaffen, – ein Kompositum? Geist und Materie sind ein Paar, auch wenn sie nicht zusammenpassen; oft sind sie entzweit, doch in der Koztanza sind sie vereint: die ätherische Taille, umschlungen von kräftigen Armen.

MEDIA: Wieder inkohärent! Ich dachte, damit sei Schluß!

BABBALANJA: Edler Herr Media, es gibt im Endlichen Unendliches; und in der Einheit Dualität. Unsere Augen sind vom Rot der Rose entzückt, doch ein anderer Sinn lebt von ihrem Duft. Ihrem Rot muß man sich näher, will man es erblicken, doch ihr unsichtbarer Duft durchströmt das ganze Feld. So auch mit der Koztanza. Ihre Schönheit an sich beschränkt sich auf ihre Form, doch ihre Seele breitet sich aus und erfüllt ganz Mardi mit Wohlgeruch. Modak ist Modako, doch fockel-fackel ist nicht fuchtel-fi.

MEDIA *(zu Abrazza)*: Edler Herr, Ihr zuckt wieder zusammen, doch diesmal ist es eine andere Azzageddi-Phase; manchmal ist er völlig verrückt. Aber am besten seht Ihr ganz darüber hinweg.

ABRAZZA: Ich will es versuchen, werter Fürst; was man nicht durchschauen kann, über das muß man hinwegsehen, wie Ihr sagt.

YOOMY: Doch glaubt mir, Hoheit, einige dieser Absonderlichkeiten schmeicheln dem Ohr zu sehr, als daß sie gänzlich des Sinns entbehren könnten.

ABRAZZA: Euer sanftmütiger Sänger hat recht, *das* muß es sein, edler Herr. Doch der Koztanza, Babbalanja, fehlt der innere Zusammenhalt; sie ist ungezügelt, zusammenhanglos und zerfällt in einzelne Episoden.

BABBALANJA: Und so ist auch Mardi selbst: nichts als Episoden, Täler und Hügel; Flüsse, die aus den Ebenen weichen; Rankengewächse, die alles überwuchern; erratische Blöcke und

Diamanten, Blumen und Disteln; Forste und Dickichte; und ab und zu Marschen und Moore. Und ebenso die Welt in der Koztanza.

ABRAZZA: Ja, es gibt darin Wüstenkapitel in reicher Zahl; Durststrecken und Treibsande, die man durchwaten muß.

MEDIA: Nun, Babbalanja, laß deine Tropen, und erzähle uns, was mit dem abgeschlossenen Werk geschah. Zeigte er es jemandem, um dessen Meinung zu erfahren?

BABBALANJA: Ja, Zenzori, der ihn fragte, wo er soviel Plunder aufgelesen hätte; und Hanto, der ihn bat, nicht den Kopf hängen zu lassen; aber es sei ganz hübsch; und Lukree, der zu wissen wünschte, wieviel er dafür eingestrichen hätte; und Roddi, der ihm einen Rat gab.

MEDIA: Und welchen?

BABBALANJA: Daß er am besten einen Scheiterhaufen aus dem Ganzen gemacht und wieder vorne angefangen hätte.

ABRAZZA: Sehr ermutigend.

MEDIA: Sonst noch jemand?

BABBALANJA: Pollo noch, der sich mächtig aufblies, als er sah, daß er um seine Meinung gefragt wurde. Und da er das Zittern in Lombardos Stimme bemerkte, als dieser ihm das Manuskript aushändigte, beschloß er, daß dieser Mann, der da schlotternd vor ihm in den Schranken stand, unbedingt dem Richter unterlegen sein mußte. Doch sein Urteil war mild. Nachdem die ganze Nacht lang über dem Werk gesessen hatte und sich fleißig Notizen gemacht hatte, sagte er: »Lombardo, mein Freund! Hier nimm deine Seiten zurück. Ich habe sie flüchtig durchgesehen. Du hättest es besser machen können, aber du hättest es auch schlechter machen können. Nimm sie zurück, mein Freund; ich habe ein paar Dinge eingefügt, die in deinem Sinne sind.«

MEDIA: Und wer war Pollo?

BABBALANJA: Wahrscheinlich ein Zeitgenosse Lombardos, der so hieß. Er wird gelegentlich erwähnt und er ist in einer der posthumen Anmerkungen zu der Koztanza beiläufig verewigt.

MEDIA: Und was wird dort über ihn gesagt?

BABBALANJA: Nicht viel. In einer sehr alten Abschrift des Werkes – der von Aldina – nimmt die Fußnote Bezug zu einem schönen Vers im Text und lautet: »Amüsanterweise beanspruchte ein alter Prosodist, ein gewisser Pollo, diese Stelle für sich. Er behauptete, sie Lombardo aus freien Stücken vermacht zu haben. Einiges weiß man noch über diesen Pollo, der vor einigen Wochen starb. Er gehörte offenbar zu denen, die gern Großes vollbracht hätten, wenn sie es gekonnt hätten; doch die sich dann damit bescheiden, Kleines zu erreichen. Er bildete sich ein, daß die Rangordnung, die er Autoren in seiner Bibliothek eingeräumt hatte, auch für ganz Mardi verbindlich sei. Er verbannte die erhabenen Gedichte von Vavona in das unterste Regal. ›Ach,‹ dachte er, ›was sind wir Bibliotheksfürsten doch diesen armseligen Autoren haushoch überlegen!‹ Pollo kannte sich gut aus in der Geschichte ihrer Nöte und hatte Mitleid mit allen, insbesondere den berühmten. Er selbst schrieb kleine Essays, die er sich selbst vorlas.«

MEDIA: Gut; und was sagte Lombardo zu diesen seinen guten Freunden Zenzori, Hanto und Roddi?

BABBALANJA: Nichts. Er nahm sein Manuskript wieder mit, überflog es und machte drei Korrekturen.

ABRAZZA: Und was dann?

BABBALANJA: Dann, Eure Hoheit, dachte er daran, ein Konklave professioneller Kritiker einzuberufen. Er sagte sich: »Dann können sie mich jetzt im vertraulichen Gespräch auf alle meine Mängel aufmerksam machen, so daß dann, wenn eine öffentliche Kritik ansteht, nichts mehr anbrennen wird.« Doch merkwürdigerweise äußerten sich diese professionellen Kritiker meist nicht zu einem noch unveröffentlichten Werk. Und von einigen edelmütigen Ausnahmen abgesehen, vermittelten sie in ihrer unbestimmten, gelehrten Manier derart geringschätzige und dürftige Ansichten über die Schriftstellerei, daß Lombardo hätte weinen können, wenn das seine Sache gewesen wäre. In seinem großen Kummer aber knirschte er mit den Zähnen. Er grollte: »Sie sind Toren. In ihren Augen macht die Bindung das Buch und nicht der Geist. Sie kritisieren mein abgerissenes Erscheinungsbild, nicht meine Seele, die, wie ein Streitroß, in einer prächtigen Schabracke steckt. Derjenige ist, ihrer Ansicht nach, ein großer Autor, der das meiste aus seinen Waren herausholt; aber ich bin kein Händler. Sie verehren einen mittelmäßigen Autor von früher, nur weil er alt ist, und verspotten den lebenden Propheten, der glühende Kohlen auf den Lippen hat. Diese Menschen wären keine Menschen, wenn sie keine Bücher hätten. Nicht ihre Väter haben sie gezeugt, sondern die Autoren, die sie gelesen haben. Gefühle haben sie keine; und sogar ihre Meinungen borgen sie sich. Sie können nicht ja oder nein sagen, ohne nicht vorher ganz Mardi als Enzyklopädie konsultiert zu haben. Alles Wissen in ihnen ist wie ein Leichnam in einem Sarg. Wären sie der Würde wert, verdammt zu sein, würde ich sie verdammen; doch sie sind es nicht. Kritiker? – Esel, eher noch Maultiere! Durch Anmaßung sind sie derart entmannt, daß sie keinen wahren Gedanken zeugen können. Wie Maultiere auch, die von Dunghaufen kommen, zertrampeln sie Rosengärten; den dabei frei werdenden Duft halten sie für ihren eigenen. – Ach, daß allenthalben die Domänen der Genies derart ungeschützt der Verwüstung durch solch ein Vieh ausgesetzt sind! Ach, daß ein Adler von einem Gänsekiel erdolcht werden kann! Doch am besten, wenn sich die Rezensenten nur über meine Abfälle hermachen. Denn ich bin Kritiker und Kreator; und als Kritiker übertreffe ich alle diejenigen, die bloß Kritiker sind, bei weitem an Grausamkeit, wie der Tiger Schakale übertrifft. Bevor Mardi etwas von mir zu sehen bekommt, untersuche ich es selbst mit kaltem Auge wie ein Chirurg. Ich schneide hier und da, prüfe, reiße auseinander, verdrehe; töte, verbrenne, zerstöre; und was dabei abfällt, das können die Schakale gerne haben. *Ich* bin es, der falschen Gedanken den Garaus macht, bevor sie ausgebrütet sind; *ich*, der Türme und Wälle niederreißt, die auf Baumaterial verzichten, aus dem andere Paläste machen würden. O hätte Mardi Einblick in unsere Arbeitsweise, wäre es über unser Urchaos verwunderter als über die runde Welt, die daraus hervorgeht. Es würde sich über unsere Bau- und Schaugerüste wundern, die bis in den Himmel reichen; über die Erdhügel, die sich um unsere Konstruktionen häufen, bevor sie vollendet sind. – Wie klar und deutlich steht die Pyramide da! In dieser ungeheuren Stille, in die diese zugespitzte Masse ragt, – konnten da je zehntausend Sklaven gearbeitet haben, zehntausend Hämmer erklungen sein? – Da steht sie, Teil von Mardi, und beansprucht, mit Bergen verwandt zu sein. Wurde sie je stückweise erbaut? – Sie wurde. Stück für Stück, nein, Atom auf Atom wurde sie aufgeschichtet. Diese Welt ist aus Winzigkeiten gemacht.«

YOOMY *(sinnend)*: So ist es.

ABRAZZA: Lombardo war streng mit seinen Kritikern, und sie waren es ebenso mit ihm; das ganz gewiß.

BABBALANJA: Eure Hoheit, Lombardo wagte es nie, echte Kritiker zu kritisieren, die seltener sind als echte Poeten. Ein großer Kritiker ist ein Sultan unter Satrapen; doch sind Möchtegerne so zahlreich wie Ameisen, die eine Palme emporkrabbeln, um deren himmelhohe Süße zu erreichen. Und sie kämpfen auch untereinander. Auch wenn sie Adler rupfen wollen, sind sie doch selbst Gänse mit vielen Federkielen, die sie sich gegenseitig ausreißen.

ABRAZZA *(zu Media)*: Oro sei dem Opfer gnädig, das in Babbalanjas Hände fällt!

MEDIA: Jawohl, edler Herr. Manchmal ist jeder seiner Finger ein Dolch, jeder Gedanke ein stürzender Turm, der einen zermalmt! Doch fahre fort, Philosoph! was ist noch zu Lombardo zu sagen?

BABBALANJA: »Was dieses Werk angeht,« sagte er, »so habe ich mich genügend damit abgequält. Es reicht. Es hat seine Fehler, die alle von mir kommen; seine Qualitäten, die es sich allesamt selbst zu verdanken hat. Doch diese Plackerei muß ein Ende haben. Die von mir gewirkten Wesen flehen mich an. Mein Herz ist voll, mein Geist erschöpft. Möge es seinen Weg gegen – und Oro mit ihm. Mardi hat doch ein großes Herz – wird *dieses* gerührt, wird das Echo von allen Inseln kommen!«

ABRAZZA: Armer Teufel! Er nahm die Welt zu schwer.

MEDIA: Wie die meisten dieser Sterblichen, edler Herr. Das ist auch die selbstauferlegte Last, unter der Babbalanja taumelt. Doch Philosoph, was dachte Lombardo von seinem Werk, bevor Mardi es zu sehen bekam; wenn er es objektiv betrachtete, meine ich, so, als hätte es nichts mit ihm zu tun.

ABRAZZA: Gewiß schätzte er es sehr.

BABBALANJA: Schwer zu beantworten. Manchmal, wenn er allein war, hielt er große Stücke darauf; doch unter Leuten verachtete er es nahezu. Wenn er aber an einzelne Teile dachte, die er hellsichtig und halb blind, mit pochenden Schläfen und schmerzendem Herzen geschrieben hatte –

ABRAZZA: Papperlapapp!

BABBALANJA: Er hätte sich gerne gesagt: »Es ist bestimmt nicht umsonst!« Wenn er aber an die Unrast von Mardi dachte, beschlich ihn Betrübnis. »Wer wird es beachten?« dachte er. »Was kümmern sich diese Gimpel und Schreihähne um mich? Doch bin ich nicht selbst ein aufgeblasener Wicht? Wer wird mich lesen? Bei tausend Seiten – jede Seite zu fünfundzwanzig Zeilen, jede Zeile zu zehn Wörtern, jedes Wort mit zehn Buchstaben – das ergibt zwei Millionen fünfhunderttausend *A*'s, *I*'s, *O*'s usw., die man lesen muß! Wieviele davon sind überflüssig? Bin ich nicht verrückt, Mardi solch eine Arbeit aufzuhalsen? Bin ich der Weiseste von allen Menschen, so daß ich mich auf einen Sockel stellen und die Massen belehren kann? Ach, meine Koztanza, Kind vielfacher Gebete! In deinen ernsten, unergründlichen Augen sehe ich meine eigenen; und ich entsinne mich aller vergangenen Wonnen und der geheimen Seelenängste: magst du dich auch als das Kind eines kindischen Alten erweisen – so bist du doch schön für mich; häßlich für Mardi! Und ich glaube, du hast es nicht verdient zu sterben – wegen der vielen Mühe, die du gemacht hast; die aber nicht intensiv und anhaltend genug war, um den hohen Lohn der Unsterblichkeit zu erhalten. Es ist aber schon Unsterbliches geschrieben worden; und auch von Menschen wie mir; von Menschen, die schliefen und wachten, und aßen; die eine Sprache sprachen wie ich. Ach, Oro, wie können wir wissen, ob wir das sind, was wir gerne wären? Trägt der Genius einen Stempel, so daß er dem, der ihn besitzt, offenbar ist? Kann er sich selbst erblicken oder ist er blind? Oder täuschen wir uns selbst damit, wenn wir glauben, Götter zu sein und doch in die Grube fahren? Genius, Genius – wird dieses Wort in tausend Jahren von Mund zu Mund gehen? Wird man von mir, Lombardo reden? – Gestern hat mich noch ein Geck auf dem Marktplatz links liegen gelassen! – Der unsterbliche Lombardo! – Ha! ha! Du bist ein Riesenesel mit Ohren, die bis zu den Palmwipfeln reichen! Riesenroß Lombardo! Unser großer Landsmann, Dichterfürst! Ha! ha! Schaufle dir dein eigenes Grab und beerdige dich selbst!«

ABRAZZA: Manchmal war er ein lustiger Geselle.

BABBALANJA: Sehr lustig, Eure Hoheit, furchtbar fidel! Und ich wünschte aus tiefster Seele, daß DU nur einen Schimmer von seiner lustigen Not hättest! DU würdest erbleichen, Hochwohllöblichster Herr Abrazza!

ABARAZZA *(zu Media)*: Edler Herr, seine Zähne sind fabelhaft weiß und scharf: seine Großmutter muß ein Hai gewesen sein. Bleckt er seine Zähne öfter in dieser höllischen Weise?

MEDIA: Ach, edler Herr, das ist Azzageddi. Doch Babbalanja, fahre bitte fort.

BABBALANJA: Eure Hoheit, Lombardo war selbst in den Phasen, wo er am wenigsten kritisch war, weit davon entfernt, von seinem Werk entzückt zu sein. Er gesteht, daß es ihm niemals als etwas anderes erschienen war als eine armselige, hingekritzelte Abschrift von etwas in ihm, das er um keinen Preis vollständig übermitteln konnte. »Meine Leinwand war klein,« sagte er,

»vieles, was zu spät kam, blieb ausgesperrt. Doch das ist das Schicksal.« Und Schicksal war es auch, Eure Hoheit, welches Lombardo zwang, sein Werk von der Staffelei zu nehmen und es, vor seiner Vollendung, in Druck zu geben. »Ach, hätte ich doch nicht so unter Druck gestanden!« rief er aus. »Doch dieses arme Balg muß, wie viele andere Mardianer in ihrer Kindheit gar, das Brot für seinen Erzeuger beschaffen.«

ABRAZZA *(mit einem Seufzer)*: Ach, der arme Teufel! Doch mich dünkt, es war reichlich unverschämt von ihm, derart von oben herab zu Mardi zusprechen. – Hielt er sich für einen Gott?

BABBALANJA: Er selbst wußte am besten, was er dachte. Aber wie alle anderen war er von Oro zu einer besonderen Bestimmung geschaffen worden; die zweifellos zum Teil in seiner Koztanza erfüllt wurde.

MEDIA: Und nun ist dieser Lombardo lange tot und begraben. Und sein Werk, das zu seinen Lebzeiten verhöhnt wurde, überlebt ihn. Was denkt die heutige Gesellschaft darüber? Sprecht, edler Herr Abrazza! Babbalanja! Mohi! Yoomy!

ABRAZZA *(mit seinem Szepter an seine Sandale tippend)*: Ich habe es nie gelesen.

BABBALANJA *(in die Höhe schauend)*: Es wurde mit göttlicher Absicht geschrieben.

Mohi *(seinen Bart streichend)*: Es ist mir nie ans Herz gewachsen und ich habe es schon ignoriert, bevor dies Mardi tat.

YOOMY *(sinnend)*: Es hat mein Herz erleuchtet.

MEDIA *(sich erhebend)*: Ich habe es neunmal gelesen.

BABBALANJA *(aufspringend)*: Ach, Lombardo! Das muß deinen Geist glücklich machen!

LXXVII.

Sie soupieren

ABRAZZA schien etwas Düsteres, Hohles, Herzloses an sich zu haben; wie auch diese grüngoldene Unglückskrone, die er trug.

Doch warum daran denken? Selbst wenn uns etwas in der Stirnrundung von jemandem mißfällt oder wenn wir dem Ton in seiner Stimme mißtrauen, so sollten wir doch möglichst von allem Argwohn Abstand nehmen und ihn, um der Götter willen, zu einem fröhlichen Kameraden machen. Elend, dreifach elend ist derjenige, der sich ewig den Kopf darüber zerbricht, ob nun jemand gut oder böse sei, und abwägt, was für das eine oder das andere spricht. Denn wir sind alle gut und böse. Mein Herz soll so groß wie Asien sein. Und wer nicht gerade ein ausgemachter Schurke ist, den soll man zu den gutmütigsten Gesellen auf der Welt zählen.

An diesem Abend empfing uns Abrazza in seinem richtig königlichen Saal und zur rechten Stunde wurde ein köstliches Souper aufgetragen.

Unser Gastgeber konnte sich mit dieser unserer nächtlichen Bewirtung durch viele berühmte Beispiele der Antike bestätigt sehen.

Denn der alte Jupiter gab Soupers; Wotan, die Hindu-Gottheit Brahma, der Manitu der Rothäute gaben Soupers, hauptsächlich mit Wildbret.

Und auch viele berühmte Sterbliche gaben Soupers: Xerxes, Montezuma, Powhattan. Das

Passahfest war ein Nachtmahl. Die Pharaonen gaben Soupers, Julius Caesar gab Soupers – und die waren selten; der große Pompeius, Nobob Crassus und Heliogabalus, genannt der Gierschlund, gaben Soupers.

In alten Zeiten war es in aller Munde, daß König Pluto Soupers gab; und manche sagen, er gebe sie immer noch. In diesem Fall befindet er sich in hochkarätiger Gesellschaft: Kaiser und Zaren, Großmogule und Großkhane, Oberlamas und Großherzöge, Prinzregenten und Königswitwen; Tamerlan stößt mit Bonaparte an, Antiochus mit Soliman dem Großen, Pisistratus mit Pilatus; Semiramis nascht Bonbons mit Bloody Mary und deren Namensschwester aus dem Hause Medici; die dreißig Tyrannen bechern in dreifacher Überzahl mit dem Rat der Zehn; und Sultane, Satrapen, Wesire, Hetmane, Soldane, Landgrafen, Paschas, Dogen, Dauphins, Infanten, Inkas und Kaziken sind dabei.

Und weiter: zu Arbela sandte der Eroberer der Eroberer, der siegreiche Sohn von Olympia und Jupiter selbst, an seine Hauptleute Hephestion, Antigonus, Antipater und die übrigen die Einladung, mit ihm um zehn Uhr abends im Tempel des Belus zusammenzukommen, um dort ein Siegesmahl aus dem goldenen Tafelgeschirr der assyrischen Hohepriester zu halten. Wie majestätisch er in dieser Nacht seinen alten Madeira ausschenkte! Er fühlte sich so hoch und erhaben wie der Himalaya; ja, ganz Babaylon senkte seine Türme grüßend in seiner Seele!

Auf Abrazzas herrlicher Tafel waren Köstlichkeiten ausgebreitet und aufgehäuft; Zitronen und Trauben verströmten ihren Duft und umhügelten hohe Gefäße mit Wein; hier und da winkten frische Orangenbaumzweige, in deren Zweigen unzählige kleine Kerzen wie Glühwürmchen glommen – das sah aus, wie ein Bankett im Paradies, dem Ceres und Pomona präsidieren; wo der ausgelassene Bacchus zurücktaumelt, wenn er die Flaschen mit sprühendem Champagner losknallen läßt, – wie ein Rekrut mit einem Gewehr von großer Feuerkraft.

Rings um den Saal reihten sich lebende Kandelaber. Lakaien, in farbenprächtiger Gewandung, die hohe Fackeln in den Händen hielten; und an einem Ende des Raumes standen Trompeter mit ihren Instrumenten an den Lippen.

»Hierhin, mein lieber Media! Auf diesen Sitz zu meiner Linken. – Edler Taji! Zu meiner Rechten. Babbalanja, Mohi wo seid ihr? Doch wo ist der charmante Yoomy hingegangen? – In den Mondschein, um zu sinnen? – Aha, sehr gut. Das Bankett möge beginnen. Einen Tusch!

Und alle schritten zum Angriff.

Das Wildbret, – Wildschweinfleisch und Büfelrücken –, war außerordentlich; der Wein, ein edles Gewächs: wie in Flaschen gefüllter Blitz; und der erste Gang, ein glänzende Sache, ging los wie eine Rakete.

Babbalanja aber schloß sich dem Schmaus nicht an. Es war wieder über ihn gekommen und er saß abseits. Still schaute der dem Bankett zu und murmelte ab und zu: »Fockel, fackel, fackelfö – – –«

Als sich der erste Sturm des Festes gelegt hatte, sagte König Media, der sich aus einer riesigen

Flasche in seinen Pokal ausschenkte: »Abrazza, diese Nachtmahle sind schon eine wunderbare Sache.«

»Ja, edler Herr, viel besser als Mittagsmahle.«

»Das sind sie zweifellos. Die Stunde des Dinners ist der Sommer des Tages: voller Sonnenschein zugegeben; doch nicht vergleichbar mit dem ausgereiften Herbst des Soupers. Ein Dinner kann, wie Ihr wißt, ziemlich förmlich vonstatten gehen; doch sprühen Soupers immer vor guter Laune. Bei Dinners muß man zuerst die Segel einholen, das Segeltuch einrollen, die weiblichen Passagiere von Bord geleiten, das Schiff seeklar machen, bevor man beginnt, den Sturm mit Behagen abzureiten. Doch bei diesen Soupers – großer Oro, Euer Becher ist leer, mein lieber Halbgott – bei diesen Soupers, sage ich, ist alles sturmklar und tipptopp, bevor man beginnt; und wenn man beginnt, verzichtet man auf den Anfang und beginnt in der Mitte. Und was das Tuch betrifft, – erzählt uns bitte, Flechtbart, was Ludwig der Dicke, der alte König von Franko, dazu sagte. Das Tuch für die Tafel, wohlgemerkt. Es ist in Euren Chroniken niedergelegt.«

»Edler Herr,« – und er wischte sich den Bart –, »der alte Ludwig war der Ansicht, daß bei einer Abendtafel ein Tuch nichts verloren hätte, außer in der Tracht eines fröhlichen Klosterbruders. Er sagte: ›Ich, für meinen Teil, lasse mich am liebsten an der tuchlosen Tafel nieder.‹«

»Die königliche Autorität Ludwig des Dikken ist weitaus größer und gewichtiger als die

Ludwig des Großen,« sagte Babbalanja. »Der eine ist nur groß durch seinen Titel, der andere ohne Frage durch seinen Leibesumfang. Doch sind sie beide gleichermaßen berühmt und, wenn sie tot sind, gleichwertig. Denn nachdem Ludwig der Große manch eine schöne Provinz verschlungen und die Armen in seinem Reich zermalmt hat, wird er schon seit langem von sehr kleinen Würmern zerfressen und zu sehr feinem Staub zermahlen. Und nachdem Ludwig der Dicke manch eine Rehrippe entblößt hat, liegt sein eigenes Gerippe nun blank und bleich im Tal des Todes; und in seinen Schädel hat der Verfall Muster ziseliert wie die auf der Trinkschale, die er einst an seine Lippen hob.«

»Edler Herr! Edler Herr!« rief Abrazza Media zu. »Dieser Euer gräßlicher Teufel grinst schlimmer als ein Totenschädel. Ich spüre, wie die Maden über mich hinwegkriechen! – Bei Oro, wir müssen ihn an die Luft setzen!«

»Nein, nein, edler Herr. Er soll hier sitzen wie einer der Totenköpfe, die früher die Feste der Pharaonen zierten. Laßt ihn hier sitzen – denn der Tod gibt dem Leben Würze. – Fahre fort: lasse deiner Zunge furchtlos freien Lauf, Azzageddi! – Doch erzähle uns, Flechtbart, weiteres über die Ludwigs.«

»Nun, Eure Hoheit, alle achtzehn königliche Ludwigs von Frankreich –«

»Die wie so manche Kegel der Reihe nach durch den grimmigen Tod von der Bahn gefegt wurden,« warf Babbalanja ein.

»Beachte ihn nicht, fahre fort,« sagte Media.

»Der Sanfte, der Fromme, der Stammler, der

Faule, der Junge, der Zänker – von diesen allen, sage ich, hat sich Ludwig der Dicke an der Tafel am besten geschlagen. Sein Wanst wies eine solche Wölbung auf, daß Ludwig nur an sein Mahl herankommen konnte, wenn er mitten darin saß. Daher war seine Tafel kreisrund wie der Zodiakus und er saß, wie die Sonne, in der Mitte – umkreist von Schmorfleisch und Ragouts.«

»Ja,« sagte Babbalanja, »Ludwig der Dicke war schon eine runde Sonne. Kein Wunder, daß er sich in den Chroniken niedergeschlagen hat: als König der Pokale und Tokaier, mit vielen Ellen Leibesumfang. Wirklich ein berühmter König: drei Zentner gekröntes Fett, je dicker desto dümmer – eine Ballonflasche von Potentat!«

»Ist das denn auszuhalten?« rief Abrazza und sprang auf. »Spüle deinen Hohn hinunter, Teufel! Auf der Stelle! Schlucke ihn bis zur Neige! Das kommt davon, wenn man einen zaghaften Trinker an der Tafel hat. Wie ein Eisberg verbreitet solch ein Kerl eine frostige Atmosphäre auf einem Bankett, die noch in einer Meile Entfernung zu verspüren ist. Wir müssen ihn hinauswerfen. Wachen!«

»Zurück, rührt ihn nicht an, ihr Schurken!« rief Media. »Verzeiht, edler Herr, aber wir halten ihn lieber zum Trinken an, auf daß er in diesem guten Wein zerschmelze. Trinke! Ich befehle es, trinke, Babbalanja!«

»Trinke ich denn nicht, edler Herr? Bestimmt möchtet Ihr nicht, daß ich mehr schlucke als ich vertragen kann. Ist das Maß voll, ist alles, was darüber geht, vergeudet. Ich bin dafür, maßvoll in diesen Dingen zu sein, edelster Herr. Wenn ich meinen Becher getrunken habe, habt Ihr schon drei geleert. Besser an einem halben Liter genippt als einen Liter gekippt. Alles im Maß genossen ist gut, das Übermaß ist vom Übel; so auch beim Wein.«

»Schluß mit deinen Logeleien und Kegelschnitten! Trinke! – Aber nein, nein, ich bin zu streng. Ein Nachtmahl sollte das geselligste und ungezwungenste Mahl von allen sein. Und wenn wir Könige an diesem teilnehmen, sollten wir nicht das Szepter schwingen. Tue, was dir gefällt, Babbalanja.«

»Ihr habt trotzdem recht, Ihr habt recht, mein lieber Halbgott,« sagte Abrazza. »Und, um die Wahrheit zu sagen, kümmere ich mich selten um das Treiben dieser Sterblichen; denn uns Halbgöttern wird es nicht gedankt. Wir Könige sollten immer über den Dingen stehen. Nichts ist besser als ein kaltes Herz; Warmherzigkeit führt nur zu Wallungen und Verwirrungen. Die Sterblichen hier auf meiner Insel können auf sich selbst aufpassen; ich halte sie nur außen vor, wenn sie mit ihren Petitionen hereinplatzen wollen. In diesem Augenblick, edler Herr, versieht meine Leibgarde draußen ihren Dienst und vertreibt jeden Eindringling. – Hört, was ist das für ein Lärm? – He, wer da?!«

In diesem Moment drang eine Schar von Lanzenträgern in den Saal, von einem Haufen bleicher und zerlumpter Gestalten geschoben; diese richteten sich lautstark an König Abrazza.

»Verzeiht, edler Herr, daß wir uns solchermaßen Einlaß erzwingen! Doch wir haben lange vergeblich an Eure Pforten geklopft! Unser Leid ist unerträglich geworden! Schenkt bitte unserem Sprecher Euer Ohr!«

Und aus ihrer aufgewühlten Mitte schoben sie einen baumlangen, grimmigen Kerl, der dräuend aus dem Pulk aufragte wie der Gipfel auf Teneriffa in einem Sturm.

»Werft diese Schufte hinaus! He, ihr feigen Gardisten, dreht euch um und greift sie an! Fort mit euren Beschwerden! Jagt sie hinaus, jagt sie hinaus! Tolle Zeiten sind das, edler Herr Media, wenn Halbgötter über ihrem Weine derartig behelligt werden. Wie soll man nur dieser Sterblichen Herr werden?«

So wurde schließlich der zerlumpte Haufe unter großen Schwierigkeiten hinausbefördert; der Piko de Teide ging als letzter, indes sich auf seiner Stirn ein Sturm zusammenbraute; und er murmelte etwas über finstere Zeiten, die kommen würden.

Während das mißtönende Gemurre draußen noch durch die Halle hallte, füllte König Abrazza seinen Pokal aufs neue und sprach dieses: »Ihr sagtet, werter König, daß ein Souper das geselligste und ungezwungenste von allen Mahlen sei. Sehr wahr. Und von allen Nachtmahlen sind die am besten, die von uns unverheirateten Halbgöttern gegeben werden. Nicht wahr?«

»Das ist wahr. Denn frisch vermählte Sterbliche müssen beizeiten zu Hause sein, während unverheiratete Halbgötter immer bleiben können.«

»Ja, Eure Hoheit, Junggesellen sind das ganze Jahr über daheim,« sagte Mohi, »sitzen das Leben hinter dem Ofen ab, wie Hunde, behaglich und warm; und drehen unterdessen den altmodischen Bratenwender.«

»Und für uns unverheiratete Halbgötter,« rief Media, »liegen die Tage vor uns wie eine lange Reihe hübscher Flaschen, die griffbereit auf dem Regal stehen.«

»Aber, meine werten Könige,« sagte Babbalanja, inzwischen vom Weine aufgeheitert, »wenn die von Junggesellen gegebenen Soupers die besten sind, sind dann nicht die Priester und Mönche von allen unseren Junggesellen die fidelsten? Ich meine, hinter den Kulissen. Wenn sie alle ihre Gebete gesprochen haben und für ihr jenseitiges Leben bestens gerüstet sind, – wer hat es dann sorgenfreier und bequemer als sie? Ja, ein Nachtmahl für zwei in einer Klosterzelle zu Maramma ist weit fröhlicher als ein Dinner für fünfundzwanzig Könige im rechten Flügel von Donjalolos Palast des Morgens.«

»Bravo, Babbalanja!« rief Media, »dein Eisberg ist am Abtauen. Weiter so. Sagte ich nicht, daß wir ihn zuletzt zum Schmelzen bringen würden, edler Herr?«

»Ja,« fuhr Babbalanja fort, »Junggesellen sind eine edle Bruderschaft: ich bin selbst einer. In dieser Hinsicht einer von Euch, edle Halbgötter. Und anders als die Patriarchen dieser Welt, zeugen wir keine Brigaden und Bataillone; und senden keine Regimenter in die Schlachten unseres Landes, die vollständig unseren eigenen Lenden entsprungen sind. Doch lassen wir oftmals stattliche Häuser und Ländereien zurück, treffliche alte Weinbrände und Malagawein von den Bergen; und ganz besonders warme Wämser, Togen und Gamaschen, worin sich diejenigen wärmen, die uns überleben – so umhüllen wir Arme und Beine derer, die andere zeugen. Man unterlasse also abschätzige Vergleiche zwischen Frischvermählten und Junggesellen, denn auf die eben beschriebene Weise beteiligen wir uns auch an den Pflichten der Nachwelt gegenüber.«

»Nachmahle auf immer!« rief Media. »Seht, edler Herr, wie Eures bei Babbalanja angeschlagen hat. Er kam als Klappergestell an und hat nun tüchtig etwas auf den Rippen!«

»Ja, edle Herren Halbgötter,« sagte Babbalanja und schenkte sich in kleinen Portionen wieder nach. »Diese Nachtmahle sind wirklich eine köstliche und vergnügliche Sache. Doch müssen wie sie teuer bezahlen. Alles, edler Herren, hat seinen Preis, ob Murmel oder Erdball. Es ist der Verdauung dienlicher und auch besser für Leib und Seele, unter der Mittagssonne ein halbe Rehkeule und eine Gallone Met zu sich zu nehmen als um Mitternacht eine zarte, hochzeitliche Rebhuhnbrust, zusammen mit einem leichten Negus!«

»Da ist etwas daran!« sagte Mohi. »Hol's der Teufel, wenn in einem gut eingerichteten Haus die Speisekammer an das Schlafzimmer grenzt. Eine gute Idee: ich schenke nach und mache mir meine Gedanken darüber.«

»Paß auf, Babbalanja, daß Azzageddi nicht wieder über dich kommt,« dein Becher ist nur halb voll.«

»Gestattet, daß es dabei bleibt, edler Herr. Denn wer mit zuviel Wein zu Bette geht, der hat einen Bettgenossen, der unruhiger ist wie ein Schlafwandler. Und wenn auch Wein ein fröhlicher Gesell auf dem Tische ist, so ist er unter einem Laken ein verdrießlicher Kerl. Ich kenne ihn schon lange. Doch sind trotz allem, edler Herr, Nachtmahle für viele Mardianer immer noch besser als Mittagsmahle, wie teuer sie auch erkauft sind. Denn viele haben am Abend mehr Muße zu speisen als mittags. Und wenn ihr Halbgötter auch nach Lust und Laune dinieren und euer Diner sogar bis in die Nacht ausdehnen könnt, wo ihr dann über eurem Burgunder sitzt und zirpt, bis die Morgenlerchen in eure Grillenlaute einstimmen, so daß Morgen und Abend ineinander übergehen, so ist es bei uns gemeinen Sterblichen doch ganz anders. Von unserem Mittagsmahl müssen wir zu unseren Ambossen eilen; und der letzte heitere Humpen verdunstet in Kummer und Sorge.«

»Mich deucht, ein Rückfall,« sagte Abrazza.

»Es ist spät geworden, Eure Hoheiten, »sagte Mohi. »Ist es nicht Zeit zum Aufbruch?«

»Nein, nein!« rief Abrazza aus. »Der Tag soll anbrechen, wann er will: doch wir brechen nicht auf. Es ist erst Mitternacht. Reicht mir den Wein herüber, mein lieber Media. Wir sind doch noch jung, mein lieber Herr und König: leichten Herzens und schweren Beutels; mit kurzen Gebeten und langen Zinsregistern. Laßt den Tokaier kreisen! Wir Halbgötter können noch schlafen, wenn wir alt sind. Kommt! Laßt die Karaffen reihum gehen! Mögen wir sie hinter uns lassen wie Meilensteine bei einem Rennen!«

»Ach!« murmelte Babbalanja, während er den

vollen Becher auf dem Tisch weit von sich abgerückt hatte. »So ist es nicht bei dem armen Kerl, der mit einem Buckel geboren ist und Schwielen an den Händen hat. – Ackern und schlafen – schlafen und ackern, das sind seine Tage und Nächte; er geht mit einem Hexenschuß ins Bett und wacht mit Rheuma auf. Ich weiß, was das heißt. Er nimmt hastig ein paar Bissen, und sein ganzes Leben ist nichts anderes als ein kalter Happen. Doch Oro sei gepriesen, wenn auch eines solchen Mannes Mahlzeit nicht den Namen Dinner verdient; es sei dennoch Oro gepriesen, denn ein gutes Souper ist nicht zu verachten. Die Stiefel ausgezogen und, wenn's gefällt, auch das Hemd; und dann zugegriffen. Hurra! Des Tages Plackerei ist vorbei: der letzte Schlag ist getan und hallt noch nach. Zwölf lange Stunden bis Sonnenaufgang! Und wenn es eine antarktische Nacht wäre, dann wären es sechs Monate bis zum nächsten Morgen! Doch hurra! Sogar die Bienen haben ihren Stock, und nach eines Tages ermüdenden Wanderzügen kehren sie heim zu ihrem Honig. So strecken auch die Arbeiter ihre erschöpften Beine aus, reiben ihre lahmen Ellbogen, hängen ihren müden rechten Arm in eine Schlinge und lassen sich von anderen umschwirren, lassen sich mit Speis und Trank um den Mund gehen; und leeren Flasche um Flasche – bis zur bitteren Neige. Ach, trotz allem lebt der ärmste Teufel in Mardi nicht vergebens. Die härteste Eichenbohle hat auch eine weiche Seite!«

»Mich dünkt, ich habe solch rührseliges Gewäsch schon zuvor von meinen Sklaven gehört, edler Herr,« sagte Abrazza zu Media. »Das riecht schwer nach diesem uralten Geschnatter.«

»Geschnatter, Eure Hoheit? Geschnatter? Ich bin voll davon, ich bin ein schnatternder Geist, Hochwohllöblicher Herr! Hier, streckt Eure Hand durch mich hindurch, hier, hier und versengt sie Euch in meinem inneren Glühen. Bei Oro, König, ich werde solange auf dich einschnattern bis sich deine Krone wie ein zweiter Schädel anfühlt. Geschnatter? Ja, in der Hölle werden wir im Konzert schnattern, König! Wir werden zusammen heulen und schmoren und aus dem letzten Loch pfeifen!

»Weiche, du Teufel! He, Wachen, ergreift ihn!«

»Zurück, Hundsfotte!« schrie Media. »Krümmt kein Haar auf diesem Haupt. Ich bitte um Verzeihung, König Abrazza, doch darf Babbalanja keine Gewalt angetan werden.«

»Blast die Trompeten!« sagte Abrazza. »So, das Bankett ist abgeblasen, die Tafel aufgehoben – leuchtet König Media zu seinem Lager! Gute Nacht, edler Herr!«

So schließen wir nun einstweilen mit einem Schmause. Und nach vielen köstlichen Dinners und Banketten, durch Licht und Schatten, Freud und Leid und alles, wo wir uns dem Abend dieser abenteuerlichen Irrfahrten nähern, ist es angemessen, daß alle mit einem Nachtmahl bewirtet werden.

LXXVIII.

Sie fahren ab

AM nächsten Morgen sandte König Abrazza Media die kühle Nachricht, daß es ein wunderschöner Tag zum Segeln sei; doch bedauerlicherweise hindere ihn eine Unpäßlichkeit daran, sich den Gästen anzuschließen, die doch gewiß heute morgen seine Insel verlassen würden.

»Mein Komplimente an euren König,« sagte Media zu den Kammerherren, »und sagt, daß wir die königliche Aufforderung zum Verlassen der Insel wohl vernommen hätten.«

»Übermittelt auch Azzageddis Komplimente,« sagte Babbalanja, »und sagt, ich hoffe, daß Seine Hoheit ihre Verabredung mit mir nicht verpassen wird: in der ersten Mitternacht nach seinem Tode in der Friedhofsecke; dort werde ich sein und wieder grinsen!«

Das nächste Land, das wir beim Weitersegeln sahen, war dicht bewaldet und von einem Gürtel von Mangroven umgeben, die im Wasser fußten und ihre Äste in die Höhe reckten. Mancherorts gab es schattige Winkel, teils Wasserflächen teils von Grün bedeckt. Fische warfen kleine Wellen, Kanarienvögel sangen.

»Laßt uns dieses Dickicht durchdringen, edler Herr,« sagte Yoomy, »und an Land gelangen; die dortige Einsamkeit ist bestimmt stärkend.«

»Einsam ist es dort wohl,« rief Mohi aus.

»Bewohnt, aber nicht belebt,« sagte Babbalanja. »Schwierig, hier zu landen, Sänger! Siehst du nicht, daß die Insel von einem Wall aus Bäumen umgeben ist?«

»Warum sich dann dort durchkämpfen,« sagte Media. »Yillah ist dort nicht.«

»Ich befürchte es,« seufzte Yoomy. »Diese Insel ist ein Verlies: voll klaglosen Leids. Wie viele andere, von denen ich schon gehört habe, hätten wir unbekümmert an ihr vorbeifahren sollen. Beim Passieren der Insel, bemerken sie nur deren äußere Heiterkeit, doch denken nicht im Traum an die traurigen Geheimnisse, die in diesen Laubgewölben eingeschlossen sind. Aufenthaltsort der Hoffnungslosen! In diesen Wäldern im Innern brüten Mardianer vor sich hin, die von Mardi gekostet haben und das bitter fanden, was anderen so süß war: Mädchen, deren Blüte sich nicht verströmt hatte und die in der Knospe verdorben war; und Kinder, die ihren Blick von dem Morgen des Lebens abgewandt hatten – wie die in der Frühe frisch erblühten Blumen, die sich abwenden und schließen, da sie Stürme voraussehen.«

»Yoomy sagt die Wahrheit,« sprach Mohi.

»Warum also landen?« meinte Media. »Kein wackerer Mann von Verstand, kein Halbgott wie ich wird es tun. Fahren wir fort von hier; laßt uns auf unserer Rundreise alles Vergnügliche schauen und, wenn möglich, das Traurige meiden.«

»Dann haben wir das Riff nicht ganz umrundet,« sagte Babbalanja, »sondern nur einen Ausschnitt bereist. Das ist beileibe nicht das erste traurige Land, edler Herr, das wir auf Eure Bitte hin ausgelassen haben.«

»Genug davon! Ich will keine Düsternis mehr.

Ein Chor! He, ihr Paddler! Alle Segel gesetzt, legt euch ins Zeug. Frischt auf, ihr fröhlichen Winde!«

Und so näherten wir uns, im safranfarbenen Sonnenuntergang, einem anderen Gestade.

Ein düster aussehendes Land! Schwarze, überkragende Klippen, von vulkanischen Spalten zerrissen, von Wasserläufen durchpflügt und schwarz von verkohlten Wäldern. Der Strand war von Schlacke und Vulkanasche übersät; ein frostiger Wind blies und stöhnte wie in Schmerzen; Klagelaute drangen aus den Höhlen; und gelbe Sturzseen peitschten den jammernden Strand.

»Sollen wir landen?« fragte Babbalanja.

»Nicht hier,« rief Yoomy, »hier ist keine Yillah.«

»Nein,« sagte Media. »Dies ist noch solch ein Land, das man am besten meidet.«

»Wißt ihr nicht,« sagte Mohi, »daß hier die Minen von König Klanko sind, dessen Sklaven sich in ihren Gruben so nah an den Eingeweiden des Vulkans schinden, daß sie dessen Grollen hören? ›Ihr müßt weitergraben,‹ schreit Klanko, ›die Minen sind noch nicht erschöpft!‹ Und täglich werden die Gebeine seiner Sklaven zutage gefördert, zusammen mit dem Erzgestein.«

»Setzt alle Segel, Männer, fort von hier!«

»Edler Herr,« sagte Babbalanja, »immer sollen wird dem Erzübel aus dem Wege gehen und nur das Gute schauen; oder ist das Böse so sehr mit dem Guten vermengt, das man das eine nicht von dem anderen unterscheiden kann?«

Halb unter Wolkenschleiern ging nun der

Mond der Erntezeit auf; und in diesem fahlen, wilden Licht saßen alle schweigend da, jeder in seiner eigenen, verborgenen Stimmung; und jeder kannte seine eigenen Gedanken am besten.

LXXIX.

Babbalanja bei Vollmond

»HE, Sterbliche! Sind wir auf einer Bestattung, daß unsere Ruder derart gedämpft erscheinen? Nur Mut, Taji! Oder plagt dich diese Hexe Hautia? Sei wieder ein Halbgott und lache. Ihre Blumen sind keine Pfeilspitzen: und die Geschosse der Rächer sind zu stumpf, als daß sie töten könnten. Babbalanja! Mohi! Yoomy! Nur Mut! Nur Mut! – Bei Oro! Ich werde euch alle auf der nächsten Insel absetzen. Ich will keine Tränen. Ha,ha! Laßt uns lachen. He, Vee-Vee, erwache! Schnell, Junge, bringe Wein! Und laßt uns fröhlich sein unter dem fröhlichen Mondlicht. Seht, es kommt schon verstohlen hinter den Wolken hervor! Zum Teufel mit Hautia! Für uns langes Leben und Fröhlichkeit! Taji, mein bezaubernder Gefährte, auf dein Wohl. Kann dein Herz denn aus Stein sein? Will niemand sich mir anschließen? Ha,ha! Mein Lachen ist so einsam, als lachte einer in seinem Grabe. Kommt, lacht! Will denn keiner Wein trinken? Seht! Der Vollmond ist aus den Wolken getreten.«

»Wenn Ihr es sagt, edler Herr, dann schließe ich mich Euch an,« rief Babbalanja. »Füllt mir den Becher randvoll. Dieser Wein macht Sätze in mir wie ein Panther. Ja, laßt uns lachen, brüllen, wiehern! Was macht es, daß ich bis jetzt traurig war? Das Leben ist ein Apriltag, der in einem Atemzug lacht und weint. Wer weise ist, der lacht, wann immer er kann. Die Menschen

entfliehen einem Ächzen, aber laufen einem Lachen zu. Vee-Vee, deine Kalebasse. Edler Herr, ich werden Euch nachschenken! Ah, wie der Wein funkelt! Mehr Becher! Hier, Taji, nimm
5 diesen; hier Mohi, nimm diesen; hier Yoomy, nimm diesen. Und nun laßt uns den Kummer ertränken. Ha,ha! Das Haus der Trauer ist verlassen, wenn es sich die Trauergäste auch wohl sein lassen. So auch ich, der ich hier bei meinen To-
10 ten sitze und eure Weinkelche nachfülle. Alter Mohi, dein Kelch, Yoomy, deiner! Ha,ha! Laßt uns lachen, laßt uns brüllen! Auf einem Jahrmarkt werden Trauerkleider abgelegt. Kein Herz schüttet sein Geheimnis aus. Es ist gut zu
15 lachen, auch wenn das Lachen hohl klingt. Es ist weise zu feiern, jetzt und immerzu. Lacht, und schafft euch Freunde; weint, und sie werden gehen. Frauen schluchzen, und sind ihre Trauer los; Männer lachen, und sind weiter traurig. La-
20 chen ist im Himmel und Lachen ist in der Hölle. Und ein tiefer Gedanke äußert sich unter Lachen. Wenn auch die Weisheit mit Leid verbunden ist, wenn auch der Weg dorthin tränenreich ist, endet doch alles in einem Jauchzen. Aber die
25 Weisheit trägt keine Trauerkleider. Der Schmerz kann fröhlicher sein als die Fröhlichkeit selbst; ein Kummer, der traurig ist, ist oberflächlich. Ha, ha! Wie die Besessenen brüllen, wie alle
30 Skelette grinsen; wir alle sterben mit einem Röcheln. Lacht! Lacht! Sind die Cherubim ernst? Humor, dein Lachen ist göttlich; daher respektiert man gut gelaunte Idioten; und daher auch
35 mich. He! Laßt uns lustig sein, und wenn es auch nur für eine Stunde ist, bevor uns der Tod den

Becher reicht. Vee-Vee, bringe unsere Kalebassen her! Trinken wir einander zu mit unseren Humpen! Laßt uns aus vollem Halse lachen, lachen wir uns die Seele aus dem Leib. Alle Weisen lachten, Bardianna lachte, Demokrit lachte, Ovid lachte, Rabelais röhrte – laßt uns desgleichen tun. Die Hyänen grinsen, die Schakale jaulen, laßt uns auch gellend lachen. – Aber Ihr lacht gar nicht, edler Herr? Lacht doch los!«

»Nein, danke, Azzageddi, nicht auf diese höllische Weise. Da weine ich besser.«

»Seine Worte bringen mich zum Kribbeln, als wäre ich ein Ameisenhaufen,« sagte Mohi.

»Er ist toll, toll, toll!« rief Yoomy aus.

»Ja, toll, toll, toll! – Toll wie der wahnsinnige Widersacher, der mich in seinen Klauen hält! – Doch komm, sanfter Sänger, willst du einem Lied lauschen? – Wir Verrückten sind alle Dichter, wie du weißt. Ha, ha!

Sterne lachen in der Höh':
  O fackel fö!
Und unten wellt sich die See:
  O fackel fe!

Der Wind zupft des Meeres Zimbeln; die Wälder jauchzen; der Hurrikan ist ein einziges hysterisches Lachen; und das Gewitter dröhnt wie Trompetenstöße. Wir müssen lachen oder sterben: Lachen ist Leben. Wenn man nicht lacht, hat man Wundstarrkrampf. Willst du weinen? Dann lache, während du weinst. Denn Freud und Leid sind miteinander verwandt; sie werden von den gleichen Nerven in Gang gesetzt. Los, Yoomy, studiere Anatomie: man kann von den Toten viel lernen, mehr, als man von den Lebenden lernen kann; und ich bin tot, obgleich ich lebe. Und ich seziere mich ebenso schnell, wie das ein anderer täte: neugierig blicke ich in meine intimen Winkel und taste unter meine Rippen. Ich habe herausgefunden, daß das Herz kein Ganzes ist, sondern in Kammern unterteilt ist; daß es ein weiches Polster verlangt, um darauf zu ruhen; daß es das Blut mit Lebenskraft erfüllt, das andernfalls dünner als Wasser wäre. Ich habe herausgefunden, daß wir nicht ohne Herz leben können, wenn auch die Herzlosen am längsten leben. Doch die ihr ein Herz habt, nehmt es in die Hand: es ist ein glückliches Vermächtnis! Deshalb seht Ihr mich, edler Herr, von Pol zu Pol eilen, von diesem Ding zu jenem. So aber dreht sich auch die große Welt und zeigt der Sonne mit einem Überschlag eine Landschaft von fünfundzwanzigtausend Quadratmeilen!«

In diesem Augenblick versanken der Mond und der Hundsstern; und in Media versank ein Wein aus Tivolo.

LXXX.

Am Morgen

LEBEN oder Tod, Wohl oder Wehe: nichts kann die Sonne in ihrem Lauf aufhalten. Sie eilt über Walstatt und Liebeslaube, über Bollwerk und Stadt, schaut auf Geburten und Totenbetten, scheint über Kathedralen, Moscheen und heidnischen Schreinen, lacht über allem – ein wahrer Demokrit am Himmel. Sie sieht an einem Tag mehr als ein Pilger in einem ganzen Jahrhundert.

So ist die Sonne dem Himmel näher als wir es sind; mit welchem Blick wird dann erst der gesegnete Oro herabschauen.

Im Osten lagen Schichten von Purpur, Rot und Gelb übereinander und durchkreuzten sich. Und von den bewindeten Bergen herab kam der Morgen, robust und rotwangig, – ein Hochländer im Plaid, der seine Mütze mit dem Federschmuck den Inseln zum Gruße schwenkte.

Über den anrainenden Hainen stieg die Lerche jubilierend in die Höhe; während zwischen den Inseln ein Elch schwamm, stattlich wie ein 74-Kanonen-Schiff, und unsere Buge kreuzte. Er warf die Wildnis seines Geweihs zurück in die Luft.

Er war gerade aus dem frischen Morgenwald gesprungen und mengte so den Tau der Blätter mit dem Salzwasser des Meeres – sein Geweih troff in der Dünung, die sich vor seinem braunen Brustkorb wie vor einem Bug wellte.

»Seit hundertausend Jahrhunderten,« sagte Babbalanja, »hatte man schon den gleichen Anblick. Die Sonne ist ebenso ewig wie Oro; und das gleiche Leben, das diesen Elch bewegt, belebt auch die Sonne und Oro. Alle sind Teil des Einen. Durch mich huschen Gedanken, an denen auch die Wesen teilhaben, die all die Sterne bevölkern. Saturn und Merkur und Mardi sind allesamt Brüder; und wie Seelen sprechen sie durch ihre Umlaufbahnen zueinander. Wie viele Kapitel könnte man darüber schreiben! Ach, das Fleisch kann mit dem Geist nicht Schritt halten! Ach, daß diese in mir angelegten Dramen fortwährend in mir zugrunde gehen, weil mir die Kraft fehlt, sie zu heben. Im Weltraum ziehen Welten an Welten vorbei, wie auf Durchgangsstraßen Menschen an Menschen; nach Zeiträumen von tausend Jahren rufen sie einander zu: »Schön, dich wiederzusehen, mein Freund!« – Zu *mir* sprechen sie mit mystischer Musik; ich höre, wie ihr Denken alle ihre Sphären durchdringt. – Gegrüßt seid ihr, entfernteste Welten und all die schönen Wesen, die euch bewohnen! Fächle mich, freundlicher Zenora, mit deinen Schwingen der Dämmerung! He! Laßt uns zum Aldebaran reisen. – Ha! eine rot schimmernde Welt! Eine Luft, die Auftrieb gibt, nicht wie die in Mardi. Säulen aus Rubin, Minarette aus Amethyst, Dome aus Diamanten! Was ist dies? – ein Gott! Eine Stirn, die einem See gleicht, durchscheinend wie die Morgenluft! Ich sehe seine Gedanken wie Welten kreisen; und in seinen Augen, wie in Himmel, sehe ich sacht Sterne sich senken. – Diese tausend vorüberziehenden

Schwingen fächeln meinen Atem fort – mir schwindelt. Schnell zurück auf einen kleinen Asteroiden. – Gütiges Wesen! Wenn ich mich mit mardianischer Zunge an dich wenden kann, dann sprich! – ›Ich trage eine werdende Seele in mir. Ich spüre das erste, schwache Beben, als erzitterte eine Harfensaite in meinem innersten Wesen. Werde ich getötet, sterben Generationen.‹ – So lebte auch vor Zeiten der Ungezeugte im Leib der Jungfrau; die daraufhin ihren Gott liebte, wie junge Mütter ihre Neugeborenen lieben. O Alma, Alma, Alma! – Ziehe deine Fänge ein, Widersacher! Wird dieser Name dich auf immer vor Wut schäumen lassen? Gespaltene Flammenzungen, schlagt mir nicht derart ins Gesicht!«

»Babbalanja, Babbalanja, komme zur Besinnung, Mann! Bist du in der Hölle und verdammt, weil sich die Sehnen an deinem Leib wie Schlangen winden und verdrehen? Deine Stirn ist schwarz wie Ops! Drehe dich um und sieh diesen Elch dort!«

»Gegrüßt seist du, stattliches Tier! Du spürst diese Dinge nicht, *du* kannst nicht verdammt sein. Ach Elch, ich möchte, daß du meine Seele hättest; denn wenn meine vom Feuer versengte Seele unsterblich ist, so soll es deine auch sein. Dein Leben ist sich des Todes nicht bewußt. Ich lote die veilchenfarbene Tiefe deines sanften, ergreifenden, weiblichen Auges aus – Millionen Faden tief – und lese darin nichts als Friedfertigkeit! Was ist des Menschen abgezehrte Gestalt gegen deine, du Majestät der Wälder! – Elch, Elch! – Meine Seele ist wieder getroffen. – O Oro, Oro!«

»Er stürzt!« rief Media.

»Seht ihr die Seelenangst in seinem schwindenden Blick?« sagte Yoomy. »Ach, armer Babbalanja! Bist du dir dieses Wahnsinns bewußt? Solltest du je wieder genesen, wirst du dich dann erinnern können? Nimm mein Kleid: hier ich entblöße mich, um dich und all dein Leid zu bedecken. Oro! Neben diesem deinem Geschöpf knie ich nieder: gewähre Babbalanja Tod oder Glück!«

LXXXI.

L'ultima sera

UNSERE Suche hatte sich über eine solche Unzahl von Inseln erstreckt, daß keine Feder von allen schreiben kann, am wenigsten meine; und immer noch keine Spur von Yillah.

Meine niedergebrannten Hoffnungen hatten sich nicht wieder aus ihrer Asche erhoben; und selbst wenn sie es hätten, mußte diese lange Jagd offenbar schon bald beendet sein, da wir so große Teile von Mardi abgesucht hatten. In meiner Verwirrung wußte ich manchmal nicht zu sagen, ob das gut oder schlecht war.

Nachdem sich der Morgen in schönem Glühen gezeigt hatte, war es den ganzen Tag über verhangen. Unter bedrohlichem Himmel fuhren wir auf einer bedrohlichen See. Düster dräute Woge auf Woge; und von grauen Schwaden verdeckt ging die Sonne unter, ohne daß wir sie sahen; obgleich unsere drei Buge direkt nach Westen wiesen, unverwandt wie drei Striche auf der Kompaßrose.

»Als wir von Odo abgesegelt waren, war dort ein herrlicher Frühlingsmorgen,« sagte Yoomy. »Wir steuerten der aufgehenden Sonne entgegen. Doch nun streben wir, unter herbstlichen Nachtwolken, ihrem Untergang zu.«

»Wie das?« rief Media aus. »Warum ist der Sänger voll Schwermut? Er, dessen Aufgabe es ist, Verzagtheit zu verjagen anstatt ihr Gesandter zu sein.«

»Ach, edler Herr, das denkt *Ihr*. Doch können meine Verse besser Traurigkeit abmildern als daß sie in gehobene Laune versetzen. Wir Sänger sind nicht so fröhlich, wie Mardi glaubt. Der Bach mit dem süßesten Gesang murmelt in den einsamsten Wäldern:

> *Die Inseln bergen dich nicht mehr, Verschollene,*
> *Aus deiner Laube dringt kein Lied mehr:*
> *Vergebens die Erinnerung an deinen Sang:*
> *Der Frühlingsvogel sich zu fernem Lande schwang.*

Ohne Yoomys traurige Weise zu beachten, summte unserer erster Ruderer, ein heiterer Gesell, leise und vergnüglich folgendes vor sich hin:

> *He, lustig schwingen wir Paddler die Pinne!*
> *He, über des Meeres Tal oder Rinne! –*
> *Unsere Pulse jagen,*
> *Unsere Herzen heftig schlagen*
> *He, lustig und munter, juchhe!*

Doch dann ein plötzliches Aufklatschen, ein schriller Schrei, der in einem Gurgeln unterging, als sackte eine Fontäne in sich zusammen. Dann war alles still, bis auf das Anschlagen der Wellen gegen unsere Kiele.

»Rettet ihn! Macht kehrt!«

Der fröhliche Vormann, der sich zu beschwingt nach vorne gebeugt hatte, war von seinem erhöhten Sitz in die Lagune gefallen.

In höchster Eile wurden die Kanus gewendet; doch die Dunkelheit, in die wir schossen, war nicht geringer als die, in welche der Vormann gestürzt war.

Als wir uns blind auf unserem Weg zurücktasteten, senkte sich das tiefe Schwarz der Nacht noch tiefer ins Meer hinab.

»Laßt alle Paddel sinken und lauscht!«

Alle hielten den Atem an und lehnten sich über die sechs Dollborde; doch es war nur das Stöhnen des Windes zu hören.

Lange verharrten wir so; dann kreuzten wir wieder und wieder unsere Kielspur, fast ohne Hoffnung. Aber wir waren nicht willens, jemand zurückzulassen, der mit einem Lied auf den Lippen gestorben und in einem Atemzug begraben war.

»Laßt uns weiterfahren,« sagte Media, »was sollen wir noch suchen? Er ist dahingegangen.«

»Ja, dahin,« sagte Babbalanja, »und wohin? Vor einem Augenblick weilte er unter uns; jetzt ist er ebenso weit entfernt wie die unbeweglichen Sterne. Kann er in solcher Entfernung leben? O Oro! Dieser Tod, den du verfügt hast, entmutigt den Mannhaftesten. Sagt nicht nein, edler Herr. Wir wollen nicht hinter dem Rücken des Todes sprechen. Zu sterben ist hart und schrecklich: blind von des Lebens Rand zu stürzen! Doch so verschwinden die Generationen: in Staubwolken und unter Getrappel wie von Hufen. Der Tod treibt sie alle in seinen heimtückischen Pferch, wie wilde Indianer es mit Bisonherden tun. Ja, der Tod ist die letzte Verzweiflung des Lebens. Hart und entsetzlich ist es, zu sterben. Oro selbst starb, in der Gestalt von Alma, nicht ohne Klage. Aber warum Leben? Leben ist allen beschwerlich: der immergleiche, stumpfsinnige Ablauf. Tag und Nacht, Sommer und Winter umkreisen uns in alle Ewigkeit. Ein einziger gelebter Augenblick ist schon ein Leben. Am Himmel erscheinen keine neuen Sterne; keine neuen Lichter in der Seele. Doch verändert sich vieles. Auch wenn wir in der Kindheit, mit verzücktem Blick, manche Merkwürdigkeit unter der Sonne sehen und uns ganz Mardi wie ein Jahrmarktszelt vorkommt, verblaßt dieser Zauber doch rasch. Selbst in unseren Körpern überleben wir uns alle. Ich denke an meine unreife Jugend wie an einen fröhlichen Spielkameraden, der verschwunden ist; doch die Aussicht, meinem Alter die Hand zu schütteln und freundlich zu ihm zu sein, erscheint mir sogar als bedrückender, wie wenn ich einen frostigen Fremden an mein Herz drücken würde. Das Alter ist nichts für mich. Ich habe nicht das Zeug zum Altwerden. Dieses Mardi bietet uns keine Heimstatt. Wie Verbannte, die zu einem fremden Planeten verschleppt werden, ziehen wir hierhin und dorthin: dies ist nicht die Welt, in der wir geboren wurden, nicht die Welt, die einst so licht und heiter war, nicht die Welt, wo wir einst so fröhlich tanzten und tafelten; wo wir unsere längst begrabenen Frauen freiten und heirateten. So laßt uns also abreisen. Doch wohin? Wir treiben uns selbst voran – schrecken dann entsetzt zurück. Versuchen es wieder – und flüchten. Hart ist es zu leben; hart zu sterben; unerträglicher Zwischenzustand! Doch zuletzt schaltet sich der grimmige Despot ein; und mit einer Natter in unserem Totenhemd werden wir ins Meer geworfen.«

»Für mich,« sagte Mohi, dessen graue Locken feucht vom Tau der Nacht waren, »scheint die dunkle Prozession des Todes manchmal ganz nahe zu sein, ohne eine Stimme der Ermutigung. Daß alle gestorben sind, macht das Sterben für mich nicht leichter. Und daß viele in der Kindheit verlöscht sind, erscheint mir als Gnade angesichts des langsamen Verfalls in meinem Alter, Verfall sowohl der Glieder als auch der Sinne. Lange bin ich das Grab meiner Jugend gewesen. Und mehr ist schon von mir gestorben, als dem Tod letztlich zu vollstrecken bleibt. Babbalanja sagt die Wahrheit. In der Kindheit beunruhigte mich der Tod nicht; im Mannesalter verfolgte er mich wie ein beutegieriger Bandit auf der Straße; jetzt, da ich alt geworden bin, geht er keck voran und kündigt mein Kommen an; und dreht sich zu mir um und starrt mich mit seinem Totenschädelblick an, vergiftet mir die letzten Tröstungen des Lebens. Maramma vergrößert nur noch die Düsternis in mir.«

»Tod! Tod!« rief Yoomy. »Darf es sein, daß ich nicht mehr bin, während Millionen noch sind? Soll ich scheiden, während die Blumen weiterblühen? Ich habe eine Vorstellung vom Totsein entwickelt, als wir als lärmende Jungen in den Ferien zwischen den Gräbern Versteck spielten, Gräber, die schließlich alle Spielenden in sich verstecken würden.«

»Wolken über Wolken!« rief Media. »Fort mit ihnen allen! Warum nicht über die Gräber hüpfen, solange wir es noch können? Wenn der Tod kommt, ist es Zeit genug zu sterben; ohne daß man Zoll um Zoll stirbt. Tod ist nicht, wenn man stirbt; Tod ist die Angst vor ihm. Ich, als Halbgott, fürchte den Tod nicht.«

»Doch wenn die Schakale rings um Euch jaulen?« sagte Babbalanja.

»Ich verjage sie und sterbe den Tod eines Halbgottes! Auf seinem Sterbelager mit gekreuzten Speeren rief mein tapferer alter Vater: ›Wein, Wein! Laßt die Muschelhörner und Zimbeln erschallen! Laßt den König unter kriegerischen Klängen sterben!‹«

»Man mag auf dem Sterbelager wacker sein, doch nicht im Tode selbst,« sagte Babbalanja. »Am Ende unseres langen, gewundenen Leichenzuges erschallt Musik, wehen Banner mit schönen Wahlsprüchen: ›Nur Mut! – Nicht verzagen! – Millionen sind schon vor dir gestorben!‹; doch an der Spitze des Zuges weht kein Wimpel. Dort ist alles still und feierlich. Die letzte Weisheit ist stumm.«

Stille folgte; jeder Schlag mit den Paddeln auf das nun stille Wasser schlug laut und lang ans Ohr.

Nach einiger Zeit hob Babbalanja den Kopf und sagte dies: »Yillah entzieht sich uns immer noch. Wie wenig haben wir auf dieser ganzen Rundreise durch Mardi gefunden, das unser Herz mit Frieden erfüllen könnte und wie vieles, das unsere Sehnsüchte abtöten könnte.«

»Laß das Krächzen, Rabe!« rief Media. »Mardi ist erfüllt von frühlingshaften Anblicken und Jubellauten. Ich war nie in meinem Leben traurig.«

»Aber wieviele Seufzer kommen auf ein Lachen von Euch, edler Herr! Wären alle glücklich oder elend, dann wäre es erträglicher als es ist. Doch gehen Glück und Elend derart ununterscheidbar ineinander über, daß das heutige Mardi vielleicht eine vergessene Vergangenheit abbüßt. – Doch nichtig unsere Vermutungen. Noch nichtiger ist es, zu sagen, ganz Mardi sei nur ein Weg zu einem Ziel; dieses Leben sei ein Stadium der Prüfung; das Böse würde nur eine begrenzte Zeit währen; ein abgefallener Engel sei zu bestimmten Zeiten Vizekönig. – Nein, nein. Oro überträgt sein Szepter niemandem; in seiner immerwährenden Herrschaft gibt es kein Interregnum. Zeit ist Ewigkeit; und wir leben jetzt in der Ewigkeit. Doch reden manche von einem Jenseits, in dem alle Mysterien des Lebens vorüber sein werden und wo die Gerechten für ihre Leiden entschädigt werden. Oro ist gerecht, sagen sie. – Dann ist er es immer, jetzt und in Ewigkeit. Ist aber eine Wiedergutmachung zu leisten, ist auch etwas falsch gemacht worden. Doch Oro kann keine Fehler machen. Was uns als böse erscheint, mag für ihn gut sein. Wenn er keine Furcht, keine Hoffnung hat, so hat er keine anderen Leidenschaften, ist ohne Ziel und Zweck. Er genügt sich selbst: alle Ziele sind in ihm erreicht; er hat keine Vergangenheit, keine Zukunft; er ist das immerwährende Jetzt, welches eine immerwährende Stille ist, die alles Jetzige, Vergangene und Zukünftige umfaßt. Das ist düster genug. Doch oho, die Nachteule heult durch die Wälder von Maramma hin. Ihre beklemmenden Töne durchdringen unsere Leben; auch wenn wir in Frieden scheiden möchten, so fliegt uns doch dieser Vogel voraus: wie eine Wolke, die unsere untergehenden Sonnen verfinstert und die Luft mit Schmerz erfüllt.«

»Allzu wahr!« rief Yoomy. »Unsere Kalmen sollen auf Stürme folgen. Wie Schiffe ohne Steuerruder, die der Sturm hin und her wirft, ankern wir nur, wenn wir zugrunde gehen.«

»Unsere Anfänge,« murmelte Mohi, »verlieren sich in Wolken. Alle unsere Tage verleben wir in Finsternis und gehen unter, ohne das Ziel erreicht zu haben.«

»Krächzt weiter, Feiglinge!« rief Media aus. »Und flieht vor den gräßlichen Phantomen, die euch verfolgen.«

»Der ist kein Feigling, der, gejagt, sich umdreht und keinen Feind erblickt, mit dem er kämpfen kann,« sagte Babbalanja. »Wie der Hirsch, dessen Stirn vom Flügelschlag der Falken gestreift wird, die sich auf seinem himmelwärts gerichteten Geweih niedergelassen haben, so stürme ich geblendet, angestachelt Hals über Kopf voran, hierhin und dorthin; und weiß weder ein noch aus in dem dichten Wald, der mich umgibt!«

LXXII.

Sie fahren von Nacht bis Tag

SCHON bald kamen die drei Kanus in einer starken Dünung heftig ins Schlingern. Die jagenden Wolken verhängten das Geschnatter des Windes wie mit Leichentüchern. Bei jeder von vorne kommenden Woge, bäumten sich unsere geschwungenen Buge auf und erzitterten. Die Nacht verrann im Regen.

Wir wußten weder, wo wir uns hinwenden noch welchen Hafen wir anlaufen sollten, so dicht war das Dunkel.

Doch schließlich war der Sturm vorüber. Unsere angeschlagenen Buge schienen vergoldet. Der Tag brach an. Und aus seinen goldenen Gefäßen goß er roten Wein auf die Wasser.

Diese erglühte Flut rollte sanft auf uns zu und trieb von Osten her ein einzelnes Kanu heran, in welchem ein sanftmütiger Alter saß, mit einem Palmzweig in der Hand. Der schlanke Bug des Bootes hatte die Gestalt eines Vogelschnabels, der Amaranten und Myrthen hielt.

»Alma segne euch, Reisende! Euch scheint der Sturm sehr zugesetzt zu haben.«

»Wir haben den Sturm überlebt, alter Mann; und wir müssen noch viele Stürme aushalten,« sagte Babbalanja.

»Die Sonne ist aufgegangen; und alles ist wieder gut. Wir müssen nur unsere Buge reparieren,« sagte Media.

»Dann wendet und lauft Serenia an, eine annehmliche Insel, wo alle willkommen sind, wo viele vom Sturm geschlagene Seefahrer schließlich landen, um zu verweilen.

»Serenia?« sagte Babbalanja. »Ist Serenia nicht das Land der Schwärmer, von dem wir schon gehört haben, edler Herr? Wo Mardianer eine künstliche Verbindung von Vernunft und den offenbarten Wahrheiten erstreben; wo Alma, wie sie behaupten, in seinem göttlichen Ursprung wiederhergestellt sei; wo sie ihre Grundsätze aus den gleichen Quellen ableiten, denen die Verfolgungen auf Maramma entsprangen: Menschen mühen sich, in den sanften Banden von Frieden und Nächstenliebe zusammenzuleben – welche Torheit!«

»Ja,« sagte Media, »über diese Bewohner von Serenia wird vieles erzählt; doch muß ihr Gesellschaftsgefüge bald zusammenbrechen, da es auf nichtigsten Theorien gründet. Dank für Eure freundliche Einladung, alter Mann, doch wir möchten Eure Insel nicht besuchen. Unsere Reise hat ein Ziel, das wir, nach meinem Gefühl, nicht erreichen, wenn wir an Euren Gestaden landen. Wir werden uns anderswo wiederherstellen. Lebt wohl! Es frischt auf; laßt uns die Segel setzen! Lebt wohl, alter Mann.«

»Nein, nein! Denkt darüber nach! Die Insel ist ganz nah, der Wind ist günstig, – doch das ist er hier immer –; kommt also. Wir Bewohner von Serenia sind ganz begierig darauf, von Mardi wahrgenommen zu werden, so daß, wenn unsere Lebensart als gut erscheint, ganz Mardi wie wir leben kann. Im Namen des gesegneten Alma bitte ich euch zu kommen!«

»Sollen wir also, edler Herr?«

»Bringt uns dorthin, alter Mann! Wir wollen sehen, was es mit dieser wundersamen Insel auf sich hat.«

So wurden wir von dem altehrwürdigen Fremden geleitet und erblickten gegen Mittag eine Insel, auf der blühende Savannen schimmerten und friedliche Wäldern versonnen lagen.

Von dieser Küste wehte der Balsam von Blüten heran und der Gesang von Vögeln: tausend sommerliche Laute und Düfte. Des Geplätscher der Flut sang um unsere gesplitterten Buge; die Sonne stand hoch am Himmel und die Wasser darunter waren tief.

»Das Land der Liebe!« murmelte der alte Mann, als wir uns dem Strand näherten, wo unzählige Muscheln sacht in der munteren Dünung rollten und leise Musik aus ihren Schalen dringen ließen. Weiter hinten tänzelte eine andere, grüne Dünung gegen hochaufragende Blätterwälle, worin die Brise ebenfalls stranden konnte.

Und nun erschien unter den Bäumen eine ansehnliche Menge von Menschen, die Palmzweige in den Händen hatten und wehende Gewänder trugen. Als sie nahten, erhoben sie folgenden Gesang:

Heil! Reisende, heil!
Woher ihr auch kommt, wohin ihr auch zieht,
Einen stilleren Strand,
Ein lieblicher Land
Als das Land der Liebe erlebt ihr nie!

Heil, Reisende, heil!
Zu unserm Strand euch sanfte Winde weisen:
Die Palmen wogen im Wind,
Die Wellen sind lind,
Und hierher weist der Sterne starres Gleißen!

Heil, Reisende, heil!
Denkt nicht, daß unsere Wälder düster brüten,
Denn unsere Insel lacht
In heller Rosenpracht;
Die Täler hier: wie Vasen voller Blüten.

Heil, Reisende, heil!
Seid nicht enttäuscht, laßt eitle Dinge.
Sie wird nicht erreist,
Die Ruhe im Geist,
Wenn ihr auch fahrt mit schnellster Schwinge.

Heil, Reisende, heil!
Zeit eilt geschwind, das Leben zerrinnt.
Ihr bedauert vielleicht,
Daß ihr von uns weicht
Und zurücklaßt, was ihr nie mehr find't.

LXXXIII.

Sie landen auf Serenia

DAS Lied schloß. Als wir den Strand erreichten, umarmte uns die Menge und nannte uns Brüder; uns und unsere niedersten Diener.

»Warum nennt ihr uns Brüder, wo ihr uns doch noch nie gesehen habt?«

»Ist denn nicht Oro unser aller Vater?« sagte der alte Mann. »Sind wir dann nicht alle Brüder? So hat es Alma, der Herr, angeordnet.«

»So sind wir nicht auf Maramma empfangen worden,« sagte Media, »dem Ort, der für Alma bestimmt ist; wo seine Vorschriften gewahrt werden.«

»Nein, nein, alter Mann,« sagte Babbalanja, »Ihr habt Brüderlichkeit bestimmt nicht von Alma gelernt; denn auf Maramma und seinen Nebeninseln gibt es keine wahre Brüderlichkeit. Selbst auf der heiligen Insel werden viele unterdrückt; werden viele wegen Ketzerei getötet; und verhungern Tausende unter den Altären, die sich unter der Last der Opfergaben biegen. Wie leicht wäre die Not jener damit zu lindern.«

»Ach, allzu wahr! Doch ich bitte euch, urteilt nicht über Alma anhand derer, die sich zu seinem Glauben bekennen. Habt Ihr seine Aufzeichnungen selbst ergründet?«

»Nicht vollständig. Schon von Kindheit an bin ich Zeuge des Unrechts geworden, das in seinem Namen begangen wurde und habe die Verfehlungen und Widersprüchlichkeiten seiner

Nachfolger gesehen. Daher dachte ich, alles Übel müsse aus einer geistesverwandten Quelle stammen und lehnte es ab, den gesamten Bericht über das Leben eures Meisters zu lesen. Ich kenne ihn nur zum Teil.«

»Ein unheilvoller Irrtum! Doch so ist es, Brüder: die Weisesten sind gegen die Wahrheit aufgebracht wegen derer, die ihr Gewalt antun.«

»Beansprucht ihr also, gemäß der Worte eures Meisters zu leben? Wendet ihr seine Gebote an?«

»Wir beanspruchen nur das, um was wir uns ernsthaft bemühen.«

»Erzählt mir nicht von euren Bemühungen sondern von eurem Leben. Was kann ein Vaterloser bei euch hoffen?«

»Als Sohn adoptiert zu werden.«

»Was einer, der arm und nackt ist?«

»Er wird gekleidet und es wird ihm an nichts fehlen.«

»Und wenn er undankbar ist und euch weh tut?«

»Dann nähren wir und kleiden ihn immer noch.«

»Und wenn er sich weiter undankbar zeigt?«

»Lange vermag er das nicht; denn die Liebe ist ein heftiges Feuer.«

»Doch was ist, wenn er von eurem Glauben an Alma stark abweicht; dann müßt ihr ihn doch sicherlich verstoßen?«

»Nein, nein; wir vergegenwärtigen uns dann, daß wir gleichfalls nicht mit ihm übereinstimmen, wenn er von uns abweicht; und daß dies alles nach Oros Maßgabe geschieht. Wir werden nicht sagen, er hätte unrecht und wir hätten recht; denn dies wissen wir nicht absolut. Aber wir kümmern uns nicht so sehr darum, was die Menschen sagen; wir sehen auf den Glauben, der sich in Taten zeigt, welches die wahren Zeichen innerer Werte sind. Derjenige, der andauernd zu Alma betet, der aber nicht gemäß der weltumfassenden Liebe lebt, der ist eher ein Ungläubiger als derjenige, der den Meister mit Worten ablehnt, doch seinen Geboten gemäß handelt. Unser Leben ist unser Amen.«

»Doch sagen einige, daß die Lehren eures Alma vollständig neu seien; hier würden Dinge geoffenbart, die sich vorher niemand vorstellen konnte, selbst nicht die Dichter. Man müsse mit einem neuen Vermögen ausgestattet sein, um seinen Geboten folgen zu können und um diese richtig begreifen zu können.«

»Das habe ich auch stets geglaubt,« sagte Mohi.

»Wenn Alma Liebe lehrt, dann brauche ich keine neue Fähigkeit zu erlernen,« sagte Yoomy.

»Alles Wesentliche an den Lehren des Meisters war schon längst hier in Mardi und den bescheidenen Tälern lebendig und wurde lange vor des Meisters Ankunft praktiziert. Doch nie zuvor war Tugend bei uns so sehr erhöht, daß sie für alle sichtbar war; nie zuvor kam der himmlische Glanz herab, um sie zu verklären. Doch sind Wahrheit, Gerechtigkeit und Liebe allein Almas Offenbarungen? Hatte man nichts davon gehört, bis er kam? Alma bewirkt lediglich, daß wir unsere Herzen untereinander öffnen. Wären seine Gebote befremdlich, würden wir zurückschrecken – und fänden keinen Anklang in unserem Fühlen. Aber haben wir einmal auf sie gehört, umfangen unsere Seelen sie instinktiv wie die Ranken der Rebe.«

»Aber da Alma, wie es heißt, ausschließlich auf die jenseitigen Angelegenheiten Mardis erpicht war – die allen ungewiß sein müssen –, welchen Nutzen konnten dann seine Gebote für das tägliche Leben hier haben?« wollte Babbalanja wissen.

»Würde Alma doch nur wieder auf die Erde herabkommen, Brüder! Selbst wenn wir auf ewig unter der Erde schlummern sollten, erfüllte der Glauben an den Meister einen segensreichen Zweck: uns *hienieden* wirklich glücklicher zu machen. *Das* ist das wesentliche Ergebnis seiner Unterweisung; denn wenn wir hier heilig sind, müssen wir es auch anderswo sein. Der verehrte Alma verkündet seine Gesetze für Mardi und nicht für das Paradies.«

»Schon bald werde ich all dies überprüfen,« murmelte Mohi.

»Alter Mann,« sagte Media, »Euer Alter und das Mohis machen, daß ihr über das unbekannte Jenseits nachdenkt. Doch erzählt mir von anderen Dingen, von der Insel und ihrer Bevölkerung. Allem, was ich gehört habe und nun sehe, entnehme ich, daß es hier keinen König gibt; daß ihr euch selbst überlassen seid; und daß diese geheimnisvolle Liebe, von der ihr sprecht, euer Regent ist. Stimmt das? Dann wäret ihr wirklich so schwärmerisch, wie Mardi munkelt. Und wenn ihr auch einige Zeit erfolgreich gewesen sein mögt, so kann dies doch nicht von Dauer sein. Eines Tages wird euch eine bittere Lektion erteilt werden, die euch davon überzeugt, daß euer Vertrauen in die mardianische Tugend gänzlich nichtig ist.«

»Es ist wahr: wir haben keinen König; denn Almas Gebote tadeln den Hochmut von Rang und Macht. Er ist der Tribun der Menschen. Sein Glaube kann sich erst dann in ganz Mardi ausbreiten, wenn es keine Könige mehr gibt. Doch glaubt nicht, daß wir an die Vollkommenheit des Menschen glauben. Aber er ist nicht völlig unfähig, Gutes zu tun. Er hat die Anlage dazu. *Diese* wollen wir pflegen; ansonsten wäre alles hoffnungslos!«

»Und euer Gemeinwesen?«

»Es ist unvollkommen und wird es auch noch lange bleiben. Doch wir sehen darauf, daß nicht die Mehrheit der Unglücklichen der Minderheit ein Leben im Glück ermöglicht. Andererseits wollen wir nicht, wider die Gesetze der Vernunft, Gleichheit herstellen, indem wir die Anarchie fördern. Gleichheit in allem kann es nicht für alle geben. Jeder hat, was ihm zukommt. Einige haben größere Palmenhaine als andere, leben besser, wohnen in geschmackvolleren Hütten, erneuern öfter ihr duftendes Dach. Solche Unterschiede muß es geben. Doch soll niemand des Hungers sterben, während andere prassen. Die Bedürftigen werden von denen, die im Überfluß haben, unterstützt. Doch nicht durch Gesetz sondern durch eine Vorschrift, die in uns schlummert und die Alma zum Leben erweckt hat. Diesem Imperativ folgen wir in allem, was wir tun. Wir werden nicht zur Gerechtigkeit gezwungen sondern wir eilen zu ihr. Wir leben nicht in Gemeinschaft. Denn werden Tugend und Laster wahllos miteinander vermengt, erweist sich in dieser Einheit das Laster allzu oft als die treibende Kraft. Wir lassen die Lasterhaften abseits leben, bis sie wieder auf der rechten Bahn sind. Und sie müssen sich bald gebessert haben, denn alles verleitet sie dazu. Wir übernehmen nicht die Verantwortung für die Sünden der anderen; wir treiben niemanden ins Verbrechen. Unsere Gesetze entspringen nicht der Rache sondern der Liebe und Alma.«

»Eine schöne Dichtung ist das alles,« sagte Babbalanja, »doch nicht so neu. Solche einschmeichelnden Töne hört man auch oft auf Maramma!«

»Das klingt famos, alter Mann!« sagte Media. »Doch Menschen sind und bleiben Menschen. Einige müssen darben, andere werden gezüchtigt. Eure Lehren sind nicht praktikabel.«

»Und hat nicht Alma diese Dinge aufgetragen? Würde er denn das Unmögliche lehren? Welchen Gewinn sollten seine Gebote haben, wenn sie nicht anwendbar wären? Doch ich bitte euch, sprecht nicht von Maramma. Ach, würde Alma Mardi wiederbesuchen, denkt ihr, er würde dann sein Haupt inmitten dieser Morais niederlegen?«

»Nein, nein,« sagte Babbalanja, »er würde als ein Störenfried kommen und ein solcher wäre er auch heute noch. Allenthalben würde er an unseren Gesellschaftssystemen rütteln.«

»Nicht hier, hier nicht! Wir würden Alma hier eher willkommen heißen, wenn er hungrig und durstig käme, als wenn er auf Engelsflügeln hierher geflogen käme, mit dem funkelnden Zodiakus als Krone! Wir verehren ihn in all seinen Erscheinungsformen und brauchen keinen Pomp, kein Gepränge, um vor ihm in die Knie zu gehen. Wiewohl er von Oro gesandt wurde, wiewohl er Wunder tat, wiewohl durch ihn Leben ist, lieben wir ihn nicht deswegen so sehr. Wir lieben ihn aus einem instinktiven Gefühl heraus, einem innigen, herzlichen Gefühl der Verehrung. Und dieses würde sich auch in unseren Seelen regen, wenn uns der Tod bestimmt wäre und Alma unfähig wäre, uns beizustehen. Wir lieben ihn, weil wir ihn lieben.«

»Ist dieser Mensch göttlich?« murmelte Babbalanja. »Ihr sprecht höchst ernsthaft von der Verehrung, die ihr Alma entgegenbringt, doch sehe ich keine Tempel in euren Wäldern.«

»Weil diese Insel ein einziger Tempel ist, um ihn zu preisen; jedes Blatt ist ihm geweiht. Wir bannen Alma nicht hierhin oder dorthin und sagen: ›Diese Haine für ihn und jene weiten Felder für uns.‹ Alles gehört ihm: auch wir, jede Stunde unseres Lebens und alles, was wir sind und haben.«

»Dann fastet und betet ihr immerzu und haltet eure Gesänge ab; so wie die Gottesdiener zu Maramma ausgiebig ihre Räucherfässer schwingen und ihre Götter anflehen?«

»Alma behüte! Wir fasten nie. Unsere Atemzüge sind unsere Gebete; unser Leben ist unsere Anbetung. Und wenn wir lachen, mit menschlicher Freude über menschliche Dinge, – *dann* lassen wir am lautesten Oros Lobpreis erschallen und erweisen uns der Liebe des holden Alma als würdig! Unsere Liebe zu Alma macht glücklich und nicht traurig. Ihr sprecht von Tempeln. Schaut! Heißt es nicht, solche zu bauen, wenn wir die Nächstenliebe unter uns vergrößern. Mit den Schätzen, die auf den Inseln ringsum auf Tausende von Heiligtümer verschwendet sind, lindern wir täglich die Not der leidenden Jünger des Meisters. Alma predigte in Mardi auf freiem Feld – müssen dann diejenigen, die ihn anbeten, Paläste haben?«

»Ohne Tempel auch keine Priester,« sagte Babbalanja; »denn die meisten Priester lieben es, durch herrscherlich geschwungene Portale zu schreiten.«

»Wir haben keine Priester außer einem; und das ist Alma selbst. Wir haben seine Gebote: wir verlangen nicht nach Deutungen, denn wir haben unsere Herzen.«

»Doch wie lang wird euer Glaube ohne Priester und Tempel dauern?« fragte Media.

»Hat denn dieser Glaube nicht, trotz Priester und Tempel, Jahrhunderte überlebt? Und sollte er diese dann nicht überleben? Was wir glauben, halten wir für göttlich; und Göttliches dauert ewig.«

»Doch wie verbreitet ihr euren Glauben? Wie bekehrt ihr die Sünder, ohne die Überzeugungskraft besonderer Propheten zur Verfügung zu haben? Muß eure Religion nicht gänzlich mit weltlichen Dingen Hand in Hand gehen?«

»Wir glauben nicht, daß die Worte eines einzigen Menschen für die übrigen ein Evangelium sein sollten; wohl aber, daß Almas Worte ein

Evangelium für uns alle sein sollten. Nicht durch Vorschriften möchten wir bekehren sondern durch unser Tun möchten wir die Überzeugung bestärken, daß alle so leben sollten, wie wir leben. Jeder von uns ist ein Apostel. Wir tragen unseren Glauben auf all unseren Wegen in Herz und Händen mit uns. Er ist unsere größte Freude. Wir lassen ihn nicht sechs Tage lang links liegen, um ihn am siebten vorzutäuschen. In ihm jauchzen und frohlocken wir: er macht uns auf Erden glücklich und ohne ihn könnten wir nirgends sonst glücklich sein; und er ist jetzt und immerdar gültig. Er ist der Modus vivendi unseres Seins, nicht etwas Nebensächliches. Und wenn wir sterben, wird dieser Glauben unser Kopfkissen sein; und wenn wir uns erheben, unser Stab und Stecken; und am Ende, unsere Krone. Denn wir werden alle unsterblich sein. In diesem Leben verbindet sich Alma mit unseren eigenen Herzen und bestärkt die Eingebungen der Natur.«

»Wie beredt er ist!« murmelte Babbalanja. »Es scheinen einige düstere Wolken von mir zu weichen. Ich beginne zu sehen. Ich trete ins Licht. Die scharfe Kralle zerrt nicht mehr so sehr an mir. Die züngelnden Flammen schwinden. Meine Seele fließt zurück, wie manche Meeresströme plötzlich ihre Richtung ändern. Gesundet mein Geist? In mir keimt Hoffnung auf. Doch sagt mir bitte, alter Mann: gibt es nicht doch etwas in eurem Glauben, das mit der Vernunft in Widerspruch steht?«

»Nein, Bruder! Reine Vernunft und Alma sind identisch; wäre dem nicht so, würden wir

Alma ablehnen und nicht die Vernunft. Des Meisters großes Geheiß ist Liebe; und darin ist alles Weise und Gute vereinigt. Liebe ist allumfassend. Je mehr wir lieben um so mehr wissen wir und umgekehrt. Wir lieben Oro, diese Insel; und unsere weiten Arme umfassen Mardi, wie es von seinen Riffen umfaßt wird. Wie können wir uns täuschen, wenn wir derart empfinden? Wir hören die flehende, bewegende Stimme des geliebten Alma in jedem Windhauch, jedem Blatt; wir sehen sein ernstes Auge in jedem Stern und in jeder Blume.«

»Das ist Dichtung!« rief Yoomy. »Und Dichtung ist Wahrheit! Seine Worte bewegen mich.«

»Als Alma in Mardi weilte, lebte er mit den Armen und Verworfenen. Er nährte die Hungernden, heilte die Kranken, verband die Wunden. Für jedes Gebot, das er aussprach, tat er Zehntausende von guten Taten. Alma ist unser leuchtendes Vorbild.«

»Gewiß, das ist alles in den Geschichtsbüchern niedergeschrieben,« warf Mohi ein.

»Doch nicht nur den Armen und Verstoßenen gegenüber zeigte sich Alma mildtätig. Von niederem Orte schaute er auf und appellierte an die Herrschenden in ihrem Prunk; und sagte ihnen, ihr ganzer Stolz sei nichtig; und flehte sie an, sie möchten ihre Seelen befragen. ›In *mir*,‹ rief er aus, ›ist diese sanfte Herzensfreude, die ihr vergeblich in Rang und Würden sucht. Ich bin Liebe: liebt also mich.‹«

»Hört auf, alter Mann!« rief Media. »Ihr regt mich maßlos auf. Was sollen diese Gedanken?

Schluß damit. Wollt Ihr mich meines Thrones berauben?«

»Alma ist für alle da, für Hohe und Niedrige. Gleich des Himmels Hauch erhebt er die Lilie auf ihrem niedrigen Stengel und fegt erfrischend durch die Palmenhaine. Dem Weisen gibt er erhabene Gedanken ein und dem Einfachen demütiges Vertrauen. Gleich um welches Maß es sich handelt, seine Huld macht es randvoll. Er peitscht die Seele an in ihrem unbändigen Streben nach Ungesehenem; er gießt Öl auf die Wogen; und auf seine Geheiß brechen Sterne aus dem schwarzen Gewölbe der Nacht. In ihm ist Hoffnung für alle, für alle grenzenlose Freude. Im starken Griff seiner geliebten Hand weichen alle Zweifel. Er öffnet die Augen für den Glauben und schließt die Augen für die Furcht. Er ist alles, was wir im Gebet erflehen, und mehr als das; alles, was die entzückte Phantasie in der unbändigsten Stunde der Ekstase auf dem lichten Morgenrot des unbegrenzten Orients unserer Seele malt!«

»O Alma, Alma, göttlicher Herrscher! rief Babbalanja und sank auf die Knie. »In *dir* werde ich schließlich Seelenfrieden finden. Die Taube der Hoffnung hat sich meinem Herzen niedergelassen; Tausende von Strahlen erglänzen; der ganze Himmel ist eine einzige Sonne. Fort, fort sind alle peinigenden Zweifel. Nun herrschen Liebe und Alma. Ich sehe mit anderen Augen: sind dies meine Hände? Welche Nachtmahre hatten mich heimgesucht. Ich war des Wahnsinns. Über manche Dinge sollten wir uns keine Gedanken machen. Über eine gewisse Grenze hinaus ist jedes menschliche Wissen nichtig. Wo habe ich bis jetzt gelebt? Hätten mir die düsteren Fanatiker von Maramma nur so zugeflüstert wie dieser alte Mann, dann wäre ich schon längst weise! Die Vernunft ist nicht länger beherrschend, aber sie spricht noch. Alles bisher von mir Gesagte, das im Widerspruch zu Almas Geboten steht, widerrufe ich hiermit. Hier knie ich nieder und anerkenne Oro und seinen souveränen Sohn.«

»Und hier kniet noch einer nieder und betet,« rief Yoomy. »Alle meine Träume, mein inneres Verlangen nach der höchsten Liebe, die jeden meiner Verse inspirieren, sind in Alma zu finden. In meiner Seele ist Sommer.«

»Und es ist jetzt nicht zu spät für diesen grauen Haare,« rief Mohi hingebungsvoll. »Alma, dein Atem ist in meiner Seele. Ich sehe helles Licht.«

»Nicht länger ein Halbgott,« rief Media, »sondern ein Untertan unseres gemeinsamen Oberhauptes. Aus Odos Wälder werden keine gräßlichen Schreie mehr dringen. Alma, ich bin dein.«

Der alte Mann, dem die Augen vor Tränen schwammen, kniete nieder; und um ihn gruppierten sich König, Weiser, Graubart und Jüngling.

Indes sie niederknieten und der Greis sie segnete, brach die sinkende Sonne aus dem Dunst hervor, vergoldete die Insel ringsum, überstrahlte ihre Häupter und hinterließ beim Untergehen eine Gloriole – der ganze Osten lag in einem rötlichem Schimmer wie von einem Altarfeuer.

LXXXIV.

Babbalanja erzählt ihnen eine Vision

WIR ließen Babbalanja tief sinnend in der Behausung des alten Mannes zurück; nachdenklich schlenderten wir am Strand entlang, indes wir die würzige, mitternächtliche Luft einatmeten: die tropischen Sterne funkelten am Himmel wie Tautropfen in Veilchen.

Die Wogen phosphoreszierten und bespülten den Strand mit einem Feuer, das ihn kühlte.

Auf dem Rückweg erblickten wir Babbalanja, der in seinem schneeweißen Umhang dahinschritt. Die entflammte Flut verebbte; und bei jedem Tritt hinterließ er in dem weichen, feuchten Sand einen leuchtenden Fußabdruck.

»Liebe Freunde! Diese Insel ist reich an Geheimnissen,« sagte er. »Ich habe Wundersames geträumt. Nachdem ich mich niedergelegt hatte, bedrückten mich Gedanken schwer. An meinen Augen zogen prunkvolle Visionen vorbei. Ich erschauderte bei einer leisen, seltsamen Weise, die tief in meinem Innern erklang. Schließlich dünkte es mich, meine Augen seien auf den Himmel gerichtet, wo ich einen leuchtenden Punkt sah, der kein Stern war. Er querte den Himmel, wuchs uns wuchs und senkte sich hinab, bis glänzende Flügel sichtbar wurden, zwischen denen ein nachdenkliches Engelsgesicht herabstrahlte; einen glücklichen Moment lang trug es den Gazeschleier von Berenikes Sternenhaar.

Dann tauchte das Gesicht, wie Weißglut aus gelber Flamme, aus diesem Sternenhaufen auf und streifte die Kreuze, Kronen und Becher des Himmels. Und wie Schiffe in violetten, tropischen Meeren eine strahlend weiße Kielspur, wie von Feuerfliegen, hinterlassen, so erglänzte hinter der Vision der langgezogene Schweif einer anderen Milchstraße.

Ein seltsames Beben ergriff mich; meine Seele wurde auf ihren eigenen Gezeiten hin und her geworfen. Bald aber sprang die innere Harmonie in jauchzenden Chorgesängen auf. Ich hörte das Rauschen von Federn; und sah direkt vor mir eine Gestalt, die überall von Adern lebendigen Lichts durchzogen war. Die Vision umwallte mich.

›O Geist, Engel, Gott, was immer du bist,‹ rief ich, ›laß mich; ich bin nur ein Mensch.‹

Dann vernahm ich einen leisen, traurigen Laut, – keine Stimme. Sie sagte oder hauchte mir zu: ›Du hast Almas Gnade geprüft: sage mir, was du gelernt hast.‹

Schweigend antwortete meine Seele, denn meine Stimme versagte: ›Ich habe gelernt, nicht weiter nach den Mysterien zu suchen, o Geist, sondern zufrieden zu bleiben und nichts als Liebe zu kennen.‹

›Gesegnet seist du deshalb, dreifach gesegnet,‹ hörte ich dann, ›und da du Demut hast, bist du auch fähig zu lernen. Was deine Weisheit nicht finden konnte, wird dein Nicht-Wissen, da du es eingestehst, erreichen. Komm und siehe neue Dinge.‹

Erneut umwallte mich die Erscheinung, das

Blitzen ihrer Flügel ließ nach, sie kam näher und näher, bis ich einen elektrischen Schock verspürte, – und mich unter ihrem Fittich fand.

Wir durchteilten die Luft und passierten Systeme, Sonnen und Monde, die von den Inseln Mardis wie Glühwürmchen erscheinen.

Wir eilten an fernen Schwärmen von Welten vorbei, wie Reisende auf See, die in der Ferne Segel sehen und sie nicht begrüßen. Schaum umspielte uns auf unserer rasenden Fahrt und wie hinterließen eine Bahn von ungeheuerlicher Musik. Wir kreuzten viele tönenden Spuren, wo schon zuvor Welten gefahren waren.

Bald erreichten wir eine Stelle, wo ein neuer Himmel zu sehen war; von da aus erschien unser Firmament nur als ein einziger Nebel. Er lag in einem Strahlenkranz, als seien tausend Leuchten entzündet worden.

Hier schwärmten die Welten wie Bienen in ihrem Stock und verströmten unsägliche Süße.

Wir landeten auf einem Ring, der einen Weltraum umgab; dort schien es unaufhörlich über den verschiedensten Welten zu tagen.

›Hier,‹ vernahm ich, ›schaust du den Himmel deines Mardi. Hierin ist jeder Welt ihr Anteil zugewiesen.‹

Wie einer, der beim Besteigen von Berggipfeln nach Luft schnappt, so keuchte ich und hätte gern Mardis weniger dünne Luft eingeatmet. Doch was meinen Körper ermattete, gab meiner Seele neue Spannkraft. Mein Blick schweifte über alles rings umher. Die Sphären lagen so deutlich da wie Dörfer, die eine Landschaft tüpfeln. Ich sah höchst schöne Gebilde, die aber den unseren glichen. Ich hörte seltsame Klänge eines Glücks, das mit Traurigkeit vermischt schien – ein leise, liebliche Harmonie von beiden. Ich weiß nicht, wie ich in Worte fassen soll, was nimmer ein Mensch außer mir gehört hat.

›In diesen gesegneten Seelen sind weit erhabenere Gedanken und wohlklingendere Klagen als deine ineinander verschmolzen. Plumpe Freude wäre hier Mißklang. Und wie ein plötzlicher Schrei, in deinen verschwiegenen Gebirgspässen ausgestoßen, eine schreckliche Lawine niedergehen läßt, so könnte hier nur der Ton eines Gelächters eine weiße und schweigende Welt aufstören.‹ Solches äußerte der Engel.

Daraufhin murmelte ich ganz leise: ›Haben sie nicht die höchste Glückseligkeit? Sind sie noch in einem Mischzustand? Verzehren sie sich noch nach Wissen? Können sie sündigen?‹

Daraufhin vernahm ich: ›Kein einziger Geist außer Oro kann alles wissen; kein Geist, der nicht alles weiß, kann zufrieden sein, allein Zufriedenheit kommt dem Glück nahe. Heiligkeit kommt durch Weisheit; und weil der große Oro äußerst weise ist, ist er auch äußerst heilig. Doch da Oro allein vollkommene Weisheit zukommt, kommt ihm auch allein vollkommene Heiligkeit zu. Und wer etwas anderes als vollkommen heilig ist, ist auch der Sünde ausgesetzt.

Als wenn der Tod diesen Wesen Wissen gegeben hätte, so erschloß er ihnen auch andere Geheimnisse, nach denen sie lechzen und die sie noch erfahren können. Und noch fürchten sie das Böse, obwohl sie nur schwerlich stürzen können. So zwischen Hoffen und Zagen schwebend, sind sie nicht im Stande der Vollkommenheit. Und da man Oro nie ganz ergründen kann und da sich nach einem Geheimnis immer ein neues auftut, so werden diese Wesen auf immer fortschreiten auf dem Weg der Weisheit und des Guten, doch werden nie einen festen Punkt der Glückseligkeit erreichen. So wisse also, sterblicher Mardianer, daß du, wenn du hierher befördert wirst, deine niederen, zeitlich begrenzten Sehnsüchte ablegen wirst, um engelshaftes und ewiges Verlangen zu haben. Erschrecke nicht: deine menschliche Freude hat hier keinen Ort, keinen Namen.‹

Bei alledem verfiel ich in trauriges Sinnen und sagte dann: ›Viele Mardianer sind für das Geistesleben nicht geeignet, wie können sie dann ernstere und immerwährende Meditationen ertragen?‹

›Auch diese haben hier ihren Platz,‹ vernahm ich.

Daraufhin murmelte ich ganz leise: ›Und was ist mit diesen, die ungebessert sterben, da sie ein gedankenlosen Leben in Sünde führten, die weder Oro noch einem Menschen einen Dienst erwiesen?‹

›Auch diese haben ihren Platz,‹ vernahm ich, ›doch nicht hier. Und wisse, Mardianer: wie euer mardianisches Leben lange währt, wenn man strikt dem organischen Gesetz gehorcht, so wird unser spirituelles Leben verlängert, wenn man sich strikt an das Gesetz des Geistes hält. Sünde ist Tod.‹

›Ach,‹ murmelte ich noch leiser, ›und warum

die Keime zu Sünde und Leiden erschaffen, nur damit sie dann zugrunde gehen?‹

›Das‹ hauchte mein englischer Geleiter, ›ist das letzte Geheimnis, das allem übrigem zugrunde liegt. Selbst Erzengel können es nicht ergründen. Es macht Oro zu dem ewigen Geheimnis, das er ist. Es zu verbreiten hieße, ihm alle seienden Seelen gleich zu machen. Oro bewahrt dieses Geheimnis; und keiner außer ihm kann es kennen.‹

Ach, selbst wenn ich mich daran erinnern würde, was mein Geleiter über die Dinge äußerte, die für uns unergründlich sind, hätte ich doch nicht die Worte, es widerzugeben. Mein sechster Sinn, den er mir geöffnet hat, schläft wieder, und mit ihm alle Weisheit, die er gewann.

Die Zeit verging. Was wie ein Augenblick vorkam, war vielleicht ein Zeitalter gewesen. Woraufhin hoch aus dem goldenen Dunstbaldachin dieses Himmels ein anderer Engel erschien; seine Flügel waren wie Osten und Westen: einer Sonnenaufgang, Sonnenuntergang der andere. Wie silberne Fische hinter Glas, so schwammen in seinen Azuraugen nicht vergossene Tränen.

Schnell nahm mich mein Geleiter unter seine Fittiche; ich spürte, wie durch seine Adern das schwindende Licht pulste.

›O Geist, Erzengel, Gott, wer immer du bist,‹ hauchte er, ›laß mich: ich bin nur gesegnet, nicht verklärt.‹

Diese Worte schwebten so zart von ihm herab wie Flaumfedern von Tauben. Noch barg er mich unter seinen Fittichen, die er eingezogen hatte.

Dann hauchte in einem Schneefall zartester Silben der größere und schönere Engel: ›Von fernen Gefilden, weit weg von deiner Welt, vernahm ich dein inniges Gespräch mit diesem einsamen Mardianer. Es gefiel mir wohl. Denn deine Demut wurde deutlich und nicht die Hoffart des Wissens. Komme *du* und lerne neue Dinge.‹

Und sogleich überwölbte er uns mit seinen Schwingen und trug uns in die Regionen hoch, in denen mein Geleiter ohne die Kraft, die uns oben hielt und worin wir beide bebten, abgesunken wäre.

Mein Augenlicht wurde schwächer, wie Monde von überwältigender Tageshelle zum Schwinden gebracht werden: solch ein Glanz war ringsum, solch rotgüldenes Licht, das keiner Sonne entsprang, sondern das den ganzen Schauplatz durchdrang. Durchscheinend, makellos, still: so erglühte alles in einer einzigen Flamme.

Dann sagte der größere Engel: ›Was ihr hier seht ist die Nachtregion – den Tag könntet ihr nicht ertragen. Euer höchster Himmel liegt darunter.‹

Beschämt und niedergeschlagen schaute ich mit Beben hinab, wo die Geister hin und her segelten wie großflüglige Flamingos mit rötlichem Gefieder und in den Sonnenuntergangswolken Spiralen zogen. Doch eine verklärte Traurigkeit umflorte ihre geheimnisvollen Schläfen, die von Trauergloriolen gekrönt waren. Diese flogen wie Vögel über ihnen und begleitenden sie auf allen ihren Wegen.

In die Anblicke mischten sich Düfte. Wie wenn frühmorgens zu Sommerbeginn die Winde von hängenden Gärten Süße herabwehen, die nie fad wird, so entströmte diesen blühenden Flügeln bei jeder Bewegung ein Schwall von Wohlgeruch.

Nun führten diese beiden Geister eine Unterredung, selbst deren Worte mir dunkel blieben. Doch mein erster Führer gewann an Wissen. Ich konnte nur fassungslos zuhören, ohne etwas zu verstehen. Und wie der Fisch, den man mit Flügeln narrt, und der vergebens zu fliegen versucht, so wünschte ich mich wieder in meine niederes Element hinab.

Als wir in der Schwebe dieses entrückten Äthers hingen, erfaßte ein jähes Beben die vier Schwingen, die sich nun um mich legten. Und weit in der Ferne, in Zonen, die noch höher reichten als Sonnenbahnen, gewahrte ich verzückt einen furchtbaren Glanz. Sphäre glühte in Sphäre: das alleinzige Shekinah! Die Luft war von Feuer durchflockt, in dessen Innern Schauer von silbernen Kugeln niedergingen, vergrößerte Tränen, die in den Flammen Regenbögen flochten. Ich vernahm ein Geräusch; doch war diese unaussprechliche Äußerung weder für mich noch für meinen ersten Geleiter bestimmt. Daraufhin wurde der zweite Engel in die Höhe gerissen, wie eine Wolke rotgefärbter Herbstblätter in Wirbelwinden steigt.

Der andere Engel, der mich an sich preßte, ermattete und sank unverzüglich wie in ein Vakuum: durch Myriaden von Sonnen in einem Atemzug. In diesen Fall verschmolzen meine fünf Sinne zu einem. Und immer noch sinkend, erreichten wir den niederen Himmel.

Dann sah oder hörte ich seltsame Dinge: sanft, traurig und gedämpft; wie wenn man in sonnigen Sommermeeren tief, tief taucht und bei sinnenden Phantomen zusammenschreckt, die man nicht dingfest machen kann.

›Dies,‹ hauchte mein Führer ›sind Essenzen von Geistern, traurig darüber, daß sie noch unvollkommen sind. Der ganze Raum ist von ihnen bevölkert; die ganze Luft ist von Intelligenzen belebt, die nach Verkörperung streben. Diese lassen die Mardianer, ohne daß sie den Grund wissen, in Nachteinsamkeiten oder im gestauten Strom verzauberter Mittage seltsam zusammenzucken. Daraus werden die Seelen der Sterblichen geformt. Und all diese traurigen und schattengleichen Träume und grenzenlosen Gedanken, die der Mensch hat, sind vage Erinnerungen an die Zeit, als der Seele trauriger Keim diese Gefilde durchstreifte. Und das ist der Grund dafür, daß ihr Mardianer, wenn ihr euch am traurigsten fühlt, euch auch am unsterblichsten fühlt.‹

Wie ein Funken, der gerade von einem Feuerstein sprang, so zeigte sich Mardi bald in der Ferne. Es glomm in einer Sphäre, die als eine Blase im Raum erschien; sie stieg aus ungeheuren Tiefen zu der Meeresoberfläche auf. Als wir durch diese Blase stießen, kehrte meine mardianische Kraft zurück; doch des Engels Adern leuchteten wieder schwächer.

Als wir uns den Inseln näherten, hauchte mein Geleiter dies: ›Da du geliebt wirst, fahre fort zu lieben! Doch wisse, daß der Himmel kein Dach hat. Alles zu wissen, heißt alles zu sein. Es gibt keine Glückseligkeit. Und was ihr in Mardi Glück nennt, ist nur das Ausbleiben großen Leids – nicht mehr. Große Liebe hat einen traurigen Zug; und Himmel ist Liebe. Traurigkeit schafft die Stille in den Regionen des Raums; Traurigkeit ist universell und ewig; aber Traurigkeit ist Stille; Stille ist das Äußerste, was Seelen erhoffen können.‹

Dann winkte er mir mit seinen Flügeln Adieu; und verschwand im hellsten Glanz der Sonne.«

Wir vernahmen den Traum und suchten schweigend Ruhe, um unser Wunder zu träumen.

LXXXV.

Sie reisen von Serenia ab

BEI Sonnenaufgang standen wir auf dem Strand. Babbalanja sagte uns dies: »Meine Reise ist zu Ende. Nicht weil gefunden wäre, was wir suchten, sondern weil ich jetzt alles besitze, wonach ich in Mardi gesucht habe. Hier werde ich weilen, um noch weiser zu werden: dann gehöre ich Alma und der Welt. Taji! Yillah wirst du vergeblich hinterherjagen; sie ist ein Phantom, das dich nur narrt. Und während du wie von Sinnen hinter ihr her bist, schreit das Verbrechen, das du begangen hast, zum Himmel, und die es rächen wollen, sind dir auf den Fersen. Doch hierher können sie nicht kommen; und auch nicht diejenigen, die deiner Spur folgen, um dich zu locken. Nimm diesen weisen Rat an. Alles, was wir suchen, ist in unserem Herzen; wenn auch viele bei dieser Suche jemanden brauchen, der sie anregt. Diesen habe ich in dem seligen Alma gefunden. Dann brauchst du nicht mehr umherzustreifen. Erringe jetzt, in der Blüte deiner Jugend, diese äußerste Weisheit, die man allzu oft erst nach einem Leben des Leids erwirbt. Sei schon zuvor ein Weiser.

Media, deine Stellung ruft dich heimwärts. Doch mit dem, was du von dieser Insel mitbringst, kannst du deiner eigenen Segen bringen. Die Blumen, die rings um uns sprießen, können verpflanzt werden: wie Serenia kann Odo von blühenden Amaranten und Myrthen bedeckt sein. Setze deinem Volk gegenüber das in die Tat um, was du hier gehört hast. Lasse niemanden weinen, damit du lachen kannst; lasse niemanden zu hart arbeiten, damit du müßig sein kannst. Verzichte auf deinen Thron, doch behalte noch das Szepter. Niemand braucht einen König, aber viele brauchen einen Regenten.

Mohi! Yoomy! Müssen wir uns trennen? Dann vergeßt alles, was ich bis jetzt gesagt habe. Doch laßt nicht eine Silbe dieses alten Mannes verloren sein.

Mohi! das Alter nimmt dich bei der Hand. Lebe dein Leben zu Ende und sterbe mit ruhiger Miene.

Doch Yoomy, du hast noch viele Tage vor dir. In der Spanne eines Lebens können viele Zyklen durchlaufen werden, kann unendlich viel Gutes getan werden. Betrachte ganz Mardi als deine Heimat. Nationen sind nur Namen und Kontinente nur Treibsände.

Wiederum Taji! Sei gewiß, daß deine Yillah niemals gefunden wird; und selbst wenn, wird es dir nichts nützen. Doch suche, wenn du willst. Es gibt noch Inseln, die du nicht durchforscht hast; und wenn du sie alle gesehen hast, dann kehre zurück, und du wirst Yillah hier finden.

Gefährten alle, lebt wohl!«

Und vom Strand wandte er sich dem Wald zu.

Unsere Boote waren inzwischen instand gesetzt worden; so legten wir schweigend ab. Als wir dahinfuhren, segnete uns der Greis.

Eine Zeitlang war jeder einzelne Wellenschlag gegen unsere Buge zuhören.

Mit ruhigem, festem Blick wahrte Media seine vornehme Haltung, Mohi sein ehrwürdiges Schweigen, Yoomy seine träumerische Stimmung.

Wie sich die ganze Natur nach Wirbelstürmen im Sommer beruhigt und lächelnd zeigt, während aber tief in den Wäldern entwurzelte Bäume in ihrer Pein liegen – so war es auch bei meinen Gefährten.

Es war ihr großer Wunsch, daß wir auf Odo zusteuerten; denn sie sagten, unsere Suche sei zu Ende.

Doch ich war unbeirrbar wie das Fatum.

Wir fuhren weiter, als hätten wir gerade erst unsere Reise begonnen. Die Luft war stärkend wie bei unserer Abfahrt. Weitere Inseln besuchten wir, – trafen dreimal die Rächer, doch ohne etwas zu erleiden; dreimal Hautias Herolde, ohne uns zurückzuziehen. Wir sahen eine Vielfalt wechselnder Schauspiele – durchwanderten Wälder und Felder – überquerten viele Täler – erklommen Berggipfel, von wo wir größeren Überblick hatten – weilten in Städten – stießen in Einöden vor – suchten fern und nah: Doch Yillah war nirgends zu finden.

Daraufhin wollten mich alle wieder überzeugen.

»Das tiefblaue Auge hat sich geschlossen,« sagte Yoomy.

»Des Schicksals letzte Seiten wurden gewendet, laßt mich nach Hause fahren und sterben,« sagte Mohi.

»So ist der Kreis fast geschlossen,« sagte Media. »Morgen soll unsere Sonne über Odo aufgehen. Taji, gib deine Suche auf!«

»Ich bin der Jäger ohne Rast und Ruh'! Der Suchende ohne Heimat! Sie, der ich hinterherjage, sie eilt voraus; und ich werde ihr folgen, auch wenn sie mich über das Riff hinaus führt,
5 über sonnenlose Meere hin, in Nacht und Tod. Ich werde sie auf allen Inseln und Sternen suchen; und ich werde sie finden, was immer sich begeben mag!«

Wieder gaben sie nach; und wieder glitten wir
10 weiter dahin – unsere vom Sturm geschlagenen Buge wiesen hierhin und dorthin, wurden mal begrüßt mal abgewiesen. Die halb zerfetzten Segel suchten jede Brise zu ergattern.

Doch in der selben Nacht rangen sie erneut
15 mit mir. Jetzt sollte zuletzt die hoffnungslose Suche aufgegeben werden: es gäbe keine Yillah mehr; und wir sollten schleunigst zurück zu dem blauen Serenia.

Dann rief mich die liebliche Yillah wieder aus
020 dem Meer: also mußte ich weiter! Doch als ich dorthin schaute, von woher diese Klänge zu kommen schienen, glaubte ich den grünen Leichnam des Priesters herantreiben zu sehen, der gegen unseren Bug schlug, als wolle er ihn
25 zurückhalten. Daraufhin wurde mein Herz hart wie Feuerstein und schwarz wie die Nacht. Es klang hohl, wenn ich meine Hand darauf preßte. Ich war erfüllt von Hyänengelächter. Todes-
30 schweiß kühlte meine Stirn. Ich betete nicht, ich schmähte Gott.

LXXXVI.

Sie treffen die Phantome

IN dieser sternlosen Mitternacht stahl sich der Iriswimpel Hautias aus der Dunkelheit.

Die Sirenen kamen wieder. Sie trugen eine stattliche Blüte, die einer Urne glich: weiß wie Alabaster und leuchtend, als sei sie von innen erhellt. Aus ihrem Kelch züngelten zitternd gespaltene, karminrote Staubgefäße, die sich, wie Flammen, in stärksten Düften verzehrten.

Die Phantome nahten. Ihre Blume wie ein Gefäß voll brennenden Natrons. Dann veränderte sie sich und glühte wie persische Morgenröten; oder fahlste Blitze spielten über sie – so vielfach waren ihre Färbungen.

»Die ›Königin der Nacht!‹«, sagte Yoomy erschauernd, »die nie im Sonnenlicht blüht, die nur einmal blüht und nur für eine einzige Stunde. - Ich komme zum letzten Mal, jetzt, in der Mitternacht deiner Verzweiflung und verheiße dir diesen Preis. Gib acht! Nur kurze Zeit kannst du zögern. Durch mich kann deine Yillah vielleicht gefunden werden.«

»Fort! Fort! Locke mich nicht solchermaßen, Hexe! Hautia, ich kenne dich nicht, ich fürchte dich nicht, doch instinktiv hasse ich dich. Fort! Eis hat meine Augen versiegelt. Ich will nicht länger gelockt werden.«

»Wie prächtig sie glüht!« rief Media. »Ihre betäubende Düfte bringen mich zum Taumeln. Kann solche Süße böse sein?«

»Seht! Seht!« rief Yoomy, »ihre Blütenblätter verblassen und ziehen sich zusammen. Einen Augenblick noch, und die Nachtblume wird auf immer die letzte Hoffnung auf Yillah verschließen!«

»Yillah! Yillah! Yillah!« kläfften drei rachsüchtige Stimmen weit in der Ferne.

»Yillah! Yillah! – Verwünschte Urne! Ich folge, Hautia! Wenn auch dein Köder Tod ist.«

Die ›Königin der Nacht‹ schloß sich. Und im Nebel fuhr der Nachen der Sirenen vor uns; wir folgten.

Als es tagte, schwammen uns drei leuchtende Lotsenfische voraus; drei räuberische Haie waren achtern.

Und direkt vor uns tauchte Hautias Insel auf.

LXXXVII.

Sie nähern sich Flozella

ALS wäre Mardi ein Gedicht und jede Insel ein Gesang, so wurde das Gestade, das nun in Sicht kam, Flozella-a-Nina genannt oder: die Letzte-Strophe-des-Liedes.

Mohi zufolge war der Ursprung dieser Wendung bis in früheste Vorzeit zurückzuverfolgen.

Anfangs gab es, neben den Mardianern, andere Wesen in Mardi, geflügelte Wesen von klarerem Geist und von sanfterer Artung, die gern auf immer bei den Menschen geweilt hätten. Doch die Herzen der Mardianer hatten sich gegen diese wegen ihrer überlegenen Göttlichkeit erbittert. Diese Wesen aber vergalten Bosheit mit Liebe und erbaten lange Zeit Tugend und Güte. Doch am Ende erhoben sich alle Mardianer gegen sie und jagten sie von Insel zu Insel; bis sie sich zuletzt aus den Waldungen erhoben wie ein Vogelschwarm und in den Wolken verschwanden. In der Folge verfielen die Mardianer, im Stich gelassen von solch freundlichen Einflüssen, allen erdenklichen Verfehlungen und Leiden, und wurden diese verirrten Wesen, deren Abkömmlinge heute noch existierten. Doch sie wußten nicht, daß sie ihre Unglücke selbst heraufbeschworen hatten. Die Vertreibung der geflügelten Wesen wurde als Sieg angesehen und in Chören allüberall in Mardi gefeiert. Und neben anderen Jubelchören wurde, so ging die Legende, ein Päan komponiert, dessen Strophenzahl der Zahl der Inseln entsprach. Und eine Schar von Jünglingen in farbenfroher Aufmachung umrundete die Lagune in Prachtkanus und sang auf jeder Insel eine Strophe ihres Liedes. Da Flozella die letzte Insel auf ihrer Rundfahrt war, gedachte die dortige Königin des Ereignisses durch die Umbenennung ihres Reiches.

Diese Königin hatte Mardi als erste angestiftet, Krieg gegen die geflügelten Wesen zu führen. Sie war es, die bei jedem Angriff an vorderster Stelle gestanden hatte. Diese Königin war Ahnfrau von Hautia, die nun die Insel regierte.

Während ich mich dem Herrschaftsgebiet dieser näherte, die mich so lange heimgesucht hatte, zerrissen widerstreitende Gefühle meine Seele wie Wirbelstürme. Doch hatte Hautia mir in Aussicht gestellt, daß meine sehnsüchtige Suche von Erfolg gekrönt sein könnte. In welcher Weise aber waren Hautia und Yillah miteinander verbunden? Ich erhoffte etwas, doch fürchtete mehr. Schreckliche Vorahnungen durchschossen mich wie vergiftete Pfeile. Hätten sie mich vorher getroffen, wäre ich unverzüglich nach Flozilla gefahren; und hätte nicht gewartet, bis mich Hautia mit dieser letzten Lockung umwerben würde. Doch blieben meine Haßgefühle Hautia gegenüber unverändert; auch wenn diese Gefühle unbestimmt waren wie die Sprache ihrer Blumen. Trotzdem schienen Hautia und Yillah in geheimnisvoller Weise miteinander verbunden zu sein. Aber Yillah war einzig Schönheit und Unschuld, war meine Krone der Glückseligkeit, mein Himmel auf Erden. Und Hautia verabscheute ich mit ganzem Herzen. Ich suchte Yillah – Hautia suchte mich. Die eine winkte mich hier heran, die andere lockte mich undeutlich dort. Nun aber träumte ich heftig davon, ihnen gemeinsam zu begegnen. Doch war ich so außer mir, daß ich nicht wußte, was ich dachte.

Langsam näherten wir uns dem Land. Flozella-a-Nina! – Ein Omen? Sollte sich diese Insel als der letzte Ort meiner Suche erweisen, eben weil sie die Letzte-Strophe-des-Liedes war?

LXXXVIII.

Sie landen

VON der See her sieht das blühende Flozella wie eine juwelenbesetzte Tiara aus, die sich über der Gischt wiegt. Doch seht, der schimmernde Schaum rings um den weißen Saum! Dort brechen die blauen Wogen hervor, die sich unter der Korallenschwelle hindurchzwängen oder, über deren Klüfte hinweg, in Gischtfontänen aufschießen. Indes steigt die Insel wie ein hängender Garten in einem dreifachen Gürtel blühender Terrassen empor, bis zur Spitze eines Bergkegels, der im Blau des Himmels verschwimmt.

»Welch betörender Duft weht da durch die Gischt auf uns zu?« rief Media.

»Ha, du wilder Wind! Du hast Hautias Gärten geplündert,« rief Yoomy.

»Keine Süße kann süßer sein,« sagte Flechtbart, »aber auch kein Upasbaum tödlicher.«

Bald kamen wir näher. Unsere Segel hingen schlaff und müßig herab, unsere Ruder ruhten. Wir ritten auf dem glatten Rücken von Strömungen. Rings um die Insel sprangen Schwärme von Delphinen – wie wimmelnde Regenbögen – über dahintreibende Wracktrümmer: Rippen und Kiele von Kanus, mit dunkelgrünem Gezottel behangen. Denn etliche Schaluppen wurden, im Sog der Strudel, oftmals gegen diesen blühenden Strand geworfen und zertrümmert. Doch was kümmerte das die Delphine? Die Wracks von Mardi waren ihre Heimstatt. Immer wieder setzten sie darüber, von Osten nach Westen, stiegen und versanken: viele Sonnen in einem Augenblick; während das Meer wie eine abgeerntete Ebene mit den funkelnden Garben der Gischt bedeckt war.

Und viele Faden tief funkelten Regenbogenfarben, als seien dort Netze voller Nixen, welche die Gebeine Ertrunkener halbwegs den Blicken entzogen.

Schneller und schneller galoppierten die Strömungen jetzt, bis unsere Buge mit einem Schlag auf den Strand setzten.

Dort standen unter einem Bogen aus Blütenzweigen drei dunkeläugige Mädchen; sie waren blau gewandet und mit Akeleien bekränzt, deren Nektarien wie Narrenschellen hin und her schwangen.

»Die Lotsenfische haben sich verwandelt!« rief Yoomy aus.

»Die drei nächtlichen Heroldinnen!« sagte Mohi.

Wir folgten den Mädchen durch ein gewundenes Tal. Dort floß, neben süß duftenden Hecken, das blaue Geflecht von Bächen, mit veilchengesäumten Rinnsalen als Zuflüssen, die durch die Auen mäandrierten.

Auf der einen Seite erglühten die rosigen Berge in einem ewigen tropischen Morgenlicht; und auf der anderen lag ein arktischer Abend: die weißen Maßliebchen häuften sich zu langen Schneewehen; und von den Orangebüschen schneiten die Blüten. Hier verströmte sich der Sommer in seinem Hochzeitskleid; die Schläfen der Berghöhen waren von Brautkränzen umwunden.

Wir wanderten weiter und durchquerten Obstgärten, die lange, geschwungene Arkaden bildeten; sie glichen Rittersälen, die mit Jagdtrophäen behängt waren – so weit streckten die Äste ihre Geweihe vor. Dieser Obstgarten bildete die Stirn der Insel.

Die Früchte hingen so hoch oben, daß nur Schnäbel, keine Hände sie ernten konnten.

Hier zeigte der Pfirsischbaum seine tausend beflaumten Wangen, oftmals von den buhlerischen Winden geküßt; hier hingen die gelben Äpfel zuhauf an den Ästen wie Schwärme goldener Bienen; hier perlten in dicken Blutstropfen die Kirschen von schwächlichen Bäumen, die in die Knie gegangen waren; und hier enthüllten die Granatäpfel, die, trotz ihrer kalten und wächsernen Hülle, von Vogelschnäbeln aufgepickt worden waren, ihr weiches, rötliches Fruchtfleisch. So verbirgt oft das Herz, das kalt und verdorrt erscheint, im Innern seine Säfte.

Nachdem dieser Obstgarten durchschritten war, weitete sich das Tal zu einer ausgedehnten Ebene, als öffnete sich die Straße von Ormus: ein Teppich, übersät mit Blütenjuwelen: Hyazinthen-Türkisen, Rosen-Rubinen, Lilien-Perlen. Das duftende Geißblatt schwang hier seine Ranken und ringelte sich flachsfarben über Bäume, die lachend ihre goldenen Locken schüttelten. Der Kolibri, der immer schwirrt und sich selten niederläßt, flog von Laube zu Laube; und Schwärme ausgelassener Kanarienvögel strichen vorbei, mit Schwingen wie Jonquillenblütenblätter.

Jetzt aber drangen aus halb verborgenen Clematis-Lauben Schwärme von Wespen, die sich auf allen Blütenknospen im weiten Umkreis niederließen.

Und da, aus diesen Lauben, tritt, angeführt von fünfzig Nymphen, mit gleitendem, gewandtem Schritt – Hautia, die leibhaftige Liebesumgarnung! In der Hand hat sie eine prächtige Amaryllis, an den Ohren Hexenkrautblüten; ihre Hüfte ist mit Verbenen umgürtet.

Sie ging an Ligusterhecken vorbei, die von Geißblatt überwuchert waren, senkte ein wenig den Kopf; sie schritt über Nelken, Stiefmütterchen, Glockenblumen, Heidekraut und Lilien. Sie glitt dahin: die Sichel ihrer Stirn so still wie der Mond, wenn sein schädlicher Einfluß am größten ist.

Ihr Auge war unergründlich.

Aber dies war der selbe mysteriöse, unheilvolle Blick, der mich schon lange zuvor auf Odo heimgesucht hatte, bevor Yillah geflohen war – Königin Hautia war das unbekannte Wesen! Daraufhin trafen zwei wilde Ströme in meinem Innern zusammen und zerschäumten mich.

»Yillah! Yillah! Sage es mir, Königin!« Doch sie stand bewegungslos da, strahlend und bar eines Duftes: eine Dahlie auf ihrem Stiel.

»Wo? Wo?«

»Ist deine Reise jetzt nicht zu Ende? – Nimm diese Blumen! Mädchen, gebt ihm Wein zu trinken. Nach seiner langen, beschwerlichen Jagd soll der Wanderer glücklich sein.«

Ich stieß ihre Becher und Blumen von mir; noch erschallte das Tal von meinem Ruf nach Yillah!

»Taji! Würde ich ihr Los kennen, würde ich dir jetzt nichts enthüllen! Auch meine Herolde sind von ihrer Königin zum Schweigen verpflichtet. Du kommst einzig hierher, um den Nachtschatten deiner Klage gegen Hochzeitsrosen einzutauschen. Mädchen, bekränzt ihn, umringt ihn, drängt ihm eure Becher auf!«

Erneut verschüttete ich ihren Wein und zerriß ihre Gebinde.

»Ist dies nicht dieser böse Blick, der mich vor langer Zeit heimgesucht hatte? Warst du es nicht, Hautia, die mich auf dieser langen, langen Reise verfolgt, umworben, verspottet und verlockt hat? Ich schwöre, daß du alles weißt.«

»Ich bin Hautia. Du bist zu guter Letzt gekommen. Bekränzt ihn mit euren Blüten! Macht ihn trunken mit eurem Wein! Auf alle deine Fragen, Taji, schweige ich. – Geht, Mädchen, tanzt, wirbelt um ihn im Kreis, wirbelt wieder und wieder!«

Da machten ihre Füße auf dem Gras, das Wellen schlug, eine Musik wie tausend Lilienblätter auf einem See. Und Hautia glitt heran, begrüßte Media und sagte: »Euer Gefährte hier ist traurig, doch ihr sollt fröhlich sein. He, Wein! – Ich trinke euch zu, meine Gäste!«

Und während ich all dies bemerkte, beschloß ich, mich zu verstellen, um das herauszufinden, wonach ich einzig suchte.

So hielt ich drei Becher in Händen, trank Wein und lachte; und ergab mich halbwegs Hautias Schmeicheleien.

LXXXIX.

Sie betreten Hautias Laube

WIR wurden zu der Laube geleitet, aus der die Königin aufgetaucht war, und gelangten in ein von Weinrosen umranktes Gemach. Dort lagerten wir auf duftenden Matten.

Darauf wurde Media, Mohi und Yoomy ein Tamarinden-Sorbet in Zitronenbechern gereicht und mir eine Nautilus-Schale, randvoll mit einer lichthellen Flüssigkeit, die wie eine Quelle aufwallte und sprudelte.

»Trink, Taji, trink! Jeder Tropfen ertränkt einen Gedanken!«

Der Trank rann wie ein Blutschwall durch meine Adern.

Ein Liebestrank? – Wie Hautia vor mir glühte! Strahlende Königin, die mit ihrem ganzen Glanz die Äquatornacht aufleuchten ließ.

»Das ist höchste Magie, o Königin! Auf dir sammeln sich Tausende von Sternbildern.«

»Sie funkeln, um zu verbrennen,« flüstere Mohi.

»Ich sehe zehn Milllionen Hautias! Der ganze Weltraum reflektiert sie wie in einem Spiegel.«

Dann wirbelten die Mädchen wieder in wildem, verwirrendem Reigen umher, bis die Blumen sich von ihren Stirnen lösten. Hautia glitt heran, ihre Arme leuchtend wie Regenbögen, und sie sang eine betörende Beschwörung.

Meine Seele schmolz dahin; es gab keine Yillah mehr! Doch als ich mich mit offenen Armen ihr zuwandte, verschwand Hautia.

»Sie ist tiefer als das Meer,« sagte Media.

»Ihr Bogen ist gespannt,« sagte Yoomy.

»Ich könnte Erstaunliches von Hautia und ihren Mädchen erzählen,« sagte Mohi.

»Was denn?«

»Hört her! Ich werde das Abenteuer des Jünglings Ozonna mit seinen eigenen Worten erzählen. Es wird dir zeigen, Taji, daß Hautias Mädchen alle Yillahs sind, die, ohne daß es ihnen bewußt ist, gefangengehalten werden; und daß Hautia, die sie bezaubert hat, die heimtückischste Königin von allen ist.

›Wie ein Kamel unter seiner Last,‹ sagte Ozanna, ›so ächzte ich unter meinem Leid, nachdem ich auf der Suche nach einem lange vermißten Mädchen, der schönen Ady, überall herumgeirrt war. Nachdem man mich auf Maramma abgewiesen hatte und man mich auf Serenia eingeladen hatte, an Land zu kommen (diese Insel erwies sich nur als ein anderes Maramma), lockten mich schließlich drei Sirenen, die mir lange nachgesetzt hatten, unter der vagen Versprechung nach Flozella, daß sich dort Ady fände. Dort machte mich Hautia zu ihrem Sklaven. Schon bald glaubte ich entdeckt zu haben, daß sie Ady in Rea, eines ihrer Mädchen, verwandelt hatte. Ich wollte sie in die Arme schließen, doch das Mädchen kannte Ozonna nicht. Und als ich sie sogar, nach langem Werben, wiedergewann, war sie offenbar nicht die vermißte Ady sondern Rea. Doch die ganze Zeit über schienen aus der Tiefe ihrer seltsamen, dunklen Augäpfel Adys blaue Augen gedankenvoll hervorzuschauen: blaues in schwarzem Auge – traurige, stille Seele in fröhlicher. Lange versuchte ich, indem ich ihr leidenschaftlich in die Augen blickte, den Zauber zu brechen und in Rea die Vergangenheit der Vermißten wiederaufleben zu lassen. Doch vergebens. Es war nur Rea und nicht Ady, die mich nun ab und zu verstohlen anblickte. Eines Morgens stutzte Hautia, als sie mich begrüßte: ihr waches Auge ruhte auf meiner Brust; und als ich meinen Blick dorthin richtete, bemerkte ich den frischen und deutlichen Eindruck von Reas Halskette. Ich machte mich davon und erzählte dem Mädchen, das eben so rasch von mir gewichen war wie ich von Hautia, was sich ereignet hatte. Die Königin rief ihre Mädchen zusammen, doch blieb dieser Aufruf einige Stunden lang unbeachtet. Als sie schließlich kamen, schlang sich um jeden Hals eine Kette wie die von Rea. Am Morgen, sieh da!, war der Boden meiner Laube mit zerstampfen Lindenblättern bedeckt, die ihren frischen Saft von sich gaben. Voller Vorahnungen, suchte ich Rea erneut auf: als sie den Blick senkte, sah sie, daß ihre Füße grün gefärbt waren. Wieder machte sie sich davon; und wieder rief Hautia, mit tückischer Siegesmiene, ihre Mädchen zusammen. Doch das Blatt hatte sich gewendet: alle wiesen grüne Füße auf. In dieser Nacht wurde Rea von drei Maskierten meiner Seite entrissen. Sie erstickten ihre Schreie, schleppten sie fort; und, als ich ihnen nachsetzte, verschwanden sie in einer Höhle. Am nächsten Morgen war Hautia von ihren Nymphen umgeben, Rea aber fehlte. Dann näherte sie sich mir und griff sich von meinem Haar eine pechschwarze Strähne, die lose daran hing. ›Ozanna ist der Mörder! Seht! In sein Haar sind Locken von Rea geschlungen!‹ – Erschrocken schwor ich, daß ich nichts über ihr Schicksal wüßte. ›Dann soll die Hexe Larfee gerufen werden!‹ Die Mädchen eilten aus der Laube, in die bald danach eine unreife Kokosnuß rollte, gefolgt von der Hexe und allen Mädchen. Sie streuten Anemonen über diese Nuß, rollten sie hierhin und dorthin, bis sie schließlich vor meinen Füßen liegenblieb. – ›Er ist es!‹ schrien alle. – Dann banden sie mich mit Weidengerten; und um Mitternacht wurde ich von unsichtbaren und unwiderstehlichen Händen in ein Boot gelegt, das weit auf die Lagune hinausfuhr. Dort warfen sie mich in die Wellen. Doch war der Aufprall auf das Wasser so heftig, daß die Weidenruten brachen. Und während sich das Boot in eine Richtung entfernte, schwamm ich in die andere und erreichte bald Land.

So fand ich auf Flozella nur Adys Phantom; die letzte Hoffnung auf die wahre Ady war abgetötet worden.‹«

Dies Erzählung drang bis auf den Grund meiner Seele. Hautia hatte Yillah auf irgendeine ungeheuerliche Weise zur Gefangenen gemacht. Die Blauäugige war in eines ihrer schwarzäugigen Mädchen verwandelt worden. Außer mir vor Verzweiflung wandte ich mich nach allen Seiten um; und sah in diesen kalten, geheimnisvollen Augen doch nicht den warmen Strahl, den ich suchte.

»Du hast wohl in dieser tückischen Erde Wurzel geschlagen?« rief Media. – »Fort von hier! Deine Yillah liegt hinter dir, nicht vor dir. Sie weilt tief im Innern der Wälder des blauen Serenia, wo du nicht suchen wolltest. Hautia verhöhnt dich! Fort! Das Riff ist umrundet, der Kreis geschlossen; nur eine Meeresstraße trennt diese Insel von Odo. Und dessen Herrscher muß dorthin zurückkehren. In jeder Stunde, die ich hier verbringe, stirbt dort ein unglücklicher Sklave, für den ich Leben und Freude aus dem gesegneten Serenia mitbringe. Fort!«

»Willst du dir immer noch Böses für dein Gutes einhandeln?« rief Mohi aus. »Wie sollte sich Yillah hier aufhalten? – Sei auf der Hut! – Sonst macht dich Hautia noch zum Sklaven.«

»Komm, laßt uns fahren,« rief Yoomy. »Denn Yillah ist fern von hier! Wer unter diesen Blumen weilt, der muß unbedingt Wacholder verbrennen.«

»Schaut mich an, Media, Mohi, Yoomy. Hier stehe ich als mein eigenes Denkmal, bis Hautia den Bann gelöst hat.«

Bekümmert ließen sie mich zurück.

Vee-Vees Muschelhorn hörte ich nicht mehr.

XC.

Taji bei Hautia

ALS der letzte Widerhall von ihnen im Tal verklungen war, glitt Hautia heran – mit gelöstem Gürtel und der Amaryllis in der Hand. Ihr Busen hob und senkte sich; und in den Strahlen, die aus ihren Augen schossen, sah man Stäubchen tanzen.

»Komm! Laß uns sündigen und fröhlich sein. He! Wein, Wein, Wein! Und Schöße voll Blumen! Alle Schilfrohre sollen flöten. Tanzt, Mädchen, tanzt! Wirbelt, schwimmt um mich herum: Ich bin der Strudel, der alles in sich zieht. Taji, Taji! Dieser Name zergeht mir wie eine saftige Beere im Mund! – Taji, Taji!« Und sie wiederholte und modulierte diesen Laut so lange, bis er aus ihren Sirenenaugen zu kommen schien.

Mein Herz entflog seiner Schranken und schwang sich in die Lüfte; doch als meine Hand die Hautias berührte, stürzte ein toter Vogel aus den Wolken.

»Ha, wie er in die Tiefe fällt! – Doch hast du jemals in tiefen Wassern getaucht, Taji? Hast du je die Perlengründe geschaut? – Zu der Höhle! – Mädchen, geht voran!«

Daraufhin durchwanderten wir Blütenmeere und betraten tiefe Wälder. Dreimal wechselten wir vom Sonnenlicht ins Waldesdunkel; und so schienen es uns drei kurze Tage und Nächte gewesen zu sein, als wir den Eingang der Höhle erreichten.

Eine Bogenschußweite vom Meer entfernt, bohrte sie sich in den Berg wie ein überwölbter Weg. Als wir ins Innere blickten, sahen wir das ferne Schimmern von Wasser, hier und da durchschnitten von den gedehnten Schatten von Kuppeln und Säulen. Ganz Venedig schien sich darin zu befinden.

Aus einem Stoß vergoldeter Palmschäfte machten die Mädchen nun Fackeln und nahmen Aufstellung: eine Garbe von Sirenen in einer Feuergarbe.

In solcher Beleuchtung schimmerte die Höhle wie eine Schatulle der Königin von Kandi; reich an Morgenlicht und Sonnenuntergängen.

Die Säulen der Stalaktiten reichten von dem Felsendach bis zum sprudelnden Grund herab; und Galerien mit funkelnden Korallensimsen führten in Spiralen um den Höhlenraum.

Jetzt glitten die Mädchen sacht ins Wasser, wobei sie ihre Fackeln in die Höhe hielten: jede von ihnen eine schwimmende Lotosblüte. Daraufhin schleuderte von weit oben Hautia ihre Fackel in die Luft und sprang ihr nach: zwei Meteore erloschen in dem See.

An der Stelle, wo sie eingetaucht war, sammelten sich die Fackeln; und in ihrer Mitte tauchte Hautia auf, die Hände voller Perlen.

»Schau, Taji! All diese kann man durch Tauchen erlangen; und mit ihnen Schönheit, Gesundheit, Reichtum, langes Leben und die letzte verlorene Hoffnung des Menschen. Doch nur durch mich allein kannst du dies erlangen. Tauche du und bringe eine Perle herauf, wenn du kannst.«

Hinab, hinab! Hinab in das klare, sprudelnde Wasser, bis ich Kristall geworden schien im funkelnden Herzen eines Diamanten; aber ich tauchte aus diesen bodenlosen Tiefen mit leeren Händen auf.

»Perlen, Perlen! Deine Perlen! Du bist noch ein blutiger Anfänger. Ach, Taji, es hat keinen Zweck, daß du tief tauchst. Aber Hautia enthüllen sich schon knapp unter dem Wasserspiegel viele Golkondas. Doch komm, tauche mit mir, reiche mir deine Hand: ich werde dir seltsame Dinge zeigen.«

»Zeige mir das, wonach ich suche, und ich werde geradewegs mit dir durch die ganze Welt hindurch tauchen, bis wir in unbekannten Meeren wieder zum Vorschein kommen.«

»Nein, nein; doch reiche mir die Hände. Und ich werde dich dorthin mitnehmen, wo deine Vergangenheit vergessen sein wird, wo du bald lernen wirst, die Lebenden zu lieben und nicht die Toten.«

»Für mich ist die Bitternis besser, Hautia, die aus dem Tod meiner Geliebten erwächst, als alle Lebenssüße, die du schenken kannst, selbst wenn sie ewig wäre.«

XCI.

Mardi bleibt zurück: ein Ozean voraus

ALS wir aus der Grotte zurückgekehrt waren, legte sich Hautia in ihrem Clematisgemach nieder, während unsichtbare Hände Fenchel um sie streuten. Süße Klänge beschlichen mich mehr und mehr und vertrieben meinen Kummer, wie Sonnenstrahlen Schnee zum Schmelzen bringen. Eine seltsame Mattigkeit ließ mich niedersinken. Wieder einmal lagen Yillah und die Vergangenheit nebeneinander im Gewölbe meines Herzens begraben – zwei Leiber in Todesstarre –, während Hautia vor mir, wie eine Sonne in ihrem Umlauf, ihre Pracht noch vergrößerte und, indem sie ihre Augen starr auf mich richtete, meine Seele austrank.

Sie war die Schlange, ich das Opfer: mein Leben sickerte in ihres.

Doch jäh riß ich mich von dem Zauber wieder los, da die Vergangenheit mit aller Wucht jegliche Gegenwart in mir überwand.

O Hautia! Du kennst das Geheimnis, das ich zu ergründen suche. Ich sehe, daß es in deinen Augen lauert. Enthülle es!«

»Wohl oder Wehe?«

»Leben oder Tod!«

»Schau her!« Und Yillahs Rosenperle tanzte vor mir.

Ich entriß sie ihrer Hand: – »Yillah! Yillay!«

»Phantasiere weiter! Sie liegt zu tief, um zu

antworten. Sie hört seltsamere Stimmen als deine; Wasserblasen platzen in ihrem Umkreis.«

»Ertrunken! Ertrunken also, genau wie sie es träumte: Ich komme, ich komme! – Ha, welche Gestalt ist dies? Hast du Moos an dir, See-Thymian, Perlen? – Hilfe, ich versinke! – Zurück, schimmerndes Ungeheuer! – Was, Hautia, du bist es? – O Viper, ich könnte dich töten!«

»Gehe und töte dich selbst: ich will nicht, daß du der meine wirst. Gehe: als Toter zu der Toten! – Es ist noch eine andere Höhle im Berg.«

Schnell entfloh ich durch das Tal, vorbei an Hautias Perlengrotte, und erreichte eine düstere Wölbung, hinter der ein See durchsichtig erglänzte. Dort stießen widerstreitende Strömungen aufeinander und lagen im Kampf. Und ein dunkles Gewölbe öffnete sich auf einen seewärts führenden Kanal.

In der tiefsten Tiefe der Strudel kreiste und kreiste eine Gestalt: weiß und schemenhaft Yillah.

Auf der Stelle tauchte ich hinab. Aber die Strudel waren wie heftige Gegenwinde, die vor den Kaps Schiffe zurückwerfen.

Dann sah ich mit entsetztem Blick, wie die kreisende Gestalt die eine dunkle Wölbung erreichte und darin verschwand. Und die Strudel wirbelten wie zuvor.

»Halt! Halt! Ich werde mit dir gehen, auch wenn du in den Schlund der Finsternis gleitest. Nichts kann die Hölle der Verzweiflung hier übersteigen! – warum schlägst du noch länger in diesem Leichnam, mein Herz!«

Wie Schlafwandler, halb erstarrt, in einem

schrecklichen Traum geistergleich ins Freie treten und die Wachenden entsetzen, so huschte ich in dieser Nacht auf dem feuchten Trauerkleid des Strandes hin und her.

»Ist dieses Gespenst Taji?« – Und Mohi und der Sänger standen vor mir.

»Taji lebt nicht mehr. Er ist so tot, daß er nicht einmal Gespenst sein kann. Ich bin das Phantom des Phantoms seines Geistes.«

»Ja also, Phantom, jetzt ist es Zeit zu fliehen!«

Sie schleppten mich zum Wasserrand, wo ein Boot angelegt hatte. Schon schossen wir – Mohi war am Steuerruder – unter dem Schatten hin, den eine Klippe weit ins Meer warf. Wie in einem Traum lauschte ich einer Stimme.

Als Media auf Odo angekommen war, wurde er mit Geheul empfangen. Aufrührer hatten sich bewaffnet und boten ihm offen die Stirn. Jedes Zugeständnis wäre sinnlos gewesen. In vorderster Reihe standen die drei bleichen Söhne dessen, den ich erschlagen hatte, um das später verlorene Mädchen zu gewinnen. Rächer von dem Augenblick an, wo wir in See gestochen waren, hatten sie sich auf meine Spur geheftet, hatten Hungersnöte überlebt und waren am Leben, um mich um das gesamte Riff von Mardi zu jagen. Und hatten nun auf Odo, dieser letzten Schwelle, auf meine Vernichtung gewartet. Dort hatten sie auch geschworen, daß sie mich, falls ihre Rache fehlschlagen würde, rund um die Ewigkeit jagen würden.

Hinter den Rächern tobte ein unbändiger Pöbel, der Media zum Thronverzicht aufforderte. Doch indes er eine Hand schwenkte, als sei sie ein Wimpel über dem Dampf eines Seegefechts, segelte Media heiter und gelassen durch den Tumult: die Aufständischen wichen vor ihm zurück, wie ungestüme Wellen vor einem unbeugsamen Bug.

Als er eine Zuflucht erreicht hatte, wandte er sich an Mohi und den Sänger: »O Freunde! Es ist hart, daß wir uns nach einer langen Freundschaft trennen! Doch hinfort wird Odo, viele Monde über, keine Heimstatt für Alte oder Junge sein. Nur auf Serenia werdet ihr den Frieden finden, den ihr sucht; und dorthin müßt ihr auch Taji bringen, der sonst getötet wird oder verloren ist. Geht und befreit ihn aus den Fängen von Hautia. Entkommt den Rächern und erreicht Serenia. Sorgt euch nicht um mich. Der Staat ist ein Spielball des Sturms; und, wo ich stehe, müssen sich die Brecher überstürzen. Im Toben des Sturms aber verläßt von allen edlen Seelen die oberste als letzte das Schiff. Daher werde ich hier auf Odo bleiben, obwohl jede Planke unter mir wegbricht. Und dann, großer Oro, laß den König an den Kiel geklammert sterben! Lebt wohl!«

Das war Mohis Erzählung.

Wie Trompetenstöße bliesen jetzt die rauhen Nordwinde. Schwarz war die Lagune von den Schatten der Berge und von den jagenden Schatten der Wolken. Von allen Sternen schien nur der rote Arkturus. Doch durch die Schwärze der Nacht und auch an dem Ringwall des Riffs schimmerten die Brecher geisterweiß.

Es nahte ein Durchlaß in dieser äußeren Barriere.

»Ach, Yillah! Yillah! – die Strömungen treiben

dich auf den Ozean zu. Ich werde nicht zurückbleiben. – Leb wohl, Mardi! – Überlaß mir das Steuerruder, alter Mann!«

»Nein, Wahnsinniger! Unser Hafen ist Serenia. Diese Durchfahrt dort bringt dir Verderben. Und aus den tiefen Räumen jenseits davon kehrt nie ein Reisender zurück.«

»Und warum zurückkehren? Ist es ein Leben des Todes wert, noch einmal gelebt zu werden? – So laß *mich* der Reisende sein, der nicht mehr wiederkehrt. Das Steuerruder! Bei Oro, ich will Steuermann meines eigenen Geschickes sein, alter Mann. – Mardi, leb wohl!«

»Nein, Taji, begehe nicht das letzte, allerletzte Verbrechen!« rief Yoomy.

»Er reißt das Ruder an sich! Unendlichkeit ist in seinem Auge! Yoomy, wir müssen nun um unser Leben schwimmen.«

Und sie sprangen von Bord und suchten das Land zu erreichen: Yoomy nahm Mohi huckepack; und die Salzwogen spülten die Tränen von seinem bleichen Gesicht, als er es mir in der Gischt ein letztes Mal traurig zuwandte.

»Jetzt bin der eigne Herrscher meiner Seele. Und meine erste Tat ist Verzicht! Gegrüßt seist du, Schattenreich!« Und indem ich meinen Bug der tobenden Flut zuwandte, die mich wie eine allmächtige Hand ergriff, schoß ich durch die Bresche.

Der Ozean draußen schäumte so hoch, daß er die Wolken peitschte. Und geradewegs in meiner weißen Kielspur jagte ein Boot dahin, über dessen Bug sich drei starre Gespenster beugten – sie wogen drei Pfeile in ihren Bögen.

Und so flogen Verfolgter und Verfolger weiter über eine endlose See.

ENDE

ANMERKUNGEN

Auf die Erläuterung von Namen und Gegebenheiten, die zum Allgemeinwissen gehören oder die in einem Konversationslexikon leicht nachzuschlagen sind, wurde aus Platzgründen verzichtet.

Die erste Ziffer zeigt die Seite, die zweite die Zeile im Text an.

7, T: *Maramma:* der Name ist einer oberital. Sumpflandschaft entlehnt.

7, 7: *Pontifex:* Bezeichnung für die Päpste (»Brückenbauer«); ihre Verwendung macht deutlich, daß in den folgenden Kapiteln auf den Katholizismus angespielt wird.

7, 32: *Roo:* auch Ru; polynes. Meeresgott.

9, 5: *Alma:* steht für Jesus.

9, 20: *Morais:* eigentlich polynes. »marae« oder »me'a«; dies sind umfriedete Begräbnisplätze; im weiteren als Singular konstruiert.

10, 27: *falbes Pferd:* Anspielung auf das »Tier« der Apokalypse.

17, 16: *Banyan:* giftiger tropischer Feigenbaum, der riesige Ausmaße erreichen kann und in Indien die Funktion einer Dorflinde übernimmt.

17, 32: *Upas-Baum:* Lieferant für Pfeilgift.

23, 15: die hier beschriebene Zeremonie ist bei Ellis a.a.O. überliefert

32, 36: *Adyton:* das Allerheilgste eines Tempels

44, 23: *Brami:* von Brahma abgeleitet; Manko: von Manco Capac, dem legendären Gründer der Inka-Dynastie.

49, T: *Hevaneva:* von dem Namen des letzten Hohepriesters auf Hawaii abgeleitet, der Hevaheva hieß.

63, 7: *St. Stylites (+ 449):* syrischer Einsiedler, der mehr als 35 Jahre auf einer Säule gelebt haben soll.

67, 8: *Ahasuerus:* hebräische Form des Namens Xerxes

71, 20: *Robert Bruce:* oder Robert I., 1306-21 König von Schottland; schlug die Engländer unter Edward II. 1314 zu Bannockburn.

72, 31: *Orlopdeck:* unterstes Deck

73, 34: *Knut (995- 1035):* König von England, Norwegen und Dänemark.

73, 36: *Edmund Waller (1606- 87):* engl. Poet, für die Lieblichkeit seiner Dichtung berühmt.

74, 2: *Prior (1664 -1721):* engl. Poet und Diplomat.

74, 6: *Apostat:* ist Flavius Claudius Julianus, röm. Kaiser 361-363, der wieder vom Christentum abfiel.

74, 7: *Thomas à Kempis:(1379- 1421),* deutscher Mönch, Verfasser der »Imitatio Christi«.

74, 9: *Zeno:* röm. Ostkaiser, regierte 474-91, unterstützte das Christentum.

74, 12: *Pyrrhos (360-270 v. Chr.):* griech. Philosoph und Skeptiker, seine Lehren sind in den Satiren seines Schülers Timon von Philius überliefert.

74, 13: *Procleus:* von Melville reichlich zitierter Platoniker; *Verulam:* ist der Adelsname des des Philosophen Francis Bacon (1521-1626).

74, 14: *Zaroaster:* Zarathustra (660-583 v. Chr.), persischer Philosoph, der die Verflechtung von Licht- und Schattenkräften thematisierte; ebenso ein Hauptthema Melvilles.

74, 16: *Mungo Park (1771-1806):* Schottischer Entdecker; »Travel in the Interior Districs of Africa«.

74, 18: *Bajazet:* Name zweier Sultane des Osmanischen Reichs.

75, 6: *Baktrische Philosophen:* bezieht sich auf Baktrien, die Heimat von Zaroaster, der dort zusammen mit acht Priestern im Heiligtum der Feueranbeter getötet worden sein soll.

75, 10: *Erostratus:* brannte den Tempel der Diana in Ephesus nieder, womit er sich unsterblich machen wollte.

79, 13: *Huka, Nagileh, Tschibuk:* Wasserpfeifen

79, 15: *»Principe«:* Amerikanismus für eine kleine Zigarette.

79, 29f: *Pigtail:* schweinschwanzartig gerollter Tabak; *Nailrod:* zu kurzen Stäben gepreßter Tabak; *Cavandish:* milder Preßtabak; *Lady's Twist:* ein dicker, grober Rolltabak (daher fehlbenannt); *Cimarosa:* ital. Tabak, nach dem gleichnamigen Komponisten des 19. Jahrh. benannt; *Bird's-eye:* Feinschnitt, aufgrund der nicht entfernten Mittelrippen vogelaugenähnliche Muster aufweisend; *James River:* ein Virgina-Tabak aus dem Gebiet des gleichnamigen Flusses; *Sweet-scented, Honey-dew:* mit Melasse gesüßte Tabake; *Sarfalati:* wahrscheinl. »Scafati«, ein dunkler Feinschnitt aus Frankreich oder Algerien.

81, 27: *Marschall Ney:* (1769-1815): paktierte mit Napoleon, anstatt ihn zu stellen, erlitt mit ihm die Niederlage zu Waterloo; wegen Hochverrats hingerichet.

81, 30: Das »Waterloo«-Bankett wurde jährlich zur Erinnerung an die Schlacht im Apsley-House abgehalten; die franz. Ausgabe von »Mardi« unterschlägt diese Anspielung.

83, 12f: Melville entnahm die Bernsteindebatte dem Buch von Ephraim Chambers: »Cyclopaedia or, An Universal Dictionary of Arts ans Sciences«; *Plinee:* Plinius der Ältere (23-79), röm. Natur-wissenschaftler, der das Thema in seiner »Historia Naturalis« diskutierte; *Borhavo:* ist Herman Boerhaave (1668-1738), holländ. Physiker und Chemiker; *Bozelli:* spielt auf Vater Camelli an, einen jesuitischen Missionar auf den Philippinen (17. Jahrh.); *Cephioris:* der See Kephisis oder Kopais in Griechenland; wird von allen obengenannten Autoren erwähnt.

87, 26: *goldene Eier:* Anspielung auf die griech. Sage von der Goldenen Gans

91, 21: *Oh-Oh:* eine Karikatur des amerikan. Schaustellers P.T. Barnum (1810-91); Melville karikierte ihn auch in »Anecdotes of ›Old Zack‹«.

98, 23: *Belzoni (1778-1823):* ital. Archäologe; die Episode findet sich in seinen Aufzeichnungen.

102, 36: *Pharzi:* erfundenes Wort

104, 13: Bezieht sich auf »Seneca of an Happy Life« (De Vita Beata), ein Kapitel aus: Roger L'Estrange: »Senecas Morals by Way of Abstract.« (1678)

106, 8: Melville zitiert im folgenden ausgiebig Seneca nach dem obengenannten Werk von L'Estrange.

110, 3f: *Fondiza/Phe/Tekana/Ephina:* erfundene Wörter

114, 34: *Apicius:* röm. Völler (1. Jahrh. n. Chr.)

121, 25: *Livella:* gemeint ist der röm. Historiker Livius, dessen Geschichtsschreibung 142 Bände umfaßte, von denen noch 35 erhalten sind.

125, 36: *James Logan:* amerikan. Indianer im 19. Jahrh., der sich mit den Weißen angefreundet hatte, aber der durch deren Hand alle Verwandten verlor; er hielt eine beachtenswerte Rede, die Thomas Jefferson in »Notes on the State of Virginia« (1785) aufnahm.

126, 15: *Domesday Book:* Reichsgrundbuch Englands, von Wilhelm dem Eroberer 1086 in Auftrag gegeben.

139, 3: *Ein Stein:* = 6 Kilogramm

139, 28: *neun Berühmtheiten:* Hektor, Alexander, Cäsar, Josua, David, Judas Makkabäus, König Artus, Karl der Große, Gottfried von Bouillion.

147, 7: *Guanovögel:* Sammelname für die Produzenten des Guano genannten Mistes.

147, 17: *Piaggi:* wahrscheinl. Francesco Pioggio Braccilini (1380-1459), ital. Scholar, der viele antike Schriften wiederentdeckte, jedoch nicht in Herkulaneum.

150ff: Babbalanja referiert hier freihändig zunächst die Plutonische, dann die Neptunische Theorie der Erdentstehung; Irrtümer nicht ausgeschlossen.

152, 6: *Zephalopoden etc.:* fossile Fische

153, 18: *Mastodonten:* Riesenelefanten; *Megatherien:* Riesenfaultiere der Vorzeit.

161, 12: *Azaleen:* im Original »rose-balm«, kann auch eine Alpenrose sein, die im Volksmund »balsamische Rose« genannt wird; wegen der Farbe Blau keineswegs eine Rose, wie die franz. Fassung behauptet.

161, 17: *Sardonischer Hahnenfuß:* eigentl. Gifthahnenfuß (ranunculus sceleratus; franz. »herbe sardonique«), dessen Verzehr das gleichnamige Gelächter auslösen soll.

174, 3: *marmorner Gladiator:* ist die später als »Sterbender Gallier« bezeichnete griech. Marmorstatue (200 n. Chr.).

175, 19: *Alphekka:* Stern im Sternbild Corona Borealis.

177, 10: *Genessee-Fall:* 500 Fuß hoher Wasserfall im Staate New York.

177, 20: *Cynthia:* ist die Mondgöttin Artemis und steht im Engl. für »Mond«.

182,30/183,21f: diese Zeilen des Gedichts entstammen einem polynes. Kriegsgesang.

188, 34: *Ahitophel:* Ratgeber König Davids; von Dryden in seinem satirischen Gedicht »Absolom and Achitophel« (1684/85) auf polit. Verhältnisse Englands übertragen.

194, 16: Episode, die von Sir Walter Scott im Roman »Kenilworth« beschrieben wurde.

196, 13: *Pharsalia:* Stadt in Nordgriechenland, wo Cäsar Pompeius 48 v. Chr, schlug; der lat. Dichter Lukan hat das Ereignis in dem Gedicht »Pharsalia« verewigt.

197, 26: in der Beschreibung der Spiele lehnt sich Melville an Ellis a.a.O. an; die Spiele heißen polynes. »Taupiti« oder »Oroa«.

198, 22: *Sabastioni Luciani:* genannt »del Piombo« (1485-1547), Maler der Venetian. Schule; das genannte Gemälde hängt im Prado in Madrid.

219ff: Melville lehnt sich hier an die Beschreibung von Ellis a.a.O. an.

219, 35: Diodorus Siculus: (+ nach 21 n. Chr.), sizilian. Historiker, der eine 4o-bändige Weltgeschichte verfaßte.

225ff: *Dominora:* ist England und Bellos Buckel steht für die Staatsverschuldung.

228, 19f: *Porpheero:* steht für Europa; *Hapzabora* (Habsburg); *Latianna* (Italien); *Teutoni* (Deutschland); *Muzkovi* (Rußland).

233, 13: bezieht sich auf die kriegerischen Auseinandersetzungen von 1812.

235, 20: *Zoophyten:* Blumentiere wie Seeanemonen.

236, 15: *Vivenza:* Vereinigte Staaten von Amerika

236, 29: das Einhorn figuriert als schottisches und englisches Wappentier.

247, 16: *Green Queen:* Elisabeth I.

249, 7: *Zembla:* ist Novaja-Semlja im russischen Eismeer; in dieser Episode allegorisiert Melville den Marsch der Chartristen 1848 auf das Parlament in London; die sechs Maskierten stehen für die sechs Punkte der »People's Charter«

250, 31: *Bis Taurus:* erfundener Schiffsname (»Zweifacher Stier«)

251, 9: *Torf-Egill:* Phantasiename

251, 17: *Enrico Dondolo:* Doge, der 12o4 beim Fall von Konstantinopel als 94jähriger die Kreuzfahrerflotte befehligte.

251, 29: *Kumbo-Samba:* eigentl. Kubo-Sama: jap. Kaisertitel bis zum 12. Jahrh.

251, 31: *Dschagannath:* Inkarnation des Gottes Vishnu, dessen Bildnis in Puri in einem Umzug durch die Stadt geführt wurde.

251, 34: *Kannakoko:* fiktiver Name

251, 35: *Pomare I.:* regierte im 18.Jahrh. auf Tahiti.

252, 9: *Alp Arslan (1030-72):* Sultan der Seldschuken; von seinem Pferd weiß die Geschichtsschreibung nichts; Caligula, röm. Kaiser 37-41, soll sein Pferd zum Konsul ernannt haben.

252, 21: *Ghibelli:* fiktiver Name

252, 23: *Barbarossa:* Beiname des algerischen Korsaren Khar-ad-Din (1483-1546); die folgenden Namen sind fiktiv. Die Zeremonie spielt auf das Venezianische »Festa della Sensa« an.

266ff: *Kaleedoni:* Schottland

267, 22: *Pirohitee:* heißt jetzt Orohena

267, 27: *Verdanna:* Irland

271, 24: *Tropus:* Erweiterung eines Textes (oft durch Vergleich); Methode, die Melville bis zum Exzeß betreibt.

272, 13: *Dermoddi:* Dermot Mac Murrough (ca. 1110-71), König von Leinster in Irland, bat Henry II. 1166 um Hilfe.

272, 36: Anspielung auf die große Hungersnot 1846-47, die durch eine Kortoffelfäule ausgelöst wurde.

273, 24: *Konno:* Anspielung auf den liberalen Reformpolitiker Daniel O'Connell (1775-1847).

275, 12: *Conrupta Quiancenis:* Kunstwort aus lat. Elementen, das sich so deuten läßt, daß eine Verringerung der Bevölkerungszahl dem Problem abhelfen könnte.

278, 15f: im folgenden hat Melville die Ereignisse der franz. Revolution von 1848 recht schematisch mit einem Vulkanausbruch parallelisiert; Der »alte Vulkan« meint die Revolution von 1789-99.

283, 14: *Scharlachtangara:* amerikan. Vogel mit roter Kehle

286, 1: *Binsen:* Kerzendochte wurden früher aus Binsen gefertigt; die »Binsenweisheit« mag nicht weit liegen.

288, 26: *Chylus:* fetthaltige Darmlymphe

298, 10: *Kolumbo:* steht für den amerikan. Kontinent

298, 12: *Kaneeda:* Kanada

300, 21: mit dem Tempel ist das Kapitol von Washington gemeint.

301, 1: die Inschrift ist der Verfassung von Massachusetts entnommen.

301, 13: *Hamo:* von bibl. Ham abgeleitet; es sind die Neger gemeint.

302ff: bei der Beschreibung des Tempels von Vivenza fühlt man sich an Kafkas »Naturtheater von Oklahoma« in »Amerika« erinnert.

304, 36: *Saturnia:* ist Daniel Webster; *Gall/Spurzheim:* deutsche Phrenologen des 19. Jahrh.; Melville macht sich hier über die beginnende Schädelmesserei lustig, die später solch fatale Formen annehmen sollte.

306, 3: bezieht sich auf den Aberglauben, der Donner ließe die Milch sauer werden.

307, 20: *Alanno:* ist eine Karikatur von William Allen (1803-79), US-Senator aus Ohio (»Hio-Hio«)

312, 21: *Enak:* Vorfahre eines alttestamentarischen Geschlechts von Riesen.

314T: Richard Nelville, Earl of Warwick (1428-71), engl. Adliger, der »Königsmacher« genannt; Melville karikiert hier die Auswüchse der Demokratie.

320, 6:	Tarquinio: meint Lucius Tarquinius Superbus, der 534 v. Chr. König von Rom geworden sein soll; im weiteren eine fragwürdige Parallelisierung von röm. und amerikan. Geschichte.
321, 23:	gemeint sind Athen und Sparta.
322, 36:	*Karolus:* Charles I.
322, 3:	*Apoligia:* Miltons »Defense of the English People Against Salmasius« (1651);
322, 4:	*Areopagitica:* Schrift von Milton (1644), die für die Freiheit unzensierten Buchdruckes eintrat.
325, 25:	bezieht sich auf den Feldzug der Staaten gegen Mexiko (1846).
332, 23:	*Nulli:* meint John Caldwell Calhoun (1782- 1850), amerikan. Politiker, der für die sogenannte »nullification« eintrat, d.h. der Infragestellung der Gültigkeit von Bundesgesetzen für einzelne Staaten (z. B. die Abschaffung der Sklaverei betreffend).
340, 4:	*Manteltiere:* auch Chordatiere; wahrscheinl. ist hier eine »Feuerwalze« gemeint.
344, 25:	hier sind die Westindischen Inseln der Karibik gemeint.
351T:	Kap Hoorn
352, 13:	*Windermere:* größter See Englands; *Horicon:* indian. Name für Lake George im Staate New York; kommt bei Coopers »The Last of the Mohicans« vor.
355, 9f:	*Goldene Regel:* Sittenregel: gegen den anderen so zu handeln wie man selbst behandelt werden möchte; *Goldene Zahl:* zeigt das Jahr des Mondzyklus an.
362, 16:	*Orienda:* Asien
365, 4:	hier ist Napoleon gemeint, der zunächst auf St. Helena begraben wurde, dann aber in den Invalidendom zu Paris überführt wurde.
365, 11:	mit dem Phantom ist der Neffe Napoleons gemeint, Louis Napoleon Bonaparte, der seit 1830 als Nachfolger von N. im Gespräch war und Frankreich 1852-70 regierte.
366, 8:	*Hamora:* Afrika
367, 13:	hier ist Gibraltar gemeint
370, 24:	*Palos:* Hafenstadt, von der aus Kolumbus aufbrach.
370, 26:	*Balboa (1475-1519):* span. Eroberer
377, 5f:	*Hyparxen etc.:* logische und erkenntnistheoretische Kathegorien, die Melville dem Buch von Taylor a.a.O. entnimmt.
377, 20:	*Quincunx:* eine Zusammenstellung von fünf Dingen, wobei eines den Mittelpunkt einnimmt; *Hekatische Sphaerula:* ein goldene Sphäre, in deren Mitte ein Saphir war; von den Chaldäern zu Wahrsagezwecken benutzt.
379, 14f:	*Strophalunar:* Kunstwort aus griech. »stropho« (kreiseln) und lat. »luna« (Mond); *Jyngen:* Phantasiewort (ebenso die Tselmen und Quaddamodotative).

380, 4: *Ogdoaden:* in der Gnostik Gruppe von acht Wesen.

380, 29: *Dizibilien:* im Original »dicibles«; vielleicht Verkürzung von franz. »indicible« (unsäglich).

380, 36: *Imprekative etc.:* Kunstwörter, die An- oder Ausrufeformen meinen.

389, 8: *Mitternachts-Zitterpilz:* in der Gattung Tremella ist kein Pilz zu finden, der auf diese Beschreibung paßt; wahrscheinl. Phantasieprodukt.

396, 13: *Saul,* König von Israel, wurde mit seinem Sohn Jonathan von den Philistern getötet (vgl. 2.Buch Samuel 1,23). Das Freundespaar, das Melville eigentl. im Sinn hatte, war Jonathan und David.

396, 19: *Francis Beaumont* (1584-1616), *John Fletcher* (1579-1625): engl. Dramatiker, die viele Stücke gemeinsam schrieben.

399, 36: *Zermalmende:* im Original deutsch

417, 19: zwei Lachter sind ca. 4 Meter.

450, 36: *Powhattan:* Indianerhäuptling, Vater der berühmten Pocahontas.

451, 4: *Nabob Crassus:* Mitglied des Triumvirats in Rom (+ 53 v. Chr.)

451, 4: *Heliogabal,* röm. Kaiser von 218-222, Extatiker, vgl. den Text von Antonin Artaud: »Heliogabalus oder: Der Anarchist auf dem Thron.«

451, 15: *Bloody Mary:* Mary I., 1533-55 Königin von England; Marie de Medici (1516-58), Königin Frankreichs und 2. Frau von Heinrich IV.

451, 16: 30 Tyrannen wurden gegen Ende des pelopon. Krieges von Sparta über Athen eingesetzt; Rat der 10: 1310 in Venedig eingesetzt.

451, 21: hier ist Alexander der Große gemeint.

453, 29: »the cloth« steht im Englischen auf für die Geistlichkeit schlechthin.

459, 24: *Negus:* ein Punsch aus Wein, heißem Wasser, Zucker, Muskat und Zitronensaft.

460, 13: dahinter steht ein Sprachspiel mit »merry as a cricket/merry as a lark«, beides im Sinne von »kreuzfidel«.

473, 20: *Ops:* röm. Göttin der Fruchtbarkeit und Fülle, die auf Cybele zurückgeht. Ein schwarzer Meteorstein, an den sich eine Prophezeiung knüpfte, war im Zentrum ihres Tempels in Rom.

481, 15: Hier werden zwei wesentliche Punkte der Melville'schen Heretik enthüllt: 1. Das Jenseits ist keine Entschädigung oder kein Ruhepolster; 2. Der Zweifel an der Vollkommenheit Gottes (aufgrund der Crux des Bösen).

499, 35: *Berenikes Haupthaar:* ein Sternbild.

506, 19: *Shekinah:* Lichtschein über der Bundeslade des Israeliten, der die Anwesenheit Gottes anzeigt.

513, 19: *Königin der Nacht:* auch Cereus genannter Kaktus.

519, 31: Die Blumen bedeuten in der Reihenfolge ihres Erscheinens: Akelei (Verrücktheit), Veilchen (Treue), Maßliebchen (Unschuld),

Orangenblüten (Keuschheit), Clematis (List), Amaryllis (Stolz), Verbena (Bezauberung), Liguster (Tröstung durch Schlaf), Geißblatt (Liebesfessel), Nelken (»denke an mich«), Stiefmütterchen (Verbot), Glockenblumen (Beständigkeit), Heidekraut (Einsamkeit), Lilien (Reinheit, Dahlie (herzlose Schönheit), Nachtschatten (Wahrheit), Linde (eheliche Liebe), Anemonen (»ich trotze deinem finsteren Blick«), Wacholder (Schutz), Fenchel (Stärke).

VON MELVILLE HÄUFIG BENUTZTE LITERATUR:

F. D. Bennett: »*Narrative of an Whaling Voyage round the Globe*«, London 1840

William Ellis: »*Polynesian Researches*«, London 1829

Taylor: »*The Six Books of Proclus The Platonic Successor on The Theology of Plato, Translated by Thomas Taylor,*« London 1816

EDITORISCHE NOTIZ

Die Erstausgabe von MARDI erschien am 16.3. 1849 in einer dreibändigen Ausgabe bei Richard Bentley, London; die amerikanische Ausgabe (zweibändig) erschien am 14.4.1849 bei Harper and Brothers, New York.

In späteren Ausgaben wurden die Bände vereinigt (bei fortlaufender Kapitelzählung).

Die vorliegende Übersetzung stützt sich auf die zweibändige »Standard Edition« von Constable and Co.. London 1922;

Berücksichtigt wurde die von Nathalia Wright vorzüglich kommentierte Ausgabe von Hendricks House, Putney 1990; außerdem die Ausgabe der Northwestern-Newberry Edition, Evanston 1970, der die beiden Faksimiles entnommen wurden.

Parallel gelesen wurde die franz. Übertragung von Charles Cestre, Flammarion 1990, die aber über weite Strecken paraphrasiert und schwierige Stellen einfach unterschlägt.

Das Manuskript von MARDI ist nicht mehr erhalten, es existieren nur zwei Blätter aus den Entwürfen, die im folgenden abgedruckt sind.

NACHWORT

Atoll-Tollheiten

NOTIZEN ZU »MARDI« VON RAINER G. SCHMIDT

> »*Je courus! Et les Péninsules démarrés
> N'ont pas subi tohu-bohus plus triomphants.*«
> Arthur Rimbaud. LE BATEAU IVRE.

Vermessen eigentlich, diesem Monstrum von Buch noch etwas hinzufügen zu wollen. Bei ›Mardi‹ handelt es sich wohl um Melvilles inkohärentestes Werk, enstanden an einer Klippe, an einem literarischen und menschlichen Wendepunkt. Melville markiert den Umschwung in seinem Vorwort. Nach den relativ erfolgreichen realistischen Reiseschilderungen ›Typee‹ (1846) und ›Omoo‹ (1847) wagt der Autor den Sprung ins Fiktionale. Er stürzt sich in eine Schreibreise und verfaßt ›Mardi‹ zwischen Frühsommer 1847 und Herbst 1848. Diese exzessive Art des Schreibens wird in dem Buch selbst thematisiert und dem Dichter Lombardo, dem *alter ego* Melvilles, in den Mund gelegt. »Als sich Lombardo ans Werk machte, wußte er nicht, was es werden würde. Er mauerte sich nicht in Pläne ein, er schrieb darauf los; und dadurch drang er immer tiefer in sein Inneres.« (Mardi, Band II, Kap. LXXXVI). Schreiben wird hier als ein »Schlanfwandeln des Geistes« bezeichnet. Die Frage Fiktion oder Nicht-Fiktion wird sekundär angesichts dieser von Melville geübten Praxis des delirierenden Schreibens, die dort, wo sie gelingt, die eigentliche Stärke von ›Mardi‹ ausmacht und Vorschein moderner Schreibweisen ist.

Zunächst aber zur inhaltlichen Ebene.

›Mardi‹ beginnt ganz im Stil der vorangegangenen realistischen Abenteuererzählungen, wobei aber das autobiographische Element nur noch andeutungsweise erscheint (im Ausstieg aus einem unliebsamen Schiff, den Melville 1842 auf den Marquesas mit seinem Gefährten Richard Greene vollzog). Die Geschichte der ›Aussteiger‹ verknüpft sich im folgenden mit der ›Räuberpistole‹ der Versprengten Samoa und Annatoo. Der (noch) namenlose Held der Erzählung gewinnt auf der weiteren Fahrt unter dramatischen Umständen (der Tötung eines Priesters) eine Geliebte, Yillah. Es entspinnt sich eine kurze Idylle von Rosseau'scher Trautheit, die abrupt durch Yillahs rätselhaftes Verschwinden beendet wird. Dieser Verlust setzt nun eine schier endlose Irrfahrt in Gang, bei deren Verlauf, wie bei den meisten solcher ›Questen‹, die gesuchte Person in den Hintergrund tritt und eher als Vorwand erscheint für eine Kette endloser Abenteuer und Fährnisse. Verlust, der auch Signal ist für das Ingangsetzen einer schier unerschöpflichen Fiktionsmaschine. Äußeres Anzeichen dafür ist die Ablösung geographisch indentifizierbarer Namen durch erfundene. Insel um Insel wird angefahren auf der Suche nach der verschollenen Geliebten; und die dort angetroffenen Verhältnisse überbieten sich an Bizzarerie: auf jeder Insel wird eine menschliche Eigenart bis zum Exzeß getrieben. Melville evoziert in diesen Inselbegegnungen den Duft des Mysteriösen, der immer durch die Annäherung an fremde Welten ausgelöst wird, gleich ob es sich um ›erfahrene‹ oder um erfundene Welten handelt. Und die Melville'schen sind von Wirklichkeiten gespeist: von eigenem Erleben und von Aufzeichnungen anderer. Davon später.

Mit dem Beginn der Irrfahrt erhält der bis dahin namenlose Ich-Erzähler des Romans einen Namen: Taji. Melville läßt die beiden Gefährten des Helden auf der Reise nach Mardi, Jarl und Samoa, meuchlings verschwinden (wie auch zuvor mit der unliebsamen Dame Annatoo kurzer Prozeß gemacht wurde). Bei der Rundreise durch den fiktiven Archipel Mardi stehen dem Helden nun vier neue Reisegefährten zur Seite. Man kann sie als verschiedene Stimmen des Autors Melville betrachten, der mit ihnen unterschiedliche, ihn interessierende Themen diskutiert. Als Menschen von Fleisch und Blut erscheinen sie jedenfalls nicht, eher als Karikaturen, denen die inneren Querelen der Melville'schen Seele in den Mund gelegt werden: Sprachrohre eben.

Da ist zunächst König Media, ein moderater Monarch, der sich zuletzt in einen aufgeklärten wandeln soll. Melville nimmt ihn zum Anlaß, ausgiebig das Verhältnis Monarchie/Demokratie zu diskutieren. Der Autor steht entschieden auf der Seite der Demokratie, doch schildert er auch drastisch deren Auswüchse in der Karikatur des Redners Alanno und in der Gestalt des Individuums Znobbi. Gleichzeitig ist Melville aber Bewunderer einer aristokratischen Haltung. Und seine Monarchen sind als Trinkkumpane und singuläre Erscheinungen durchaus der

Verehrung wert. Es scheint, daß ihm eine Art demokratischer Monarchismus vorschwebt.

Dann Mohi, der Chronist, ein zottelbärtiger und verstaubter Gesell, der die Geschichte der jeweils angelaufenen Insel kommentiert. Er verkörpert ein etwas marodes Geschichtsbewußtsein.

Dann Babbalanja, ein Philosoph und Schwelger in Sophismen, Platonismen und metaphysischen Ergüssen. Er rezitiert Melvilles Seneca- und Procleua-Lektüren und bringt des Autors theologische Zweifel zum Ausdruck. Allerdings formuliert er auch eine Theorie des »Ich-bin-ein-Anderer«, die Rimbaud erst fünfundzwanzig Jahre danach in seinen berühmten »Scher«-Briefen niederlegen sollte. In Kapitel XXXIX von ›Mardi II‹ heißt es: »Soviel ich weiß, könnte ich auch jemand anderes sein. Jedenfalls betrachte ich mich selbst so, als wäre ich ein Fremder.« (...) »Denn in der Zeit eines Lebens führen wir hundert Leben.«

Babbalanja entwickelt auch ein differenziertes Modell von Besessenheiten, erstellt ein Gebäude der Dämonologie, das aber im weiteren über ihm einzustürzen droht. (Wie vielleicht auch der Autor seines Romangefüges nicht mehr Herr wird.)

Dann wäre da noch Yoomy, der Sänger, eine Art Troubadix, dessen Sangeskunst zwar herausfordert, dann aber doch meist bespöttelt wird. Diese lyrischen Einstreuungen haben doch fast immer den Charakter von Karikaturen und haben nichts gemeinsam mit Melvilles späten Dichtwerken.

Die Gespräche und Darbietungen dieser Crew entspinnen sich zwischen den jeweiligen Inselbesuchen; und da sie reichlich mit Humor gewürzt sind, werden sie selten zu einer abgestandenen Sache. Selbst gewichtige Themen wie die Entstehung der Welt, die als kulinarisches Ereignis serviert wird, erhalten somit eine vergnügliche Leichtigkeit, die ansonsten im Werk von Melville kaum zu finden ist (schon gar nicht in ›Moby Dick‹).

Nachdem sich Mardi weit in die Gefilde fiktiver Atolle und Spekulationen vorgewagt hat, nähert sich das Buch im letzten Drittel wieder konkreten Wirklichkeiten an: in der Form der Allegorisierung verarbeitet Melville die Zeitläufte, die seinen Schreibprozeß begleiteten – die revolutionären Ereignisse in Frankreich und die amerikanische Unabhängigkeitsbewegung. Melville hat einige, auf aktuelle Ereignisse anspielende Passagen sogar erst nachträglich eingefügt; daher fallen diese auch stilistisch und gedanklich aus dem übrigen heraus. Und wie fast jede Allegorie einen faden Beigeschmack hat, so erweisen sich diese Wider-Annäherungen an die Wirklichkeit eher als Verluste an Imaginärem. Insbesondere da, wo Melville seinem geliebten Vaterland Vivenza gegenüber positiv befangen ist und nicht das ganze Arsenal seines Spottes abfeuern kann. Höchst gelungen jedoch die Karikatur des englischen Dominions (König Bello) und einige Passagen im Tempel von Vivenza. Gänzlich mißraten und oberflächlich die Parallisierung der französischen Revolution von 1848 mit dem Naturereignis eines Vulkanausbruchs und die Verbindung von alt-römischer und neu-amerikanischer Geschichte (in der symbolischen Verquickung der Wappenvögel Adler-Falke, die in späteren Zeiten durchaus diktatorische Dimension erlangen sollte.) Man könnte hier von Geschichtsverkennung sprechen, die mit einem Verlust des Imaginären einhergeht.

An diesem Punkt droht auch die Konstruktion des Buches aus den Fugen zu geraten. Die Gespräche ufern ins Endlose aus, die Zechgelage wiederholen sich und enden in Gestammel. In Kapitel LXV (Band II) beginnt Melville den abenteuersüchtigen Leser schonend darauf vorzubereiten, daß möglicherweise der »goldene Hafen« nicht erreicht wird, sprich: daß ein klassisches Romanende nicht zu erwarten ist und daß sich der Knoten der Handlung nicht in der hergebrachten Weise schürzen wird. Ein vollständiges Scheitern wird nicht ausgeschlossen. »Hört, o Leser! Ich bin ohne Karte gereist!« Die Suche nach der verschollenen Yillah erweist sich als Leerlauf, und stereotyp werden wir bei jedem Inselbesuch mit einer Nicht-Erfolgsmeldung abgespeist.

Im folgenden wird im längsten Kapitel des Buches (LXXXVI) die Gestalt des Dichters Lombardo vorgestellt, die Melville als Sprachrohr für seine poetischen Ambitionen dient und auch Entschuldigungen für das mögliche Scheitern von ›Mardi‹ liefert. (Dazu zählen auch materielle Schwierigkeiten, mit denen Melville im zunehmenden Maß zu kämpfen hatte). Auch die Ermüdung des Autors kommt zur Sprache: »Es reicht. (...) diese Plackerei muß ein Ende haben. Die von mir gewirkten Wesen flehen mich an.«

Im weiteren führt Melville die vier »fellows« einer christlich inspirierten Läuterung zu. Insbesondere Babbalanja, der verschiedene Stadien der Besessenheit durchlaufen hatte, wobei er auch einen hochkultivierten Teufel vorwies, erlebt eine Engelsvision von dantesk-blake'scher Größe, die zu seiner seelischen Gesundung führt. Auch Yoomy und Mohi werden in den heiter-beschaulichen Heilshafen Serenia eingewiesen. Und Media ist von der christlichen Botschaft so beeindruckt, daß er Thronverzicht leisten wird. Melville zeigt sich hier von der christlichen Ethik durchaus fasziniert, doch heißt es später, Serenia sei auch nichts anderes als das verhaßte, für katholischen Pomp stehende Maramma.

Doch kann sich Taji dieser Gottesfreude nicht beugen. Ihm steht noch ein dramatischer Schluß bevor. In einem der besten Kapitel des Romans (Mardi, Band II, Kap. LXXXVIII) wird diese Zuspitzung der Ereignisse eingeläutet. Denn die Suche nach der »reinen« Yillah wurde im Laufe der Fahrt immer wieder durchkreuzt von blumenschwenkenden Heroldinnen einer geheimnisvoll-lockenden Königin Hautia. In diesem Kapitel durchlebt Taji widerstreitende Gefühle, und es wird deutlich, daß beide Frauengestalten miteinander verbunden sein müssen: die verlorene Yillah wird von Impulsen überlagert, die von der verführerischen Hautia ausgehen. Die helle und die dunkle Seite des Weiblichen scheinen sich zu durchdringen. Bald stoßen sich diese beiden Seiten gegenseitig ab, bald addieren sie sich. Diese Verwirrung setzt sich am Hofe von Hautia fort. Unter dem Vorwand dorthin gelockt, Yillah anzutreffen, gerät der Held in die Fänge der Zauberin. Als Hautia Yillahs Tod enthüllt (es bleibt offen, ob diese sich, in einer Art Somnambulismus, selbst ertränkt hat oder, was wahrscheinlicher ist, gewaltsam in diesen Tod gedrängt wurde), sieht Taji auf dem schillernden Kleid der Betörerin plötzlich die Gestalt der Verlorenen eingeblendet. Auch in den Augen der Mägde der Hautia überlagern sich dunkle und helle Seiten des Weiblichen.

Darauf stürzt Taji, in einer Art selbstmörderischem Vereinigungswillen, dem verlorenen Ideal hinterher, das er in dem Maelstrom zu erblicken wähnt, in dem Yillah umgekommen sein soll. Dieser »Descent into the Maelstrom« treibt den Helden schließlich durch einen dunklen Kanal (!) dem Meere zu, weiter seinem Phantom hinterher. Filmriß. Taji wird von seinen Gefährten in einem Zustand auf dem Strand wiedergefunden, den er mit eigenen Worten so beschreibt: »Taji lives no more. So dead, he has no ghost. I'm his spirit's phantom's phantom.« Damit wird die Möglichkeit offen gelassen, daß der Held nicht überlebt hat und nun als Geist spricht. Womit das gesamte Buch ›Mardi‹ als die Aufzeichnungen eines Phantoms zu betrachten wären. Während bei ›Moby Dick‹ Ismael als Überlebender der Taten eines Besessenen Kunde von den Ereignissen geben konnte, spricht hier, im Helden dieses Buches, ein Besessener offenbar von sich als seinem eigenen Phantom.

Doch ob Geist oder nicht – die Jagd setzt sich bis in alle Ewigkeit fort (»round eternity«) – und mit ihr das Gejagdwerden. »And Thus, pursuers and persued flew on, over an endless sea.«

Eine bemerkenswerte Inkohärenz noch in der Chronologie des Schlusses. Während sich die Ereignisse im Umkreis von Taji und Hautia dramatisch beschleunigen und sich auf einen relativ knappen Zeitraum zusammendrängen, müssen sich dem gegenüber die Geschehnisse, von denen Mohi dem Phantom Taji berichtet und die simultan abgelaufen sein sollen, über wesentlich längere Zeiträume, von Tagen oder gar Wochen, verteilt haben.

Doch beruht die Faszination, die Melvilles ›Mardi‹ ausübt, nicht auf dem konventionellen Vorweis einer schlüssigen Geschichte sondern darauf, daß ein sprachlicher Maelstrom evoziert wird. Ein Wörtermeer, auf dem das Narrenschiff der fünf Gefährten treibt. Im zweiten Teil des Buches verwandelt sich ›Mardi‹ von einem fiktiven Atoll immer mehr zu einer Metapher für die ganze Welt und deren Narretei. In diesem Schreibdelir, in das sich Melville phasenweise stürzt wie Taji in seinen Maelstrom, steht alles mit allem in Beziehung: Namen, Zahlen, Geschichten durchdringen sich gegenseitig und erzeugen sich neu, so am gelungensten im Kapitel »Träume«, das die »Methode Mardi« in Reinkultur vorführt. Dieses delirierende Schreiben tendiert auch zur Aufhebung der Zeit: Ereignisse, die Jahrhunderte auseinander liegen, werden nun in einem Atemzug genannt und erscheinen in einem neuen, poetischen Zusammenhang. Daher rührt auch die chronologische Inkohärenz des Schlusses. Das Modell »Gejagter Jäger« wird am Schluß auf eine zeitlose Ebene transponiert. Darin wird deutlich, daß Melville weniger einem christlichen als einem »keltischen« Jenseitsmodell huldigt. Danach ist die nachtodliche Welt nicht als Kompensation für irdisches Leid zu begreifen; und der Tod erscheint nur als eine Kerbe in einem ewigen Zeitkontinuum; das jenseitige Leben ist nur eine Fortsetzung des Lebens unter anderen Vorzeichen. Zeit ist Ewigkeit. Und daher können sich die Ereignisse innerhalb der Zeit beliebig konzentrieren und ausweiten. Von Media heißt es an einer Stelle, er besitze womöglich die Gabe, die Zeit in dieser Weise in sich zu intensivieren.

»Und so ist auch Mardi selbst: nichts als Episoden, Täler und Hügel; Flüsse, die aus den Ebenen weichen; Rankengewächse, die alles überwuchern; erratische Blöcke und Diamanten, Blumen und Disteln; Forste und Dickichte; und ab und zu Marschen und Moore.« – »Ja, es gibt darin Wüstenkapitel in reicher Zahl; Durststrecken und Treibsande, die man durchwaten muß.« Dieses Zitat aus dem »Lombardo-Kapitel« macht deutlich, daß Melville sehr wohl um die »andere« Qualität seines Werkes ›Mardi‹ weiß. Es ist ein Gebäude unzähliger, ineinander verschachtelter Geschichten. Den Lesern, die unbedingt einen durchgängigen Erzählstrang suchen, geht es so wie den neun Blinden in Babbalanjas »Ammenmärchen« (Kap. XI, Band II), die nach dem einzigen Stamm des unendlich verzweigten Banyan-Baumes suchen.

Einige architektonische Beschreibungen in ›Mardi‹ liefern gleichsam Baupläne für das Gefüge des Buches. So heißt es bei der Pagode des Hivohitee, sie erhebe sich »story upon story«, was in dieser Schreibweise sowohl Stockwerk als auch Geschichte heißen kann (Kap. XII, Band II). Auch die labyrinthische Behausung des Oh-Oh samt ihres Wirrwarrs von Kuriosa gibt ein Bild dafür ab, welchen Plundersack Melville hier mit ›Mardi‹ vor unseren Augen öffnet. Die Paläste des Donjalolo demonstrieren, wie aus Inkohärenz Kohärenz wird: im Tal von Willamilla vermeint man, wie auf den Bildern des Zeichners Escher, das Wasser bergan fließen zu sehen.

Was die hohe literarische Qualität von ›Mardi‹ ausmacht, ist auch, daß mit dem Sprung in die Fiktion das Element der Wirklichkeit nicht abgeschnitten wurde und sich die Imagination nicht in einen luftleeren Raum verlagert, sondern daß sich beide Strömungen in höchst kunstvoller Weise durchdringen und gegenseitig bestärken. So verweist fast jeder Name auf eine andere Wirklichkeit, hat eine »reale« Beimengung. Wörter, ja, ganze Gedichtzeilen, werden aus der polynesischen Sprache entwendet, teilweise entstellt, in ihrer Bedeutung umgewandelt. »Taji« hat sogar eine arabische Konnotation und bedeutet »Meine Krone«: ein Verweis auf das innere Königtum, dem die weltlichen Monarchen gegenüber gestellt werden. »Mardi« verweist ebenso auf ein Volk der Antike wie auf das französische Wort für »Dienstag«. Dichtung und Wahrheit vermischen sich fortwährend. Melville erwähnt nicht von ungefähr Baron

Münchhausen, den Schotten Bruce (den »Aufschneider« des abessinischen Rindes) und John Mandeville, die schillerndste Figur der Reiseliteratur (so schillernd, daß selbst ihre Existenz ungewiß ist.) Klingt Mandeville nicht fast wie Melville? Diese Formel hat etwas für sich. Das Mandeville'sche Buch, vermutlich nur ein Sammelsurium von Lesefrüchten, ebnete immerhin den Indianersuchern den Weg, indem es als erstes behauptete, man gelange dadurch, daß man immer geradeaus segle, an seinen Ausgangspunkt zurück. Der von Melville erwähnte Ponce de Leon suchte seinen Jungborn nach Beschreibungen von Mandeville. Zwar baut Melville, anders als Sir John, auf eigenen Erfahrungen auf, doch erweist sich ›Mardi‹ auch als eine Reise durch Lektüren, angefangen mit der Bibel. Über diverse Reiseberichte aus der Südsee bis hin zu philosophischen Schriften (neben Platonikern und Stoikern auch Burtons ›Anatomy of Melancholy‹, dessen deprimierenden Grundeinsichten in ›Mardi‹ oftmals durchschlagen).

Aus dieser Durchdringung von Erfahrenem und Erlesenem, von Wahrheit und Dichtung erwächst ein kostbares und erheiternd-trauriges Gewebe: der bunte Teppich der Welt wird vor uns ausgebreitet.

Zugleich ist ›Mardi‹ aber auch ein wahres Monstrum, eine Sprachchimäre, ein Blendwerk wie das Kleid von Hautia, aus vielschillernden Facetten bestehend. In dieser berauschenden Verschmelzung unterschiedlichster Bedeutungen, in unmöglichen Metaphern (die einzige

Weise, in der Metaphern noch möglich scheinen), deutet sich so etwas wie eine »moderne« Schreibweise an, die später von Autoren des Rausches wie Burroughs bis zum Exzeß getrieben werden sollte. Vielleicht kein Zufall, daß es im Kapitel »Träume« eine Stelle gibt, die zwei Jahrzehnte später in Rimbauds Gedicht »Le Bateau Ivre« weiterklingt. Vielleicht auch kein Zufall, daß sich in einem Buch eines anderen H.M. (Henri Michaux: »Im Lande Zauberei« das ich zuvor übersetzt hatte) mindestens fünf Parallelen zu Melvilles ›Mardi‹ finden.

Ein Schreiben jedenfalls, das auf dem Wege der Fiktion den Faden der Fiktion selbst verliert und sich in das pure Meer der Wörter stürzt. Und welche Wörter, welche Schreibweisen, welche Kombinationen und Neubildungen! Eine unglaubliche Wortwut. Ein damaliger Kritiker befand im Hinblick auf Mardi: »Herr Melville ist unerfahren und ungeschickt im Gebrauch der englischen Sprache (...) Er mißbraucht den Wortschatz, kehrt Satzperioden um, schafft unbekannte Adjektive, erfindet widersinnige Ellipsen und fügt Wörter, entgegen aller Regeln der alten anglo-amerikanischen Analogie, zusammen.« Was zu der Zeit des Erscheinens von ›Mardi‹ als Schrecknis gewirkt haben mag, macht vielleicht heute dieses Werk gerade wieder lesenswert.

›Mardi‹ ist nicht zuletzt ein humoristisches Buch: es platzt vor witzigen Einfällen, vor Verschrobenheiten und Situationskomik. Manchmal nimmt der Humor (wie bei den Humoresken von Poe) makabere Züge an. Selbst Tajis Verzweiflungstat hat etwas von einer Farce. ›Mardi‹ ist die Farce-Welt. Das Bild des Gejagten Jäger hat mit einem Mal etwas Statisches. Alles Kreisen und Irrfahren schmilzt in einem Punkt zusammen, der in eine Unendlichkeit hinausdriftet. Zugleich hat diese ›Mardi‹ genannte Farce auch einen tragischen Zug: die Unvollkommenheit der Welt, die sich in der Unvollkommenheit des Werks widerspiegelt und die auf die Unvollkommenheit Gottes hinweist. Über diesen Punkt kommt Melville nicht hinweg. Gott kann wegen der unabweislichen Existenz des Bösen in der Welt nicht vollkommen sein. »Das Böse ist die chronische Krankheit des Universums; wird ihm an einer Stelle Einhalt geboten, bricht es an einer anderen aus.« (›Mardi‹, Band II, S. 327) Und dieser Stachel in der Vollkommenheit setzt die endlose Jagd in Gang und bewirkt ihren lähmenden Stillstand zugleich.

Melville erkennt und anerkennt das Verwobensein von Gut und Böse, Hell und Dunkel: dies wird bis in die Naturbeschreibungen deutlich, im Zusammentreffen von Licht und Schatten, und nicht zuletzt in seinem gespaltenen Frauenbild: die helle Idealgestalt Yillah und die dunkle Verführerin Hautia, deren Gestalten regelrecht übereinander geblendet werden. ›Mardi‹ ist letztlich eine endlose Kette sich aufspaltender und wieder vereinigender Partikel: von Inseln, Liedern, Gottheiten, Wesen, Wörtern. Abgespaltene Partikel des Ich, die sich in verschwenderischer Fülle vermehren, gegenseitig potenzieren und wieder verzehren. Kein Zufall, daß das Wort »and« (in dem schon »end« mitklingt), das häufigste Wort in ›Mardi‹ ist; während die einschränkenden »but/yet« den zweiten Platz einnehmen. Raffung der Zeit, des Sinns in einem einzigen, aber vielfach aufgespaltenen poetischen Strom, in einem einzigen Gedicht, das einzig rhythmischen Gesetzen unterliegt und nicht denen der gewöhnlichen englischen Syntax. ›Mardi‹ als ein humorvoll-trauriger Strom in der Zeit, aus der Zeit hinaus. »Ich war im Begriffe zu sagen, daß es keinen Ort gibt außer dem All, keine Grenze außer dem Grenzenlosen, keinen Grund außer dem Grundlosen.« (›Mardi‹, Band II, S. 218). ›Mardi‹ kann auch als eine Art Spielfeld betrachtet werden, auf dem Melville verschiedene Stimmen artikuliert und erprobt hat, die im späteren ›Moby Dick‹ eine bündige literarische Gestalt gewinnen sollten. So heißt es im ›Lombardo-Kapitel‹: »O hätte Mardi Einblick in unsere Arbeitsweise, wäre es über unser Urchaos verwunderter als über die runde Welt, die daraus hervorgeht.«

›Mardi‹ steht aber dennoch ganz in der Tradition der klassischen »Irrfahrten«. Die Überschriften geben gewissermaßen eine externe Perspektive: sie sind in der dritten Person gehalten und stehen im Präsenz. Was bedeutet, daß die Zeit des Ereignisses immer »jetzt« ist, das heißt: Ewigkeit. Perspektivwechsel von »ich« zu »er« im Tempuswechsel, sogar mitten im Satz, durchziehen das ganze Buch und verleihen ihm dadurch den Charakter einer unmittelbaren Inschrift. Inschrift ist es ja auch, Inschrift des Reisenden Melville auf dem Meer der Sprache und des aufgewühlten Weltsinns- und -unsinns.

Literarisch (und finanziell) gesehen sollte ›Mardi‹ eine Kette von Mißerfolgen für Melville einläuten, die über ›Moby Dick‹, ›Pierre‹, ›The Confidence Man‹ führte. Verbittert und mißachtet starb Melville 1891, ein paar Wochen vor Athur Rimbaud, dem er, hätte er ihn gekannt, bestimmt seinen Respekt gezollt hätte. Erst in den zwanziger Jahren wurde ›Moby Dick‹ wiederentdeckt und mit ihm der »andere« Melville. ›Mardi‹ brauchte einhundertfünfzig Jahre seit seiner Niederschrift, um in deutscher Sprache zu erscheinen. Gedankt sei dafür einem risikofreudigen Kleinverlag, der die Veröffentlichung eines Werkes ermöglicht, das viele Entdeckungen bietet und das der belgische surrealistische Autor Franz Hellens (das Vorbild von Henri Michaux), als das beste Buch von Melville bezeichnet hat (wohl wegen der surrealen Elemente darin). Der Dank diesem Verlag gegenüber ist umso höher zu bewerten, bedenkt man die schulterzuckende Gleichgültigkeit, auf die ich bei vielen großen und betuchten Verlagen gestoßen bin.

Dank auch nicht zuletzt der Stiftung Kulturfonds, Berlin, die die Übersetzung des ersten Bandes finanziell unterstützt hat.

September 1997

Die beiden noch existierenden Seiten des Manuskripts von ›Mardi‹

INHALT

Maramma 7
Sie landen 10
Sie durchstreifen die Wälder 17
Hivohitee MDCCCXLVIII. 19
Sie besuchen den großen Morai 24
Gespräch über die Götter von Mardi; und Flechtbart erzählt
von einem gewissen Foni 32
Sie besuchen den See von Yammo 36
Beim Tempel von Oro treffen sie auf die Pilger 41
Gespräche über Alma 44
Mohi erzählt von einem gewissen Ravoo; und sie besuchen
Hevaneva, einen prosperierenden Handwerker 49
Babbalanja erzählt ein Ammenmärchen 56
Sie landen, um Hivohitee zu besuchen und begegnen
einem außergewöhnlichen alten Eremiten, mit dem Yoomy
ein vertrauliches, doch wenig aufschlußreiches Gespräch hat .. 60
Babbalanja versucht das Geheimnis zu erklären 67
Taji empfängt Nachrichten und Vorzeichen 69
Träume 71
Media und Babbalanja im Gespräch 76
Sie ergötzen sich mit ihren Pfeifen 79
Sie besuchen einen außerordentlichen alten Antiquitätensammler 91
Sie steigen in die Katakomben hinab 98
Babbalanja zitiert einen antiken Heiden und legt Wert darauf,
daß diese Worte nicht von ihm stammen 105
Sie besuchen einen alten reichen armen Schlucker 111
Yoomy singt verstreute Verse
und Babbalanja zitiert querbeet antike Autoren 114
Welche Art von Menschen die Taparier waren 123
Ihre Abenteuer bei der Landung auf Pimminee 127
A, I und O 133
Ein Empfangstag zu Pimminee 137
Babbalanja zieht nach Strich und Faden über Pimminee her 141
Babbalanja tischt der Gesellschaft einige Sandwiches auf 146
Sie bleiben noch auf dem Felsen 155
Zurück und vorwärts 159
Babbalanja bramarbasiert im Dunkeln 162
Media ruft Mohi in den Zeugenstand 175
Worin Yoomy und Babbalanja übereinstimmen 181
Die Insel Diranda 187
Sie besuchen die Herren Piko und hello 193
Sie wohnen den Spielen bei 197

Taji, noch immer von Pfeilen und Winken verfolgt 202

Abreise von Diranda 204

Babbalanja spricht über sich selbst 208

Der Zauberer von der Insel Minda 219

Hauptsächlich über König Bello 225

Dominora und Vivenza 235

Sie landen auf Dominora 241

Sie durchstreifen Dominora auf der Suche nach Yillah 246

Sie betrachteten König Bellos Staatskanu 250

Babbalanja verneigt sich dreimal 254

Babbalanja philosophiert und Media läßt die Kalebassen kreisen 257

Sie umsegeln ein Insel, ohne zu landen, und umkreisen ein Thema,
ohne zum Kern zu kommen 266

Sie nähern sich Porpheero und gewahren eine schreckliche Eruption 276

König Media feiert die Pracht des Herbstes; der Sänger
die Verheißung des Frühlings 282

Azzageddi benutzt Babbalanja offenbar als Sprachrohr 285

Der bezaubernde Yoomy singt 296

Sie nähern sich dem Land 298

Sie besuchen den großen zentralen Tempel von Vivenza 302

Babbalanjas kritische Bemerkungen zu der Rede des Alanno 311

Eine Szene im Land der Warwicks oder Königsmacher 314

Sie lauschen einer Stimme von den Göttern 316

Sie besuchen den äußersten Süden von Vivenza 331

Gespräch über Mollusken, Könige, Pilze und andere Themen 339

Mit dem Szepter in der Hand wirft sich König Media in die Bresche 344

Sie umrunden das stürmische Kap aller Kaps 351

Sie begegnen Goldsuchern 354

Sie suchen auf der Insel nach Palmen und passieren die Myrrheninseln ... 359

Sie ziehen ihre konzentrische Bahn um die Welt,
mit Mardis Riff in der Mitte 361

Weiter unterwegs 369

Ein Schwarm von Nachtigallen aus Yoomys Mund 372

Sie besuchen einen gewissen Doxodox 378

König Media träumt 384

Nach langer Zwischenzeit verfallen sie nachts wieder in Windstille 387

Sie landen auf Hooloomooloo 390

Ein Buch aus den ›Grübeleien des Bardianna‹ 399

Babbalanja kommt wieder auf die Beine 408

Letzte Erwähnung des alten Bardianna: Sein letzter Wille 413

Eine Todeswolke fegt an ihnen vorbei 419

Sie besuchen den Palmenkönig Abrazza 422

Ein angenehmes Gespräch im schattigen Hain 427

Sie soupieren 450

Sie fahren ab 463

Babbalanja bei Vollmond	467
Am Morgen	471
L'ultima sera	475
Sie fahren von Nacht bis Tag	483
Sie landen auf Serenia	487
Babbalanja erzählt ihnen ein Vision	499
Sie reisen von Serenia ab	509
Sie treffen die Phantome	513
Sie nähern sich Flozella	515
Sie landen	518
Sie betreten Hautias Laube	523
Taji bei Hautia	528
Mardi bleibt zurück: ein Ozean voraus	531
Anmerkungen	537
Editorische Notiz	544
Nachwort	547